李朝時代の外国語教育

鄭光 著
廣剛・木村可奈子 訳

臨川書店刊

日本語版に寄せて

一年以上前になるが、二〇一四年一一月に拙著『朝鮮時代の外国語教育』（ソウル：金英社）が出版された。この本は、出版社の要望によって書かれたものである。筆者がこれまで発表してきたこの分野の論著を整理して、一つの単行本としてまとめたかったのであるが、運よく時を得て、金英社が出版することを提案してくれたのである。ところが、いざこれまでの論著を一冊の本にまとめようとすると容易ではなかった。さらには一般の読者にも読めるように平易な表現を使わなければならないという出版社の要求があったので、筆者としては非常に骨の折れる作業であった。漢字語もできるだけ避ける必要があったため、専門用語をできるだけわかりやすくすることは容易ではなかった。幸いなことに金義泳、金裕貞という二人の博士のおかげで、より読みやすい韓国語にしてこの本を編纂することができた。

この本が出版されると、韓国では大騒ぎになった。政治や教育が遅れた封建国家と考えられていた朝鮮で、こうした先進的な言語教育があったことは、これまで全く知られていなかったためであった。特に韓国の教育学界では、もっぱら西洋の教育史だけを研究し、学校ではそれだけを教えていたのであるが、韓民族が歴史的にこのような優れた教育制度を持っていたことを知って、韓国社会が驚愕したのである。そして韓国の多くの日刊紙、地方紙までがこの本の出版を特筆大書した。筆者の写真も大見出しで掲載されたため、たった一日で突然有名人になった。筆者としても意外としか言いようがなく、この本に対する過度な韓国社会の反応に唖然とした。

この本を日本語に翻訳して、日本で出版しようと考えたのは、共同研究プロジェクトの成果物として、この本の日本語版が必要であったからである。五年前から「訳学書研究」というテーマで、朝鮮時代の外国語学習の教材に対する総合的な研究を、京都大学人文研チームと一緒に行っていたが、このプロジェクトは、日本で研究結果を発表する義務があった。日本のいくつかの出版社では、この本の日本語版出版に興味を示してくれたが、今回京都大学と近い臨川書店にお世話になることにした。特にこの出版社の小野朋美編集部長が見せてくれた、積極的かつ思いやりのある態度が印象的であった。

この本の翻訳に当たっては、東ソウル大学ホテル観光経営学科の教授である廣剛君と京都大学大学院の木村可奈子さんが尽力してくれた。廣君は、第三章から最後まで、そして木村さんは第一章と第二章の翻訳を担当し、互いに翻訳したものを検討して、用語や表現の統一を図った。しかし単純な翻訳ではなく、原典の確認をはじめ、韓国語版原本の誤謬と誤字を正す作業も並行して行われた。諸事情により、原本である韓国語版が拙速に進行され、また筆者の意思とは裏腹に、潤色と修訂、そして敷衍説明が加えられ、それによって誤謬が生じていたが、この機会にできるだけ直されたのではないかと思われる。二人の翻訳者には本当に感謝している。

最後に、この本の出版に協力してくれた韓国学振興財団の援助に感謝を申し上げる。この財団の支援によって、筆者は数冊の本を出版することができた。年老いた研究者の蘊蓄を世に発表する機会がそれほど多くないからである。

二〇一六年一月

著者

〈目次〉

写真目録

〈写真リスト〉

【写真四-三】『蒙語老乞大』の出題部分（巻一と巻二の一表二～三行）
【写真四-四】『捷解蒙語』の出題部分（巻一、二の一表二～三行）
【写真五-一】『伊路波』の仮名文字
【写真五-二】『捷解新語』の倭諺大字
【写真五-三】戊辰改修本の序文
【写真五-四】戊辰改修本の筵説
【写真五-五】戊辰改修本の考校諸訳
【写真五-六】『捷解新語』の第一次改修本（第一巻第一葉）
【写真五-七】『捷解新語』辛丑重刊本（第一巻一表）
【写真五-八】『捷解新語』文釈本（第一巻一表）
【写真五-九】バチカン図書館の『伊呂波』第一葉表
【写真五-十】『伊呂波』の最終葉裏
【写真五-十一】『伊呂波』最終葉裏の余白に書かれたラテン語の奥書
【写真五-十二】玄敬躋（啓根）の初試と思われる答案用紙
【写真五-十三】玄敬躋（啓根）の試券の秘封部分
【写真五-十四】玄殷瑞（後の玄敬躋、啓根に改名）の倭学生徒の入学差帖
【写真五-十五】玄敬躋（啓根）の倭学覆試試券
【写真五-十六】『捷解新語』巻九の第一、第二問題の出題部分
【写真六-一】甲辰増広別試の訳科清学白完培の試券

［写真六－二］白完培の試券の裏面（朱書で「二之五」が見える）
［写真六－三］甲辰試における白完培の清学試券の秘封
［写真六－四］白完培の試券における『三訳総解』の答案
［写真六－五］『三訳総解』第一の出題部分（一～三行）
［写真六－六］『三訳総解』第二の出題部分（四～六行）
［写真六－七］『三訳総解』第三の出題部分（二～四行）
［写真六－八］白完培の試券における『清語老乞大』巻一の答案
［写真六－九］『清語老乞大』巻一の五表の出題部分（一～三行）
［写真六－十］『清語老乞大』巻二の五裏の出題部分（三～五行）
［写真六－十一］白完培の試験における『八歳児』の答案
［写真六－十二］『八歳児』の出題部分（三～五行）
［写真六－十三］白完培の試券における『小児論』の答案
［写真六－十四］『小児論』の出題部分（二～四行）

凡例

一：史料原文は旧字体とした。本文および史料の訳文は、常用漢字を優先した。
二：史料中の双行注は、［ ］内に入れた。

はじめに

朝鮮時代の外国語教育は主に司訳院という機関が担当した。司訳院の外国語教育は、朝鮮王朝と最も接触が多かった中国の漢語を学習することから始まったが、当時漢語は、今日の英語のように最も重要な外国語であった。朝鮮半島で外国語教育が本格的に成立したのは、元以後に新しい中国語が生まれた後のことである。モンゴル人が中国を征服し、モンゴル帝国を建てた後、首都を現在の北京地域である燕京に定め、この地域の言語を帝国の公用語とした。当時燕京には中国人たちと多くのほかの少数民族がともに交わって生活していたため、でたらめな中国語だといわざるをえない漢児言語が通用していた。

この漢児言語はそれ以前の中国語と非常に異なり、四書五経の漢文では学ぶことができない言語であった。また、漢語以外でも朝鮮半島に隣接し、歴史的に多くの接触があった様々な民族の言語、例を挙げれば、モンゴル語と女真語、満州語を学ばねばならず、海を渡って、よく我々を悩ませた日本人の日本語も、学ばざるを得なかった。女真語は国境を接していた女真族の言語であり、高麗時代に多くの接触があった金の公用語であった。しかし、建州野人が勢力を糾合し、清を建てると、彼等の言語である満州語も学ばざるをえなかった。本書では、元代に公用語になった漢児言語をはじめとし、モンゴル語、日本語、満州語および女真語の教育を考察した。

朝鮮時代の外国語教育は、前人未踏の分野であり、関心を持つ人は多くは無かった。本書では筆者が三〇年以上研究を継続し、多くの論著を発表したこれまでの研究を新しく整理した。本書を出版するにあたり、筆者がこの分野の研究を行う中でいくつかの忘れられない出来事があったことを紹介したい。朝鮮時代の外国語の中で中国語教育が最も優先され、当時の中国語は現在のように「漢語」という名前で呼ばれた。この漢語教材として最も有名なものは『老乞大』であるが、この本の原本が一九九八年ごろに発見され、筆者によって世界の学会に紹介された。(本書第一章第三節「漢児言語」参照。)

慶北道大邱にいる有名な書誌学者がこの本を持ってきて、「先生！ これは何の本でしょうか?」とこの本を取り出し見せた時、筆者は心臓が止まるような衝撃を受けた。朝鮮中宗時代に崔世珍がこの言語の存在を何度か主張していたため、筆者もそのような可能性を常に考えていたが、実際にこのような言語を学習する教材が発見されるとは思っていなかったためである。それも韓国で、である。

本を持って来た書誌学者と筆者は直ぐに学会で共同で発表し、共同で論文を書いた。そして、影印本も刊行した。筆者は何回か外国に招待されて行き、この本の存在と内容に対する講演をしなければならなかった。これを見て世界の中国語を研究する学会が沸き立った。日本のある中国語学者は「世紀の発見」だと読売新聞第一面で紹介し、この本でも引用したオーストラリアの(Dyer《ダイアー》)女史は、後に刊行した著書で、当時これが学会にどれ程衝撃を与えたか、詳細に書いた。

朝鮮時代、司訳院で外国語を教育するために作った教材、即ち訳学書の冊板が、旧韓末まで司訳院に保管されていたが、庚戌国恥(韓国併合)以降はここが朝鮮印刷株式会社の倉庫になり、人足達が何の考えもなしに木版を処分しているのを見るに見かねた田川孝三氏が、朝鮮史編纂委員会に移させた。光復以後これが高麗大学博物館に移管され、現在も数は少ないながら、そのまま保存されていることを筆者が学会に報告した。これによりこの冊板は韓国の百大国語学資料として認証されるようになった。

また、ひとつ忘れられないことは、この本で多く引用した『蒙古字韻』に関したエピソードである。元でモンゴル人達が漢字を学ぶため、パスパ文字を制定し、この文字で漢字の発音辞典を作ったものが『蒙古字韻』である。しかし、明が建国された後、太祖朱元璋は胡元残滓であるとして、パスパ文字を徹底的に破棄した。そのため現在中国でもパスパ文字で書かれた本は一冊も残っておらず、その文字をわかる人も多くない。

しかし、パスパ文字で書かれた『蒙古字韻』一巻が大英博物館に所蔵されていたのである。現在は大英図書館に移管され、保存されている。この本は朝鮮でハングルを制定し、これによって漢字音を整理し本として出版した『東国字韻』の根拠になったものである。筆者は数十年前にこれを複写し持っていたが、二〇〇九年にパスパ文字とハングルを比較した本を出版し、付録として『蒙古字韻』を影印して添付した。勿論言うまでも無く、図書館の許可を受けて出版された。

昨年七月にイギリス・ケンブリッジ大学トリニティカレッジで開かれた学会で、招聘されて発表した後に、帰路にロンドンに寄り、再度『蒙古字韻』を見ようと大英図書館を訪れた。『蒙古字韻』を閲覧しようと思ったが、貴重書であるため、図書館会員に加入したあと閲覧申請をして、許可を得なければ見られないということであった。どうすることもなく、会員加入からしようと願書に記入しパスポートと一緒に提出したが、これを見て司書が目を丸くして尋ねた。"Are you Professor Chung?""Yes I am, My name is Kwang Chung"と答えたので、彼が横に居る補助司書に言った。"Nobody in the world except him can read and understand this book!"と述べ、筆者を特別閲覧室に案内し、本を見せてくれた。

筆者が大英図書館で『蒙古字韻』を影印し、出版しようと許可を要請したときに、刊行の後二部の本を図書館に納本したが、運よくこの司書がこの本を整理して、筆者を記憶していたのである。去年アメリカのマサチューセッツ大学の中国系教授である沈鍾偉教授が中国の商務印書館から影印本を出し、筆者から『蒙古字韻』の影印に対する権利を委譲するという授権書をもらって行った。

同じことはイタリア・ローマのバチカン図書館でもあった。朝鮮時代司訳院で単行本として出版し、日本語の仮名文字教育に使用された『伊呂波』は韓国と日本のどこにも現在残っていない。しかし教皇庁バチカン図書館のボルジア文庫にこの本が保存されていることが、筆者によって紹介された（本書、第五章第一節）。その後に何人かの人がこの図書館を訪問して写真撮影を申請したが、全て許可されなかったという。筆者は図書館から全巻をカラーで撮影し、国際小包で送って貰った。

世界の学会が朝鮮の外国語教材、すなわち訳学書を理解し、これに対する研究を支援しようとしているが、韓国ではそうではない。日本語語彙教材として使用された『倭語類解』は、少し前まで韓国にはないと見なされ、日本の金澤庄三郎氏が所蔵していた版本を天下唯一本として認証していた。そうして日本・京都大学からこれを影印出版し、韓国の研究者もこの本を主に利用した。

しかし、ソウルの国立中央図書館に非常な善本の『倭語類解』が所蔵されており、これも一九八〇年代までは一般図書として誰でも貸出し可能であった。筆者の強力な抗議により、やっと貴重図書に指定された。筆者はこれを影印し出版したため、今では日本人研究者達もほとんどみなこれを利用するが、依然韓国では京都大学の影印本を利用する研究者は少なくない。訳学書に対する韓国学会の水準はこの程度であるということである。

学問の事大主義というべきか。筆者の研究が附記された影印本より、日本人学者達の解説がある影印本がもっと良いのかわからないが、ここには大きな誤謬が伴っている。すなわち金澤旧蔵本は古い冊板を印刷したものであるが、国立中央図書館所蔵本より多くの脱刻による脱画、脱字があり、実際このまま利用するのは難しい資料である。筆者は日本人の研究者達が金澤所蔵本を利用して犯した誤りを非常に多く発見した。

本書は金英社の新しい出版計画としてラインナップされた。だれも顧みないような、専攻分野の書籍を刊行しようとする出版社の努力に拍手を送りたい。この本の出版に力を貸してくれた多くの人々に感謝申し上げる。特に原稿整理と校訂に多くの時間を割いてくれた、徳誠女子大学日語日文学科の金義泳博士と高麗大学民族文化研究院の金裕正博士に感謝の気持ちを伝えたい。

学術書籍は原石であり、これを一般書籍として刊行することは宝石加工である、という言葉がある。このような学術書籍を一般の人が読めるように直すことは難しい仕事である。今回このような作業は金英社の高世奎氏が苦労してくださった。高世奎氏は、これまでの出版経験を土台に、筆者の乱雑な原稿をわかりやすく整理してくれた。この事実をここに明示して、その労苦を褒め称えたい。

二〇一四年　秋分を目前にした日に仏岩齋にて

著者　記す

第一章　朝鮮時代の学校教育と訳官教育

朝鮮半島での本格的な外国語教育は高麗後期に成立した。高麗時代は、特に周辺国だけではなく世界の様々な国家と交易を行い、外国語と接する機会が多かったためである。史上類例がない大帝国を建設したモンゴル、常に南の海から侵攻してくる倭寇、高麗と朝鮮の北方へ国境を接する満州地域に、一時金国を建て女真語を使用していた野人女真たち、彼等の中で力を蓄え、中国を占領した清など、高麗末と朝鮮初期の外国語教育は、このように実際の周辺国家や民族との接触によって始まった。すなわち、周辺国家や民族との接触に必要な訳官を養成するため、本格的な外国語教育が実施された。

朝鮮は建国とともに外国語教育機関である司訳院を設置し、漢語、即ち中国語を初めとしてモンゴル語・日本語・女真語・満州語を教育した。当時の外国語教育は今日の教育制度と教育方法に照らしても、まったく遜色の無いものであった。本書はこのような朝鮮時代の外国語教育について、教育方法、教育制度、教育評価を具体的に取り扱っている。

朝鮮時代の外国語教育を調べるために、この章では朝鮮半島の学校教育の発達を考察し、当時の言語と文字生活を検討し、朝鮮初期の外国との接触と、それに伴う外国語知識の必要性を論じる。特に高麗末から流行した学問分野の分類と十学を分析し、その中で訳学と吏学がどのように発達していったのかを先ず叙述し、朝鮮時代外国語教育の背景が理解できるようにした。

朝鮮半島における外国語教育は、本格的な学校教育とともに始まったとみられる。中国語を基本にした漢字の教育が朝鮮半島における学校教育を可能にさせたためである。朝鮮半島での歴史時代が始まったと見られる三国時代の学校教育は、まさに漢字を中心にした中国語教育から始まったと見なければならない。

この章では朝鮮時代の外国語教育がどれ程特殊だったのかを集中的に論じ、世界にも類例がない朝鮮時代外国語教育の真髄を提示したい。朝鮮時代の外国語教育がどのように実施され、習得された外国語の評価は、どのような方法でなされていたのか、教育の必要性はどこから生じたのかについて考察してみよう。

一、朝鮮半島における学校教育と漢字学習

朝鮮半島の教育に対する歴史的研究は、非常に不十分である。西洋や隣接する日本、および中国でなされた歴史的研究と比較しても、朝鮮半島の学校教育に対する研究は不足していることを感じざるを得ない。韓国学研究の全般にわたって見られる現象であるが、比較的文献に記録された資料が多い朝鮮時代に対しても、当時の教育現況を扱う研究がほとんど無く、あっても非常に枝葉的であるため、教育の全貌を把握するのが難しい。

理由としては、韓国自身の歴史より先進国の教育の歴史をより重要視する教育界の風土が表面的な原因と考えられる。また教育に対する文献資料が全て漢文や吏文、吏読によって作成されていることから、接近することが難しい点も根本的な原因であろう。特に朝鮮半島での教育において、近代西洋の学校教育が入ってきた以後を研究対象と見なすことも、教育の歴史に対する研究が遅々として進まない理由に思われる。

三国時代の中国語
朝鮮半島での学校教育に関する記録は、三国時代まで遡ることができる。この地における学校教育で行われたのは、歴史的、地理的に最も密接な関係があった中国の漢字教育であった。古朝鮮と漢四郡を経て三国時代に至るま

で絶え間なく流入した漢字は、まさに中国語を背景にしており、この時代の語文教育は漢字と中国語教育を意味していた。

固有の文字が無かった高句麗・百済・新羅三国は、全て漢字を借用して自国の言語を記録しながら漢字教育を国家的に実施し、その結果、漢文で自国の歴史を記録する水準にまで及んだ。[1] 漢字と漢文は国家で運営していた学校で教育された。

高句麗で小獣林王二年（三七二）に設立された太学は官学であり、扃堂は私塾であり、私学の教育機関として考えられ、そこで主に儒教経典を通した漢文教育が成されていた。百済でも博士および学士制度を運用し、五経博士、医学士、暦学士を置いたので、やはり儒教経典を通した漢文教育があったことが分かる。

新羅でも真徳女王の時に国学を設置し、儒学を教育した。国学は神文王二年（六八二）に設置したという主張もあるが、これは以前に設置されていたものをまた増補したものと見なければならない（金完鎮他、一九九七：二三、注三照）。主に『周易』・『尚書』・『礼記』・『春秋』・『左氏伝』・『文選』・『論語』・『孝経』などが教育されていたと思われ、これらを通して、中国語で周の標準語である雅言の古文を学習したことを知ることができる。

また、詳文師を置き、もっぱら漢文を勉強させ、聖徳王一三年（七一四）にこれを通文博士に代え、景徳王の時に、これをまた翰林に代え、後に学士を置いた。聖徳王二〇年（七二一）には学生を置き漢文を学習させたが、[2] このような漢文、即ち中国語教育のおかげで、新羅人として唐の賓貢科に赴挙し追及した者が五八人に及んだ。[3]

それだけではなく、新羅では中国の経典を読み、これを試験して人材を登用する「読書出身科」を置き、本格的に漢文と儒教経典の教育を実施した。即ち『三国史記』巻一〇、新羅本紀、第一〇、元聖王条に、

> 四年春、始定讀書三品以出身。讀春秋左氏傳、若禮記、若文選、而能通其義、兼明論語・孝經者爲上。讀曲

禮・論語・孝經者爲中。讀曲禮・孝經者爲下。若博通五經・三史・諸子百家書者、超擢用之。前祇以弓箭選人、至是改之。

（元聖王）四年春に初めて読書三品出身科を定めた。『春秋左氏伝』と『礼記』、『文選』が読め、さらに『論語』・『孝経』に明るい者は上である。（『礼記』の）「曲礼」・『論語』・『孝経』を読める者は中である。「曲礼」・『孝経』を読める者は下である。もし五経三史、諸子百家の書に広く通じる者ならば特別に擢用する。今までは弓箭の腕前でのみ人を選んでいたが、ここからこれを改めた。

という記録があり、元聖王四年（七八八）に至り、前代に弓箭で人を選抜していたことを改め、読書三品出身科で選んだことが分かる。[4]

三国時代の日本語

中国と共に朝鮮半島と接触が多かった日本の言語も、早くから教育されたと考えられ、それに関する記録は三国時代まで遡る。

新羅は早くから倭典を起き、日本人を接待する職を担当させ、日本語教育もここでなされたと見られる。日本以外の外国との接触が頻繁になるや、真平王四三年（六二一）にこれを領客典に代えたが（しかし、別途にまた倭典を設置した）、景徳王代に司賓府に代え、恵恭王の時にこれをまた領客府に代えた。[5]この時の倭典や司賓府、領客府が日本人とその他の外国人を接待する所であったので、ここに日本語や他の外国語を通訳する訳官が配置されたと思われ、その言語の教育もなされるようになったことも推測される。

これとは反対に、日本でも新羅訳語を置き、新羅語を学修したものと思われる。『日本後記』（『新訂増補国史大系』所収。）弘仁条にある「六年春正月〔中略〕壬寅、是日停對馬史生一員、置新羅譯語。（（弘仁）六年（八一六）春正月、〔中略〕壬寅、この日に対馬島の史生一員を停めて、新羅訳語を置く。）」という記録がこれを物語っている。小倉進平（一九四〇：三六七～三六八）は新羅訳語について多くの史料を紹介している。それによれば、対馬を中心に日本でも新羅語が教育され、このような教育を経、新羅語通訳を担当する役人を、新羅訳語として呼んでいたように思われる。

新羅以後、弓裔の泰封では史台を置き、諸方の訳語を担当したという。『三国史記』巻五〇、列伝第一〇、弓裔条に「天祐元年甲子、立國號爲摩震、年號爲武泰。始置廣評省。備員匡治奈〔今侍中〕、〔中略〕又置史臺、〔掌習諸譯語〕〔後略〕（天祐元年甲子、国を建て、国号を摩震とし、年号を武泰とした。はじめに広評省を置く。備員は匡治奈〔今の侍中〕、〔中略〕また、史台〔通訳する様々な言語の学習を掌る〕〔後略〕を置いた。）」（〔　〕内は双行注。以下同。）という記録がある。[6] この時の史台が、外国語教育機関であったと思われるが、具体的にどのような言語を教育されていたのかについては、これ以上の詳細な記録が無いため、知ることができない。

二、高麗末朝鮮初期の訳官教育

高麗の訳官教育

高麗が建国されると、太祖王建は開京や西京等に学校を建て教学に力を注ぎ、[7] 光宗の時に後周から帰化した雙冀の建議により科挙制度を準備した。

『高麗史』によれば高麗建国のはじめには本格的な中国式科挙制度は無かったという（『高麗史』巻七三、志、第二七、選挙一参照）。学校としては国子・太学・四門があり、私学として九齋学堂があった（『高麗史』巻七三、同條）。

地方にも学校を設置し教学に力を注いだように見えるが、『高麗史』巻七四、志第二八、学校条に

太祖十三年幸西京、創置學校。命秀才廷鶚爲書學博士、別創學院、聚六部生徒教授。後太祖聞其興學、賜綵帛勸之、兼置醫・卜二業。又賜倉穀百石爲學寶。

太祖十三年に西京に行幸し、学校を開設した。秀才廷鶚を書学博士にし、別に学院を作り、六部の生徒を集めて教授するよう命じた。後に太祖が学問が旺盛になったことを聞き、綵帛を賜ってこれを奨励し、医学と占卜の二業をあわせて設置した。また倉穀百石を賜い、学宝（基金）とさせた。

という記事があり、太祖一三年（九三〇）に西京、現在の平壌に学校をはじめて設置し、また書学博士廷鶚が学院を別途に建てたことを知ることができる。そして倉穀を賜い、学校の基金としたようである。あるいは、すでにそれ以前に開京にも同じものがあったと推察でき（閔丙河、一九五七）、高麗太祖の努力が、高麗の都や西京で教学を広く隆盛させたことを、あわせて窺い知ることができる。

中国では科挙制度の施行は中央職官制の確立に大きく寄与し、学校制度の発達をもたらした（宮崎市定、一九四六、一九八七）。唐代を模範とした高麗朝の科挙制度が施行されることは、学校の発展につながった。そうして国学として国子監（後日の成均館）・太学・四門が設置され、私学として崔冲の九齋学堂等が繁盛し、各種の学校が学問と技術を教育し、科挙に備えた。

しかし、高麗朝の前半期には、外国語を教育する学校や訳語を担当した機関についての記録が見られない。東堂監試や国子監試に医・卜・地理・明法・明書・明算等の技術官を選抜する科挙があったにも関わらず、訳科についてのものは見られない。

いくつかの理由があるだろうが、第一に高麗朝の科挙制度が唐の制度を模範としたことから、唐制にない訳科を設置することができなかった点をあげることができる。[8] 第二には、宋代の中国語は、漢文を知っている文臣たちにとっては、別途の中国語教育が無くても意思疎通に支障が無かった点も指摘することができる。

しかしモンゴルの元が成立すると、中国公用語に変化があり、以前の宋代中国語と非常な差異が生じた。従って北京で通用していた漢児言語が元帝国の公用語になると、高麗でもこれを教育する必要が生じた。また、この口語から生まれた元朝の漢吏文の教育も必要になり、高麗朝後期に漢児言語と漢吏文の教育が始まった。[9]

通文館と漢語都監

高麗朝前半期における訳官は微賤な階級であり、訳官、または「舌人（訳官を蔑む言葉）」に対する認識も良くなかった。高麗神宗五年（一二〇二）に訳語を試取したという記録があり、この時に既に訳官の選抜があったことがわかるが、高麗の後半期になり通文館が設置されると、ようやく高麗朝の貴族階級でも漢児言語と吏文教育が実施された。[10]

即ち『高麗史』巻七六、志第三〇、百官一の末尾に

通文館、忠烈王二年始置之。令禁内學官等參外年未四十者習漢語。［禁内學官秘書・史館・翰林・寶文閣・御書・同文院也。幷式目・都兵馬・迎送、謂之禁内九官。］時舌人多起微賤、傳語之間多不以實、懷奸濟私。參文學事金坵建議置之。後置司譯院以掌譯語。

通文館は忠烈王二年に始めて設置された。禁内学官の中で参外[11]であり年が四〇歳未満の者に、漢語を勉強させた。［禁内学官とは秘書・史館・翰林・寶文閣・御書・同文院である。式目・都兵馬・迎送をあわせて、禁内九官とい

う。」当時舌人、即ち訳官たちの多くは微賤な身分の出身で、通訳する際に誠実にせず、悪巧みをし自分の利益のことばかり考える者が多かった。参文学事金坵が建議しこれを設置した。後に司訳院を置いて通訳を管掌した。[12]

とあり、忠烈王二年（一二七六）に参文学事金坵の建議で通文館を初めて設置し、禁内学官の中から七品以下で四〇歳未満の者に漢語（即ち、当時使用された漢児言語）を学習させたことが分かる。通文館が設置されると、高麗は元朝の公用語として位置付けられた漢児言語をはじめとする周辺国家の外国語教育を実施し、これが後日司訳院に改名され、全ての訳語を管掌した。

これとは別に、高麗では漢文都監を置き漢児言語を学習させたが、恭譲王の時にこれを漢語都監に改称して[13]漢児言語教育を担当させた。通文館の後身である司訳院では、漢児言語よりは漢吏文教育に重点を置いたようである。漢吏文は中国に送る事大文書に使用された独特の漢文体として、元代の公文書で広く使用されたものである。即ち元の『大元通制』、『至正條格』等に使用された文章は、漢文の古文や白話文とも異なる独特の文体であり、主に官吏たちの行政文書に使用されたため、吏文という名前がつけられた。

元帝国は自分たちだけ漢吏文を使用するのではなく、周辺の朝貢国家にも、事大文書にこの文体を書かせた。したがって高麗では国初から文書監を置いて事大交隣の文書を管掌させ、後日これを文書応奉司と改称し、朝鮮朝の承文院の起源になった。また、別に忠恵王元年（一三四〇）に吏学都監を置いて漢吏文を学んだが[14]、司訳院でも漢吏文についての知識が必要になっていたので、やはりこれを教育した。

高麗訳官の地位

高麗の司訳院は通文館の伝統を継承し、禁内学官の下級官吏に漢語を教育するために始まったもので、漢文（古文）と漢吏文（実用文）、そして漢語（当時使用された言葉である漢児言語）まで駆使できる外交官の養成がその目的であった。一方で単純な通訳を担当する訳官は、漢語都監から輩出されたようである。

高麗では訳語という官吏がおり、通訳を担当したようである。『高麗史』巻一三〇、列伝第四三、林衍条に、

〔前略〕世子使同來蒙古使者七人、執汝弼于靈州、又執義州防護譯語鄭庇、問知其實然後、世子痛哭欲還入蒙古。

〔前略〕世子（後の忠烈王）は同行したモンゴル使臣七人に、（郭）汝弼[15]を霊州で捕えさせ、また義州防護譯語鄭庇を捕えさせ、審問して（林衍が父の元宗を廃したという）事実を知ると、世子は慟哭して元に戻ろうとした。

という記事がある。また、高麗朝には訳者・訳者校尉という職位もあったようである。

『高麗史』巻二八、世家第二八、忠烈王一、忠烈王四年九月辛卯条に、「王遣譯者校尉崔奇、上書中書省曰、向蒙聖旨、今官軍盡還。（王が訳者校尉崔奇を送り、（元の）中書省に上書したことには「先だって聖旨を蒙り、今官軍は全て帰還しました。」）」という記事があり、忠烈王が訳者校尉崔奇を送り、中書省へ公文を提出したことがわかる。したがって、訳者校尉という官職があった事がうかがえる。

また、訳語別将の職もあり、『高麗史』巻二七、世家第二七、元宗一三年四月庚寅条に、

日本使還自元、張鐸伴來。宣帝命曰、譯語別將徐偁・校尉金貯、使日本有功、宜加大職。於是拜偁爲將軍、貯

爲郎將。

日本使節が元から帰るに、張鐸が同行して（高麗に）連れてきた。帝命を宣することには、「訳語別将徐偁、校尉金貯は、日本への使行で功があったので、高い官職につけるべきである。」そこで、徐偁を将軍、金貯を郎将にした。

という記事があり、訳語別将徐偁、校尉金貯が日本使行の往来に関して大功があり、高官につけよとのクビライ・カンの命令に従って、徐偁を将軍、金貯を郎将にしたことがわかる。

訳語郎将は、訳者が昇進できる最も高い地位であったと思われる。『高麗史』巻一三〇、列伝第四三、趙彝条に、

〔前略〕有金裕・李樞者、亦反人也。〔中略〕既入朝背本國、常欲奉使還、以逞其欲、〔中略〕王遣譯語郎將康禧、答書曰〔後略〕

〔前略〕金裕・李樞という者もまた反逆者である。〔中略〕すでに元に入朝して本国に背き、常に使臣になって帰国して欲望を恣にしようと望み、〔中略〕（彼等が帰る時に）王が訳語郎将康禧を派遣し、答書に言う事には、〔後略〕

という記事があり、高麗を裏切った金裕・李樞という人物が元の使節になり、薬材を要求しようとし高麗を逼迫させると、王は訳語郎将康禧を送り、答書させたことがわかる。

また、『高麗史』巻一三〇、列伝四三、于琔条に、「于琔、鎮州人。元宗朝以譯語累遷郎將。嘗使蒙古、因留不返。（于琔は鎮州の人である。元宗朝に訳語として次々と昇進して郎将になった。かつてモンゴルに使節として行ったが、

留められて帰ってこなかった。）」という記事があり、于琔が元宗の時代に訳語郎将になり、モンゴルに使臣として行き、帰ってこなかったことがわかる。

このように、高麗では訳者・訳語・訳者校尉・訳語郎将等の官職があり、訳官が任命され担当した。

訳語都監

高麗にはモンゴル語・日本語・女真語を学習する訳語都監があったようである。『高麗史』巻一二三、列伝第三六、康允紹条に

〔前略〕鄭子琠亦譯者也。本靈光郡押海人。初爲僧歸俗。補譯語都監錄事、因習蒙古語。累入元、以勞轉官至知僉議府事。

〔前略〕鄭子琠もまた訳者である。もともと霊光郡押海の人である。はじめ僧であったが還俗した。訳語都監に録事に採用され、モンゴル語を習った。何回も元に行き、この功労で官位は知僉議府事[16]まで至った。

とし、訳者鄭子琠が訳語都監の録事職に補任され、モンゴル語を学習し、何回も元を往来して努力し、官位が知僉議府事まで至ったことが述べられている。

訳語都監は漢語都監とおなじ性格の外国語学習機関であって、ここでは外国語を習得し、礼賓省で人材を選抜し、訳語に任命したように思われる。すなわち『高麗史』巻二一、世家第二一、神宗五年三月丁巳条にある「冢宰崔詵・承宣于承慶、坐禮賓省、試取譯語。（冢宰の崔詵・承宣の于承慶が礼賓省に坐し、訳語を試取した。）」という記事は、冢宰の崔詵と承宣の于承慶が礼賓省で訳語を試取したことを述べている。しかし、高麗で実施された各種の

試験、特に最終試験である東堂監試や国子監試の雑業（文武以外の残りの分野）に訳科や訳業があったという記録は、見つけることができない。

三、朝鮮時代の訳学と吏学

吏文と漢吏文

前節で吏文、または漢吏文の教育である吏学について言及した。ここではまず、吏文とはどのようなものなのか、漢吏文とはどのような関係であるのか、どうしてこのような漢文を、朝鮮時代には別途に学ばなければならなかったのか、等について簡単に紹介する。

高麗の司訳院は、朝鮮建国初期にもそのまま継承された。朝鮮朝では太祖二年（一三九三）九月に司訳院を設置し[17]、華語、即ち中国語を学習させたが、このときも訳語と吏文を同時に教育したようである。『太祖実録』巻六、太祖三年一一月条の記事に

司譯院提調偰長壽等上書言、臣等竊聞、治國以人才爲本、而人才以教養爲先、故學校之設、乃爲政之要也。我國家世事中國、言語文字不可不習。是以殿下肇國之初特設本院、置祿官及教官教授生徒、俾習中國言語・音訓・文字體式、上以盡事大之誠、下以期易俗之効。〔後略〕

司訳院提調偰長寿等が上書したことには、「臣等が聞くところでは国を治めるには人才が基礎であり、人才を教育して育てることがまず先にするべきことであり、そのため学校の開設は政治の要でございます。我が国は代々中国に仕え、言語や文字は習わないわけには参りません。このため、殿下は建国の始めに特別に司訳院を

設けられ、禄官と教官・教授・生徒を置かれ、中国の言語・音訓・文字の体式を習わせ、上は事大の誠を尽くし、下は俗を変えるという効果を期待なさいました。〔後略〕」

とし、司訳院で中国の言語、漢字の音訓、文字の体式を学習させたことが分かる。この時の体式とは、吏文の独特な文体を示すものと見なければならないだろう。

朝鮮では、司訳院が設置された太祖二年一〇月に兵学・律学・字学・訳学・医学・算学の六学に分け[18]、良家子弟にこれらを学習させたが、この中で訳学の教育は、これよりも一ヶ月前に設置された司訳院で担当したようである。

太宗六年（一四〇六）には、上述した六学以外に、河崙の啓にしたがって儒学・吏学・陰陽風水・楽学の四学を加え、十学を設置したが、これは高麗の恭譲王の時の十学（数えてみると、実際には八学しか存在しない）に訳学と算学を追加したものであり、太祖の時の六学に比べて、兵学が武学に名称を変えただけである[19]。

承文院

朝鮮太宗の時の十学に追加された吏学も、初期には司訳院で教えたが、太宗一〇年（一四一〇）に承文院が新設されると、承文院で教育されたようである。即ち『磻溪隨録』巻一五、職官之制、上、承文院条に

> 掌事大交隣文書及通習漢語吏文。〔中略〕文官五品以下、毎冬會本院、講漢語〔二書〕或吏文〔皆定所業。吏文則無過二十人、漢語勿限數。〕、五分以上賞加一階、不通者降一階。其無故不參者罷職。〔後略〕
>
> （承文院は）事大交隣の文書、および漢語・吏文の学習を管掌する。〔中略〕文官五品以下は、毎冬承文院に会

し、漢語［二書］或いは吏文を講読し［皆専門とするところを決める。吏文ならば二〇人を過ぎてはならないが、漢語は制限してはならない。］、五分以上の点数を得れば品階を一つ加え、不通ならば一階降ろす。理由無く不参加の者は罷職させる。［後略］

という記事があり、承文院でも漢語と吏文を五品以下の文官に教育したことが分かる。[20]

世宗の時には儒学・武学・漢吏学・字学・陰陽風水・医学・算学・律学の十学があり、この時も訳学は司訳院で、吏学は承文院で教育したが、司訳院でも漢吏文を、承文院でも漢語を教育したことが記録に見える。[21] また吏学を試験した漢吏科と漢語を試験した通事科に、口語である漢語と文語である吏文が互いに交代して出題された記録が、『朝鮮王朝実録』に伝わっていることから、司訳院でも漢吏文の教育があり、承文院でも『老乞大』・『朴通事』を通した漢語教育があったことが分かる。

しかし、世祖以後の『経国大典』には漢吏科が無くなり、訳科の漢学だけ残り、訳官の養成のための漢語教育が司訳院の任務になり、吏学はしだいに文臣の余技として、承文院で教育されるようになった。[22] 朝鮮中期に漢吏科を一時的にまた置いたが、朝鮮王朝を通して『経国大典』の保守性がとても強く、『経国大典』に記載されていない制度は永続するのが難しかったのだろうか、朝鮮後期には訳科漢学だけが存続した。

司訳院は漢語教育を中心にするが、朝鮮王朝太祖二年九月に設置され、中国漢語学習の漢学とモンゴル語学習の蒙学があり、太宗一五年に日本語学習の倭学が並置されたが、[23]『経国大典』によると女真学も追加され、漢語・モンゴル語・日本語・女真語を学習する司訳院の四学が完備された。後日女真学は顕宗三年（康熙丁未、一六六七）に満州語を教育する清学に代わった（鄭光・韓相権、一九八五）。司訳院は朝鮮王朝を通して、先に言及した外国語を教育し、訳官を管理しながら外交関係の実務を担当したが、このような制度は甲午改革（一八九四）まで継続した。

漢児言語

吏文、または漢吏文は中国の元で始まった独特の漢文の文体である。中国語の歴史において特記すべきことは、モンゴル族が元を建国すると、言語中心地が北方の北京に移ったことである。クビライ、即ち元の世祖が燕京、現在の北京に首都を定めた当時、この地域は中国の様々な北方民族が漢族と角逐をくりひろげたところであることから、多くの言語が混用された。

一三世紀初めにモンゴル族が勢力を得、この地域の覇権を握ると、モンゴル語が多く混入した形の中国語が登場したが、これが従来、蒙文直訳体、または漢文吏牘体と呼ばれた漢児言語[24]である。この言語は従来の雅言や通語[25]とは意思疎通が不可能な程の、異なる言語であった。

金文京他（二〇〇二：三六九～三七〇）は、北宋の許亢宗が、宣和七年（一一二五）に金の太宗の即位式に祝賀使節として行った際に書いた旅行記『許奉使行程録』を利用して、どのようにこのような言語が生まれたのかを紹介している。即ち、一行が遼の黄龍府（現在のハルビンの南約百キロの地点）付近を通る際の記録として「契丹が強盛であった頃、この辺りにさまざまな民族を移住させたため、諸国の風俗がまじりあい、互いに言葉が通じなかったので、「漢語」（即ち筆者の言うところの「漢児言語」）を用いてはじめて意思が疎通したということがみえる（『三朝北盟会編』巻二〇）。」とし、この地域に移住してきた様々な民族が、漢児言語で意思疎通をしたと指摘した。実際、北京地域に集住した東北アジアのさまざまな民族が、一種のコイネーとして漢児言語を使用したが、これは、従来中原の共用語であった長安の言語を基本にした通語とは非常に異なる、ブロークンな中国語であった。

「胡言漢語」

中国語と北方民族の言語がどれほど異なるかについて、興味深い逸話がある。南宋の洪邁（一一二三～一二〇一）が使節として金の南京（今の北京）に行った際、契丹の子供たちが漢詩を読むとき語順を代えて読んでいたという。たとえば、推敲という語で有名な唐の賈島の「題李凝幽居」の「鳥宿池中樹、僧敲月下門」という詩を、新羅の「壬申誓記石」[26]のように、「月明裏和尚門子打、水底裏樹上鴉坐」と読んだと証言している（『夷堅志』丙志、巻一八、契丹誦詩、清格爾泰一九九七から再引用）。

これはもともと契丹の言語であった可能性があるが、とにかくこの詩を金代の中国語口語を使って変則的な語順で読んだということである。実際に遼・金時代に共通語として使用された「漢語」は、膠着的な文法構造の東北アジア諸民族の言語と、孤立的な文法構造を持った中国語が混合したクレオールの言語であったようである。

南宋人が「漢人」・「漢児」と呼ぶときは、必ず北方にある金治下の中国人を指すため、「漢語」は中国の北方で使用された言語を言う。この言語が南宋人には奇妙に聞こえたようである。南宋の著名な哲学者陸九淵（一一三九～一一九三）の『象山語録』巻下や、禅僧の伝記集のひとつである『五灯会元』巻一六「黄檗志因禅師」によると、でたらめ、おかしな言葉という意味で「胡言漢語」という言い方があったという。（金文京他、二〇〇二、三七〇～三七二）これは、この時すでにこのような漢語が広く流布していたことを証言する。

後に言及する元の太宗の聖旨碑文も、この漢児言語に基盤を置いた蒙文直訳体で記録されている。

この蒙文直訳体は元代に突然生まれたように見えるが、この背後には口語として遼・金を経て発達した漢児言語があったということである。口語に基礎を置いていない人工的な文語は、決して存在することはできない。またどの言語でもこれが形成されるためには、それに相応する時間が必要である。蒙文直訳体も、元の世祖の中統年間以後顕著な定型化がなされ、文語としての性格が強くなり、この文体は経典や法律用語に多く使われたため、後代に吏文とも呼ばれた。

このような事実からみると、漢児言語、そして蒙文直訳体のような元代北方の口語と文語に対する知識が、南方の人士にも必要であったことがわかると同時に、この言語が元代にすでに共通言語として、全中国で使用されていたことがわかる。

蒙文直訳体

漢児言語は、先に言及した「契丹誦詩」のように、契丹語の語順にあわせ、契丹語の助詞と語尾を挿入した言語であり、拙著（二〇〇四）で筆者は一種のクレオールとして見なし、金文京他（二〇〇二）では、これを「胡言漢語」と呼んだ。元はこの言語を公用語とし、高麗は中国との交渉で使用するようになった。したがって高麗では元が建国された後に漢語都監を置き、この言語を別途に教育するようになった。[27]

元はモンゴル人が統治したが、実際は漢族の人民を統治する仕事は漢人たちが行い、モンゴル人たちはかれらを監督する仕事を行った。[28] したがって漢人たちはモンゴル人統治者に報告書を出したが、この報告書に使用されたものが、漢文体の古文ではなく、漢児言語を母胎にし新たに形成された文語であった。このように新しく生まれた文語を、これまで「漢文吏牘体」または「蒙文直訳体」と呼んでいたのだが、これについて金文京他（二〇〇二：三七二）の説明は以下のようである。

「金の王族は片言なりとも「漢語」が話せたようであるが、モンゴルの王族や貴族たちは一般に「漢語」を解さず、また習う気もなかったらしい。そのため特にカーンの命令など重要な事項は、カーンが話したモンゴル語を翻訳して記録する必要が生じたのである。それにはもともとブロークンな中国語であった「漢児言語」を用いるのがもっとも簡便で、かつ正確なやり方であったろう。もし正規の中国語あるいは文言によって訳そうと思えば、勢い意訳による意味のずれが生じるのは免れまい。しかもそれらを読むのは大部分が、契丹人、女真人など「漢児言語」を使用していただろう「漢人」たちであった。このようにして「漢児言語」は口語から文章語になった。いわゆる「蒙文直訳体」の漢文がすなわちそれである。」金文京他（二〇〇二：三七一～三七二）

しかしこのような説明は、この文章語が、全て漢児言語という当時実際に存在した口語を反映していたものである、ということを看過したものであるため、今では色あせた主張であるといわざるを得ない。すでに筆者の様々な論著（拙稿一九九九、二〇〇〇、二〇〇三、二〇〇四）で、当時漢児言語とモンゴル語が混合した漢語が一種のコイネーとして実際に存在し、「蒙文直訳体」とはこの口語をそのまま記録したもので、漢文吏牘体はその漢語を基盤にして新しく形成され、司法と行政で使用された文章語の文体をいうものであったと説明した。

モンゴル帝国の第二代大汗である太宗オゴデイがモンゴル人書記官（必闍赤）[29]の子弟には漢児言語とその文書を、そして漢人の子弟にはモンゴル語を学習させろという聖旨を下したことは、この漢・蒙官吏たちがモンゴル語とそれを翻訳する漢児言語、およびその文語を互いに学習し、意思疎通に支障がないようにすることが目的であった。[30]

漢文吏牘体と漢吏文

元代の口語である漢児言語を基盤にし形成された文章語を、「蒙文直訳体」と「漢文吏牘体」に分けて考える学者がいる。即ち田中謙二（一九六四：四七）は、その論文冒頭で以下のようなことを主張した。

「元典章」正しくは「大元聖政国朝典章」に収める文書のスタイルは、大別して漢文吏牘文と蒙文直訳体の二種に分かたれる。前者は、行政・司法の実務にたずさわる胥吏の手により、少なくとも北宋にはほぼ完成されていた法制文書用の文体である。これに対して後者は、モンゴル族が支配する元王朝の、特殊情況の下に発生し、蒙古語で書かれた法制文書を訳史（翻訳官）が中国語に翻訳する時に用いた文体をさす。蒙文直訳体というのは仮の名にすぎず、これもやはり漢字で書かれた漢文の一種である。ただ、これらの二種の文体は、通常の中国文といささか様相を異にするため、一般に「元典章」の文章は難解だとされて、生まの史料を豊富に擁しながら、いまなお十分には活用されぬ段階に甘んじている。

このような主張は、漢文吏牘体が北宋時代から始まり、蒙文直訳体は元代に発生したものと考えるものである。しかし筆者は、後者が元代北京地域の口語である漢児言語をそのまま記録したものであり、前者はこれを文語化したものと見る。田中謙二の説に対して、吉川幸次郎（一九五三）が元代吏牘文の代表的資料である『元典章』の文体について次のような言及をしたことは、たとえ彼が漢児言語の存在を知らなかったとしても、当時の現実を見抜いたものであった。

〔前略〕かくきわめて僅かではあるが、あたかも元曲の白のごとく、口語の直寫を志した部分が存在する。なぜこれらの部分だけ口語を直寫しようとするのか。それは恐らく、いかなる言語に誘導されての犯罪であるかが、量刑に關係するからであり、その必要にそなえる爲であろうと思われるが、要するに吏牘の文が、必要に応じてはいかなる言語をも受容し得る態度にあることを、別の面から示すものである。〔後略〕（三七～三八）

この言及は、元代吏牘文が司法で使用された際は、罪人の供招にせよ、訴訟の訴状に事実を把握するため、彼等が使用する口語を、それがどのような言語であろうとも、そのまま記録しようとしたという主張である[31]。ここでいう「いかなる言語」とは、繰り返すまでもなく、当時北京地域でコイネーとして使用された漢児言語であり、元代吏牘文では、このような口語を「蒙文直訳体」という名前で暫定的に規定したということである。

しかし、後代の学者達は吉川幸次郎と田中謙二のこのような暫定的な用語を、まるで実際に漢文にこのような文章体が存在したかのように信奉してきた。これはみな、漢児言語の存在を理解していない結果だといえよう。筆者は、今まで論じた元代司法や行政において主に使用された漢文吏牘体を、「漢吏文」として見ようと思う。言い換えると、今まで日本人学者たちが主張した「漢文吏牘体」、「蒙文直訳体」という漢文の変文は、実際には元代の吏文で、口語を直写したもの、即ちそのまま書き写したものを言う。特に「漢文吏牘体」、即ち元代以後発達した中国の「吏文」を、高麗後期以後から朝鮮半島でも書かれた吏文と区別し、「漢吏文」と呼ぶ[32]。

今まで誰も、漢文吏読体の元代文章語が、古文と異なる文体を示しており、これを漢吏文であると言及したことがない。しかし、朝鮮初期まで、元代に始まった吏文、即ち中国の漢吏文を試験する漢吏科があり、『世宗実録』巻四七、世宗一二年庚戌三月戊午條の記事に、詳定所（法と制度を準備するため設置された機構）[33]で諸学の取才（下級官吏を選抜するために実施された採用試験）に使用する出題書を規定して載せているが、ここに漢吏科の課試方法が詳細に説明されている。

漢吏文の教材

この中で漢吏学の出題書としては、「書・詩・四書・魯齋大學・直解小學・成齋孝經・少微通鑑・前後漢・吏學指南・忠義直言・童子習・大元通制・至正條格・御製大誥・朴通事・老乞大・事大文書謄錄・製述・奏本・啓本・

咨文」が載せられているが、この取才に使用された出題書こそ、漢吏文を学習する教材と見て間違いない。

即ち、前述した出題書の中の、「書・詩・四書」は先秦時代の古文として作成されたもので、『朴通事』・『老乞大』は当時の口語である漢児言語を学習する教材であり、残りは漢吏文を学習する教材であることは明らかである。この漢吏文教材をそれぞれ紹介すれば、以下のようである。

まず、『魯齋大学』は元の許衡が編纂した『魯齋遺書』三巻の中の『大学直解』をいうことから、四書のひとつである『大学』を当時の元代の漢児言語で解釈したものと思われ、『成齋孝経』は元代の北庭の成齋（貫雲石）の『孝経直解』のことである。[34]

『大元通制』は元の建国初期から延祐年間（一三一四～一三二〇）に及ぶ元代の法律制度を集大成した本で、元の皇慶元年（一三一二）に仁宗が阿散に元開国以来の法制事例を編集するよう命じ、至治三年に完成したもので、元唯一の体系的法典である。『至正條格』は元の至治六年（一三四六）に『大元通制』を刪修したものである。『御製大誥』は明の太祖が元代の悪風を正すために、官民の犯法事例を採集し、これを根拠に、洪武一八年（一三八五）一〇月に『御製大誥』七四条を頒布し、翌年また『御製大誥続編』八七条（一巻）と『御製大誥三編』の四七条（一巻）を作ったが、これを通称して『御製大誥』という。

『事大文書謄録』は、朝鮮時代に承文院で中国の朝廷と往来した文書をまとめたもので、『世宗実録』（巻五一、世宗一三年一月丙戌條、同巻一二一、世宗三〇年八月丙辰）と、『端宗実録』（巻一三、端宗三年一月丁卯條）の記事によれば、五年ごとに一回ずつ書写し、一〇年に一度ずつ印刷し、出刊したとある（鄭光他、二〇〇二参照。）。

「魯齋大學・直解小學・成齋孝經・少微通鑑・前後漢」は、『大学』・『小学』・『孝経』・『通鑑』・『漢書』・『後漢書』等の経史書を漢児言語でわかりやすく解釈したものである。そして、「吏学指南・忠義直言・大元通制・至正條格・御製大誥」は、これまで漢文吏牘体と呼ばれてきた元代に発生した新しい文語、即ち漢吏文で作成されたものである。この中で、『吏学指南』はこのような漢吏文を学習する参考書である。[35] そして、『忠義直言』・『大元通制』・『至正條格』・『御製大誥』は、前で見た『元典章』と同じ部類の本で、元代の法律、詔勅、上疏等の行政文書をあつめた文献である。「老乞大・朴通事」は、口語である漢児言語を学習する教材であり、この言葉が漢吏文という文語の母胎であったことは、前でたびたび言及したところである。

このような漢吏文、即ち漢文吏牘体と蒙文直訳体の教本として見た『魯齋大学』・『直解小学』・『成齋孝経』・『少微通鑑』・『漢書』・『後漢書』を中心に、漢吏文がどのような漢文であるかを知ることができる。これら漢吏文教材の中で、特に筆者が自由に利用することができる『成齋孝経』を例にして、漢吏文の実態を探ってみよう。

『成齋孝経』

『成齋孝経』は、元代の小雲石海涯（貫雲石）が『孝経』を当時の北京地域の口語である漢児言語で解釈したもので、魯齋（元の許衡）が四書の一つである『大学』を当時の北京語で直説し、『魯齋大学』を編纂したものを真似たものである。[36] この本の著者である小雲石海涯は『元史』巻四三に、以下のように紹介されている。

小雲石海涯家世、見其祖阿里海涯傳。其父楚國忠惠公、名貫只哥、小雲石海涯、遂以貫爲氏。復以酸齋自號。〔中略〕初襲父官爲兩淮萬戸府達魯花赤、〔中略〕泰定元年五月八日卒。年三十九。贈集賢學士中奉大夫護軍、追封京兆郡公、謚文靖。有文集若干卷、直解孝經一卷、行于世。

小雲石海涯の家世は、その祖父阿里海涯の伝に見える。その父楚国忠恵公は名を貫只哥といい、小雲石海涯は、そこで貫を姓にした。また、酸齋を号とした。〔中略〕初め父の官を受けつぎ両淮万戸府達魯花赤となり、〔中略〕泰定元年五月八日に卒した。年は三十九歳。集賢学士中奉大夫護軍が贈られ、京兆郡公に追封され、文靖と諡された。文集が若干巻有り、『直解孝経』一巻が、世にもてはやされた。

この記事を見ると、小雲石海涯（一二八六～一三二四）が、『孝経直解』（史料中では『直解孝経』）一巻を書き、世に流行していた。彼はもともとウィグル人である。そして貫酸齋という名前で楽府散曲の作家としても広く名を知られた。

『孝経直解』は当時非常に人気があったようで、銭大昕の『補元史芸文志』巻一と、金門詔の『補三史芸文志』に「小雲石海涯直解孝經一卷」という記事が見え、倪燦の『補遼金元芸文志』と盧文弨の『補遼金元芸文志』にも、「小雲石海涯孝經直解一卷」という記事が見える。明代の焦竑の『国史経籍志』巻二には「成齋孝經説一卷」として記載されている（長澤規矩也、一九三三）。

『成齋孝経』は、その自敍末尾で「至大改元孟春既望、宣武將軍、兩淮萬戸府達魯花赤、小雲石海涯、北庭成齋自敍。」とし、至大元年（一三〇八）正月一五日にこの序文が完成したことがわかる。『成齋孝経』は許衡の『魯齋大学』と同じく、『孝経』を当時の漢児言語で解釈し直接説明したもので、筆者が紹介した『(原本）老乞大』（以下、『原老』と略称）と『孝経直解』（以下、『孝解』と略称）には、当時の北京の漢児言語が同じように反映されている。

『原老』が、『孝解』と同じ漢児言語の文体を持った例を『孝解』の直解文から探してみれば、以下のようである。

『新刊全相成齋孝経直解』孝治章、第八

原文：治家者不敢失於臣妾、而況於妻子乎？　故得人之懽心、以事其親。

直解文：官人毎、各自家以下的人、不着落後了。休道媳婦孩兒。因這般上頭、得一家人懽喜、奉侍父母呵、不枉了有麽道。（官人たちはそれぞれ自身の下の者をないがしろにしない。妻や子供に対しては、言うまでもない。このようなわけで、一家の人々の喜びを得、父母をお世話すれば、誤りがないといえるだろう。）

この例文で傍線を引いた①毎、②上頭、③呵、④有、⑤麽道は、全てモンゴル語の影響により漢文に挿入されたものである。これらを考察し、『孝解』が『原老』と同じく口語である漢児言語によって直解したものであることを考察してみよう。

① 毎

この直解文の「官人毎」にみえる「毎」は、名詞の複数接尾詞で、後代には毎→們の変化を示す。朝鮮中宗朝の崔世珍の『老朴集覧』では、『原老』で「毎」が使用されたことを知っており、これについて以下のように言及している。

毎本音上聲、頻也。毎年・毎一箇、又平聲、等輩也。我毎・咱毎・俺毎우리・恁毎・你毎너희、今俗喜用們字。（單字解一表）（毎：元来の発音は上声であり、「頻繁だ」の意味である。「毎年」、「毎一箇」もまた平声として読めば、「等輩」と同じ意味である。「我毎」・「咱毎」・「俺毎우리」・「恁毎」・「你毎너희」、今は一般的に「們」字を好んで使う。）

この解説によると、「毎」が複数接尾詞であることを述べており、『老乞大』の新本、即ち删改本では、すでに

「毎」が「們」に代わったことを証言している。実際、『原老』の「毎」は、『(刪改)老乞大』[37]と『(翻訳)老乞大』(以下、『翻老』と略称)では、「們」に変えられている。

別人將咱毎做甚麼人看(『原老』二表)　別人將咱們做甚麼人看(『翻老』上、五裏)
漢兒小厮毎哏頑(『原老』二表)　漢兒小厮們十分頑漢兒(『翻老』上、七表)
俺這馬毎不曾飲水裏(『原老』九表)　我這馬們不曾飲水裏(『翻老』上、三一表)

複数の意味で「們」が使用されることが始まったのは宋代からであり、「懣(滿)、瞞、門(們)」等の形態が生まれた。元代に至っても「們」が部分的に使用されたが、大部分は「毎」に変わった。そうこうするうちに、明代中葉からまた「們」の使用が多くなりはじめた。このように宋・元・明代には們→毎→們の形で反復される過程を経たが、その原因については正確に明らかになっていない。注目されることは、元代に至り北方系官話が標準語になり「毎」が通用されたが、南方系官話では依然として「們」を使用しており、元代以後には、北方系官話でさえ「毎」が次第に無くなっていったということである(呂叔湘、一九八五：五四)。したがって、『孝解』が『原老』と同じ北方系漢児言語を反映していることがわかる。

② 上頭

直解文の「因這般上頭」にでてくる「上頭」は、後置詞としてこの時代の漢児言語でだけ使用され、後日には上頭→因此上(~の理由で)と代わった。『老朴集覧』に「上頭젼ᄎᆞ로　今不用(累字解　二五前)」(「上頭」は、「~の理由で」という意味で今は使用しない)という注釈は、「上頭」と「因此上」が同じ意味であったことを述べている。

「因此上」は原因をあらわす接続詞の形であり、「上頭」は「上」に「頭」が接続された形で原因を表す。全て、モンゴル語の影響を受けた後置詞の形として分析される。『蒙古秘史』の対訳文では「禿剌（tula）」と対応されているが、余志鴻（一九九二：六）によると、以下のとおりである。

注　音：騰格裏因　札阿鄰　札阿黑三　兀格　忝貼昆　禿剌
対訳文：天的　　　神告　　告了的　　言語　明白的　上頭
意訳文：天告你的言語明白上頭

したがって、『孝解』によく出てくる「上頭」は、モンゴル語の「禿剌（tula）」に対応し挿入されたものである。この例は、『孝解』の直解文を蒙文直訳体と見るべきことをよく示している。

③ 呵

次に、直解文の「奉侍父母呵」に出てくる「呵」は、やはり後置詞で、モンゴル語に影響されて挿入されたものである。後代には呵→時（～すると）と翻訳されるが、これについては『老朴集覧』では「時猶則也。古本用呵字、今本皆易用時字、或用便字。（単字解　五表）」（「時」は「則」と同じである。古本では「呵」字を使用しているが、今回の本では、全て「時」に代えるか、または「便」字を使用した。）[38]とし、古本の「呵」字を「時」に代えたことが明らかにされており、『原老』では「呵」であったとわかる。例を実際に『原老』で探してみると、以下のとおりである。

身已安樂呵、也到。（身体が楽なら、着けるでしょう。）（『原老』一表）

既恁賣馬去呵、咱毎恰好做伴當去。（今きみが馬を売りに行くなら、わたしたちが友となっていくのが良い。）（『原老』三表）[39]

「呵」は、語気助詞として分析されることもあるだろうが、例文が示すように、仮定の意味を表す後置詞の形で見ることが、より妥当であろう。これはモンゴル語にその痕跡を見つけることができるのだが、『蒙古秘史』に拠れば、「阿速」（-[b]asu/-esü）の対訳文として「呵」が使用されており、このモンゴル語は朝鮮語の「-면（なら）」のように仮定の意味を表しており、[b]は母音の後にだけ使用された（余志鴻、一九九二：三）。

④ 有

『原老』の特徴として、モンゴル語の時制と文章終結を表す「a-（to be）,’bayi-（to be）」は「有」で表記された（拙著、二〇〇四）。これが元代漢児言語の影響であることは、崔世珍が『老朴集覧』で明らかにしている。即ち『老朴集覧』で「漢兒人有」の説明で「元時語必於言終用有字、如語助而實非語助、今俗不用。（元代の言葉では、必ず言葉が終わるところで「有」字を使用したが、語助辞のようであるが、実は語助辞ではない。現在は、世間では使用されていない。）」（『老乞大集覧』上　一表）とし、語助辞のように使用された文章終結語尾の「有」が元代の言語にあったが、崔世珍の当時にはもうこれ以上使用されていないことを述べている。

モンゴル語の動詞「bui̯（is）, bolai̯（is）, büliige（was）」と、全ての動詞の定動詞形である「a-（to be）」、「bayi-（to be）」そして動詞「bol-（to become）」は全て繫辞として使われている。[40] したがって、モンゴル語の「bui̯, bolai̯, büliige, a-, bayi-, bol-」が、文章の終わりに書かれて文章を終わらせる動詞的機能を代わりにすることから、『原老』

に書かれている文章終結の「有」は、モンゴル語の影響を受けた元代北京語の特徴であると考える。（拙著、二〇〇四：五一八～五一九）

『孝解』の直解文で「有」が使用された用例が多いが、その中でいくつか提示すれば以下のとおりである。

㋐ 原文：夫孝德之本也。『孝解』「開宗明義章第一」
直解文：孝道的勾當是德行的根本有。（孝行というものは徳行の根本である。）

㋑ 原文：敬其親者、不敢慢於人。『孝解』「天子章第二」
直解文：存着自家敬父母的心呵、也不肯將別人來欺負有。（おのずから父母を尊敬する心を持っている人間は、他の者を蔑むことはない。）

㋒ 原文：君親臨之厚莫重焉。『孝解』「聖治章第九」
直解文：父母的恩便似官裏的恩一般重有。（父母の恩恵はまるで天子の恩恵ほどに重い。）

㋓ 原文：宗廟致敬不忘親也。修身愼行恐辱先也。『孝解』「感應章第一六」
直解文：祭奠呵、不忘了父母有。小心行呵、不辱末了祖上有。（祭祀を行うのは、父母を忘れないようにしようとすることである。心を砕いて行動に気をつけるのは、先祖を辱めることを恐れるためである。）

この例文の直解文文末に書かれた「有」は、志村良治（一九九五：三八四）では、入矢義高（一九七三）の主張に従い、元代初期から使用され始め、確定的な意味を表したと主張した。一方太田辰夫（一九九一：一七九）では、

「有」字のこのような用法は元代から明初に及ぶ史料に多く見出すことができるが、実際に口語体で使用されたことは間違いないとした。そして元曲に至っては、慣用表現でしか使用されていなかったが、「一壁有者」（一方で待っている）のような慣用語的用法は、元曲でも見つけることができ、したがって「有」は語彙的意味が無い、文章末の終結尾であることが推定されるとした。

『原老』では文章の末に「有」が大量に使用されていることを発見することができる。これは『老朴集覧』の解説と同じく、まさに元代の大都地域の言語であることを示す、有力な根拠と言える。[41]『原老』に現れる例を二つだけ挙げてみよう。

㋔ 我也心裏那般想著有。（わたしも心にこのように思う。）（『原老』三裏）

㋕ 恁是高麗人却怎麽漢児言語說的好有？（あんたは高麗人なのに、どうして漢児言語を上手にはなせるんだ？）（『原老』一表）[42]

この例文をみれば、「有」が文章終結語尾として、過去完了時相を示すもののように思われる。[43]

⑤ 麽道

「麽道」は『孝解』だけではなく、元代の聖旨やそれを刻んだ碑文でも発見される。これはモンゴル語の「ge'e」（話す）を表記するものであり、蒙漢対訳漢児言語碑文をみれば、モンゴル語の「ge'en,ge'eju, ge'ek'degesed aju'ue」を対訳したものである。即ち「麽道」は「と言う」に該当するモンゴル語を対訳したものである。例を大徳五年（一三〇一）一〇月二二日の上奏文から示せば、以下のようである。

大徳五年十月二十二日奏過事内一件。陝西省官人毎、文書裏説將來、責（貴カ）赤裏愛你小名的人、着延安府屯田有、收拾贖身放良不蘭奚等戸者麽道、將的御寶聖旨來有、教收拾那怎生。麽道、與將　文書來（麽道）奏呵。怎生商量來、（麽道、）（田中一九六二：七六〜七七）

大徳五年十月二十二日に上奏した案件一件。「陝西省の官人たちが文書で伝えてきたことには、『貴赤（弓兵）の愛你というものが延安府の屯田に来て、「贖身金を納め平民籍を回復した不蘭奚（南宋でモンゴル軍の捕虜としてやってきて奴隷となったもののこと。「孛蘭奚」とも書く。）を戻せ」と仰せになった御宝聖旨を持っておりますが、帰らせてはいかがですか？』と述べる文書を送ってきました」と（述べて）上奏したが、「どのように相談したのか？」と（仰せになり、[44]）

この例を見ると、全て引用文形式を取っている。勿論実用会話文である『原老』には、このような引用文がないため、「麽道」は使用されていない。筆者は『孝解』のこのような文体が、『原老』の漢児言語から文語である漢吏文に発展していく過程を示すものと見る。ここで『老乞大』の漢児言語は、口語として日常会話に使用された言語であり、『孝経』の直解文は、文語の姿を見せながら、徐々に吏文に発展したものである。

このように『孝経』には、普通は漢文で使用されない「毎・上頭・呵・有・麽道」等の語彙を使用しており、文章の構造も古文との相当の差異が見える。しかし、『孝経』が朝鮮前期に施行された漢吏科の出題書であることから、このような漢文、つまり漢吏文を実際に学習して、これによって事大文書を作成したことを知ることができる。

『元典章』

次に『元典章』の漢文吏牘体について見ていく。先述した『世宗実録』巻四七、世宗一二年三月庚戌條の記事には詳定所で漢吏科、即ち漢吏文を試験した出題書として『忠義直言』・『大元通制』・『至正條格』・『御製大誥』等があり、これらは『元典章』と同じ部類の本で、元代の法律・詔勅・上疏等の行政文書を集めた文献であった。吉川幸次郎（一九五三）では『元典章』、即ち『大元聖政国朝典章』（六〇巻）と『新集至治條例』（不分巻）[45]の漢文文体を考察した。そしてこの資料に見える漢文は蒙文直訳体に見られないこともないが[46]、大部分は漢文吏牘体に見られとし[47]、例として、『元典章』巻四二「刑部」雑例の中の「碾死人移屍」の一節を示した。

看碾子人李鎮撫家驅口閻喜僧状招、至元三年八月初八日、本宅後碾黍間、有小廝四箇、於碾北四五歩地街南作耍。至日高碾齒、前去本家、取塾碾油餅回來、到碾上、見作耍小廝一箇、在西北碾槽內、手腳動但掙揣、其餘三箇小廝、碾北立地。喜僧向前抱出小底、覷得頤上有血、抱於西墻下臥地。恐駈踏着、移於碾東北房門東放下、倚定麻楷坐定、手動氣出。喜僧委是不知怎生碾著、避怕本使問著、走往阜城縣周家藏閃、在後卻行還家。幹證人殷定僧等三人狀稱、崔中山於碾內弄米來、俺三箇碾外耍來、趕碾的人無來。法司擬、既是殷定僧等稱、崔中山自來弄米、別無定奪。止據閻喜僧不合移屍出碾、不告身死人本家得知、合從不應為事輕、合笞四十。部擬三十七下、呈省准擬。

米搗き場を守る者である李鎮撫の奴隷閻喜僧の状招（罪人を尋問した内容を整理した文）によると「至元三年（一二六六）八月初八日、李鎮撫の家の裏で黍を石臼で挽いていた時、男児四人が石臼から北に四-五歩の道の南側で遊んでいた。太陽が高くなったときに、石臼がよく動かなくなり、家に石臼に挿す油の塊（本文では「油餅」となっている部分）を持って戻ってきたところ、道端に遊んでいた児の一人が西北側にあった臼の中に倒れ、手足を動かしてもがいており、のこりの三人の子供たちは臼の北側に立っているのが見えた。閻喜僧は前に進んでその子供を中から抱えだしたが、頭から血を出しているのが見え、西墻の下に抱えて行き、横たえさせたが、驢馬が（驢馬が石臼をまわしていたと見える）踏むか分からないため、臼の東北側にある家の門の前の東側に動かし下ろし、麻の楷に倚せかけて座らせたところ、手が動いて息絶えた。閻喜僧は、なぜこのように挽かれたのかがわからなかったが、主人から問われることを畏れ、阜城縣の周家の蔵に逃げ隠れ、ほとぼりが冷めてから家に帰った」といった。証人になった殷定僧等の三人の子供たちの審問によると、「崔中山（臼のなかで挽かれて死んだ子供のこと）は臼の中で米にいたずらしていた。自分たち三人は臼の外で遊んでいた。臼を挽くひとはいなかった」と述べた。法司では「殷定僧等が、崔中山が自分から米にいたずらしに来たと証言しているからには、特に処罰をする必要は無い。しかし、不都合にも閻喜僧は死体を動かして臼から出し、死んだ子供の家に知らせなかったことは、『不應爲事軽』に従うべきであり、笞四十にすべきである。」とし、刑部は「三七回下す」と擬覆し、中書省に呈して許可された。[48]

この漢文の文章は、当時の口語をそのまま採用したものと見られる語彙が見え、古文であれば、他の単語を使用したものと思われる語彙が頻繁に混用されている。例を挙げると、古文であれば「男兒」とする語を「小廝」、「小底」とし、「子供たちが遊ぶこと」を「作戯」としなければならないことを「作要」としたことでも、運動を「動但」、もがくことを「掙揣」、立つことを「立地」とし、見ることを「見」、「看」としないで「覷得」とし、「どのようにするか」を「如何」とせずに「怎生」としたことが、まさにそのような例である（吉川、一九五三：五）。

このような例から、筆者は元代の漢文吏牘が、「漢兒言語」という口語を基本として形成されたものとして考える。すなわち、漢兒言語が口語であれば、元代吏文はそこに依拠した文語とすることができる。したがって、漢吏文、即ち漢文の吏牘文体はあくまでも中国語であり、文法的には古文のそれとそこまで大きく異ならない。[49] なぜなら、漢児言語は語彙や文法要素でモンゴル語の影響を受けたが、文法構造は中国語であるからである。

この漢文吏牘文体は、下級官吏である漢人が統治者であるモンゴル人に上対して報告する全ての行政文書で、一括的に使用された。従って、古典的教養を重視した古い中国の慣習は崩れ、実務の知識と機能が重視された。当時、「士」よりは実際に法律知識が豊富な「胥吏」が優待を受けた。モンゴル人の統治を受けていた元代の漢人が出世する道は、法律・行政・文書作成のような実務知識と漢吏文に精通する道しかなかった（宮崎市定、一九八七）。

それゆえ筆者は、元代に流行が始まった吏牘の漢文文体を、「漢吏文」として考えようと思う。朝鮮前期に漢吏科を開設したのは、事大文書（中国へ送る書信）を作成する際、漢吏文に精通した人員が必要であったためであり、この時の出題書として、前述した漢吏文の教材が選択されたのである。中国ではこのような漢吏文を学習することを「吏道」とよび、「吏牘」は元来漢吏文として書かれた文書のことであったが、徐々に漢吏文作成自体を意味するようになった。即ち、一定した公文書書式に従って作成された吏文を、「吏牘」としたということである。朝鮮半島では前者については「吏頭」と、後者については「吏讀」と、一字を直して述語として使用されたようである。

吏読と口訣

朝鮮半島では古くから中国の文物を受けいれながら、中国語を学び、漢字を身につけ、漢文になった各種の文献を読み、また自分から漢字を借りて朝鮮語を記録した。漢文は孤立的な文法構造を持った中国語を、表意文字である漢字で記録したものであるため、これを読むときは朝鮮語にわかりやすくして読んだり、膠着的な朝鮮語の文法構造に従って、助詞と語尾を添加して読んだ（拙稿、二〇〇三a、b）。このような漢文読法の中で、前者は「釈読」、後者は「順読」、または「誦読」と呼び、この時に挿入された韓国語の文法要素、即ち助詞と語尾を「口訣」と呼んだ。

その一方で、朝鮮語を漢字で記録する場合には、まず中国語で翻訳し、漢字で書く方法があった。これは中国語を基盤にした漢文と変わりない。しかし、中国語で翻訳して表記した場合、翻訳が不可能だったり、難しいことがある。人名・地名・固有の官職名がそうである。この場合には、漢字に翻訳することや、発音どおりに表記する方法があった。例をあげると、新羅の武将「居柒夫（コチルブ）」を「荒宗」と、「奈乙（ナウル）」を「蘿井」と、「舒弗邯（ソブルカン）、舒發翰（ソバルハン）」を「角干」と書く方法である。これは実際に新羅語を漢字を借りて発音とおりに表記し、これを中国語に翻訳した例である。

このような古代朝鮮語の固有名詞を表記する方法から一歩進み、朝鮮語の語順で漢字を羅列する方法があったが、これはすでに広く知られているように、壬申誓記石の表記方法から発展したものである。このように朝鮮語の語順に合わせ漢字で表記した文章を、現在まで「郷札文」、「吏読文」と呼び、そこで使用された漢字を「郷札」または「吏読字」と呼んだ。[50]

このように朝鮮語を漢字で語順に合わせて表記する吏読文には、中国語に無い固有名詞や文法要素のようなものを、漢字の意味と発音を借りて表記する場合がある。例を挙げると、葛項寺造塔記（七五八）の「二塔天寶十七年戊戌中立在之」（二つの塔は天宝十七年戊戌に立てた）の「在之」は、時相と文章終結を示す文法部の表記のために使用されたものである。この時の「在」や「之」は、口訣と非常に類似している。しかし、重要な違いは、吏読が漢字によって朝鮮語を記録するとき使用されたものであるが、口訣は漢文を読むときに挿入されたものである、という点である。従って吏読文は、文法構造が朝鮮語に基盤を置いたものであり、口訣文は、中国語の文法構造に従った漢文文章に、朝鮮語の文法部である口訣を挿入したものである。もうひとつの違いは、口訣が朝鮮語の語尾、および助詞のような文法部を記録することに限定される反面、吏読は固有名詞を表記しながら、意味部を記録する場合があることである。[51]

そして、「吐」がある。これは吏読や口訣で、特に朝鮮語の文法部、即ち助詞や語尾を漢字を借りて表記したものをいい、「口訣吐」と「吏吐」がある。「吏吐」の場合は、吏読が間々意味部を記録する場合があるので、別に独立して区別できるが、「口訣吐」は口訣が大部分文法部を記録するもののため、区別が簡単ではない。[52]

朝鮮吏文

吏讀文がすなわち吏文ではないことは、ここまでの議論で理解できると思われる。即ち漢吏文と同じく、朝鮮半島でも変体漢文を利用して、公文書の作成に有用な文体をつくって使用された。朝鮮吏文[53]がいつから正式に公文書の公用文になったのかは、未だいかなる研究も無い。しかし、漢吏文の影響を受けて朝鮮吏文が成立したのであれば、高麗末や朝鮮初期のことと考えることができる。

この吏文が、朝鮮時代の公文書の公用文であって、全ての公文書は吏文で作成されてはじめて、効力を発生した。『受教輯録』（一六九八）戸部、徵債條に「出債成文〔中略〕諺文及無證筆者、勿許聽理。（借金の文章を作成する際は（中略）諺文で書いたり、書いた人間の証拠が無ければ、訴えを審理することを許さない。）」とし、諺文（ハングル文）で書いたもの、証人がいなかったり、書いた人間が明らかではない場合、債券の効力を認証しないことがわかる。

吏文が吏読文と区別された事実は、『世祖実録』三年七月甲戌の以下の記事からわかる。

吏曹啓、吏科及承蔭出身封贈爵牒等項文牒、皆用吏文。獨於東西班五品以下告身、襲用吏讀、甚爲鄙俚。請自

今用吏文。従之。—吏曹が啓することには、「吏科及び承蔭出身の封贈爵牒などの文牒では、全て吏文を用いております。ただ東西五品以下の告身では、習慣的に吏讀を用い、甚しく鄙俚でございます。今より吏文を用いられますよう。」これに従った。

ここで述べる吏文は、漢吏文に基づいた、高麗末と朝鮮前期に官庁で使用したものを述べており、吏読とは、漢字の音と訓を借りて朝鮮語を記録することを述べている。

朝鮮吏文の典型を示すものとして、中宗朝に崔世珍が編集した『吏文大師』（以下『吏師』と略称）を挙げることができる。これはいうまでも無く、朝鮮吏文の学習書として、漢吏文に精通していた崔世珍が編纂したものである。

朝鮮初期の吏文は漢吏文の文体に合わせたもので、吏読文とは区別された。ただし『吏師』に見ることができるように、形式があり、特殊な慣用句を使用しながら公文書に書く漢文を、吏文と呼ぶのである。ところが、吏文の特殊慣用句は、驚くべきことに吏読文から取り入れられたものが多かった。

『吏師』の巻頭に紹介された慣用句は、大部分は吏読になったものである。例えば、「右謹言所志矣段」は、「所志（陳情書または告訴状のこと）」の冒頭につく慣用句であるが、動詞構造が朝鮮語であり、「矣段（—의단、—ᄋᆡᄯᆞᆫ、わたしについては）」のような吏読が含まれている。内容は、「これから謹んで申し上げる訴状というのは」という意味である。また、「右所陳爲白內等（これから申し上げようとすることは）」も、古文書の冒頭に使用する慣用句であるが、ここにも「爲白內等（ᄒᆞᄉᆞᆲᄂᆡᄃᆞᆫされますならば）」のような吏読が含まれている。

しかし、内容においては、漢吏文の文体を使用する。たとえば、「吏師」には、朝鮮吏文によく使われる四字成句が多数載っている。

合行牒呈―牒呈、すなわち公文書を送るのが適当であるという意味。
照驗施行―対照して試行すること。
他矣財穀―他人の富と穀物、すなわち他人の財産。
夜間突入―夜に無断で他人の家に入ること。
偸取恣意―偸取、すなわち、他人の物を盗むことを恣意的に行うこと。
連名資生―やっと命をつなげるほどで生きていくこと。
現露辭緣―すべて明らかになった内容。
依律施行―法律に基づいて施行すること[54]。

このように四字成句を多く使用している漢文文体は、漢吏文の特徴であり、朝鮮吏文が手本にしたものである。吉川幸次郎（一九五三）では、『元典章』の漢文吏牘の文体的特徴として緊張感をあげ、緊張を誘発する要因として、次の二つを挙げた。

ⓐ四字句もしくはその變形を基本とするリズム。
ⓑある種の口語的語彙をふくむ吏牘特有の語の頻用[55]。

これに従えば、朝鮮吏文も漢吏文と同じ四字句を基本とした文体的リズムがあり、口語的表現を加味し、吏文でのみ使用されている慣用句を頻繁に使用し、公文書としての権威と緊張を誘発したものと見られる。これは朝鮮吏文が、漢吏文の文体を手本にしたためであろう。

朝鮮後期に入ると、吏文の形式はそのまま維持したが、吏読の表記が増えてくる。筆者が通訳の名門である川寧玄氏の古文書から見つけた、玄啓根の陳試（試験を延期して受けること）の所志を例にすると、次の通りである。この所志は、乾隆甲子式年試[56]の上式年（一七四三）訳科初試に合格したが、翌年に実施する覆試は父親の喪のために参加することができず、応試を遅らせてほしいという陳試の所志として、一七四四年一〇月に作成されたものである。[57]

譯科初試擧子喪人玄敬躋[58]
右謹言所志矣段、矣身今甲子式年譯科初試、以漢學擧子入格矣。五月分遭父喪是如乎、依例陳試、事後考次立旨、成給爲只爲、行下向教是事。
禮曹處分手決依法典
甲子十月日所志

訳科初試の挙人で喪に服している玄敬躋
これから謹んで所志することは、わたくしは今回の甲子式年訳科初試に、漢学の挙子として応試し、入格しました。五月は父の喪に当るため、前例に従い試験を延期し、その後に試験することについて、これを立証する文書を作成するよう命令を下されますこと。
礼曹で法典にに基づいて処分して手決。
甲子 十月 日 所志

この吏文には、すべての行政所志の冒頭につく慣用句「右謹言所志矣段」があり、「矣身（この体、わたくしが）、是如乎（이다온、という）、立旨（申請書の末尾に、この事実を立証する旨を付記した官衙の証明[59]）、爲只爲（ᄒᆞ기ᄉᆞᆷ、するために）、行下向教是事（힝하아이샨일、行おうとなさろうとすること、おこなってくださること）」などの吏読と、

吏文になった慣用語が使われた。

したがって、朝鮮吏文は、元の漢吏文の影響で形成されたものであり、漢吏文がいわゆる蒙文直訳体として知られる漢児言語に基づいて形成された文語であるように、朝鮮吏文は朝鮮語の文法に基づき、新羅時代の郷札表記に基盤を置く吏吐文に基づいて形成され、漢吏文の漢文文体を受容した。

この朝鮮吏文は甲午改革（一八九四）でハングルを公文書に使用できるという勅令が下されるまで、朝鮮時代の唯一の共通文語であった。数百年間続いた唯一の公共文語である朝鮮吏文の研究がそう多くないのは、韓国語研究の発展にとって全く残念なことである。

吏読の起源

吏読は、前述のように朝鮮語を中国語に翻訳せずに、朝鮮語の語順に応じて漢字に記録し、漢字がない助詞と語尾は、漢字の発音と意味を借りて借字表記する方法をいう。朝鮮半島で「吏読」という名称がいつから使用されたかは明確ではない。

今のところは『世宗実録』巻一〇三、世宗二五年（一四四四）二月庚子條の崔萬理等の訓民正音反対の上疏文にある「吏讀行之數千年、而簿書期會等事、無有防礎者。（吏読が行われること数千年、文書を記録し日付を決めること等に、どのような問題もございません。）」という記事や、『訓民正音』（一四四六）の巻末に付けられた鄭麟趾の後序に、「薛聰始作吏讀、官府民間至今行之。（薛聰がはじめて吏読をつくり、官府・民間は今にいたるまで使っている）」として現れるのが、もっとも古いものと思われる。

吏読について劉烈（一九八三：一三）では、

吏読は、たとえ漢字で書かれていても、それは決して漢文ではなく、したがって、漢文としては正しく読めない、あくまで朝鮮語を書き入れた独特な朝鮮文の一つであった。朝鮮語を書き入れた朝鮮文の一つでありながらも、また、漢字を全く知らずにはきちんと読めない特殊な類型の文であった。〔中略〕「吏読」という名前は、それ自体の発展の歴史と関連しており、その機能の内容、性格にも関連している。「吏読」という名前は「吏読」・「吏頭」・「吏道」・「吏吐」・「吏套」とも書かれ、「吏札」・「吏書」などとも書かれた。このいくつかの書かれた名前は、すべてがその最初の文字を「官吏」を意味する「吏」字を書いており、その二番目の文字は概して「文字」や「文」を意味する文字や、またはそのような文字とその音が似たような文字を書いているのが特徴的である。これはつまり、この名前がすべて「官吏たちの文」、「官吏が書く官庁の文」ということである。〔後略〕

そして、「吏読」という名称については劉烈（一九八三）は同じ論文で、「それゆえ『吏読』という名前は七～八世紀以降に使われ始めたものと考えることができる。しかし、『吏読』の発生、発展の歴史は、これよりはるかに以前から始まったのである。」とし、「吏読」が、新羅時代に既に使用されていると考えた。

しかし、「吏読」という名称は、前述した『世宗実録』の記事が最も古いもので、『三国史記』や『三国遺事』はもちろん、高麗時代の文献でも発見されていない。もちろん新羅時代にも、漢字の音訓を借りて新羅語を記録する方法があり、薛聰や強首先生がこれを整理したという記録が残っているが、それはあくまでも「郷札」だったようで、「吏読」という名称で表われてはいない。したがって漢字の音と訓を借りて朝鮮語を記録する方法は、古く三国時代からあったが、これを「吏読」と呼んだのは、朝鮮初期の記録が現在では最も早い時期のものである。

ひとまずは、次に言及するように朝鮮吏文が漢吏文の影響で高麗後期に生まれ、その影響で漢吏文の独特な文体の表記である「吏牘」を「吏読」と、漢吏文を学習する漢吏学を「吏道」と呼んだものを「吏頭」に代えて書いたものと考える。したがって、劉烈（一九八三）の言う吏読・吏頭・吏道・吏吐・吏套・吏札・吏書は、異なる意味を持つ術語として、次のように説明することができる。

吏読—漢吏文の「吏牘」に対応する術語として、吏読文を表記すること自体を言う。
吏頭—漢吏文の「吏道」に対応する術語として吏文を学習することをいう。
吏吐—吏読文に挿入される文法要素、吐をいう。
吏套—吏文類の文体をいう。
吏札—吏読文に使われる漢字の借字などをいう。
吏書—吏読で書いた文書、または文章をいう。

したがって以上の術語は、漢吏文の影響で、朝鮮半島でも吏文が生まれた後のことであり、高麗末から朝鮮前期に確立されたものと考える。

四、朝鮮時代訳官の外国語教育

これまで議論してきたように、朝鮮半島での本格的な外国語教育は、高麗後期に成立した。もちろん、それ以前の漢文教育も、中国語教育を伴ったものとしてみなければならないが、高麗時代に特に周辺国家だけでなく、世界のさまざまな国家との交易を行い、外国語と接する機会が多かったからである。

しかし、高麗後期に外国語教育が大きく進展した動機は、中国語の変化に見いだすことができる。朝鮮半島と最も接触が多い中国の言語は、これまでは儒教経典を介して学習した雅言と、それを漢字で記した古文であった。後には言語中心が西北地方に移って行き、通語に変わったが、基本的には文法構造が雅言と変わらなかった。そして通語で解説した儒教の経典、例えば朱子の四書三経についての解説なども、やはり通語で書かれた『三国志演義』・『水滸伝』・『金瓶梅』・『西遊記』などの文学作品を通して、そして数多くの仏経を介して、この言語を十分に学習することができた。

しかし、モンゴルの元が中原を統一し、首都を北京に定めると、この漢児言語がモンゴル帝国の公用語として登場することになった。この言語は、従来の雅言と通語とは全く別の言語だったのである。したがって、従来漢文で学習した通語で、両国の官吏たちが直接交渉することができた唐・宋との外交接触とは異なり、高麗後期には、元との交渉で通訳を間に置いて疎通するようになった。このように元の建国によって中国語が一つの外国語として登場し、外国語教育の必要性が増大したのである。

それだけでなく、モンゴル人の元との接触においてモンゴル語が漢児言語より上位の言語であり、モンゴル語は、この巨大な帝国の文明語であった。つまりユーラシア大陸の大部分を征服したモンゴル人は、史上類例のない大帝国を建設し、モンゴル語はこの帝国の最高統治言語であった。したがって、高麗ではモンゴル語教育が盛んに行われており、初期の司訳院、すなわち通文館は、漢児言語とモンゴル語のみを教育するために確立された。

朝鮮半島では常に南の海を介して攻めてくる倭寇に苦しめられ、高麗時代にはこれらの侵奪がさらに激しかった。したがって倭寇を制圧するために、日本と接触する機会が多くなり、日本語教育の必要性も増大した。特に朝鮮が建国され、日本との接触が頻繁になると、最終的に司訳院に日本語を教育する倭学が設置されるに至る。

高麗と朝鮮の北方に国境を接するところは満州地域であり、ここには女真語を使用する野人女真族が住んでいた。彼らは一時金国を建て中国北方を占有したが、モンゴル族に追われ国を滅ぼされ、一部が故郷に戻って高麗に接する地域に住み、絶えず高麗を侵犯することが多く、また、国境地帯では多くの交易が行われた。このことから、女真語教育の必要性が生じた。朝鮮初期司訳院で女真学が設置されて女真語を教育し、金国の訓蒙教材を持ってきて使用した。

野人女直のうち、建州野人が力を蓄え中国を占領し、清を建国したことは、満州語の教育を行う必要性も生んだ。丙子胡乱以降には司訳院の女真学を清学に変えて満州語を教育するに至る。特に清学の教材は満州文字で書かれたものであり、モンゴル・ウイグル字の蒙学教材とともにウイグル文字の教材であったため、朝鮮司訳院では表音文字に対し非常に深い理解があった。

このように高麗末と朝鮮初期の外国語教育は、実際、周辺国家や民族との接触から始まったものである。すなわち、周辺国や民族との接触に必要な訳官の養成のために外国語教育が始まったのである。

訳官の任務

高麗の伝統を受け継ぎ、朝鮮王朝の建国とともに設置された司訳院は、訳官を養成し、それらを管掌するものであり、初期には、渡来人を接待したり、派遣された使臣を随行する仕事を担当してきた。しかし、壬辰倭乱と丙子胡乱を起点に、職制と機構において大幅な改革があり、その役割も、単純な使臣の随行や渡来人の接待に限定されず、国境での接触者を監視し、交易する際の税金を徴収する仕事を任された。また、南では釜山などに居住する外国人、主に日本人を監視し、貿易の仲介者として活躍した。とにかく訳官とは、外国との接触で起こるすべてのことを担当する実務官吏であった。

訳官として最も特異な仕事は、使行に随行して、現地で通訳を担当することであった。朝鮮時代の外国に送る使行は、中国への燕行使と日本への通信使があった。中国に送る燕行使行は、別名赴京使行としたが、冬至使・正朝使・聖節使・千秋使と呼ばれる一年四回の正規使行以外にも、謝恩使・奏請使・進賀使・陳慰使・進香使などは、ことがあるごとに送られた。したがって、各使行の人員も一律に定めることができなかった。[60]

赴京使行

この赴京使行に随行する訳官は、各使行ごとに少しずつ人員の増減があり、冬至使行の場合、堂上通事である堂上通官二人、上通事二人、質問従事官一人、押物従事官八人、押幣従事官三人、押米従事官二人、清学新逓児一人の、合わせて一九人の通訳が随行した。[61] 他にも医員（一人）・写字官（一人）・画員（一人）・軍官（七人）・湾上軍官（二人）に加え、偶語別差（一人）がおり、冬至使行に参加する通訳の数は二〇人を数えた。[62] 偶語別差の場合は、司訳院の漢・蒙・清学の偶語庁から一人を選択して差送した。堂上官は元逓児一窠と、訓上堂上、および常仕堂上から順番に送られる一窠、即ち一つのポストがあった。

赴京使行の場合は、『通文館志』巻三、事大、上（二葉表—三葉裏）に規定された派遣人員を表示すれば、次の通りである。

[表一-二]　燕行使行の人員構成[63]

使行の官名	人数	品階	選抜部署（人数）	任務	備考
正使	1	正二品 従一品			
副使	1	正三品 従二品			

書状官	1	正五品従四品		毎日の出来事を記録し、帰国後承文院に報告。	以上『経国大典』による。
堂上訳官	2	正三品以上	元遞児、別遞児各一名	通訳。	訳官。
上通事	2		漢、清学各一名	通訳。	訳官。以下同様。
質問従事官	1		教誨中の最優秀者	訳学書の修正。	文官が行く場合「朝天官」、訳官は「質正官」。
押物従事官	7		年少聡明一名、次上元遞児一名、押物元遞児 一名、別遞児 一名、偶語別遞児一名、清学被選一名、別遞児 一名		
押幣従事官	3		教誨一名、蒙学別遞児一名、倭学教誨および倭学聡明の中から一名		
押米従事官	2		教誨一名、蒙学別遞児一名		
清学新遞児	1			門の出入と支供饌物の管理など。	以上、三使以外の一八名は司訳院から派遣。
医員	1		典医監・内医院が交代で派遣。	方物の運搬に同行。	
写字官	1		承文院書員一名	表文を持って行く。	
画員	1			方物の運搬に同行。	以上各官庁が派遣。
軍官	7				正使には四人（一人は書状官に同行）、副使は三人。

偶語別差	1		司訳院の漢・蒙・清学	実践会話の学習。	司訳院が派遣。
湾上軍官	2		義州府	使行の道を整頓し、宿泊場所や食糧を管理。	義州人を派遣。

これによれば、中国に派遣され使行に随行する訳官は、堂上通訳二人から清学、新逓児まで一八人で、すべて司訳院から選出され、漢語・モンゴル語・満州語の学習のために派遣される偶語別差を合わせると、あわせて一九人の訳官が派遣される。

しかし、同箇所に追加された続條では、堂上官は旧例によって別逓児一名と、訓上堂上と常仕堂上から元逓児として交互に一人が随行するようにした。そして乾隆乙酉（英祖四一、一七六五）から、押物逓児のポストを元逓児に移し、訓上堂上と常仕堂上から各一名ずつ派遣して、総勢三人の堂上訳官が派遣された。[64]

この外にも写字官・日官などが参加するのだが、謝恩使行の場合と、陳慰使行・進香使行などの場合は、参加人数が少しずつ違ってくる。例えば謝恩使行の場合は、次のように変化する。

謝恩行
使　一員―大臣。あるいは正一品の宗班（王室の親族）か儀賓の中から選抜。
副使　一員―従二品の者を正二品に結銜。
書状官　一員―正四品の者を正三品に結銜。
堂上官　一員―元逓児。
上通事　二員

質問従事官　一員
押物従事官　八員―年少聡敏　一員、次上別遞児　一員、押物別遞児　一員、偶語別遞児一員、
　蒙学元遞児　一員、別遞児　一員、清学被選別遞児中　一員
清学新遞児　一員
医員　一員
写字官　一員
別遣御医　二員
別啓請　一員
加定押物官　二員
偶語別差　一員
湾上軍官　二員

この謝恩使行は、別遣御医をはじめとして、他の赴京使行に比べて人員の増加があり、これらの人員の随行は、奏請使行・進賀使行・卞誣使行の場合にも同じだという。[65]

通信使行

日本からは、日本国王の送使をはじめとして、畠山送使・大内送使・小二送使・左武衛送使・右武衛送使・京極送使・細川送使・山名送使・受図書遣船人・受職人などの使者が朝鮮に来た。対馬島では島主の歳遣船（二五隻）をはじめ、宗熊満の歳遣船（三隻）、宗盛氏と受職人[66]の歳遣船（各一隻）が毎年釜山浦に来た（『通文館志』巻五、交

隣、上を参照）。しかし、朝鮮からは、日本側の要求に応じて通信使が派遣され、必要に応じ対馬を介して江戸幕府と接触しただけである。したがって朝鮮から派遣される通信使行を除いては、対馬島で慶弔事がある際に、問慰行として礼曹参議の書契を持っていく堂上訳官が送られただけである。

日本に派遣される通信使行には、倭学堂上訳官として堂上官三人が随行し、日本人は、これを「上上官」と呼んだ。上通事（三人）には漢学訳官一人が参加し、次上通事（二人）は、倭学教誨の中から選ばれた。押物官（三人）は、漢学訳官一人が含まれ、倭学訳官は、教誨や聡敏中から出身者（訳科に及第者）を選択した。したがって、通信使行に随行する訳官は一〇人程度である。

通信使行で正使、副使、従事官の三使をはじめ、上述した一〇人程度の訳官と製述官（一人）・良医（一人）・写字官（二人）・医員（二人）・画員（一人）・子弟軍官（五人）・軍官（一二人）・書記（三人）・別破陣（二人）を「上官」と呼び、馬上才（二人）・典楽（二人）・理馬（一人）・熟手（一人）・伴倘船将（各三人―三使がそれぞれ一人ずつ率いる）を「次官」と呼んだ。

この他に、卜船将（三人）・陪小童（一七人）・奴子（四九人）・小通詞（一〇人）・都訓導（三人）・礼単直（一人）・庁直（三人）・盤纏直（三人）・使令（一六人）・吹手（一八人）・節鉞奉持（四人）・砲手（六人）・刀尺（七人）・沙工（二四人）・形名手（二人）・纛手（二人）・月刀手（四人）・巡視旗手・令旗手・清道旗手・三枝鎗手・長鎗手・馬上鼓手・銅鼓手（各六人）・大鼓手・三穴銃手・細楽手・錚手（各三人）を「中官」と呼んだ。そして風楽手（一二人）・屠牛匠（一人）・格軍（二七〇人）を「下官」とし、四〇〇人を超える人員が使行に参加した（『通文館志』巻六、交隣、下を参照）。

これを整理すると以下のようになる。

上上官―三使（正使・副使・従事官）・堂上訳官
上官―上通事・次上通事・押物通事・製述官・良医・写字官・医員・画員・子弟軍官・軍官・書記・別破陣
次官―馬上才・典楽・理馬・熟手・伴倘船将
中官―卜船将・陪小童・奴子・刀尺・沙工・形名手・纛手・月刀手・旗手・鎗手・鼓手・銃手・楽手
下官―風楽手・屠牛匠・格軍

倭学訳官は通信使行の随行よりも、礼曹参議の書契を携帯して対馬に派遣される問慰行の派遣において、さらに重要な役割を果たした。この時には、監督する文臣がなく、堂上通訳が代表になって外交業務を遂行するためである。参考までに『通文館志』巻六、交隣、下、問慰行條記事に規定された人的構成をみると次の通りである。

問慰官（礼曹参議の代わりに対馬に派遣される訳官）
上上官―堂上訳官（一人、または二人）、堂下訳官（一人）
上官―軍官（一〇人）・堂上・堂下訳官の随行人（各一人）・船将・都訓導・書契色（各一人）
中官―小童（六人）・小通事（七人）（この中のトップの者一人は上官になる。）礼単色・廚房色（各二人）伴纏色・戸房色・及唱（各一人）・砲手（二人）・使令（四人）・吹手（六人）・旗手（四人）・沙工・滾手・水尺（各一人）・奴子（五人）（三人は堂上訳官、二人は堂下訳官が率いる。）
下官―格軍（三〇人）

これを見ると、倭学堂上通訳一人、または二人が問慰官になり、上上官・上官・中官・下官など六〇人近い人員を率いて対馬に行き、朝鮮を代表して外交業務を行ったことがわかる。この時の堂上訳官は一郡の郡守や県令より地位が高いということができる。これに対して、日本側の通訳の記録である『象胥紀聞』に、

右譯官、倭清漢學トモニ堂上崇祿大夫マテ登リ候テモ、正三品ノ衆ニ及ズ、文官ノ從三品ニ鈞合。郡縣令ニ同ジト云ドモ、使臣ノ命ヲ受候テハ縣令ヨリハ少シ重シト云。

という記録があり、当時の訳官の地位をある程度把握することができる。しかし、訳官の地位は時代に応じて、ある程度の変化があり、後代になるほどその地位は向上し、役割も増大したものと見られる。日本へ派遣される問慰行については『通文館志』巻六、交隣、下、問慰行条に

壬辰變後、島倭求和甚力。朝廷不知其意眞出於家康、丙午乃遣倭學堂上金繼信・朴大根等於對馬島以探之。崇禎壬申島主平義成與其副官平調興相搆、頗有浮言、又遣崔義吉以探之。及丙子義成自江戸還島、具報調興坐黜之狀。仍請賀价欲誇耀於島衆、特遣洪喜男以慰之。自是島主還自江戸［或因慶弔］、差倭報請、則輒許差送、仍爲恒例。

壬辰倭乱後に対馬の倭人たちは講和に尽力した。朝廷はその意思が本当に家康のものなのか分からず、丙午（一六〇六）に倭学堂上金継信と朴大根などを対馬に派遣して探った。崇禎壬申（一六三二）に対馬島主宗義成とその副官である柳川調興が争い、多くの浮言があったため、また崔義吉を派遣して探らせた。丙子（一六三六）に義成が江戸から対馬島に戻ると、調興が追放されたことを報告した。そしてこれを祝う使節を請い、島衆に権威を誇ろうとしたため、特別に洪喜男を派遣して慰撫した。これより、対馬島主が江戸より帰ってくる

と［あるいは慶弔でも］、差倭が知らせ請願してくれば、そのたびごとに（問慰使を）送ることを許可し、これが恒例となった。

という記事があり、柳川調興の事件[67]以来対馬島主が江戸から帰ってくると、朝鮮朝廷に報告するために、または慶弔事があるときにこれを慰問するために、問慰使行が恒例で行われるようになったことを述べている。

注

1 三国の歴史については『三国史記』巻二〇、高句麗本紀、第八、嬰陽王條に、「十一年春正月、〔中略〕詔大學博士李文眞約古史、爲新集五卷。國初始用文字時、有人記事一百卷、名曰留記、至是刪修。」という記録があり、国初から漢字を利用し、歴史書『留記』が作成され、嬰陽王一一年（六〇〇）には、大学博士李文真がこれを刪修して新集五巻を編纂したことが分かる。新羅では、真興王六年（五四五）に、居柒夫等が国史を編纂した記録がある。即ち『三国史記』巻四、新羅本紀、真興王條に「六年秋七月、伊湌異斯夫奏曰、國史者記其君臣之善惡、示褒貶於萬代、不有修撰、後代何觀。王深然之、命大阿湌居柒夫等、廣集文士、俾之修撰。」という記録があり、この史実を知ることができる。

2 『三国史記』巻三九、雑集、第八、職官条の「詳文師、聖德王十三年改爲通文博士、景德王又改爲翰林、後置學士。所内學生聖德王二十年置。」という記事を参照。

3 唐の賓貢科、およびそこで合格した新羅人については、崔瀣の『東人文選』と『增補文獻備考』巻一八四、選挙考、第一参照。

4 『增補文献備考』巻一八四、「選挙考」、科制にも同じ内容が記載されている。

5 『三国史記』巻三八、雑志、第七、職官上、領客府条の「領客府本名倭典、眞平王四十三年改爲領客典。〔後又別置倭典〕景德王又改爲司賓府、惠恭王復故。令二人、眞德王五年置、位自大阿湌至角干爲之。卿二人、文武王十五年加一人。位與調府卿同、大舍二人、景德王改爲主簿。惠恭王復稱大舍、位與調府大舍同。舍知一人、景德王改爲司。儀惠恭王復稱舍知、位與調府舍知同史八人。」という記事と、『三国史記』巻三九、雑志第八、職官条の「倭典、已下十四官員數闕」という記事を参照。

6　『三国史記』巻四〇、雑志第九、官職、下、弓裔所制、官号条にも同じ記録が見える。

7　これについては金貞玉（一九五六）、閔丙河（一九五七）、宋俊浩（一九八一）および拙著（一九八八ａ）参照。

8　中国の科挙制度で訳科に該当するものは、清代の翻訳科挙に見出すことができる。翻訳科挙は、清朝が特殊な目的によって、翻訳官吏を採用するために中国在来の科挙と類似させ、新しく設置した制度である。これは「繙清訳漢」の「繙訳」とも書かれるが、外国語を清文（満州文字）で書くことを「繙」と呼び、他の国の言葉を漢文に直すことが「訳」であるとして区別した。順治末期に翻訳考試制が定まったが、何回か途中で廃止されたこともあり、再び設置された（宮崎市定、一九八七：一八八）。

9　漢吏文は筆者の用語である。元代のモンゴル語の影響を受けた漢児言語を土台にし成立した文語を、元朝の下級官吏たちが、官庁の記録や元代の断事官に報告する際に使用した。ここから「吏文」という名称が生まれたのだが、高麗でもその文語の便利性を認識し、自分たちも高麗の言語に合わせた吏文を使用しはじめた。朝鮮朝初期にはこの吏文がさらに流行し、国家の正文に認定された。筆者は高麗後期と朝鮮前期に流行した吏文を、元代に始まった吏文と異なったものと見なし、朝鮮吏文と中国の漢吏文として区別した。すべて変体漢文と見ることができる。

10　通文館とは別に、高麗後期には漢文都監が設置された。李洪烈（一九六七）によると、漢文都監（後日の漢語都監）を通文館や吏学都監の前身として考えているが（李洪烈、一九六七：三四）、通文館（後日の司訳院）と漢文都監・吏学都監は、それぞれ別の官署と考えなければならないだろう（拙著、一九九〇）。

11　参外は、参下とも呼ばれる七品以下の下級官吏たちを言う。

12　参文学は、高麗時代の官職である政堂文学を忠宣王元年（一三〇九）に改称したものである。忠烈王元年（一二七五）に政堂文学を統率する参文学事（正二品）を置いた。朝鮮初期には門下府の官職として存続した。

13　『高麗史』巻七七、志三一、百官二、諸司都監各色「漢文都監、恭譲王三年改漢語都監、爲漢文置教授官。」

14　『増補文献備考』巻二二一（三〇葉八行～三五葉一〇行）、職官考、承文院条にある「高麗置文書監進色、掌事大交隣文書、有別監。後改稱文書應奉司。有使・副使・判官、皆以他官兼。本朝國初仍麗制。太宗九年改置知事・僉知事・検討官・校理・修撰官・書記而各有權知。十年改置承文院、置判事・知事・僉知事各一員、校理・副校理・正字・副正字・各二員。十五年増置博士・著作各二員。［後略］」という記事を見ると、承文院の前身が高麗朝の文書監進色であると分かる。また『高麗史』に従えば忠恵王元年（一三四〇）に吏学都監を置き、忠穆王四年（一三四八）に永山君張沆、僉議参理金允臧等の判事七人と副使三人、判官三人、録事四人を置き、吏学を振興させたことが分かる。『高麗史』巻三七、忠穆王四年條と同、巻七七、志第三一、百官二、諸司都監各色条を参照。

15　郭汝弼は高麗元宗の時の人物で、林衍の乱を元朝廷に告げるために行った告奏使であった。『高麗史』巻三七、列伝第四三、林衍参照。

16　僉議府は、高麗忠烈王元年（一二七五）に中書門下省と尚書省を合わせて作った官庁である。

17　『太祖実録』巻四、二年九月辛酉条「置司譯院、肄習華言。」

18　『太祖実録』巻二、太祖二年一〇月条「設六學、令良家子弟肄習。一兵學、二律學、三字學、四譯學、五醫學、六算學。」

19　『太宗実録』巻一二、太宗六年一一月辛未条に「置十學、從左政丞河崙之啓也。一日儒、二日武、三日吏、四日譯、五日陰陽風水、六日醫、七日字、八日律、九日算、十日樂、各置提調官。其儒學、只試見任三館七品以下、餘九學、勿論時散、自四品以下、四仲月考試、第其考下以憑黜陟。」という記事がある。太宗の時には十学が儒・武・吏・訳・陰陽風水・医・字・律・算・楽のことを言い、儒学は現任の三館の七品以下に、そして他の九学は現任、散官を問わず四品以下に試験し、黜陟の根拠にしたことがわかる。

20　『経国大典』巻一、吏典、正三品衙門、承文院条の「承文院掌事大交隣文書。並用文官、〔中略〕吏文習讀官二十員、〔後略〕」という記事と、同巻三、礼典、勧奨條の「承文院官員、毎旬提調講所讀書。」という記事もあわせて参照。経史類と訳語類以外に『吏学指南』・『忠義直言』・『童子習』・『大元通制』・『至正條格』・『御制大誥』・『吏文謄録』等の吏学書が講読書としてあげられている。また同巻、写字條に「漢語吏文寫字特異者、雖犯罪作散、除重犯私罪外仍仕。」という記録があり、承文院で吏文の教育にどれほど力を注いでいたかが分かる。

21　『世宗実録』巻四七、世宗一二年三月戊午條で諸学取才について、吏学と漢語訳官の経書および諸芸の数目が記載されているが、吏学は経書類と吏学類以外に『朴通事』・『老乞大』の漢語が含まれている。また具允明の『律典通補』礼典、漢語吏文条に「臣令槐院、抄二十九歳以下人習漢語、三十九歳以下人習吏文、並四十九許頃本院褒貶。〔後略〕」とあり、承文院の文臣たちに漢語と吏文を学習させたことが分かる。

22　『磻溪随録』巻二五、続編、言語条に「四學及各州縣學、毎三朔一講漢語、〔中略〕若我莊憲大王一新百度、有意於是、既設承文院、令文官始出身者、必讀漢語吏文。又撰四聲通攷、以卞其音。又令凡百名物皆稱以漢語、至今尙有傳習者。」という記録があり、世宗の時に文官で始めて出身する者にはかならず漢語と吏文を読ませたことが分かる。漢文に通じた文臣たちでも、簡単には吏文を理解できなかったようである。

23　太祖二年に設置された司訳院では、初期には漢語教育の漢学とモンゴル語教育の蒙学だけあったようである。（拙著一九八八ａ、第三章第一節、第四章第二節参照。）

24　漢児言語は筆者により世に紹介された元代北京地域の口語であって、実際にこの地域の共通語であった。中国語を基本としたが、周辺の膠着的な文法構造のアルタイ諸語の影響を多く受けた言語である。高麗ではこの言語を学習する漢語都監を置いた（拙著、一九八八ａ）。この言語を学習する教材として『老乞大』、『朴通事』を編集したが、朝鮮の太宗時代刊行されたものと見られる『（原本）老乞大』が一九九八年に発見、紹介され、筆者によって、これが漢児言語を学習した教材であり、ほとんど原本であると推定された（拙著、二〇〇二ａ、二〇〇四）。『（原本）老乞大』の発見と、これが漢児言語の教材であるという主張は、中国と日本の中国語史を専攻する多くの研究者にとって衝撃であったであろう。朝鮮中宗時代に崔世珍によって紹介されたことがある元代の漢児言語と、その教材の全体については、拙稿（一九九九ａ、二〇〇〇ｂ、二〇〇三、二〇〇四ａ）によって複数回主張され、今では多くの中国語研究者たちに事実として受け入れられているようである（金文京他、二〇〇二）。拙稿（一九九九ｃ）は日本語で東京にて、拙稿（二〇〇〇ｂ）は韓国語でソウルにて、そして拙稿（二〇〇二ｂ、二〇〇三）は英語でＩＣＫＬにて発表したものであり、拙稿（二〇〇四ａ）は中国語で北京にて発表したものである。

25　雅言は、中国語の歴史で先秦時代の標準語を言う。即ち東周の都洛陽の言語をもとにした言語は、中国語の歴史で初めて認証された標準語であり、儒教の経典、即ち四書五経が、この言語で書かれたものだと言える。周が滅亡し春秋戦国時代を経、秦が天下を統一するときまで、雅言は学問と文学の言語、即ち学文の言語として知識人の標準語であった。通語は、秦以後、漢がまた中原を統一し一つの帝国として統合されたとき、新たに生まれた共用語を言う。主に中国の西北方言と見られる咸陽や長安の言語を基本とした通語は、唐が滅亡し北宋時代まで科挙の言語として使用され、中国の歴史で最も長い間、公用語の位置を占めていた言語であった。特に仏教経典はこの言語で翻訳され、広く一般化された。これについては拙稿（二〇〇六ａ）と本書第三章参照。

26　壬申誓記石は壬申年、即ち新羅真興王一三年（五五二）、または真平王二四年（六〇二）に花郎が勉学に励み忠実に生きることを約束し、石に刻んだものである。朝鮮語の語順に従い、意味部だけ漢字で書き、語尾や助詞は書いていない。この資料は慶州博物館に所蔵されている。

27　高麗時代の漢語都監および吏学都監の設置、運用については、拙稿（一九八七ｃ、一九九〇）参照。

28　例を挙げると、元代各省ではモンゴル人の監督官がおり、漢人の官吏を指揮していたが、大都には「札魯花赤・首領官・六部官・必闍赤人」等のモンゴル人がおり、漢人官吏を監督することになっていた。だが『元典章』延祐七年（一三二〇）の「中書省奏過事内一件」に、彼等が出勤を怠けたことから、皇帝が早く出勤して遅く退勤するよう命じた聖旨が載っている。ここでいう

「Jarguchi（札魯花赤）」は、モンゴル人の断事官を指す。

29 書記官「必闍赤」は「閟闍赤」とも書き、モンゴル語「Bichigchi」の漢字表記である。「bichig（文書）」と「-chi-（人）」の合成語で、「書記」と翻訳される。元代にはモンゴル人と漢人の「Bichigchi（閟闍赤）」がいたが、モンゴル人の場合、皇帝の詔書を作成したり、法や規定を記録し歴史を整理し、記述する仕事を担当した高官である。しかし漢人Bichigchi、即ち「訳史」は、通訳を担当した怯里馬赤（Kelemechi）とともに、モンゴル人を助け庶政を担当した一種の官職である（拙著二〇一〇：一四〇～一四一）。

30 このオゴデイ大汗の聖旨は北京の地誌である『析津志』（『析津志輯佚』、北京古籍出版、一九八三）に載っており、元の太宗五年（一二三三）に下したものである。この内容は燕京（元の首都）に「四教読」という学校を設立し、そこでモンゴル人ビチクチの子弟一八人と中国人子弟二二人を一緒に起居させながら、モンゴル人の子弟には「漢兒言語、文書」を、中国人子弟にはモンゴル語と弓術を教育させろ、というものである。ここでは「漢兒言語」は当時の漢人たちの口語をいい、また「文書」は文語である漢吏文をいうものと理解される。金文京他（二〇〇二：三五三-三五四）参照。

31 吉川幸次郎（一九五三）は、当時の口語を『元典章』にそのまま記録した例をいくつか挙げているが、その中でひとつを紹介すれば、以下のとおりである。即ち『元典章』巻三〇、殺親属、第五の例として、妻を殺した犯人の供招があるが、皇慶元年（一三一二）六月一二日、池州路東流縣に飢饉を避けてきた霍牛兒が、乞食の友人である岳仙と喧嘩し、容赦無く殴られたが、それを見た彼の妻が「你喫人打罵。做不得男子漢。我毎日做別人飯食。被人欺負。」と言った言葉が聞こえて怒り、妻を殺した、という審問内容に出てくる文章である。これは口語体であって古文とは非常に異なる文章であり、形式を整えた漢文吏牘体とも違うことを指摘した。実際この文章構造は、筆者が漢兒言語の資料として紹介した『原本老乞大』のそれと一致する。従って、蒙文直訳体とは、当時の北京地域で実際に口語として使用された漢兒言語を指している。拙著（二〇〇四ａ）参照。

32 成三問の「直解童子習序」によれば、朝鮮時代初期には漢吏文を承文院で教育し、事大文書の作成を任せ、司訳院では口語、つまり漢兒言語を学習し、通訳を担当させたという記事がある。即ち序文にある「[前略]自我祖宗事大至誠、置承文院掌吏文、司譯院掌譯語、專其業而久其任[後略]」という記事によれば、司訳院では口語を学び、通訳を担当し、承文院では吏文、即ち中国吏文である漢吏文を学習したことがわかる。本文の解釈は、洪起文（一九四六）参照。

33 主に雑科に該当する学問、即ち医学・漢学・倭学・女真学・天文学・地理学・命課学・律学・算学等の総称。

34 『成齋孝経』は精文研（一九八六：四八四）で、「明の陳璹が書いた本。児童の教訓のために書いたものである。」と説明し、鄭光外（二〇〇二：一八）の註三に「『成齋孝経』は、元代の『直解孝経』を明代に陳璹（號成齋）が当時の北京語で注釈をつけたものである[中略]。精文研（一九八六）参照。」と見える。しかしこれは間違っている。『直解孝経』は元代の「北庭成齋」こと小雲石海涯（貫雲石、自號酸齋、一名成齋）の書籍であり、日本に唯一伝わっている『孝経直解』には、その書名が『新刊全相成齋孝経直解』となっており、巻尾は「北庭成齋直說孝經終」と終わっている。序文の末尾に「小雲石海涯、北庭成齋自敍」という序文の著者名が記載されている。筆者のいくつかの論文で精文研（一九八六）を引用し間違った部分が多いが、これもその中のひとつである。まことに読者各位に申し訳なく思う。

35　『吏学指南』については、鄭光他（二〇〇二）を参照のこと。元の大徳五年（一三〇一）に徐元瑞が編纂した『吏学指南』を、朝鮮世祖四年（一四五八）ごろに慶州で復刊したが（奎章閣所蔵）、鄭光他（二〇〇二）では本を影印して公刊し、詳細な解題と索引を付けた。

36　これについては日本に伝わっている『新刊全相成齋孝経直解』の巻頭に付いた自叙にある「〔省略〕嘗觀魯齋先生取世俗之□直說大學、至於耘夫竟子皆可以明之、世人□之以寶、士夫無有非之者於以見云云。〔後略〕」という記事を参照のこと。□部分は破損して文字が見えない部分である。日本に伝わっている『孝経直解』については、太田辰夫・佐藤晴彦（一九九六）参照。

37　『(刪改)老乞大』は高麗末に編纂された『(原本)老乞大』を朝鮮成宗一四年（一四八三）ごろに、漢人葛貴が刪改したものであり、『翻老』と『老乞大諺解』の底本になった。資料書名で（　）の中にはいっている語は通称として呼ばれている書名であり、実際にはその本にはこのような書名はついてはいない。『(刪改)老乞大』と『(翻訳)老乞大』は、実際の書名はそのまま『老乞大』だけであり、今日それらを区別するため、（　）内の名称を付けたものである。

38　『老朴集覧』では「呵」についての音義の注釈を訳して載せている。これを引用すると、「音義云、原本內說的呵字不是常談。如今秀才和朝官是有說的。那箇俺字是山西人說的、恁字也是官話不是常談、都塗弔了改寫的。這們助語的那・也・了・阿等字、都輕輕兒微微的說、順帶過去了罷、若緊說了時不好聽。南方人是蠻子、山西人是豹子、北京人是태子、入聲的字音是都說的不同。」「태」は発音の表記である。

39　これらは『(翻訳)老乞大』では全て呵→時に代わっている。
身已安樂時、也到（『翻老』上二前）、你既賣馬去時、咱們恰好做火伴去。（『翻老』上八表）

40　これについては、Poppe（1954:157）の"The Simple Copula" "The verbs bui "is," bolai "is," bülüge "was," and all finite forms of the verbs a- "to be," bayi- "to be," and bol- "to become" usually serve as copula."という説明を参照のこと。

41　『蒙古秘史』の場合を調べてみると「有」は[-UmU]に対応するが、以下のような例文に見えるところによれば、過去から現在まで（未来まで持続可能な）持続される時制を現すという。（余志鴻、一九八八）

42　『(翻訳) 老乞大』ではこの「有」がない。
我也心裏這般想着（『翻老』上一一表）
你是高麗人却怎麼漢兒言語説的好（『翻老』上二表）

43　モンゴル語の「ge'ek'degsed ajiu'ue（話している）」が「説有、説有來」と表示される例を挙げることができる。（田中謙二、1962）

44　傍線部は「麽道」を翻訳した部分。（ ）内の「麽道」は田中氏が追加したものである。

45　略称して『元典章』とよばれるこの資料は、正集に二四〇〇余例、新集に二〇〇余例の勅令、判決例を集めた膨大な元代の法令集である。

46　『元典章』で蒙古語直訳体を示す例として、第一九、戸部の「官吏が房屋を買うことを禁じる」という条の「至元二十一年四月。中書省奏過事内一件。在先收附了江南的後頭。至元十五年行省官人每。管軍官每。新附人的房舍事産。不得買要呵。買要呵。回與他主人者麽道。聖旨行了來。如今賣的人。用着鈔呵。沒人敢買。生受有。人待買呵。怕聖旨有。依着聖旨。官人每不得買。百姓每買呵。賣呵。怎生麽道。闊闊你教爲頭衆人商量了。與中書省家咨示來。中書省官人每。俺衆人商量得。依已前體例。官吏不得買者。百姓每得買賣者麽道。奏呵。那般者麽道。聖旨了也。欽此。」を挙げる（吉川幸次郎、一九五三：一～二）。やはり、「毎、呵、麽道」等の漢兒言語の語彙が使われた。

47　吉川氏は、『元典章』資料の例文の中で、四分の三は蒙古語直訳体ではないと推測した。吉川幸次郎（一九五三：二）

48　『元典章』テキストは陳高華等点校（二〇一一）による。『南村輟耕録』巻二、五刑条に「大德中刑部尚書王約數上言、國朝用刑寛恕、笞杖十減其三、故笞一十減爲七」とあり、三回分を減らす制度により、四〇回の笞刑を三七回にしたということである。（梁伍鎭、一九九八：三二）。明代の葉子奇の『草木子』によれば、世祖が人心を得るため、全ての笞刑の回数を三回減らしたが、一回は天が、一回は地が、残りの一回は世祖自身が減らしてくれた、ということである（鄭光他、二〇〇二：九一）。

49　これについては吉川幸次郎（一九五三：七）では、「元典章中の漢文の吏牘、その語法の基礎となっているものは、古文家の古文のそれとそんなに違ったものでない。口語的な語彙の混用から、語法的にも口語に近いものを多く含むと豫想するならば、この豫想はあたらない。語法の基礎となるものは、やはり大たいに於いて古文家のそれである。」とし、元代の漢文吏牘が文法的には古文系統であることを強調した。

50　李丞宰（一九九二：一四）では、吏読文は文章として創作文の実用文に該当するものと見、文芸文の郷札文と区別した。また口訣文は創作文ではなく翻訳文であるとして、吏読文と区別した。しかし、吏読と郷札は同一のものであり、高麗前期まで「唐文」に対する「鄕札」という名称で呼ばれた。

51　吏読と口訣を混同した例として、劉烈（一九八三）を挙げることができる。彼は口訣について「口訣は吏読の退化した特殊なひとつの形態である。口訣は、厳格な意味では朝鮮語を記録した書写手段ではない。これはただ、漢文を朝鮮語式の散文として読むために付け加えた、文法的な補充手段としての一定した「吐」を表記するための手段としてだけ書かれて退化した、固定した吏読の「化石」の形にすぎない。」（劉烈、一九八三：三一）とし、口訣と吏読を混同している。

52　南豊鉉（一九八〇）では、口訣と吐を区別することを主張し、「口訣＝漢文＋吐」と見た。そして続いて「吐は口訣に所属するひとつの形式であって、それ自体が体系的な意思伝達の内容を持つのではない。」とし、口訣の方法として懸吐するものと考えている。

53　高麗時代にも吏文が存在したかは確認することができない。したがって暫定的に「漢吏文」に対して「朝鮮吏文」として区別する。

54　『吏師』には、これ以外に吏文によく使われる四字成語を多く紹介している。筆者が高麗大学図書館所蔵本によって数えてみた結果、一四〇余個に及んだ。中には「物故公文」のように、吏読によるものもなくはないが、大部分が漢吏文で使用されている四字成句を見出し語にした。

55　吉川幸次郎（一九五三）では、これを含めた漢吏文の特徴を「元典章中の漢文吏牘の文體は、（1）古文家の文語と文法の基本をおなじくしつつも、古文家の文語のごとく藝術的緊張をめざさない。（2）しかも吏牘の文をしての緊張をめざす。（3）緊張を作る要素としては　ⓐ四字句もしくはその變形を基本とするリズム、ⓑある種の口語的語彙をふくむ吏牘特有の語の頻用、（4）しかしその緊張は、容易に弛緩をゆるすのであって、往往、更に多くの口語的要素を導入して、緊張をやぶる。（5）さればといって緊張を全くくずし去ることはない。」と整理した。これと同じ文体的特長は、朝鮮吏文にもそのまま適用できる。

56　式年とは子・卯・午・酉年に該当する年。この年に科挙を実施したり、戸籍を調査した。

57　訳官の初試と覆試、そして倭学訳官玄啓根の訳科応試と、喪故による陳試については、拙著（一九九〇：二一〇）を参照。

58　「玄敬躋」は、玄啓根の児名である（拙著、一九九〇）。

59　「立旨」は所志（陳情書）の末尾につけて、申請したことを官衙で証明するという附記で、土地文記や奴婢文書などに使用される慣用語である。例：「本文段、失於火燒是遣、立旨一張乙、代數爲去乎」（安東金俊植宅土地文記）、「各別、立旨成給爲白只爲、行下向教是事」（海南尹泳善宅「所志」）。張世経（二〇〇一：四三二）

60　これについては『通文館志』巻三、事大、上、赴京使行条に「國初、歳遣朝京之使。有冬至・正朝・聖節・千秋四行。謝恩・奏請・進賀・陳慰・進香等使則隨事差送。使或二員、一員而不限品、從事官、或多或少而無定額。〔後略〕」という記事を参照のこと。

61　押物は貿易品、押幣はお金、押米は米を管理する訳官のことを言う。通児は半年または一年だけで交代する一時的な職のことで、一回の使行に随行する臨時職を言う。

62　写字官は承文院の書員として表文や国書を侍帯し、湾上軍官は行中の毎日の糧食を管掌した。

63　『通文館志』巻三、事大、上、冬至行、二葉表—三葉前表にある「使一員〔正二品、結銜從一品〕、副使一員〔正三品、結銜從二品〕、書狀官一員〔正五品、結銜正四品、隨品兼臺糾檢一行。書狀官逐日記事、回還後啓下承文院、出經國大典。〔省略〕〕、堂上官二員〔元遞兒、別遞兒〔省略〕〕、上通事二員〔漢、清學各一員、後倣此〕、質問從事官一員〔教誨中次第居先者、按稗官雜記舊例、別差文官一員隨去、謂之朝天官、後改曰質正官。令承政院抄給、吏語方言之未解者註釋。而諱其官號、塡以押物。嘉靖乙未始以質正塡批文、丁酉以後改以院官、名曰質問。而隨其職爲第幾從事官〕、押物從事官八員〔年少聰敏一員、次上元遞兒一員、押物元遞兒一員、別遞兒二員、偶語別遞兒一員、清學被選一員、別遞兒一員〕、押幣從事官三員〔教誨一員、蒙學別遞兒一員、倭學教誨聰敏中一員〕、押米從事官二員〔教誨一員、蒙學元遞兒一員〕、清學新遞兒一員〔掌彼地門出入及支供饌物等事。以上十九員、自本院差送、而內三員差管廚官、掌三行乾糧。一員、差掌務官、掌行中文書。故押幣押米等官、若差其任、則以押物官八員內移差勾管〕、醫員一員〔兩醫司交差〕、寫字官一員〔侍表帶、承文院書員一人〕、畵員一員〔以上、各其司差送。醫畵員則同參於方物領去〕、軍官七員〔正使帶四員、內一窠以書狀官所辟塡差、副使帶三員、使臣皆自望〕、偶語別差一員〔爲漢蒙清偶語學習、自本院差送〕、灣上軍官二員〔掌整頓三行、下處及行中逐日糧料等事、以義州人差定。以上謂之節行、毎年六月都政差出、十月終至月初拜表以赴。十二月二十六日封印、前到北京。都政雖有故差退使臣、必於六月內差出。康熙辛巳受敎。〕」という記事を参照。

64　『通文館志』巻三、事大、上（三葉裏）一行目にある「《續》堂上官〔舊例元遞兒一窠、訓上堂上・常仕堂上輪差。乾隆乙酉因任事苟簡、以加定押物遞兒、移作元遞兒窠、始令訓上・常仕堂上各一員差送事定式、〔後略〕〕」という記事を参照。

65　『通文館志』巻三、事大、上（四葉表、裏）参照。陳慰使行の場合は、随行訳官や医員・軍官などの数は同じだが、正使一員（従二品を正二品に結銜）であり、皇帝の崩御のように重大な場合には、進賀使行のように大臣（あるいは正一品、または宗班の中から選ぶ）にし、副使一員（正三品を従二品に結銜）、書狀官一員（正六品を正五品に結銜）に下げられる。

66　受職人は、朝鮮から職官を授与された対馬島の日本人のこと。

67　壬辰倭乱以後、対馬藩が朝鮮との修交を渇望するあまり、国書を偽造していて発覚した事件のことである。

第二章　司訳院の設置と外国語教育

世界の歴史において、朝鮮王朝のような外交通訳官を養成する国家機関を持続的に設置運用した例は極めて稀である。もちろんどの国の歴史においても、言語が異なる異民族との接触は重要な歴史的事実としてはっきり記録されており、また、通訳に関する言及も見つけることができるが、近代以前に司訳院のような官庁を設置し、異民族言語の通訳を担当する官吏を制度的に、そして持続的に養成した国はそれほど多くはない。したがって司訳院制度と、それに関連するいくつかの歴史的事実は、特徴的な現象として見なければならないだろう。

朝鮮時代の外国語教育は、司訳院を中心に実施された。前章でも説明したように高麗と朝鮮では、学問を一〇の分野に分け、これを各政府機関で担当させ教育するようにした。『高麗史』巻七七、志第三一、百官二、諸司都監各色、十学条に

恭讓王元年置十學、教授官分隷、禮學于成均館、樂學于典儀寺、兵學于軍候所、律學于典法寺、字學于典校寺、醫學于典醫寺、風水陰陽等學于書雲觀、吏學于司譯院。

恭譲王元年に十学を置き、教授官を分けて、礼学を成均館に、楽学を典儀寺に、兵学を軍候所に、律学を典法寺に、字学を典校寺に、医学を典医寺に、風水陰陽等の学を書雲観に、吏学を司訳院に所属させた。

として、恭譲王元年（一三八九）に礼学・楽学・兵学・律学・字学・医学・風水・陰陽学・吏学の十学を置いて教授官を各官司に分けて所属させた。ところが、『高麗史』に記された礼学などの十学は、成均館など八司に分か

れており、そのうちの風水陰陽学を風水学と陰陽学の二つに分けたとしても、九学、すなわち九つの分野に過ぎない。

これについて『増補文献備考』でも、「臣謹按麗史十學、教授分隷于各司、而所臚列者只是八司。雖以風水陰陽分爲二學、猶不滿十學之數、可疑。（臣が『高麗史』の十学について謹んで考えますに、教授をそれぞれの官司に分けて所属させましても、列挙されているのは八つの官司のみです。風水と陰陽を分けて二学としても、十学の数に満たず、疑問に思います。）」として、同じ疑問を抱いているが、これは訳学が抜けたのではないかと思う。史書から外されるほど、高麗時代には訳学、すなわち外国語学習を賤視したものと思われる。

しかし、武人の易姓革命で建国された朝鮮は、最初から外国語教育に積極的であった。この章では、外国語教育、すなわち訳学を担当した司訳院の設置と、その外国語教育の制度を考察する。

一、司訳院の沿革

朝鮮朝の司訳院は、事大交隣（大きな国には仕え、隣国とは交わる）の外交的任務を遂行し通訳を担当していた訳官を養成し、彼らを管掌した正三品の衙門である。[1] 司訳院は高麗忠烈王二年（一二七六）に設置された通文館を、後日に司訳院に改名したものであり、朝鮮建国初期、すなわち太祖二年（一三九三）に復置され、甲午改革（一八九四）で廃止されるまでの五百年間維持された、外国語の教育と通訳を管理する官衙であった。

司訳院の淵源は、新羅末に弓裔が立てた泰封の史台（外国語の通訳・翻訳を管掌した機関）と新羅の倭典まで遡る。中国の『禮記』王制で「寄・象・狄鞮・譯」と呼ばれる訳官を管掌していた中国の機関としては、隋・唐・宋の鴻臚寺などと、明の四夷館・会同館、清の四訳館などがあった（拙著、一九九〇）。

朝鮮では明の制度に倣って、事大外交の文書を作成していた承文院と、通訳を担当する訳官を養成する司訳院に分けて、文書の作成と訳官養成の業務をそれぞれ管掌させた。承文院は「槐院」と呼ばれた。司訳院は「象院」と呼ばれていたが、時には司訳院を見下す高麗の伝統を受け継ぎ、「舌院」と呼ばれることもあった。

世界の歴史において、朝鮮朝のような外交通訳官を養成する国家機関を持続的に設置運用した例は、極めて稀である。もちろんどの国の歴史においても、言語が異なる異民族との接触は重要な歴史的事実としてはっきり記録されており、また、通訳に関する言及も見つけることができるが、近代以前に司訳院のような官庁を設置し、異民族言語の通訳を担当する官吏を制度的に、そして持続的に養成した国はそれほど多くはない。したがって司訳院制度と、それに関連するいくつかの歴史的事実は、朝鮮史における非常に特徴的な現象として見なければならないだろう。

『経国大典』以降、朝鮮の官制は部分的な変化があったが、その骨格はそのまま維持された。司訳院の組織もその骨格は維持されたが、『大典続録』と『大典後続録』で少しずつ変化を見せ、特に壬辰倭乱と丙子胡乱を経て、注目に値する変動があった。このような変化は、『受教輯録』（一六九八）・『典録通考』（一七〇六）に示されている。このような司訳院組織の変遷は、『通文館志』に要約され、『続大典』（一七四四）に正式に収録されて定着する。その後、『大典通編』（一七八五）・『大典会通』（一八六五）・『六典條例』（一八六五）などで少しずつ改編され、最終的には『通文館案』（一八八六）に整理された。

それでは、この司訳院の各職制の変遷について見てみよう。

二、司訳院の組織とその変遷

司訳院の沿革と組織に対しては、『通文館志』巻一、沿革、官制条に、

高麗忠烈王二年始置通文館、習漢語。恭讓王三年改爲漢文都監［出高麗史職官志］。國初置司譯院、掌譯諸方言語［出輿地勝覽］。其屬官有蒙・倭・女眞學、通爲四學［康熙丁未、女眞學改稱清學］、屬禮曹［出經國大典］。《續》［乾隆乙酉清學序於蒙學之上。出啓辭謄錄。］

高麗忠烈王二年（一二七六）にはじめて通文館を置き、漢語を習わせた。恭讓王三年（一三九一）に漢文都監に改めた［『高麗史』職官志に出る］。国初司訳院を置き、諸方の言語の訳を管掌させた［『輿地勝覧』に見える］。その属官には蒙学・倭学・女真学があり、あわせて四学とし［康熙丁未（一六六七）に女真学を清学に改称した］、礼曹に属した。［『経国大典』に見える］《続》［乾隆乙酉に清学が蒙学の上に序列された。『啓辞謄録』に見える］

という記事があり、これを根拠にして、拙著（一九八八）で司訳院の設置とその変遷について詳細に考察したことがある。司訳院は訳官を管理し、外国語を教育する、二元的な業務を行ったところである。まず、訳官の管理機関としての司訳院の組織を見よう。

訳官の管理機関

司訳院は基本的に外国語教育機関であった。したがって司訳院の実際の運営者は、教授・訓導であり、他の祿職

と訳官職に対して、これらだけが実職であり、久任であった。[2] 司訳院正をはじめとする禄職が、両都目（一年を二つに分けて、都目を決める）の六ヶ月の逓児職であるのに対し、教授・訓導だけは任期三〇ヶ月の久任であって、後日には、これらの任期が四〇ヶ月、四五ヶ月に増え、司訳院の実際の主人となった。

また、教育を担当した訳官として、等第（赴京逓児のこと。『通文館志』参照）の逓児職に教誨があった。教誨は赴京使行や通信使行に派遣され、学習教材を修正することを専門とした。教誨の中に、訓上堂上と常仕堂上のような堂上訳官があり、朝鮮後期には、彼らは実際に司訳院で外国語教育を担当することになる。かれらは朝鮮時代訳官の花ということができ、外国語教育と通事の要職を占有した。それでは、司訳院の教育を担当した常仕堂上・訓上堂上・教授（兼教授を含む）・訓導・訳学生徒に対して順番に見てみよう。

常仕堂上

常仕堂上は『通文館志』巻一、沿革、原籍、常仕堂上条に

本院四學員人陞堂上則去官、故例自兵曹付祿任使。萬曆壬寅、都提調尹相國承勳置堂上之廳、自本院啓下還仕、謂之常仕堂上、設司勇二窠。康熙丁丑加設司勇一窠、毎等計仕輪付。

本院の四学に属する役人は堂上官に昇進すれば官職を去り、例によって兵曹より禄を付けて任用していた。万暦壬寅（一六〇二）に司訳院都提調で相国である尹承勲が堂上の官庁を置き、本院から啓し、（上の命令が）下って官職に帰ってきた者を、これを常仕堂上といい、司勇二窠を設けた。康熙丁丑（一六七七）に司勇一窠を加え、毎期間ごとに順番に出勤し、数を計算し、順番に給料を付けた。

という記事があり、司訳院で訳官が堂上官に陞資すれば、禄官から去るが、例に基づいて禄をもらい勤務するようにしたものが常仕堂上であることを知ることができる。

これは、万暦壬寅（一六〇二）年に司訳院都提調であり、右議政であった晴峯尹承勲[3]が司訳院に堂上庁を置くようにし、堂上官の通訳が再び堂上庁で禄官として勤務する際に、これを「常仕堂上」と呼び、秩俸は司勇の二ポストを設けたが、後日一ポストがさらに追加されたことが分かる。

常仕堂上の定員については、やはり『通文館志』に「常仕堂上無定員」（巻一、沿革を参照）という記事があり、最初は誰でも、堂上官に昇進した訳官は常仕堂上になれたものと思われる。しかし、ここに入れば順番に受ける衛職のポストの数が制限され、したがって禄棒が制限され、徐々に常仕堂上の定員にも制限を置くことになった。高宗庚寅（一八九〇）に司訳院で作成され『常仕堂上定額節目』[4]に「本院常仕堂上員額、古之三四十員、今爲近二百之處、〔後略〕（本院の常仕堂上の人数は、昔は三〇・四〇人だったが、今は二〇〇に近く、〔後略〕）」という記事があり、常仕堂上の定員は三～四〇人だったが、旧韓末には、二〇〇人近くに増えたことを知ることができる。

実際には、節目から「常仕堂上以等第科祿陞資者、九十六定額（常仕堂上は、訳科に合格して陞資する者は、九六人を定額とする）」という規定もあり、続いて「別遞児堂上元定額十七員、額外二十四員、合四十一員。而赴燕遞児四窠通瀜、汴仕是遣、額外員月俸依常仕堂上份磨錬爲處。（別遞児堂上は、元の定員が一七人であり、定員外に二四人おり、合わせて四一人である。しかし、燕京に行く遞児四ポストの秩禄を融通し、仕事によって派遣し、額外の人員の月俸は常仕堂上の秩禄に基づいて用意すること）」という記事があり、常仕堂上の定員が元来四一人だったのが、この時代に九六人に調整されたことが分かる。

訓上堂上

訓上堂上は、教誨を経て、正三品堂上官以上の品階を持つ訳官である。最初は常仕堂上のように、万暦壬寅（一六〇二）に七事（司訳院の正・教誨・教授・御前通事・訓導・上通事・年少聡敏の七つの職）を経歴した漢学の常仕堂上の中から選抜して設置した。これについては、『通文館志』巻一、沿革、官制条にある

訓上堂上十二員〔正三品以上、萬暦壬寅選漢學常仕堂上中、曾經教誨而具七事、履歴才堪專對者設三員、〔中略〕摠察四學事。以大護軍一、司直二、司正二、司猛一、凡六窠毎等陞降付。所謂七事、教誨・正・教授・御前・訓導・上通事・年少聰敏。〔中略〕蒙學一員、康熙癸亥置。倭學三員、萬曆壬寅置。康熙戊寅改二員、丙戌定三員、以司勇二窠輪付。清學二員、康熙辛酉置、以司勇二窠付。以上三學訓上同參該學二六課講。〕

訓上堂上一二員。〔正三品以上、万暦壬寅（一六〇二）に漢学の常仕堂上の中で、教誨を経、七事を備え、履歴や才能が職任に堪えうる者から選び、三員を設けた。〔中略〕四学の仕事を監督した。大護軍一員、司直二員、司正二員、司猛一人の六ポストは毎回の期間ごとに昇進・降格をさせた。いうところの七事とは、教誨・正・教授・御前通事・訓導・上通事・年少聡敏である。〔中略〕蒙学一員は康熙癸亥（一六八三）に置く。倭学三員は万暦壬寅（一六〇二）に置く。康熙戊寅（一六九八）に二員に改め、丙戌（一七〇六）に三員に定め、司勇二ポストの禄俸を順番に付した。清学二員は康熙辛酉（一六八一）に置き、司勇二ポストを付した。以上の三学訓上は、すべてそれぞれの二六課講に参加した。〕

という記事から前記の事実を知ることができる。また、訓上堂上が全部で一二人おり、漢学に六人、蒙学に一人、倭学に三人、清学に二人がいたこと、および、これら司訳院四学のすべての外国語教育を総轄していたことも知る

ことができる。

これは、『六典條例』巻六、司訳院条にある「訓上堂上十二員。漢學六員掌四學、譯講及公事通塞。清學二員、蒙學一員、倭學三員、各掌本學偶語考講。（訓上堂上は一二員である。漢学六員が四学を管掌し、訳語の講義と公事の通らないところを通した。清学は二員、蒙学は一員、倭学は三員で、それぞれ本学の偶語と考講を管掌する。）」という記事でも、確認することができる。

この堂上訳官たちが赴京使行や通信使行に何人が随行することができたのかは定かではない。すなわち『通文館志』巻一、沿革、等第条には、「堂上元遞兒無定員。［訓上堂上常仕堂上中、毎行一員輪差］（堂上元遁児は定員無し。［訓上堂上と常仕堂上の中から、毎使行一人を交互に送る］）」という記事があり、日本の通訳の記録である『象胥紀聞』の、「譯官倭學堂上［數不定］、堂下［教誨十員］云云（訳官倭学堂上［数は決まっていない］、堂下［教誨一〇員］云々）」という記事があり、堂上訳官が使行に随行する遁児の定員は決まっていないが、おそらく各使行に一人が随行することができたであろう。

しかし、『通文館志』巻一、沿革、等第、続にある「堂上元遞兒［乾隆乙酉、訓上堂上一員、常仕堂上一員、毎行差送。見啓辭謄錄。］（堂上元遁児［乾隆乙酉（一七六五）に訓上堂上一人、常仕堂上一人ずつを各使行に送る。『啓辞謄録』を見よ］）」との記事によると、常仕と訓上の堂上訳官二人が使行についていけたことを知ることができる。

教授

教授は司訳院四学の中で漢学に限定されたが、漢学教授はあわせて四人で、従六品であった。そのうちの二人は僉正（従四品）以上の禄職を経て教誨を経歴した者の中から、訓上堂上が推薦して、都提調の決断によって選抜する。彼らは公廨と料理庁を管掌し、学官（司訳院の外国語教授たち）の模範になった。

かれらは任期三〇朔の実職であり、一七五二年には、任期が四五朔に増え、一九世紀には九〇朔に増加した。また、仕満の際には東班、すなわち文臣に遷転する特典もあった。残りの兼教授二人は文臣が兼任し、かれらは四等院試[5]を管掌した。

訓導

訓導は司訳院の四学と、外任にあった。職制上、正九品の末職や各学での訳科に合格した参上官（従六品以上）の中から選んだ。釜山浦の倭学訓導は、堂上訳官を差送するほど重要な実務職であった。ただし、地方の蒙学訓導は参下官（正七品以下）から選抜して送ったが、訓上堂上が推挙し、司訳院で選抜した。訓導は訳学生の外国語学習を担当した。司訳院の教授と訓導を通称「教誨」とし、かれらが実質的に司訳院の教育をはじめとする諸行政を管掌した。

訳学生徒

ここまでは司訳院の教官について見てきた。次に、訳生たち、すなわち外国語教育機関である司訳院に入学する外国語学習者に対して、考察することにする。

司訳院では外国語教育を学習しようとする訳学生徒、すなわち訳生を入学させたが、彼らにもいくらかの秩禄が与えられた。また、地方でも訳生を置いて、訳官の補助任務を担当させた。これは経費を削減しながら、さまざまな者に訳官の任務を遂行させる効果をもたらした。

拙著（一九九〇）で、英祖時代の倭学訳官であった玄啓根が、五歳の時に司訳院童蒙に入属した差帖（官庁に送る公文書）が、川寧玄氏家に所蔵されていることを紹介したことがある（第五章参照）。実際に『通文館志』巻一、

沿革、原籍、院官摠額に、

生徒 八十人［漢學 三十五人、蒙學 十人、倭學 十五人、淸學 二十人。出經國大典］、預差生徒一百二十四人［漢學 四十人、蒙學 二十五人、倭學 二十五人、淸學 三十四人、康熙乙卯、査整廳定額］、外方譯學生 一百九十一人［黃州・平壤：漢學生各三十人、義州：漢學生三十人、女眞學生五人、昌城・楚山・滿浦・碧潼・渭原：女眞學生各十人、薺浦・釜山浦：倭學生各十人、鹽浦：倭學生六人、以上出經國大典。濟州：漢倭學生各十五人。康熙辛亥、譯學盧尙迪時始置。巨濟：倭學生五人。康熙丁亥、譯學金時璞時始置。］

生徒八十人［漢学三十五人、蒙学十人、倭学十五人、清学二十人。『經国大典』に見える］、預差生徒一百二十四人［漢学四十人、蒙学二十五人、倭学二十五人、清学 三十四人、康熙乙卯（一六七五）に定員を決めた。］、外方訳学生 一百九十一人［黄州・平壌：漢学生各三十人、義州：漢学生三十人、女真学生五人、昌城・楚山・満浦・碧潼・渭原：女真学生各十人、薺浦・釜山浦：倭学生各十人、鹽浦：倭学生六人、以上『經国大典』に見える。済州：漢倭学生各十五人。康熙辛亥（一六七一）、訳学盧尙迪の時に始めて置いた。巨済：倭学生五人。康熙丁亥（一七〇七）、訳学金時璞の時に始めて置いた。］

という記事があり、司訳院生徒と外方訳学生の定員を知ることができるが、この人数は後に増減があった（拙著、一九八八）。これを整理すると、朝鮮時代訳学生の定員は、次のとおりである。

司訳院訳学生

生徒：八〇人（漢学生：三五人、蒙学生：一〇人、倭学生：一五人、清学生：二〇人）

預差生徒：一二四人（漢学生：四〇人、蒙学生：二五人、倭学生：二五人、清学生：二〇人。）
外方訳学生：二〇六人（二九一人＋一五人）
漢学生：一〇五人（黄州・平壌：各三〇人、義州：三〇人、済州：一五人）
女真学生：五五人（義州：五人、昌城・楚山・満浦・碧潼・渭原：各一〇人）
倭学生：四六名（薺浦：一〇人、釜山浦：一〇人、鹽浦：六人、済州：一五人、巨済：五人）

禄職

司訳院の禄職は京官職と外官職に分けられる。まず、京官職の構成内容と時期による変遷状況を見てみよう。『経国大典』巻一、吏典、正三品衙門、司訳院条に

司譯院掌譯諸方言語。都提調一員、提調二員。教授・訓導外、遞兒、兩都目。取才居次者差外任。漢語習讀官三十員。只解女眞譯語者、分二番、一年相遞。京外諸學訓導、仕滿九百遞。正三品正一員。從三品副一員。從四品僉正一員。從五品判官二員。從六品主簿一員、漢學教授四員［二員、文臣兼］。從七品直長二員。從八品奉事三員。正九品副奉事二員、漢學訓導四員。蒙學・倭學・女眞學訓導各二員。從九品　參奉二員。

司訳院は諸方の言語の翻訳を司る。都提調一員、提調二員。教授・訓導の他は、遞児職であり、両都目である。取才で次点を獲得した者は、外任に送る。漢語習読官三十員。女真訳語の解する者は二番に分け、一年で交代する。京・外の諸学訓導は、任期が九百日になれば交代する。正三品正一員、従三品副正一員。従四品僉正一員、従五品判官二員、従六品主簿一員、漢学教授四員［二員、文臣兼］、従七品直長二員、従八品奉事三員、正九品副奉事各二員、漢学訓導四員、蒙学・倭学・女真学訓導各二員。従九品　参奉二員。

という記事に見えるように、司訳院には、監督である文臣の都提調・提調があり、都提調は正一品の時原任大臣（現職および退任した大臣）に兼任させたので、領相が慣例に従って兼任した。また、文臣である正二品以上が兼ねる提調二人があった。

禄官

行政官である禄官として、司訳院正（正三品）・副正（従三品）・僉正（従四品）・判官（従五品）・主簿（従六品）・直長（従七品）・奉事（従八品）・副奉事（正九品）・参奉（従九品）などがあり、教育官に訓上堂上（正三品以上）・常仕堂上（正三品以上）・教授（従六品、漢学に限る）・訓導（正九品）[6]などがあり、訳官に御前通事・上通事・次上通事・押物通事（外国に使臣が行く際随行し、朝貢物と交易物などの管理を担当した官員のこと）などがあった。

このうち禄職は礼曹で取才して六ヶ月で交代する両都目遞児職であり、教育を担当する教誨のみが実務職として三〇ヶ月、または九〇ヶ月ごとに交代する地位であった。また訳官職は、使行がある場合にのみ勤務する遞児職であった。

『通文館志』などでは、都城の司訳院で働いている者を、京官と呼んだ。[7]『経国大典』当時の司訳院禄職は、京官が二九ポストであり、外官が五ポストである。すなわち、正一人、副正一人、僉正一人、判官二人、漢学教授四人、直二人、奉事三人、副奉事二人、訓導一〇人（漢学四人、蒙学・倭学・女真学各二人）、参奉二人などが、その構成内容となる。

このほか、兼職三人がいるが、正一品の現職と前任大臣が兼ねるように規定し、議政府大臣が兼ねる都提調一人[8]と、文臣従二品以上が兼ねる提調二人が該当する。『通文館案』巻一、官制条によると兼任三人を含めると、司訳院の京官職は全部で三二人になる（『通文館案』、巻一、官制参照）。ここに正三品以上の文臣が兼任する兼教授もあるが、漢学にのみ限定された。

京官の禄職の数は、多くの変化を経ている。その特徴を見てみると、第一に、変化現象が一七世紀前半に集中的に現れている。『経国大典』で確定された京官職は、壬辰倭乱の直後から変動を見せるが、一七世紀半ばの仁祖二一年（一六四三）に至って、再び体制が整備されている。そして、一九世紀末までそのまま継続される。このように一七世紀前半に変動が集中的に表れる理由は、この時期が倭乱・胡乱を経る激動期であったところにあると思われる。つまり、財政上の窮乏化と国際関係の微妙な変動が、司訳院の組織体系に直接的な影響を及ぼしたのである。

変動の内容をより具体的に見てみると、『経国大典』当時に比べ、壬辰倭乱直後の一六〇〇年には四ポスト（副正一人、判官一人、直長一人、奉事一人）が減少した。その変化の内容を見ると、上記の四ポストは、減ったのではなく衛職に置き換わったものであり、副正一人が司猛に置き換えられたのが、その具体的な内容である。ところが、秩禄を受ける官職である禄官遞児職は、毎年二回の礼曹で試験を受け交代される一方で、軍事職である衛職は、毎年四回交代した。したがって禄官遞児職から外職に代わることは、結果的に官職数を二倍に増やす効果を収めたわけであるが、これは財政難を打開する有効な方法になったであろう。[9]

第二の特徴は、一六〇三年以降に減少した官職の数が、一六四三年を境にすべて旧に復した点である。これは、このような減少が一時的な手段で行われたという事実を意味し、その背後には財政的な要因が作用したものと思われる。

実職と遞児職

司訳院の京官禄職は、実職（実務職）と遞児職に分けられる。このうち教授・訓導だけが実職であり、残りは遞児職である。まず、実職から見てみると、教授は四人であるが、そのうちの二人は公廨を管掌し、学官の模範となった。僉正以上で教育歴がある者の中から訓上堂上が推薦し、禄官および四学から人材を選んで、官職につかせた。（『通文館志』巻一、官制條）

兼教授二人は、四等院試を管掌したが、文臣が兼任し、任命は提調が行った。[10] 一方、教授の品階は従六品である反面、被推薦資格は従四品である僉正以上と規定されており、実務職に対する優遇を反映しているといえよう。つまり僉正（従四品）・副正（従三品）・正（正三品）などは、形式上は高い品階を保有したが、実質上は一年のうち六ヶ月間交互に在職する逓児職であり、また品階に相当する待遇を受けなかった。[11] 一方、教員は実務職としての任期が三〇ヶ月であり、任期が終わると東班に移る特典を享受した。一七五二年（英祖二八）になると、教授の任期は、三〇ヶ月から四五ヶ月に延長され、[12] 一九世紀になると、九〇ヶ月に増えた。[13]

教授と同様に実職である訓導は、生徒を教訓する任務を管掌した。訓導は、各学の参上官の中から任命するが（ただし、蒙学一名は参下官）、訓上堂上が推薦すれば、漢学訓導は禄官となり、三学訓導は、本学、すなわち蒙学・倭学・清学からそれぞれ定めた。英祖九年（一七三三）に至って、漢学訓導は四人中二人を教誨参上（六品以上）の中から、二人は訳科出身の参上の中から任命するように改正した。

禄官逓児職

次に、禄官逓児職について見ていく。司訳院の代表である正と、掌務官である僉正、そして兼教授二人を四任官と呼ぶ。[14] 正から主簿までを訳科出身から任命するようにした。一方、一八八〇年の史料である『通文館案』禄官条によれば、正は、参上を経験していない者、僉正は、参下を経験していない者を任命することを認めなかった。また、判官は清学から任命し、「未經參下、不許直授（参下を経ていない者に、すぐに官職を授けることを許可しない。）」として、規定をより厳格にした。逓児職の任命を言語別にみると、漢学七ポスト、清学参上・参下各一ポスト、蒙学一ポスト、倭学一ポストとなっている。これらの逓児職の禄俸を整理したものが、[表二―二]である。これらが受ける禄俸を『経国大典』戸田、禄科条と比較してみると、品階に比べて受領額がこの上なく微々たるものであることがわかる。

一方、実職である教授と兼教授の禄俸は米一石一斗、大豆一〇斗、判官もまた主簿と同じ待遇を受け、訓導は、米一〇斗、豆五斗で、副奉事もまた参奉に相当する量を支給された。[15]

外任

次いで外任を考察してみよう。外任とは「名在原籍、分差外方。而瓜遞後、還仕本院。(名前は元籍にあるが、外地に派遣されたもの。任期が終わって交代した後、本院に戻って働く。)」[16]という記録からわかるように、司訳院の最初の定めにあって、地方に任命された禄官である。『経国大典』によると、「教授訓導外遞兒、兩都目取才居次者外任。」とあり、教授・訓導以外の逓児として、一年に二度試験を受けた現地に住んでいる者を、外任として任命したとした。しかし後代には、訳科の二等の中で仕事に耐えうる者から一人を選び、送る形へと変貌したことを『通文館志』で明らかにしている。司訳院の外任としては、訓導・別差・兼軍官などがある。

そして、慶尚道には釜山浦と薺浦にそれぞれ倭学訓導一名ずつを配置した。釜山浦訓導は日本人を接待し、訳学生を教える任務を帯びたが、倭学教誨を派遣するようにした。一方、薺浦の訓導は日本人接待の任務を帯びて倭学として派遣されたが、中宗五年(一五一〇)になくなっ

[表二―二] 司訳院禄職の禄俸(京官職)

職任	品階	禄俸
正	正三品	米1石5斗、豆1石2斗
僉正	従四品	米1石2斗、豆13斗
判官	従五品	米1石1斗、豆10斗
主簿	従六品	米1石1斗、豆10斗
直長	従七品	米13斗、豆6斗
奉事	従八品	米12斗、豆5斗
副奉事	正九品	米10斗、豆5斗
参奉	従九品	米10斗、豆5斗

た。黄海道の黄州、平安道の平壌・義州は、勅使の迎接と宴享、そして地方で実施する訳科初試のために[17]、訳学訓導を置いて漢学出身参上官を任命した。

『通文館志』巻一、外任条によれば、『経国大典』当時、訳学兼軍官が九名いたという。咸鏡監営・南兵営・義州・渭原・楚山・碧潼・昌城・満浦の八名は、訳学生を教え漢人を接待するために設置され、清学を送った。済州倭学一名は、漂流した日本人の調査をするために設置したものである。ここから見ると、朝鮮初期には外任として訓導五名、兼軍官九名の計一四名が派遣されたことが分かる。

外任の運営

外任の設置場所、差送人、人員数などの変動は、時期によって大きく異なっている。まず、『通文館志』が編纂された一七二〇年にいたっては訳学訓導九人、別差一人、兼軍官六人の合計一六名の外任が派遣された。人員数で見ると『経国大典』当時に比べ、一人しか増加しなかったが、内容面では、甚だしい変動を経験していた。これを図表にして見てみると、次の通りである。[表二-二] のAは訓導、Bは別差、Cは兼軍官の変動について、それぞれまとめたものである。

[表二-二-A] で示すように、『経国大典』当時の訓導五人のうち薺浦一人だけがなくなり、四人は一七二〇年まで続いている。一方、光海君一三年（一六二一）には、海州、宣川に二人の訓導が増設された。この時期に至って、海路中国を行き来しながら、勅使の迎接と漂海唐船問情（漂流してきた中国船の状況を探ること）のために漢学訓導二人を新設したものである[18]。

義州地方は『経国大典』当時にもすでに兼軍官が派遣され、勅使を迎え接待し、訳科生試を実施していた。一七世紀以降に対清貿易が活気を帯びて発展していくにつれて、中江開市のために仁祖二四年（一六四六）に兼軍官を訓導に昇格し、清学新逓児を送った。

［表二−二−A］禄職外任（A）訳学訓導

設置者	人員数	差送人	任務	創設時期	備考
黄州	1	漢学出身参上官	渡来漢人への対応	？	『経国大典』
平壌	1	漢学出身参上官	渡来漢人への対応	？	『経国大典』
義州	1	漢学出身参上官	渡来漢人への対応	？	『経国大典』
釜山	1	倭学教誨	渡来倭人への対応	？	『経国大典』
安州	1		勅使の迎接	？	
海州	1	漢学出身参上官	勅使の迎接、漂流中国船の取調べ	一六二一年以後	
宣川	1	漢学出身参上官	勅使の迎接、漂流中国船の取調べ	一六二一年以後	
義州	1	清学新逓児	中江開市	一六四六年	兼軍官から送差
咸鏡監営	1	漢、清学両方に通じる訳官	訳学生教育、清人接待	一七一二年	
計	9				

［表二−二−B］禄職外任（B）別差

設置者	人数	差送人	任務	創設時期	備考
釜山	1名	教誨の中で訓導を経ていない者 聡敏の中で将来有望な者	倭語教育	一六二三年	

［表二―二―C］禄職外任（C）兼軍官の変動

設置者	人員数	差送人	任務	創設時期	備考
統営	2員	漢学 1員 倭学 1員	漂着した中国と日本船舶の審問。	一六四八年	一七〇六年、巨済に移動
済州	2員	倭学 1員 漢学 1員	漂着した中国人と日本人の審問。	 一六七二年	『経国大典』
全羅右水営 左水営	1員 1員	倭学	漂着した日本人の審問。	?	
計	6員				

朝鮮の初めには咸鏡南道にも兼軍官が派遣され、後に途中で減少したが、粛宗三八年（一七一二）に再び設置され品階が上がり、粛宗四〇年（一七一四）から訓導が漢・清学担当として派遣された。勅使を迎接する事を目的として、安州に訓導一員を新たに設置したが、その年はわからない。ここから見ると、訓導九人のうち四員は、朝鮮初から続いたものであり、五人は新設されたことになる。このうち二人は朝鮮初の兼軍官が訓導に役職が上がったものであった。

［表二―二―B］の釜山別差一人は、仁祖元年（一六二三）に李元翼が創設したものである。若い者たちが日本語をできないことを懸念して、倭学教誨の中で訓導を経ていない者と、倭学聡敏の中で将来性のある者を順に使行に付き添わせて、日本語の習得に全力を尽くさせるようにしたものである。

［表二―二―C］は、兼軍官六人について整理したものであり、外任のうち、朝鮮初期に比べて最も大きな変化を見せるものが、兼軍官であった。『経国大典』当時の兼軍官九人が、済州倭学一人だけ残して、すべてなくなっ

た。したがって一七二〇年の兼軍官六員のうち五員は『経国大典』の後に新設されたことになる。

統営には、漂着した中国と日本の船舶に対する調査をするために、仁祖二六年（一六四八）に漢学と倭学に兼軍官一人ずつ、計二人を設置した。倭学は粛宗三二年（一七〇六）に巨済に移した。済州には漂流した中国人を調査するために顕宗一三年（一六七二）に兼軍官一人が新設され、漢学として送った。全羅左右水営にも兼軍官二員が新設されて倭学として選抜し任命したが、その設立年代は不詳である。

『通文館志』の続編が編纂された正祖二年（一七七八）になると、江界に訓導一人が加設され、訳学訓導は合計一〇人となる。[19] 江界訓導は粛宗一九年（一六八三）に新設されて以来、粛宗二三年（一六九七）に減少したが、英祖二一年（一七四五）に再設置され、清人接待の任務を帯びた清学として派遣した。[20] 別差一人は、正祖二年（一七七八）まで変化がなかった。

兼軍官は、この時期になると三人増え、全部で九人となった。英祖二年（一七二六）に全羅左右水営に漂流した中国人の調査をするために漢学二人が新たに派遣されており、[21] 黄海水営には、漂流した中国人を調査するために、粛宗四六年（一七二〇）に一人が新設された。

漢学として派遣していた統営の兼軍官一人は、英祖二七年（一七五一）以降に漢学偶語庁から選んで任命し、倭学と漢学があった済州の兼軍官二人も、英祖四九年（一七七三）からはやはり漢学偶語庁から派遣された。

そして一七〇六年に巨済に移った統営の倭学は、正祖二年（一七一七）に至って訓導一〇人、別差一人、兼軍官九人など計二〇人に増加した。外任は、一九紀末まで増加を続けた。外任は『六典条例』の高宗二年（一八六五）に漢学一〇人、清学三人、倭学六（訓導五、別差一）、蒙学一人など二〇人に増えたものが、『通文館志』では、もっと増えている。すなわち、暦を取りに行く暦行と、節行時、国境から租税を徴収する義州監税官一が哲宗五年（一八五四）に新設され、外任は総勢二一となる。高宗一七年『通文館案』（一八八〇）にいたっては、外任は合計二六となり、前の時期より五増加した。

仁祖元年（一六二三）に日本語教育のために創設された釜山別差が、高宗一三年（一八七六）に東莱訓導に職位が上がったことで、別差は無くなり、訓導は一一人になった。これらの訓導の任務は、勅使を迎えて接待し、訳科を準備し、貿易をする市場を監視することと、清人を接待する仕事などで、一七二〇年と大きく変わらない。任期は咸興[22]と東莱の訓導が一年周期であり、残りはすべて京官と同様に三〇ヶ月である。[23]

差送人

一九世紀末に至って大きな変化を見せているのは、差送人である。漢学・清学・蒙学をすべて赴京遞児職として送ろうとした。これは、『通文館志』で規定した「任に堪えうる者を選んで送る（可堪人擇送）」慣例とは、格段の差がある。訓導の差送人をこのように使行に随行することと、かわるがわる送って一九世紀末に至って外任が占める割合に大きな変化が現れることがわかる。

兼軍官の主な任務は、漂流した中国人と日本人を調査するもので、これらの現象は一六四六年からすでに現れていた。朝鮮初の兼軍官が「訳生を教え、漢人を接待すること（教訓譯生、接待漢人。）」の任務を遂行したのと比較すると、兼軍官の任務も時期に応じて変化してきていることを知ることができる。『通文館志』巻一、外任条に「別差及兼軍官、并無薦狀、周年遞改。」との規定から、別差と兼軍官の任期が一年だったのが、一九世紀末には、三〇ヶ月、すなわち二年六ヶ月に延長されたことが分かる。

監税官は、一九世紀に入ってから新設された外任であるが、国境で税金を徴収するために哲宗五年（一八五四）に義州に新設されたもので、三〇ヶ月で交代する。弁察官は高宗一三年（一八七六）に釜山訓導から職位が上昇したもので、日本人接待任務を遂行し、任期はやはり三〇ヶ月である。このほか、松都監採官二人と徳源弁務官一人

［表二-三］外任の言語別分布

外任	訓導					別差	兼軍官					関税官	辨察官	監採官	辨務官		全体分布			
言語／時期	漢語	満州語	モンゴル語	日本語	計	日本語	漢語	満州語	モンゴル語	日本語	計	漢語	日本語	漢語	日本語	総計	漢語	満州語	モンゴル語	日本語
経国大典（一四八五）	3員			2員	5員			9員		1員	10員					15員	3員	9員		3員
通文館志（一七二〇）	6½員（輪差）	1½員（輪差）		1員	9員	1員	2員			4員	6員					16員	8½員	1½員		6員
通文館志（続）（一七七八）	5員	3員	1員	1員	10員	1員	5員			4員	9員					20員	10員	3員	1員	6員
六典條例（一八六五）																20員	10員	3員	1員	6員
通文館案（一八八〇）	6員	3員	1員	1員	11員		5員			5員	10員	1員	1員	2員	1員	26員	14員	3員	1員	8員

がいる。

　これから外任差送人の言語別分布状況を調べて外任差送人を言語別に分類して整理すると［表二-三］のようになる。

　外任が朝鮮初期の一五人から一八世紀初頭に一六人、一八世紀末には、二〇人と、一九世紀末には二六人に増加する傾向を示す。中でも特に訓導は、朝鮮初の五人から一七二〇年には九人、一七七八年には一〇人、一九世紀末には一一人に増加した。そして一九世紀末に、従来とは性質が異なる外任の監税官、辨察官、監採官、弁務官などが新設されるのだが、これは一八七六年の開港と深い関連があると思われる。外任と差送の言語別分布状況を連結させてみると、次のような特徴が見られる。

まず、漢学は朝鮮初以来その数が増え続けている。『経国大典』当時三人に過ぎなかったが、一七二〇年には、八½人[24]に急増しており、一七七八年に一〇人に、一八八〇年には一四人に増加した。これは、外任でも京官職と同様に漢学が絶対的に重要な比重を占めていることを意味する。

一方、清学では、朝鮮初期の兼軍官九人が一七世紀を前後してなくなり、一七二〇年には、訓導一½人だけ残り、急速に減少する。一七七八年に至って訓導三人と、少し回復するが、兼軍官は末期まで一人もいない。蒙学が外任として派遣されたのは、一七七八年に訓導一人だけであり、一九世紀末まで変動がない。倭学も漢学と同様に増大し続けている。朝鮮初に三人であったものが、『通文館志』では訓導一人が減少した結果であろうか、再び一八八〇年に至って兼軍官一人が増加して弁察官一人、弁務官一人が新設された一方で、別差一人が廃止され、結果的に八人に増えた。

これを見ると、司訳院の外任は朝鮮初期には漢学と蒙学を中心に構成されたが、倭乱と胡乱を経て、蒙学の代わりに清学が勢力を伸ばし、再び一七〜一八世紀には、漢学と倭学が主流をなす形式で変貌していったということができる。これを再び外任の職任別に分析すると、［表二-三］に提示したように、訓導は漢学・清学が中心をなす一方、兼軍官は漢・倭学が主軸になっていると言えるだろう。したがって結論として、漢学は訓導・兼軍官の両方で多数を占めており、清学は訓導に多く、倭学は兼軍官に多数が派遣されている。[25]

最後に、かれら外任の待遇について見てみると、一七世紀後半の状況は『訳官上言謄録』の粛宗朝の記事によると、地方に訳官を分けて送る目的が、突然の事態に備えて通訳をすることにあるにもかかわらず、かれらの待遇をおろそかにし、連れている使喚の費用さえも充当されないため、地方に行くことを非常に嫌がったということである。つまり外任たちが、給料と布などを適切に支給されないほど、劣悪な待遇を受けていたことを知ることができる。[26]

［表二-四］衛職ポスト数の時代別変遷[27]

年代	大護軍	司直	司果	司正	司猛	司勇	計
一四八五（経国大典）			1	1	4	5	11
一五四三（大典後続録）			2	1	9	19	31
一六〇二			2	1	9	21	33
一六〇三	1	1	2	2	10	20	36
一六二七	1	1	2	2	11	20	37
一六三六	1	1	1	1	8	15	27
一六三七	1	1	2	1	8	22	35
一六四〇	0	2	1	1	9	22	35
一六四一	0	2	1	1	8	15	27
?	0	3	1	2	8	15	29
一六九七	0	3	0	2	8	17	30
一七一一	0	4	1	2	8	17	32
一七二五	0	6	1	2	8	17	34
一七三八	0	6	1	2	8	18	35
一八八〇	0	6	1	2	8	18	35

衛職

訳官たちには、禄職とともにに軍職と通称される衛職も支給された。禄官逓児職（秩禄を受ける官職）が六ヶ月ごとに変わる一方で、衛職は四都目逓児（三ヶ月ごとに変わる官職）であった。訳官たちに支給される衛職のポスト数も時期に応じて変遷を見せるが、これを整理すると、上の［表二-四］のようになる。

この衛職のポストは、一五世紀後半から一六世紀半ばの間に二〇ポストが新設された。壬辰倭乱を経ながら、衛職数は増え続け、仁祖五年（一六二七）には、三七ポストとなり、最も多い。壬辰倭乱後の官職数が増大したことは、禄職での変化が主な要因として作用した。つまり宣祖三六年（一六〇三）に副正から大護軍に、判官から司直に、直長から司正に、奉事からで司猛に、それぞれ一人ずつ変わった。

一六二七年の丁卯胡乱と一六三六年の丙子胡乱を起点に衛職の桁数は急激に減少し、二七ポストにとどまる。そうするうちに仁祖一八年（一六四〇）以降に減少したものが回復され、粛宗二三年（一六九七）に三二ポスト、英祖元年（一七二五）に三四ポスト、英祖一四年（一七三八）に三五ポストまで増設され、以後、一九世紀末まで変動がない。先に見たように京官禄官職が一七世紀半ばの仁祖二一年（一六四三）を下限に固定される一方で、衛職は一八世紀中葉まで継続的に回復、新設されるという変化の様相を見せている。これが相違点である。

一六〇三年に禄官職の副正から代わって新設された大護軍は、仁祖一八年（一六四〇）に司直に降格されるが、司直は一六〇三年に判官から代わって一ポストが新設されたが、一六四〇年には大護軍の降格により一ポスト増設されて、再び訳官張礼忠が訓上にある時に、一ポストが加わり、三ポストになった。続いて粛宗三七年（一七一一）に漢語訓長張遠翼のために一ポストが新設され、英祖元年（一七二五）に二ポストを増設して、合計六ポストになって一八八〇年まで続いた。これを見ると、司直は時期に応じて着実に増設されている傾向があると言える。

司果は、『経国大典』当時に、講肄習読官のために一ポストが設置された。『大典後続録』で漢学教誨のために一ポストが新設され、全部で二ポストとなった。仁祖一四年（一六三六）丙子胡乱で一ポストが廃止され、仁祖一五年（一六三七）には、一ポストが司猛に降格され、粛宗二三年（一六九七）に、残りの一ポストまで司猛二ポストに分けられ、官職のポストが廃止された。そうするうちに粛宗三七年（一七一一）に清学偶語訓長金澤のために、一ポストがまた新設され、以後一八八〇年までに清語訓長として続いた。これを見ると、司果は新設・廃止を繰り返しながら激しい変動を見せていたことを知ることができる。

司正も、司果と同様の経路をたどりながら、一七世紀後半の二ポストが、一九世紀末まで継続しており、漢学訓上を順番にさせた。司猛は、『経国大典』では四ポストを設置したが、『大典後続録』では、九ポストに急増している。一六〇三年には、奉事から一ポストが代わって一〇ポストになったが、仁祖五年（一六二七）女真学官朴慶龍のために一ポストが再び新設され、一一ポストとなって最多となる。仁祖一四年（一六三六）には、講肄習読官三ポストがなくなって八ポストになる。仁祖一八年（一六四〇）司果一ポストが司猛に降格されることによって、再び九ポストを確保したが、倭学教誨一ポストが、仁祖一九年（一六四一）に減少して八ポストになった後、一八八〇年まで継続する。司猛は、一六世紀半ばにはすでに急速な増加を見せており、それ以来一七世紀半ばまで小幅の変動を見せるが、一七世紀中葉以降には、一九世紀末までに何の変動も示さない。

『経国大典』以降で官職数の増加を最も多く示したのは、司勇であった。『経国大典』当時の五ポストが、『大典後続録』では、一九ポストになり、格段の増設を示した。また宣祖三五年（一六〇二）常仕堂上に移される二ポストが新設され、二一ポストとなる。以来、宣祖三六年（一六〇三）に一ポスト、仁祖一四年（一六三六）に五ポストが減少し、一五ポストを維持したが粛宗二三年（一六九七）に司果一ポストが司勇二ポストに分離され、英祖一四年（一七三八）には、蒙学訓上のために一ポストが新設され、合計一八ポストとなり、一八八〇年まで継続する。これを見ると、司勇は一六世紀半ばには既に急激な増設を見せた後、一七世紀全期間にわたって設置と廃止を繰り返しながら多くの変化を見せるが、一八世紀中葉に至って固定されて、一九世紀末まで同じ水準を維持していることを知ることができる。

変動要因

今まで見た衛職数の変動面を総合してみると、次の通りである。

第一に、一年に二回代わる遞児職の禄官が、一年に四回変わる軍官職に代わる現象が現れるということである。これは、一六〇三年に集中的に現れるが、財政難打開策の一環として行われたものであることは、すでに説明したとおりである。

第二に、官職の降格と分割現象である。仁祖一八年（一六四〇）に大護軍が司直に、司果が司猛に降格され、粛宗二三年（一六九七）に司果が司勇に降格され、二ポストに分かれたことがこれに該当する。官職の降格・分割は、財政的な負担を大幅に増やさなくとも官職数を増設する効果を得ることになる。これを確認するために軍職の禄俸を整理してみると、司果は米一石一斗、大豆一〇斗を、司勇は米一〇斗、豆五斗を支給されている。司果一ポストから、司勇二ポストに分けることにより、財政負担を追加しなくても官職数の増大を可能にした。

第三に、比較的多くの禄俸を支給する司直・司果・司正などの上位職よりは、これより下位職である司猛・司勇の官職数の変動幅がはるかに大きいという点である。司直が宣祖三六年（一六〇八）の一ポストから、英祖元年（一七二五）の六ポストに増設されるまで、一二〇年という長い期間がかかった一方で、司猛・司勇は、一六世紀半ばにはすでに急速な増大を見せている。そして、『経国大典』の時期に一一ポストであった衛職が、以後一七世紀末から一八世紀の初めに三〇以上のポストに増設されたが、大部分は禄俸の支給が比較的少ない司猛・司勇から重点的に行われている。

第四に、衛職数の変動が一六世紀半ばを初めに、一七世紀に集中的に現れるという点である。これは、この時期に司訳院制度の大々的な改編と変化があったことを暗示するもので、中期の訳学書に表れる変化とは無関係ではないと思われる。一八世紀に至っては小幅の変化を見せるが、一八世紀中葉以降には変動が見られず、制度の定着化が推測される。

［表二-五］衛職ポストの言語別分布

年代	言語						
	漢語	満州語	モンゴル語	日本語	四学共通	清蒙倭共通	計
一四八五（経国大典）	11	—	—	—	—	—	11
一五四三（大典後続録）	14	3½	6½	—	—	—	24
一六〇二	14	3½	6½	2	—	—	26
一六〇三	18	3½	5½	2	—	—	29
一六二七	18	4½	5½	2	—	—	30
一六三六	8	4½	5½	2	—	—	20
一六三七	8	12½	5½	2	—	—	28
一六四〇	8	12½	5½	2	—	—	28
一六四一	8	13	—	4	2	—	27
?	10	13	—	4	2	—	29
一六九七	11	9	2	5	3	—	30
一七一一	12	10	2	5	3	—	32
一七二五	14	10	2	5	3	—	34
一七三八	14	10	3	5	3	—	35
一七五二	13	10	3	5	4	—	35
一七六〇	12	10	—	—	4	—	26
一八八〇	12	9	4	6	3	1	35

言語別分布

これら衛職の職任を言語別に分類して見てみることにしよう。［表二-五］は、これを整理したものである。四学の漢学が占める割合は、『経国大典』以来仁祖五年（一六二七）まで継続的に増大したが、仁祖一四年（一六三六）に至って一八ポストから八ポストに急激に減少する。これは、この時期に至って清学の割合が急激に浮上する現象と相関関係がある。胡乱を迎えて急激に勢力を失った漢学は、粛宗二三年（一六九六）以降に徐々に勢力を回復し、英祖元年（一七二五）に至って再び朝鮮初期の水準である

〔表二-六〕司訳院衛職職員構成内容（A）漢学

年代＼職名	大護軍	司直	司果	司正	司猛	司勇	計
経国大典（一四八五）			1	1	4	5	11
大典後続録（一五四三）			2	1	4	7	14
一六〇三	1	1	2	2	5	7	18
一六三六	1	1	1	1	2	2	8
一六四〇	0	2	0	1	3	2	8
?	0	3	0	2	3	2	10
一六九七	0	3	0	2	3	3	11
一七一一	0	4	0	2	3	3	12
一七二五	0	6	0	2	3	3	14
一七五二	0	5	0	2	3	3	13
一七六〇	0	4	0	2	3	3	12

〔表二-六〕司訳院衛職職員構成内容（B）清学

職名＼年代	司直	司正	司猛	司勇	計
大典後続録（一五四三）			1	6	7
一六二七			2	6	8
一六三七	1		2	13	16
一六四一	1		2	10	13
一六九七	0		2	7	9
一七一一	1	2		7	10
一八八〇	1		2	6	9

〔表二-六〕司訳院衛職職員構成内容（C）倭学

職名＼年代	司直	司果	司正	司猛	司勇	計
一五四三（大典後続録）				4	6	10
一六〇三				4	5	9
一六四一				3	1	4
一六九七				3	2	5
一七六〇				3	2	5
一八八〇				3		3

［表二-六］司訳院衛職職員構成内容（D）蒙学

職名＼年代	一六九七	一七三八	一七六〇	一八八〇
司直			½	½
司勇	2	3	3	3½
計	2	3	3½	4

一四ポストを維持する。以後英祖二八年（一七五二）、英祖三六年（一七六〇）にそれぞれ一ポストずつ減少して一八八〇年まで一二ポストを維持した。

清学は胡乱を経験し、仁祖一五年（一六三七）に至って、四ポストから一二ポストに急増した。倭学との輪差（持ち回り担当する役職）である八ポストまで合わせれば、清学が占める衛職の数は合計一六ポストになるわけである。これはもちろん、両胡乱以降、対清関係が重視され、それにしたがって対清貿易が活発になり[28]、清学が占める割合が増大したことを反映するものである。これにより、朝鮮初の女真学が顕宗八年（一六六七）に清学に改称され[29]、英祖四一年（一七六五）には、清学が蒙学の上に置かれることにより[30]、建国初期には女真学として冷遇されていた清学が、一七・八世紀を経て漢学の次に重要視されるようになる。

蒙学に衛職が付与されたのは、粛宗二三年（一六九七）からである。それから英祖一四年（一七三八）には、三ポスト、高宗一七年（一八八〇）には、四ポストに次第に増大していった。

倭学は、一六世紀半ばの一〇ポスト以来小幅の変動を見せるが、一七世紀中葉に四ポストに急激に減少する。以後一～二ポストが回復し、一八世紀末には五～六ポストを確保する。

それでは、四学は衛職の中でどの職任をどれだけ確保していたのだろうか。［表二-六］は、これを調べるために作成したものである。

漢学は大護軍から司勇に至るまでの全職にわたって衛職を確保している。特に一六〇三年から一六三六年に至り、官職数が急速に減少したが、これは主に司猛・司勇などの下位職で表れているという点が目立つ。一方、一六九七年以降の漢学の職数の増設が主に上位職である司直を中心に起こっていることから、漢学は他の訳官に比べて格段に優れた待遇を受け、重要視されていたことを知ることができる。

一方、清学は、司直は一つも確保できずにおり、一七世紀前半に見える衛職の新設も、主に下位職の司勇から行われている。したがって官職数の大幅な増大にもかかわらず、清学が占める割合は、漢学に比べて劣勢であることを確認することができる。これらの現象は倭学にも同様に表れる。官職数の変動が、やはり下位職である司猛・司勇で繰り返されていた。

結論

総合すると、『経国大典』から仁祖五年（一六二七）までは、漢学が量的な面だけでなく、質的な面でも上位職である司果以上の職任を独占することで、他学の追従を許さない位置を堅持していた。そんな中、一六三六年の胡乱を経て、国際秩序の変化にしたがって清学の重要性が台頭した。これにより、清学の官職数も八ポストから一六ポストになり急激な伸びを示しており、これは主に、漢学職のポストを奪って成し遂げられたものであった。

このように、一七世紀中葉に至って、清学が数的に漢学を圧倒したが、職任はほとんど下位職である司猛・司勇に限定され、上位職は依然として漢学が固守しており、漢学の優位性は堅持されていた。そのようにして一六九七年以降には、漢学の数が再び徐々に増加して清学は減少する。このように、一七世紀中葉に急激に浮上した清学は、その後に少し下降線を辿ったが、一八八〇年までに継続的に四学の中で漢学の次に重要な位置を確保した。

それでは、これらの衛職は、訳官別にはどのように分配されているのであろうか。[表二-七] は、『通文館志』

と『通文館案』をもとに、一七二〇年と一八八〇年の衛職の訳官別分布状況を整理したものである。以前の時期とも比較整理して、変遷状況を扱わなければならないが、史料の不確実性のために一七二〇年と一八八〇年に限定した。

［表二-七］に示すように、この一七二〇年の衛職三二ポスト中、漢学は一二ポストとなる。つまり、訓上堂上と常仕堂上の堂上官六ポスト、訓長一ポスト、教誨二ポスト、上通事一ポスト、漢学官二ポスト、全部で一二ポストとなり、これは一八八〇年にも同様である。これにより、漢学訳官の堂上訳官が占める割合がはるかに高いことが分かる。一方、清学の一〇ポストは堂上訳官が二ポスト、訓長一ポスト、上通事三ポスト、被選別逓児二ポスト、

［表二-七］衛職の訳官別分布

言語	訳官名	一七二〇年	一八八〇年
漢学	訓上堂上	6	6
	訓長	1	1
	教誨	2	2
	上通事	1	1
	漢学官	2	2
	計	12	12
清学	訓上堂上	2	2
	訓長	1	1
	上通事	3	2
	被選別逓児	2	2
	新逓児	2	2
	計	10	9
蒙学	訓上堂上	―	1
	元逓児	1	1
	別逓児	1	1
	訓長	―	1
	計	2	4
倭学	訓上堂上	2	3
	訓長	―	1
	教誨	2	1
	聡明	1	1
	計	5	6
三学	偶語庁	―	1
四学	常仕堂上	3	3
計		32	35

新逓児（赴京随行訳官）二ポストで構成されているが、これは、他学に比べて上通事の割合が高いことが特徴である。一八八〇年には上通事一ポストが減少して、合計九ポストになる。蒙学は一七二〇年に元逓児と別逓児を合わせて二ポストで、一七三八年に訓上堂上一ポスト、そして後に訓長一ポストが新設され、一八八〇年に合計四ポストとなった。倭学は一七二〇年に訓上堂上二ポスト、教誨二ポスト、年少聡明一ポストの合計五ポストを保持していたが、一八八〇年に至って訓上堂上一ポストが増設されて、訓長一ポストが新設された一方で、教誨一ポストが減少し、結果的に一ポストが増え、合計六ポストになった。

以上、訓上堂上が四学全体で多数の衛職を確保している点から見て、訳官の中で訓上堂上が占める割合が極めて大きいことを知ることができる。

等第職

訳官にとって最高の目標は、赴京随行（北京に行く使臣に随行すること）であり、『訳官上言謄録』顕宗壬寅（一六六二）八月二一日條に、「窃念譯輩一生勤苦學業、所大欲只在於赴京（思いますに、訳輩が一生学業に勤苦するのは、北京に行こうとする大きな願望があるからであります。）」というのが、これを物語っている。全体的に訳官の数に比べてはるかに不足している官職数[31]と、一年に二回ないしは四回ずつ交代する官職という劣悪な条件の中でも、訳官が非常に努力しながら、学業に専念する理由は、中国に行く燕行使行の随行にあった。つまり赴京随行が可能な赴京逓児（北京に行くことができる官職）を指す等第職の設置と廃止および選抜基準は、訳官たちには非常な関心の対象であった。[32]

まず、等第の時期別変遷過程から見るために、『通文館志』に収録された訳官名と元もとの人員数、等第などを図表化してみると、［表二-八］となるが、この時の等第には毎行・節行・皇暦賚咨行・別行などがある。

［表二―八］等第（一七二〇年）

言語	訳官	元額	等第：行第	等第：節行	等第：皇暦賚咨行	等第：別行
四学	堂上元逓児 堂上別逓児	無定員（α） 17員	1	1		
漢・蒙・清	偶語別差	100員	1			
漢学	上通事	20員	1			
	教誨	23員	1	2	1	
	年少聡明	10員	1			
	差送通事	20員		1		1
	押物通事	50員	1	1		
	偶語別逓児	10員	1			
蒙学	元逓児	10員	1			
	別逓児	10員	1			
倭学	教誨	10員		1（輪差）		
	年少聡明	15員				
清学	上通事	10員	1			
	被選	10員		1		1（交差）
	別逓児	10員		1		
	新逓児	10員	1			
	計	335員＋α	11	19※		

［表二―八］に示すように、この漢学は節行時の上通事一人、教誨三人、聡敏一人、次上通事一人、押物通事二人、偶語別逓児一人の計九人が赴京訳官として随行する。[33] これらの任務を見てみると、上通事は「随参行中公幹彼地禮單、掌尚方御供貿易。」として礼物を書いた単を担当して、尚衣院の供物貿易を管掌した。教誨三人のうち一人は質問従事官として漢語の吏語、方言のなかで理解できないものを解釈する任務を帯び、残りの二人は歳幣米（中国への貢物の米）と歳幣（中国に送る貢物）を一緒に持って行った。次上通事は、内医院の薬剤を購入し、押物通事は宮中納品を目的

に野菜を栽培していた内農圃の種子を採集して、貿易することを担当した。

蒙学は元遞児・別遞児それぞれ一人ずつ、計二人が随行し、倭学は、教誨と聡明が順番に随行した。清学は上通事一人、被選別遞児がそれぞれ一人、新遞児一人、総勢四人が随行し、清学上通事は漢学上通事と共に公貿易を担当した。新遞児は一六八〇年に新設された。

仁祖一五年（一六三七）以降に清の捕虜となった後帰ってきた人（被虜贖還人）の中から、清語に堪能な者を備辺司に清訳（満州語通訳）として配置して、関門の出入りと支供（飲食を提供する）・膳物（地元の特産物）を集める仕事を管掌させた。粛宗六年（一六八〇）に閔鼎重が、清学を正しく解釈する者六人を選択して、新遞児庁を作った。このほか、四学兼任に堂上元・別遞児二人、漢・蒙・清三学共通の偶語別遞児一人がいる。

以上で見たように、節行と赴京遞児訳官は、漢学が九人、蒙学が二人、倭学が一人、清学が四人、四学共通が二人、三学共通が一人で、合計一九名であった。このような赴京訳官の数は、一七七八年まではほとんど変わらなかった。四学堂上元遞児の中で、訓上堂上と常仕堂上が持ち回りで担当していたものが、この時期に至り別々に派遣され、二遞児となり、赴京訳官は一人増加して二〇人となった。

高宗二年（一八六五）の法令集である『六典條例』によると、堂上訳官が四人で、一八世紀末の三人からまた一人増加したが、漢語と満州語の上通事二人は変化がない。従事官一四人には、質問一人、押物八人、旧押物二人、三押物一人、偶語別遞児一人、年少聡敏一人、次上通事一人、清学被選一人、別遞児一人、押歳幣五人（押歳幣には漢学教誨一人、蒙学別遞児一人、倭学教誨、順番に担当する聡敏一人があり、また押歳米として漢学教誨一人、蒙学元遞児一人がいる。）がある。このほか、清学一人、偶語別差一人がいる。したがって、高宗二年（一八六五）の赴京訳官は総勢二二人になるわけだが、正祖二年（一七七八）の二〇名と比較して見ると、堂上訳官一人が増加して、三押物一人が新設されたものである。一八八〇年に至って、節行のときに派遣される訳官は二六人から二七人となる。これは、一八六五年に比べて四人~五人増加したものである。言語別にみると、漢学の場合、堂上訳官二人が皆漢学から決定された。このほか別選一人、偶語新逓児一人、漢学官二人は新たに増設されたものである。

漢学別選と司訳院の官員の子弟の中に才能のある者が多く居るため、英祖三五年(一七九五)に一〇人を選抜して、本業と経・史によって毎月二・六日と四季朔(三・六・九・一二月)に試験し、燕行随行の一逓児として順番に従って送るようにした。これは英祖三九年(一七六三)に減少したが、高宗四年(一八六七)に潁樵金炳學が王に請願して、回復した(『通文館志』)。

偶語新逓児は英祖七年(一七三一)に漢学五人、清学三人、蒙学二人を選抜して新設し、放料軍官をここに移し設置したものである。英祖三三年(一七五七)になくなったが、また軍官が担当することになり、一八八〇年に李最應が王に啓請し、再設置された(『通文館志』)。清・蒙学は一七二〇年以来変わらず、倭学は教誨・聡敏を、一八八〇年に至ってそれぞれ一名ずつ派遣した。これをみると、一八六五年から一八八〇年の間に赴京訳官数が急増したが、これはほとんどが漢学であり、一八世紀に失われた制度を復活する方向で行われたことが分かる。

三、訳学書の編纂と外国語教材

前節で司訳院の組織とその変遷過程を見ながら、いくつかの重要な時代の起伏を見てきた。すなわち司訳院は朝鮮の対明・対清および対日本の関係が複雑になるにつれ、次第にその機構が拡張されて行き、特に倭乱と胡乱を分水嶺として、大々的な変化があったことを述べた。

高麗の伝統を受け継いで朝鮮朝の建国と共に設置された司訳院は訳官を養成し、それらを管掌することにより、朝鮮初期には、朝鮮に来た外国人を接待したり、または派遣される使臣に随行する仕事を務めてきた。しかし、壬辰倭乱と丙子胡乱を起点に、職制と機構における大幅な改革があり、その役割も、単純な使臣の随行や朝鮮に来る人々の接待に限定されず、国境や釜山などに居住する外国人を監視し、貿易の仲介者として活躍するなど、外国との接触で起こるすべてを担当する実務官吏として通訳を養成し、管理するようになった。したがって、外国語教育機関としての司訳院は、外国との関係が複雑になるにつれ訳官の必要性も増大すると、司訳院が拡張されて外国語教育も徐々に拡大した。このような教育目標の変化は教育内容の変化をもたらし、教育内容の変化は外国語学習書である訳学書の改革を伴ったため、これらの改革は、司訳院の変遷と不可分の関係を結んでいると思われる。

時代別特徴

司訳院の変遷と訳学書の改革を時代的特性に応じて分類すると、概ね次のように三期に大きく分けることができる。

初期―建国初期から『経国大典』までの訳学書　―草創期
中期―『経国大典』以降、『続大典』までの訳学書―定着期
後期―『続大典』以降、旧韓末まで―改訂・増補・修訂期

このような訳学書の時代区分は、『経国大典』をはじめとするいくつかの国典と『通文館志』などを通じ、その変遷過程を調べることができる。概して、初期の訳学書は朝鮮朝初期の王朝実録と『経国大典』礼典、訳科、科試書、または取才書に記載されているものをいい、中期のものは『続大典』の司訳書と『通文館志』と各種の史料に収録された訳科・院試（司訳院で実施する外国語の卒業試験。取才に応試をする資格を付与される）・取才（下級官吏を

選抜するために実施した採用試験）・考講（教科書の精通程度の試験）に使用した訳学書を言い、後期のものは中期の訳学書を改訂・増補・修訂したもので、大部分は現存する訳学書である。それでは、各時代の訳学書について概観したい。[34]

初期訳学書

初期の訳学書は『世宗実録』巻四七、世宗一二年、庚戌三月條の取才についての詳定所（国家の政策や法規を定める機構）啓文に示された漢吏学・文字学・訳学の試験に使用された訳学書と『経国大典』礼典、訳科および取才に掲載された訳学書から、その全体的な輪郭を探ることができる。

『世宗実録』のさまざまな学問の取才では、各取才の出題書を漢吏学と文字学・訳学に分け、訳学をまた漢訓・蒙訓・倭訓に分けた。

漢吏学は吏文を作成するためのもので、「書・詩・四書・魯齋大學・直解小學・成齋孝經・少微通鑑・前後漢・吏学指南・忠義直言・童子習・大元通制・至正條格・御製大誥・朴通事・老乞大・事大文書謄錄」が出題書として掲載された。儒教の経書と中国の官制、および吏文作成の教材がある。

文字学は、吏文の正書に必要な漢字の書体、および篆書の写字、すなわち「大篆・小篆・八分」を取才した。

訳学は、実際の通訳を担当することができる者を試験するための訳学書が選ばれた。訳学は漢訓と蒙訓・倭訓に分けられたが、漢訓は漢語、すなわち中国語の学習であり、蒙訓は漢字やモンゴル・ウィグル文字で記録されたものをモンゴル語で読み取り、または解釈するモンゴル語学習書であり、倭訓は日本語学習書である。

訳学漢訓、すなわち漢語学習書には、「書・詩・四書・大學・直解小學・孝經・少微通鑑・前後漢・古今通略・忠義直言・童子習・老乞大・朴通事」がある。訳学蒙訓のモンゴル語教材としては「待漏院記・貞觀政要・老乞大・孔夫子・速八實・伯顔波豆・吐高安・章記・巨里羅・賀赤厚羅」を、倭訓の日本語教材としては、「消息・書格・伊路波・本草・童子教・老乞大・議論・通信・庭訓往來・鳩養勿語・雑語」を出題書として載せた。

『世宗実録』の詳定所啓文には女真学が入っていないが、これは当時司訳院には女真学がまだ設置されていないことを示唆するものである。高麗時代に設置された通文館の伝統を受け継いで、朝鮮太祖二年（一三九三）に復活した司訳院[35]は、最初から漢学・蒙学・倭学・女真学の四学を置いたのではなく、漢語とモンゴル語の学習、すなわち漢学と蒙学から始まって、太宗一五年（一四一五）に倭学が設置され[36]、次に女真学が設置された。

『世宗実録』以来、各実録にも訳学書が部分的に表れた。初期の訳学書を集大成したものは、成宗元年（一四七〇）に刊行された『経国大典』ということができる。『経国大典』吏典、正三品衙門條末尾に司訳院があり、その役目が「掌譯諸方言語」であるとし、承文院と共に、事大交隣の任務を遂行するにおいて通訳を担当したところであることが分かる（拙稿、一九七八ａ）。また『経国大典』礼典、諸科、訳科条や取才勧奨条に、漢学・蒙学・倭学・女真学の四学で分け、司訳院四学の出題書を規定したものがみえ、この時期に司訳院四学が完備され、それぞれの訳学書が一度決定されたものと見られる。

すなわち世宗一二年（一四三〇）三月より四〇年後に完成した『経国大典』礼典、訳科、初試では、司訳院四学がそれぞれ講書（臨文または背誦）、写字（筆記試験）、訳語の出題書として分けて掲載され、これらの大部分は『続大典』で大々的な改革があるまで、長く科試・取才などに使用された。

『経国大典』礼典、諸科、訳科條では漢学初試の出題書として、『四書』・『老乞大』・『朴通事』・『直解小学』を挙げた。覆試には、初試と同じで、『五経』・『少微通鑑』・『宋元節要』を必要に応じて講書とした。蒙学は、「王可汗・守成事鑑・御史箴・高難加屯・皇都大訓・老乞大・孔夫子・帖月眞・吐高安・伯顔波豆・待漏院記・貞觀政要・速八實・章記・何赤厚羅・巨里羅」を挙げた。

倭学は、「伊路波・消息・書格・老乞大・童子教・雑語・本草・議論・通信・鳩養物語・庭訓往來・應永記・雑筆・富士」を科試書とした。

最後に女真学の出題書として「千字文・兵書・小兒論・三歳兒・自侍衛・八歳兒・去化・七歳兒・仇難・十二諸國・貴愁・呉子・孫子・太公・尙書」を挙げ、すべて写字の方法で試験するとした。

司訳院四学の訳学書はそれぞれ独特の特徴を持っているが、漢学は四書五経を中心にし、史書が含まれており、蒙学は、モンゴル語に翻訳された中国の史書とモンゴルの偉人伝が目に見えて多かった。また、これら四学の実際の訳官の任務に関連する実用会話書として、『老乞大』が愛用されたが、漢学では実用会話書として『老乞大』・『朴通事』が、蒙学では『蒙語老乞大』が、該当国の訓蒙教科書を除き、ますます重要な訳学書として脚光を浴び始め、これらは後代にさらにその重要性を認められた。

倭学でも『老乞大』が利用されており、これは高麗朝の通文館の伝統を朝鮮朝の司訳院がそのまま継承したためと考えられる。しかし、『倭語老乞大』は、その本の内容が倭学訳官の任務遂行とは距離があるため[37]重要性が減少し、最終的に中期には倭学訳官の任務を内容とした『捷解新語』に、その座を譲るようになった。

女真学は高麗朝の通文館や司訳院に設置されておらず、朝鮮朝の司訳院でも遅く設置され、『老乞大』を使用する機会がなかった。したがって、すべての女真学書が女真人の訓蒙教科書に依存したが、知恵のある子供の話を内容としたものが多く、兵書が他の書籍に比べて非常に多くの量を占めていた。このような各訳学書の特徴は、司訳院で当該国の訓蒙書を輸入して使用することにより生まれたもので、その国の教育理念との関係があるものと考えられる。

中期訳学書

初期の司訳院訳学書が当該国の訓蒙教科書に依存したものであれば、中期には、より実用的な訳学書を司訳院自体で編纂して使用しようとする意欲が強く現れた時期である。これは壬辰倭乱・丙子胡乱の両乱を経験し、外国語教育において実用性が強調されたことにも由来する。中期の訳学書は、通訳者の任務遂行のための実用的な会話の習得を目標に、すべての訳学書を改編していった。そして、初期には、該当国の訓蒙教科書を輸入して使用していた方法から脱して、司訳院自体で、実用性に立脚した実際の会話のための教習書を編纂しようとし、初期の訳学書を代替していった。

これらの目標は、『続大典』の訳科科試書にて果敢な変革がもたらされ、漢学を除く三学は、ほぼすべての訳学書が司訳院自体で編纂されたものを中心とするように改編された。そして漢学でも司訳院で修正し、漢文にハングル音をつけた音注と、漢文をハングルで訳して書いた諺解である『(翻訳) 老乞大』・『(翻訳) 朴通事』が重用され、他の学問でも、ほぼすべての訳学書がハングルに翻訳された。

初期の訳学書は科挙試験では廃止されたが、司訳院の訳生を教育する際に教科書として引き続き使用されていたものと思われる。高麗大学図書館に所蔵された前司訳院奉事白完培の清学訳科初試の解答用紙には、上部に「千字・天兵書・小兒論・三歳兒・自侍衛・八歳兒・去化・七歳兒・仇難・十二諸國・貴愁・呉子・孫子・太公・尙書・三譯總解・清語老乞大・飜大典通編」などの清学書の書名が見える。[38]

後期訳学書

中期の司訳院訳学書が司訳院の実用的な教材改編の要求によって自主的に編纂し、初期の訳学書を代替したものならば、後期の訳学書は中期のものを改訂・増補・修訂して使用した時代と言うことができる。つまり、司訳院で実用会話を中心に、新たに編纂した訳学書が初期の訳学書を代替して国典に掲載されることで、訳学書の大々的な変革があったが、『続大典』（一七四四）で、この新しい訳学書によって訳官の科試と取才を行うように規定することにより、訳学書の革新は一段落する。『続大典』以降の司訳院訳学書は、これらを新たに解釈したり、修正して重ねて出版し、補完して使用しており、非常にまれに、新しい訳学書が編纂されることもあった。後期に入って司訳院四学がどのように中期の訳学書を改訂・増補・修訂したのかについては、第三章から第六章の該当部分で詳細に検討していく。

四、司訳院の外国語教育とその変化

朝鮮時代の科挙制度に訳科を設置したのは、有能な訳官を選抜しようとする意図よりは、訳官たちが訳科を通して正二品まで昇進することができる道を開くためのもので、一種の訳官優遇の方法であった。実際訳官の選抜任用は、司訳院で実施する院試・取才・考講の方法で行われた[39]。ここではその概要だけを紹介する。

院試

院試は司訳院で実施する会話能力の試験であり、一六世紀半ば以降に、その重要性が浮き彫りにされた。すなわち『通文館志』巻二、勧奨、院試條に「嘉靖癸丑、因本院草記、與華人交接之間、言語最先、文字居次、除常時所讀書備數考講、毎二人作耦講論華語。謂之院試。（嘉靖癸丑年（一五五三）、司訳院の草記に因り、中国人と交接する際に口語が最も優先され、文字はその次であるので、常時読む本と、考講に出題される部分を除き、毎回二人がペアを作って中国語を講論するようにした。これを院試と言う。）」という記事を見ると、院試は会話能力を増進させるために設けた試験制度であると思われる。

しかし、『受教輯録』礼典、勧奨、明宗八年（一五五三）条に「譯官讀書考講外、毎二人作耦講論。一考内得三分以上者、許試祿職取才。分數同者、亦以言語分數先計（訳官が教材を読み、これを評価する考講以外に、毎回二人がペアを作って講論する。一度の試験に三分以上の成績を得た者は禄職取才試験を受けることを許可する。点数が同じ者は、会話の点数を先に計算する。）」として、院試は禄職取才（禄俸がある官職を与えるために実施した試験。一年に二回または四回、礼曹で行っていた）を受けることができる資格を獲得することにその意義がある。二人組になり講論をし、三分以上の成績を得た者だけが禄職取才を受けることができ、試験の点数が同じ場合には、会話の成績が優秀な者を上位にするということである。したがって、春と夏に実施する禄職取才を受験するためには、前年度一一月・一二月の院試に、あらかじめ合格しなければならない。[40]

院試は兼教授（司訳院の漢語教授）一名、訓上堂上二人が監督官に任命される。院試は、春と秋、夏と冬に分け、一年に四回実施し、院試の試験科目及び方法は、春と秋が同じで、夏と冬が同じである。

ところで、蒙学・倭学・清学は甲・丙・戊・庚・壬年の当等本業課冊（一年を四期に分けて、各期ごとに読むべき本）が提示されていない。したがって、この年には文語の試験をしたのか、それとも別の規定があったのかは不詳である。このように、院試は一六世紀半ば以降に会話の重要性が浮き彫りになり登場したが、録職取才に受験できる資格を取得するための予備試験の性格が強かった。

したがって禄官に進むためには、院試の通過が必須要件であり、これにより、一六世紀半ば以降に訳学書の性格が実用的な会話教習書に変化した。また、院試に使用される課冊（出題書）も、禄職取才の、その期間に読まなければならない訳学書である当等本業課冊と一定の関連を持ちながら、定められた。

取才

司訳院の取才では、前述した禄取才以外に、赴京取才（中国への使者の随行訳員を選ぶための試験）と衛職取才（軍事職の禄俸を受けるための選抜試験）などがある。これらを順番に見ていく。

禄取才に受験できる資格者は、『通文館志』巻二、勧奨、禄取才條に「毎當都目之期、二次院試畢後、取其三分以上、有六朔仕者（毎回都目を定める際に、二回の院試が終わった後、三分以上の成績を取っており、六朔以上勤めた者）」とあり、禄職の訳官は六ヶ月以上勤務し、禄職の候補名簿に上がった者の中から二次院試で三分以上の成績を得れば、禄職取才を受けることができた。

試験官は、提調一名と礼曹の堂上（正三品以上）がなり、礼曹で一緒に試講（訳学書を読んで解釈することを試験すること）するようにした。禄取才は、禄官（秩禄を受ける役人）一一人を選抜し、漢学が七人、蒙・倭学が各一名、清学が二人である。禄官の選抜基準は、次の通りである。

『通文館志』巻二、勧奨、禄取才條に「［前略］先從大畫、次從院試畫［三學只較於該學］、次從栍及久勤［前日付祿之遠近。出受教輯錄］、而以經史爲先［出大典續錄］。（先に成績に従い、次に院試の成績に従い［三学は、同じ専攻同士で比較する］、ついで、次の順番や勤務の長い順に従い［昔は禄俸の多い少ないを見た。『受教輯録』に出てくる］、経・史の成績で順番をつけた。［『大典続録』に見える］）」とあり、取才の成績が一次基準となり、続いて院試の成績、順番、そしてこれまで受けた秩禄の多寡の順に選抜される。

一七世紀前半まででも成績を重視し、禄取才に合格した者に参上を経由しなくても正に任命したり、禄職の経験がなくても僉正に任命した。しかし、粛宗時代に閔鼎重が、訳官は科挙及第と異なっているので、履歴がない者に高い品位を乱発することは不可だとし、一六八五年（粛宗一一）以降には、六品以上を務めた者だけが院正になれ、参下職を務めた者だけが僉正に品階を上がれるようにした。また、官職を経なくても講畫（成績）が優秀であれば主簿（帳簿を主管していた従六品官職）に、訳科に及第していない者は、直長に任命できるようにした。

禄取才に使用された課冊、すなわち出題書も時期によって変遷を示す。これは大きく『経国大典』以降から『続大典』（一七七四）以降の時期に区分して見ることができる。

赴京取才とは、漢学の次上通事・押物蒙学・清学の元遞児などの三つの赴京訳官を取才することをいう。一七二〇年まで赴京訳官を選抜する方法は考講と取才の成績で選抜した。

これらに対する赴京取才は、礼曹で春と夏の禄取才をする日に実施した。当等本業課冊（各期ごとに読むべき本）を背講（本を見ないで講書する試験）したが、全体の意味を完全に理解し「通」（二分）を得た訳官の中で点数が高い者が、中国に行く使行に随行した。五〇歳以上は臨講（本を見ながら講書する試験）するようにし、蒙学は、写字、すなわち筆記試験を代わりに行った。

『通文館志』巻二、勧奨、赴京取才、続条「不用取才准二分之規、一従仕次差送而年條未詳（取才の「准二分之規」を用いず、一人は従仕（勤務年限に従う）に従い差送したが、何年のことなのか不明である。）」とあるように、一七二〇年以降、いつからか赴京訳官がすべて勤務順番に派遣され、赴京取才も形式的なものになってしまった。

衛職取才は、禄取才のように司訳院の外任の衛職を選抜する取才である。司訳院の衛職は『経国大典』当時一一ポストであったのが、『通文館志』（一七二〇）では、三二ポストに増えた。

この中で訓上堂上に一〇ポスト（漢学六、清学二、倭学二）、四学の常仕堂上に三ポスト、訓長に二ポスト（漢学一、清学一）など、合計一五ポストが前例によって付与された。残りの一七ポストのうち漢学教誨二ポストは書徒考講に加えて与えるものになり、衛職取才対象は一五ポストとなった。

衛職取才を調べる前に、前例に応じて付与された一七ポストを言語別に整理してみると、漢学が九ポスト、倭学二ポスト、清学の三ポスト、四学共通の三ポストで構成されている。これを見ると、漢学が圧倒的に優勢である。

一方、蒙学に対する配慮は、四学共通で見られるほどの極めてわずかなものである。

これらの一七ポストは司直四ポスト、司果一ポスト、司正二ポスト、司猛三ポスト、司勇七ポストで構成されており、衛職のうち上位職とすることができる司直・司果・司正はすべて前例に応じて付与され、下位職の中では司猛五ポストと司勇一〇ポストが前例に基づいて付与されていることを知ることができる。

このように前例に従って付与するポストが、取才に比べて数的面で勝っているだけでなく、内容面でも上位職を独占している現状が現れ、取才の重要性が相対的に低くなっていることを暗示するものといえる。

考講

考講は、その対象に応じて書徒考講と二六考講に分けられる。書徒考講は四季朔、すなわち、四節の最後の月である三月・六月・九月、そして一二月に実施する。対象は漢学教誨・年少聡敏・偶語別逓児の訳官たちであり、課冊、すなわち出題書及び試験方法は、対象に応じて異なる。

書徒考講は背講をする本業と、臨講する経・史に二分される。背講する本業、すなわち専攻の教材として、漢語は『老乞大』・『朴通事』・『五倫全備』など六冊があり、考講の量は一冊の半分ずつ、一二回で完了できるようにした。御前教誨なら四〇歳、教誨前銜なら五〇歳の人は本業書[41]、すなわち、自分の専攻言語の教材だけ本を見ながら読み、臨講で試験するようにした。背講にはこの他にも『四十題[42]』がある。

本業とは異なり、経・史は臨講した。経としては、「四書・詩傳・書傳・胡傳春秋」があり、史は「通鑑・宋鑑」で学習した。経史は、後に四書の二経と『通鑑』に簡略化され、『宋鑑』・『胡伝春秋』などは除外された。

年少聡敏・偶語別逓児などは本業の出題書が同じである一方、考講する量が教誨に比べて半分に過ぎない。経史の中から『春秋』・『宋鑑』・『四十題』が脱落し、四書と『詩伝』、『書伝』、『胡伝春秋』、『通鑑』だけ考講の出題書となった。五〇歳であれば臨講することは同じである。考講の成績が優秀な御前教誨は司勇二ポストに任命するようにした（『通文館志』巻二、勧奨、書徒考講参照）。教誨や年少聡敏は、六〇歳以上になると考講を免除されたが、衛職に任命されようとする者は、考講するようにした（『通文館志』巻二、勧奨、書徒考講参照）。

年少聡敏は考講の成績に基づいて赴京訳官に選ばれた。しかし、この後赴京訳官を選抜する方法が、書徒考講の点数を基準にすることから、勤務年数によって選抜する従仕差送に変わったことにより（『通文館志』巻二、勧奨、書徒考講参照）、書徒考講の比重が弱まった。

二六考講は毎月二日・一二日・二二日と六日・一六日・二六日に実施された。二六考講は書徒考講に比べて、その対象範囲がはるかに広い。まず漢学を見ると、上通事・次上通事・押物通事は毎月二日に文語試験を受けた。年少聡敏は一二日に、毎四半期ごとに読まなければならない本二冊を試験した。ところが、年少聡敏は先に見たように書徒考講をしたので、二六考講と重複するわけである。したがって一六九七年（粛宗二三）以降、年少聡敏は二六考講から除外された。

漢学偶語別逓児は二日に『訳語類解』三章と、文語など二冊を背講したが、年少聡敏と同様に書徒考講を行うので朔講（一日に実施する講義）は廃止された。蒙学元逓児・別逓児は一二日に、それぞれ文語を試験したが、一七八三年（正祖七）に『物名』三章に置き換えられた。清学上通事・被選別逓児・新逓児などは二二日に文語を試験したが、『物名』五章に転換した。倭学教誨と年少聡敏は六日にそれぞれ文語試験を受けた。

訳科

司訳院の外国語教育の大尾は、訳科である。すべての訳官が最後に行わなければならない外国語の実力評価が、訳科である。朝鮮朝初期の通事科と漢吏科[43]、そして吏文の教育である吏学の能力の評価方法は、『経国大典』で訳

科に統合されて書かれている。つまり『経国大典』礼典、訳科条に

初試

【額数】漢学二十三人、蒙学・倭学・女真学各四人。〔司訳院禄名試取〕

漢学郷試：黄海道七人、平安道十五人。〔観察使定差使員、録名試取〕

【講書】

漢学：四書〔臨文〕・老乞大・朴通事・直解小学。〔背講〕

【写字】

蒙学：王可汗・守成事鑑・御史・高難加屯・皇都大訓・老乞大・孔夫子・帖月真・吐高安・伯顔波豆・待漏院記・貞観政要・速八實・章記・何赤厚羅・巨里羅。

倭学：伊路波・消息・書格・老乞大・童子教・雑語・本草・議論・通信・鳩養物語・庭訓往来・応永記・雑筆・富士。

女真学：千字・天兵書・小児論・三歳児・自侍衛・八歳児・去化・七歳児・仇難・十二諸国・貴愁・呉子・孫子・太公・尚書。

【訳語】漢学・蒙学・倭学・女真学、並飜経国大典。〔臨文〕

覆試

【額数】漢学十三人、蒙学・倭学・女真学各二人。〔本曹同本院提調、録名試取〕

【講書】同初試。〔願講五経・少微通鑑・宋元節要者聴臨文〕

【写字・訳語】同初試。

（【　】部分は筆写挿入。）

のように規定されている。

上記の規定により、訳科の初試と覆試で選抜する人員数、講書・寫字・訳語などの科試方法と出題書が完全に決定されたのである。

まず選抜人数を見てみると、訳科初試で漢学は二三人、蒙学・倭学・女真学は、それぞれ四人を選ぶことができ、ソウルで行われる京試は、司訳院で受付して名前を登録し、受験することを許可される（『通文館志』巻三、勧奨、科挙條）。地方で受ける郷試は、観察使が人員を定め派遣した。受付して名前を登録することで応試を許可されると、試験を受けた。黄海道で七人、平安から一五人の漢学を選抜することができた。

また訳科の試験方法は、初試で講書（背講・背誦・臨文講書）の方法と写字（筆記試験）、訳語（臨文飜譯）の方法を使用した。漢学の場合は、主に講書の方法を使用し蒙学・倭学・女真学の試験は写字の方法で試験した。訳語は、司訳院四学の漢・蒙・倭・女真学は皆、本を見て（臨文）『経国大典』を翻訳した。覆試の場合も、選抜人員の数と出題の講書が部分的に違っただけで写字や訳語は、初試と同じであった。

訳科での講書は、科題として与えられた漢語訳学書の該当部分を、本を見ずに原音（漢語音）で読んで朝鮮語にする方法であり、写字の方法は、やはり出題された部分を暗記し、これを解答用紙に書き写す方法であり、訳語の方法は、出題された部分を該当外国語に翻訳する方法である。したがって訳科の挙子たちは、絶えず訳学書を覚えその意味をわかりやすく解釈しなければならない。このような教育を担当して、実際に訳科や取才を主管した官庁が司訳院である。

朝鮮朝の訳科は、司訳院に入属した生徒や、既に出仕した訳官、衛職に任命された訳官、地方で訳官の資質を備えた人々が受験することができた。訳科は文武大科のように式年試（三年に一度ずつ施行する正規の試験）があり、朝鮮後期に入ると、増広試、大増広試の時も施行された（『続大典』）。三年ごとに実施される式年試では、京試において、訳科初試で漢学二三人を採用することができ、残りの三学は各四人であり、合わせて三五人を選抜することができるよう『経国大典』には規定されており、訳科覆試では一九名を合格させるように規定されていた[44]。『続大典』（一七四六）からは増広試・大増広試では人員を増やして選ぶように規定されたが[45]、実際には、式年試と比較して八～九人程度が増加されることも、または同数の一九人が選ばれることもあった。

試験方式

科場は、開場する前に、司訳院から入門官四人（漢学三人のうち一人は教授、二人は訳科に合格した参上官一人）が官衙に出て榜を掲示して告示する。挙子は、儒巾に紅団領（執務服）を着、四祖単子（父・祖父・外祖父の職衔と名前を書いた単子）と保挙単子（推薦した者の職衔と名前を書いた単子）を入門所に提出し、名前を書いた後に訳科を受けることができるという許可をもらう。

この時の保挙単子は司訳院に入門する際の完薦（規定をすべて満たしている、という推薦）の規定によるもので、漢学一人と訳科に合格した六品以上の官員（使行に随行したことがある参上官）二人の推薦を受けねばならず、漢学を除いた挙子は、首保（一番目の保証人）・副保（二番目の保証人）のほか、必ず当該学参上官員の推挙を受けなければならなかった。

試験を管理する試官は、『経国大典』では司訳院の提調であったが、その後は都提調（大臣が兼任する）・提調がなり、参試官（試官の補助者）は兼教授・訓上堂上がなり、監試官として司憲府・司諫院から二人を派遣して監督にした。

しかしその後、試官が礼曹堂上官と司訳院の提調に格下げされた。すなわち『通文館志』巻二、勧奨第二、科挙條に

試官：都提調・提調。
参試官：兼教授・訓上堂上。
《續》
試官：禮曹堂上・本院提調。［一員］
參試官：禮曹郎官［一員］・本院漢學參上官［二員］。［提調及參上官、皆自本院備擬、開場前期一日、送禮曹、入啓受點。三學訓導各二員、亦以參試官、擬送受點、而實察該學訓導之任。］
監試官：二員［司憲府・司諫院］。

という記録があり、『通文館志』（一七二〇）とその続編（一七七八）が出版される間に、試官が司訳院都提調（大臣の兼任）から礼曹堂上（正三品以上）に格下げされ、参試官も兼教授（従六品）から礼曹郎官（正五・六品）と漢学参上官（従六品）に変わったことを知ることができる。

このような変動は、『続大典』で正式に法典に定着する。壬辰倭乱と丙子胡乱を経て『経国大典』に規定された訳科の科試出題書が全面的に改編され、これらの変化は『啓辞謄録』に記録されたものが『受教輯録』（一六九八）に部分的に反映され、『典録通考』（一七〇六）を経て、『通文館志』にまとめられたのである。

これらの変化は、最終的に定着した『続大典』の訳科、試式をみると、次の通りである。

初試

【試官】司譯院提調二員［或一員兼教授、無故則亦參］、同四學官各二員［該院差定］試取。

【額數】式年［見大典］、增廣同大增廣則漢學・蒙學・倭學各加四人。

【講書】漢學：四書［臨文］・老乞大・朴通事［見大典］・伍倫全備［新增、以上背誦］・直解小學今廢。

【寫字】蒙學：老乞大［見大典］・捷解蒙語［新增］。

倭學：捷解新語［新增］。

清學：八歳兒・小兒論［見大典］・老乞大・三譯總解［新增］、其餘諸書今廢。

【譯語】同大典。

覆試

【試官】司譯院提調一員［二望］、同四學官各二員試取。

【參試官・監試官】本曹堂上官・郎官各一員、兩司官各一員進參、下三科覆試同。

【額數】試年［見大典］。增廣・同大增廣則漢學・蒙學・倭學・清學、各加二人。

【講書】同初試。

【寫字・譯語】並同初試。

（【　】部分、筆者挿入。）

これによれば、『續大典』では、講書・写字の出題書に多くの変動があり、『通文館志』の続条に見える試官の変動が『續大典』の内容を反映したものであることが分かる。

科試の分量

科試の分量は、司訳院四学がすべて漢学の冊数を基準にしたという。『通文館志』巻二、勧奨第二、科挙、蒙学八冊条にある「兵燹之後、只有時存五冊、故抽七處寫字、以准漢學册數。自康熙丙子、始用新飜老乞大、背試二處、而前五册各寫一處。［詳見啓辭謄錄］（戦乱の後にただ五冊だけが残り、そのために七箇所を抜き出して写字させたが、漢学出題書の本の数に基準を置いたものである。康熙丙子（一六八四）年から『新飜老乞大』を使用し始め、（この本の）二箇所を本を見ずに試験したが、以前には、（残っている）五冊から、各一箇所ずつ書き記すようにした。［詳細は『啓辞謄録』を見よ］）」（傍線筆者）という部分を見ると、漢学の冊数に準じて七箇所を抽選し、写字したことを知ることができる。

ここで基準となる漢学の冊数は、『通文館志』の同じ部分の漢学八冊条を見れば、「老乞大・朴通事・伍倫全備［以上三册背講。初用直解小學、中間代以伍倫全備］・論語・孟子・中庸・大學・飜經國大典［訓導傳語。以上五册臨講］（漢学八冊は『老乞大』・『朴通事』・『伍倫全備』［以上三冊は背講である。最初は『直解小学』を用いたが、途中で『伍倫全備』に代わった。］・『論語』・『孟子』・『中庸』・『大学』、『経国大典』の翻訳［これは訓導が伝える。以上五冊は臨講する。］」という記事があり、漢学の本業書『老乞大』・『朴通事』・『伍倫全備』の三冊を見ずに講書し、四書と「飜経国大典」[46]の五冊は本を見て講書し、『経国大典』を翻訳する訳語の試験は、受験者が自分の専攻言語で翻訳すれば、訓導が試官にこれを伝達して評価する、という内容である。

これは本業書三書と四書、および『経国大典』の翻訳の合わせて八題が出題されることを意味するが、これは言い換えると、この八種の訳学書が、すなわち漢学訳生の漢語の教科書となったということである。

満州語教育の清学科試の分量も『通文館志』の同じ部分の清学八冊條に明示されている。すなわち、「八歳兒・小兒論・新飜老乞大・三譯總解・飜經國大典［八歲兒・小兒論・老乞大・三譯總解四册抽七處寫字、大典飜語、同漢學」（『八歳児』・『小児論』・『新飜老乞大』・『三訳総解』・『飜経国大典』〔『八歳児』・『小児論』・『老乞大』・『三訳総解』四冊の中から七箇所を抽選して写字し、大典の翻訳は漢学と同じである。〕）として、訳科の清学は、『八歳児』・『小児論』・『老乞大』・『三訳総解』の清学書四種から七箇所を選んで写字させ、訳語の試験で『経国大典』を翻訳させることが、清学八冊であり、漢学八冊と同じになる、という内容である。

これも漢学冊数に基準を置いたものであるが、『通文館志』のおなじ部分の清学八冊條に、「初用千字文〔中略〕、並十四册。兵燹之後只有仇難・去化・尙書・八歳兒・小兒論五册、故抽七處寫字、以准漢學册數。康熙甲子、始用新飜老乞大・三譯總解・而前册中仇難・去化・尙書訛於時話、故並去之。見啓辭謄錄。（最初に『千字文』〔中略〕計一四冊を用いた。戦乱の後にただ『仇難』・『去化』・『尙書』・『八歳児』・『小児論』五冊だけが残り、ゆえに七箇所を選んで写字させたが、漢学出題書の本の数に基準を置いたものである。康熙丙子年から『新飜老乞大』・『三訳総解』を使用し始め、先述の『仇難』・『去化』・『尚書』が現在の言葉と異なっているため、すべて除いた。『啓辞謄録』を見よ）」いう記事を見ると、訳科清学は漢学冊数に準じて、兵乱以降に残っていた五冊の中で『八歳児』・『小児論』と康熙甲子（一六八四）から使用を開始した『新飜老乞大』[47]、『三訳総解』の四種の清学書から七箇所を選んで、写字することで試験したことを述べている。

したがって、清学の訳科は、漢学の七冊中（本業書三種と四書）から出題されたのとは異なり、すべてで四種の満州語本業書から七箇所を選んで出題し、『経国大典』を翻訳する訳語の方法は、漢学と同じであることがわかる。

採点

試券の採点は点数に応じたが、これは『経国大典』巻三、礼典、諸科、講書條に「通二分、略一分、粗半分〔寫字譯語同〕（通は二分、略は一分、粗は半分。〔写字と訳語も同じである。〕）」とあるように、講書・写字・訳語の試験評価を「通・略・粗」に区分し、通は二分、略は一分、粗は半分を与えるように採点し、総合点数に基づいて順番を定める方法である。『経国大典』に規定された通・略・粗の基準は、次の通りである。

講書：通二分、略一分、粗半分。［寫字譯語同］
句讀訓釋皆不差誤、講論雖未該通、不失一章大旨者爲粗。
句讀訓釋皆分明、雖大旨未至融貫者爲略。
句讀訓釋皆精熟、融貫旨趣辨說無疑者爲通。
凡講取粗以上。講籤從多、相等從下。

通は二分、略は一分、粗は半分。［写字と訳語も同じである。］

（原文に）吐を付けて読んで解釈するときにまったく誤りがなく、講論はまだ通達していないが、一章も要旨を失っていない者は粗。

句節を読み解釈がはっきりしているが、その全体の意味に通じていない者は略。

句節を読み解釈が完全であり、その意味に通じ、弁説に心もとない部分がなければ通。

講書の試験で粗以上のみ認定する。（何人かが採点して点数をつける場合）メモ紙に書かれた点数が多いほうに従うが、点数が同じであれば、低いほうに従う。[48]

この記事によると、試験評価の基準を明確に知ることができる。そして訳科漢学の講書訳語と、蒙・倭・女真または清学の写字訳語の採点も、通・略・粗の点数によって採点されたことが分かる。

発表

登科者は漢学を状元として、残りは点数に基づいて順番に出榜し、合格者のリストを掲示する（放榜）。礼曹が教旨（王の命令書）を作成して証書（白牌）を与え、饋酒（合格者に酒を与える）した翌日に宮闕に訪れ、謝恩させた。[49]

また、『通文館志』巻二、勧奨、科挙、続条に

〔前略〕一等授従七品［本衙門叙用］、二等授従八品階、三等授従九品階［出經國大典。］［狀元放榜後、都目祿官薦狀時特付直長、此謂新恩遞兒。四學輪次作窠以付、而若曾經取才直長者、則陞付主簿。出經國大典及院規謄錄、下至褒貶同］

〔前略〕一等は従七品を与え［司訳院に任用する］、二等は従八品を与え、三等は従九品を与える［経国大典に出る］。［状元は発表の後に度目で録官を推薦する際に、特に直長として任用し、これを「新恩逓児」という。四学は互いに持ち回りで任命し、既に取才によって直長を務めた者は主簿に上げて任命する。『経国大典』と『院規謄録』に出てくるが、下は褒貶に至るまで同じ。］

として、訳科で一等となった者には、従七品を授与し司訳院に直接叙用し、二等は従八品を、三等は従九品を与えた。状元は榜で発表された後、一年に二回の都目で禄官を推薦するときに直長（従七品）に特別に任命し、これを「新恩逓児」と呼んだ。司訳院の四学（漢・蒙・倭・女真学）が持ち回りでこのポストに任命された。しかし、既に取才によって直長を務めたことのある者は、主簿（従六品）に上げて任命したとした。

講書・写字・訳語

ところで、訳学の試取の方法としての講書・写字・訳語とはどのようなものなのだろうか。『経国大典』によると、初期の訳科初試では、漢学の場合四書を臨文して講書し、本業書である『老乞大』・『朴通事』・『直解小学』を背講（本を見ずに講読すること）し、蒙学では『王可汗』をはじめとする一六種の蒙学書を写字させており、倭学は『伊路波』をはじめとする一四種の倭学書、女真学は『千字』をはじめ一五種の女真学書を写字させた。また、訳語は、司訳院四学がすべて『経国大典』を臨文して翻訳するようにした。

講書は、本を見ながら漢語で読みその意味を解釈する臨文、または臨講と呼ばれる方法と、本を見ずに漢語で読んで解釈する背講の方法があり、本文と諺解を暗誦する背誦の方法もあった。したがって臨講、または臨文より背講が難しく、また、それより背誦がより困難ものであることは自明の事実である。したがって、漢学では分量が多い四書は臨講するようにして、本業書は背講することが試験の方法だったが、取才や考講では、前述したように、四〇歳または五〇歳以上の人には本業書も臨講するようにするという記事が『通文館志』に見える[50]。

写字の方法はさらに難しく、出題された訳学書の該当部分を背誦することができるように暗記したあと、それを再度当該国の文字で書く方法である。実際に成宗代に背誦と写字の試取に対して、量が多く訳学書をこの方法で試験することが難しいため、法典には、仮に全巻を背誦するようになっているが、これを分割して試験するという記事が見える。すなわち、『成宗実録』巻一〇、成宗二年五月辛卯條にある、

禮曹啓、大典內司譯院漢學四等取才時、四書・小學・老乞大・朴通事中抽試三書、四書則臨文。小學・老乞大・朴通事則皆背誦。若老乞大・朴通事帙少可誦、直解小學背誦爲難。今後請春夏等講一二卷、秋冬等講三四卷、分卷試取。

礼曹が啓することに「大典内で、司訳院漢学は、一年に四回の取才する際に、四書・『小学』・『老乞大』・『朴通事』のうちの三冊を抽選して試験し、四書は臨文し、『小学』・『老乞大』・『朴通事』は、背誦します。『老乞大』・『朴通事』は巻帙が少なく覚えることができたとしても、『直解小学』は背誦が困難です。今後春と夏には一・二巻、秋と冬には三・四巻に分けて試験を行ってくださいませ。」

という記事は、『直解小学』が量が多く、春と夏の時期には、巻一・二を、秋と冬の時期には、巻三・四を分けて背講するように請願するという内容である。

また写字の場合はさらに難しく、漢学以外の三学の試取に使用されたこの方法は、背誦することができるように暗記した後に、初めてこれを書き写せるもので、やはり成宗代の記録を見ると、取才で写字の分量を減らすという請願があったことを知ることができる。『成宗実録』の同じ部分に、

蒙學、高難加屯・皇都大訓・王可汗・守成事鑑・御史箴巻帙多、故前此臨文講試。今大典並在寫字之列、須得背誦後、可以寫字。此五書固難成誦、恐因此廢而不學。請依前例、臨文試取。並從之。

「蒙学（の出題書の中で）『高難加屯』・『皇都大訓』・『王可汗』・『守成事鑑』・『御史箴』は巻数が多く、以前には臨文で試験をしました。今は大典の写字試験に入っておりますが、必ず背誦した後に写字をすることができます。（しかし）この五本は本当に覚えるのが難しく、このために将来廃されて学ばなくなることを恐れます。前例に基づいて臨文によって試験をしてくださいませ。」すべてこれに従った。

とあり、モンゴル語の学習書である『高難加屯』・『皇都大訓』・『王汗』・『守成事鑑』・『御史箴』は巻帙が多く、以

前には本を見て試験してきたが、現在の『経国大典』では、すべて写字することになっており、写字は、必ず背誦をした後に行うことができるが、この五冊すべてを覚えるのが非常に難しく、このためにモンゴル語を学ばなくなるかもしれないため、前例のように臨文試取することを望む、という内容である。

これらの記事から、背誦と写字の試験方法が非常に難しかったことを知ることができるが、取才とは異なり、訳科では、『経国大典』の規定に従って、背誦と写字をそのまま実施したものと見られる。

訳科試験の方法は、前述したように、講書の背講・背誦と臨文講書があり、漢学には訳語の方法があった。他の蒙・倭・清学の三学は、講書の代わりに写字の方法があり、後期には、院試・取才・考講などで文語の方法も追加された。[51]

写字の方法は前述したようであるが、訳語の方法は、『経国大典』によると、漢学をはじめとする司訳院の四学すべてが『経国大典』を臨文して翻訳した。『経国大典』巻三、礼典、訳科條によると「譯語：漢學・蒙學・倭學・女眞學、並飜經國大典［臨文］（訳語は漢学・蒙学・倭学・女真学すべてで『経国大典』を翻訳する［臨文］）」という記録と、『経国大典』の同じ部分に「譯語同大典」という記録から、訳語の方法を知ることができる。また、『大典通編』巻三、礼典、訳科條によれば、

譯語《原》漢學・蒙學・倭學・女眞學、並飜經國大典［臨文］。
《續》司譯院提調二員、或一員兼教授、有故則亦參同。四學官各二員、該院差定試取。

*《原》は『経国大典』、《續》は『続大典』。

とあり、訳語の試取方法が提示されている。また、『通文館志』巻二、科挙、漢学八冊の末尾に「飜經國大典、訓

導傳語」とある。そして、同じく「蒙学八冊」条には、「大典飜語同漢學」という記録が見え、「清学八冊」末尾にも「飜經國大典」とあり、司訳院四学の訳科訳語には、『経国大典』を該当語に翻訳して、これを訓導が試官に伝語して評価したことを知ることができる。[52]

『続大典』以降の『大典通編』（一七八五）や『大典会通』（一八六五）での訳科は、『続大典』のものをそのまま踏襲したが、ただし、『大典会通』の訳科漢学で本業書の『伍倫全備』を『訳語類解』に変更し、[53]訳科清学で『八歳児』・『小児論』が廃止された。すなわち『六典條例』（一八六五）の礼典、科挙條で

雜科初試

【試官】各其司提調・堂上官二員。錄名試取

譯科

漢學：四書面講、老乞大・朴通事・譯語類解背講【額數】取二十三人

清學：老乞大・三譯總解【額數】取四人

蒙學：老乞大・捷解蒙語【額數】取四人

倭學：捷解新語【額數】取四人

四學並大典會通面講。

雜科覆試

【試官】本曹設場各其司提調堂上及各其司官、備擬受點。本曹三堂上及郎官一員・兩司官各一人、試取講書、同初試。

【額數】譯科取十九人（漢學十三人、清學・蒙學・倭學各二人）〔中略〕
雜科初試・覆試
試官・講書・額數、並同式年。
大增廣則各科各學初試、各加四人。
覆試各加二人。

（【　】部分は筆者挿入）

として、訳科漢学の『訳語類解』が、『続大典』では『伍倫全備』と置き換えられており、清学の『八歳児』・『小児論』が削除されたことが分かる。

ただし『六典條例』では、訳語の問題が「飜大典會通［臨文］」と、『大典会通』の翻訳に代わった。実際にソウル大学図書館と韓国学中央研究院に所蔵されている光緒年間の漢学試券は、『老乞大』・『朴通事』・『訳語類解』の本業書三冊と四書、および「飜大典會通」の訳語科題まで、あわせて八種の漢学出題書が試券の上部に記載されている[54]。また、第六章で考察する憲宗一〇年に施行された訳科清学の白完培の試券も、『八歳児』・『小児論』を含み、『清語老乞大』・『三訳総解』から七つの問題が出題され、訳語の課題として「飜大典通編」が出題された。

注

1　朝鮮の外交政策の基本路線は、しばしば「事大交隣」として表現された。一九世紀末開化期以来、「事大」という表現は「事大主義」と結びついて、韓国人に恥辱の歴史を連想させる言葉として理解されてきた。しかし、「事大交隣」の「事大」は、根本的に

「交隣」と同じ意味で解釈される。単に、当時覇権を掌握していた国との友好関係は「事大」、その他近隣諸国との友好関係は「交隣」と表現したのである。これはまさしく、儒教の伝統的な四大徳目である「忠孝義信」が、円満な人間関係を維持するための徳目である点では同じだが、上下関係は「忠孝」、対等の関係は「義信」と表現したことと同じ脈絡であると言える（鄭光他、一九九二：二三〇七～二三〇八）。

2　訓導は三〇ヶ月で交代したが、このように三〇ヶ月ないし九〇ヶ月で交代する教授と訓導を、六ヶ月だけで交代する逓児職とは区別して、久任と呼んだ。

3　尹承勳は、朝鮮明宗四年（一五四九）から光海君三年（一六一一）の文臣で、字は子述、号は晴峯、謚號は文肅である。宣祖六年（一五七三）に文科に合格して宦路に進んだ。壬辰倭乱で功があり、一五九四年忠清道観察使になり、続いて刑曹参議を経て要職を歴任した。一五九七年に刑曹判書として謝恩使になって明に行き、一六〇一年に右議政に昇進した。一六〇三年に左議政を経て翌年領議政に上った。柳永慶の謀反で一時罷職されたが、すぐに伸寃され、領中枢府使となった。彼は司訳院の都提調を兼任した。万暦壬寅（一六〇二）は、右議政にあった時期である。彼は謝恩使として明に行って以降、司訳院の都提調になって訳官を監督したものと思われる。

4　この資料は、ソウル大学奎章閣に所蔵された古図書資料（古5120-72）であり、表紙に「常仕堂上定額節目」というタイトルがあり、「司譯院」、「庚寅十一月」との黙記と司訳院の官印が押されている。これは五葉裏に都提調の手決があることから、高宗二七年（一八九〇、庚寅）十一月に司訳院で作成し、都提調の決裁を受けた節目の一つであることを知ることができる。ただし、表紙の右上に「附　燕行釐整」という附書があり、赴京使行の人員を調整するためのものと見られる。内容は、都提調に稟議した堂上訳官の定額に関するもので、すべてで八条に分けられ、最後の条に「未盡條件、追後磨錬爲處（不十分な条件は、後日に準備して処置すること）」という記事がある。これに基づくのだろうか、六葉の一張には壬辰（高宗二九、一八九二）三月に作成されたものとして、常仕堂上の組織と職窠を三つさらに増やす、という規定が追加された。

5　四等院試とは、一年を四期に分け、各期間ごとに実施する司訳院の試験であり、今日の各学校で行われる期末試験に該当する。

6　訓上堂上・常仕堂上・教授・訓導を通称して、「教誨」と呼んだ。

7　司訳院の禄官職制については拙著（一九八八a）の第二章を参照。司訳院禄官職のうち、京官の時代別変遷については、拙著（一九八八a：一五～一六）を参照。

8　『六典條例』、及び『通文館案』（奎 No. 17274）参照。

9　『通文館案』によれば、以下の表に見えるように、禄官職と位職として代わった職窠の間に、禄封の違いがある。

禄官職		衛職	
職名	禄俸	職名	禄俸
判官	米1石1斗、豆10斗	司直	米1石1斗、豆10斗
直長	米13斗、豆6斗	司正	米13斗、豆6斗
奉事	米12斗、豆5斗	司猛	米12斗、豆5斗

10　『通文館案』久任条によれば、兼教授は一名とし、「自嘉慶丙寅、秩冬等未差」として、嘉慶丙寅（一八〇六）年から、春と夏の衛職取才にのみ、兼教授一人が任命されたものとされているが、『六典條例』（一八六五）には、兼教授が二名として記録されている点から見ると、このような変動状況は確認するのが難しい。

11　かれらが受けとる禄俸から、この事実を確認することができる。『通文館案』によると、訳官が受けとる禄俸は、次のとおりである。

職任	禄俸
正（正三品）	米1石5斗、豆1石2斗
僉正（従四品）	米1石2斗、豆13斗

『経国大典』戸典、禄科條に規定された正三品・従四品の禄俸量は以下の通りである。

品階	禄米四半期	中米	糙米	田米	黄米	小麥	紬	正布	楮貨
第五科 正三品　堂上官	春	3石	9石	1石	9石		2匹	4匹	8張
	夏	3石	10石			4石	1匹	3匹	
	秋	3石	9石	1石		4石	1匹	4匹	
	冬	2石	9石		8石		1匹	3匹	

同五科　正三品	春	3石	8石	1石	8石		1匹	4匹	8張
	夏	2石	8石			3石	1匹	3匹	
	秋	3石	8石	1石		4石	1匹	3匹	
	冬	2石	8石		7石		1匹	3匹	
第八科　従四品	春	2石	6石	1石	6石	6石	1匹	3匹	6張
	夏	2石	6石					3匹	
	秋	2石	5石	1石			1匹	3匹	
	冬	2石	6石		6石	6石		2匹	

この二つの表を比較すると分かるように、同じ品階であっても、両者の隔たりは大きい。

12 『通文館志』巻一、官制「乾隆壬申、仕滿四十五朔、遷轉東班事、筵稟定式。」という記事を参照。

13 『通文館案』の「近因李相國存秀、更定九十朔。」という記事を参照。

14 『通文館案』の「正・掌務官・兩教授謂之四任官。」という記事を参照。

15 『通文館案』久任条参照。

16 『通文館志』巻一、外任条参照。

17 『経国大典』巻三、礼典、諸科、訳科初試によれば、漢学郷試として黄海道に七名、平安道に一五名を置いた。

18 『通文館志』巻一、外任条に「自天啓辛酉海路朝天後、爲迎勅及漂海唐船問情設、以漢學差送。」という記録を参照。

19 一七二〇年の訳学訓導九員は、この時期まで継続されたのか、差送人からは部分的な変化が見られる。別差である宣川の訓導は漢学、一七五二年以降には蒙学として派遣した。咸鏡監営は一七五一年から一七五二年までは清学として、一七五二年以降は清学教誨として派遣した。

20 一七四五年～一七五一年までは清学として、一七五二年～一七五八年までは漢学として、一七六九年以降には再び清学として派遣された。

21　一七五一年には清・蒙学であったが、一七七七年に至って漢学に変わった。
22　咸興訓導は『通文館志』では、清学教誨として派遣したが、『通文館案』では、漢学教誨に変わった。
23　『通文館志』巻一、外任條に「訓導幷薦狀下批、三十朔遞改」および『経国大典』吏典、京官職に「京外諸學訓導、任滿九百遞」という記事がある。
24　½人とは、官職を順番につけさせる場合を意味する。
25　これは、職務の性質と関係がある。訓導が主に勅使の迎接・宴京・看検市事（中江開市）・接待清人などの任務を遂行することになり、漢学・清学が主に担当させられたものである。一方、兼官軍は漂流した中国人と日本人の船の調査を担当したので漢学・倭学が主に引き受けるようになったのである。
26　『訳官上言謄録』粛宗六年庚申（一六八〇）七月二一日条「司譯院官員、以都提調意啓日、本院定送漢學一員于黄海監營兵營・平安監營兵營・宣川・義州、漢學・倭學各一員于濟州、統營・倭學一員于全羅左・右水營者、盖慮其或有不時話之事故也。其在常時、雖無服役之勞、分差客士、辛苦有倍所定官、限近則一朞、違求三年、其所稟料接待、理宜加優。而其中至有只放單料、不給使喚處、以此人皆厭避。逢差之後、若投死油、甚非朝家分遣舌官、預備邊事之意。」
27　『経国大典』には、司訳院の衛職数が見えられない。この表は、『通文館志』の記録を参照にして再作成したものである。?は、正確な年代未詳。
28　これについては、柳承宙（一九七〇）で詳しく説明された。
29　『通文館志』巻一、官制の「康熙丁未　女眞學改稱清學」という記事を参照。
30　『通文館志』巻一、官制の「乾隆乙酉清學序於蒙學之上」という記事を参照。
31　柳承宙（一九七〇）で、六〇〇余人の訳官に対し、官職数は七ポストに過ぎなかったことを明らかにしている。
32　赴京をめぐる雑音と政策を明らかにするものとしては『新定節目』箇所（奎古4256-2）、『司訳院四学等第厘正節目』（奎No.17225）などがある。
33　節行の合計は毎行の人員が合算されたものである。
34　訳学書の編纂と外国語教材の具体的な内容については、第三章から第六章二節で検討していく。
35　『太祖実録』巻四、太祖二年九月條の「辛酉、置司譯院肄習華言」との記録を参照。

36　『世宗実録』世宗一二年八月丁酉条にある「禮曹啓、去乙未年受教、設倭學、令外方鄉校生徒、良家子弟入屬、合干司譯院、依蒙學例遷轉。』本學非他學之例、注還滄波劍戟間、實爲可憚。故求屬者少、而生徒三十餘人唯用一遍兒遷轉、故生徒多托故不仕。雖或一二人僅存、不解文字、只通言語、非徒通事者難繼、譯解倭書恐將廢絶。請從初受教、依蒙學例加給一遍兒、每二人遷轉、以勸後來。從之。」という記事と、『太宗実録』太宗一四年一〇月丙申条にある「命司譯院習日本語、倭客通事尹人輔上言、日本人來朝不絶、譯語者少、顯令子弟傳習。從之。」という記事を参照。

37　『老乞大』の内容は、高麗人が中国を旅行しながら馬と苧麻、人参を商売する中で起こる会話を集めたもので、日本人と接触したり、日本を旅行しなければならない倭学訳官たちの任務とは距離がある内容であった。

38　しかし、実際の出題は『三訳総解』から三箇所、『八歳児』・『小児論』から各一箇所、『清語老乞大』から二箇所、合わせて七箇所から出題され、写字までした。『飜大典通編』は『大典通編』を翻訳することで、満州語に翻訳することであるが、実際には、朝鮮語で解釈して理解の程度を試験したものと思われる。これについては拙稿（一九八七a）を参照。

39　これについては鄭光・韓相権（一九八五）と拙稿（一九八七a、b、c、および一九八八）に詳しく説明されている。

40　『通文館志』巻二、勧奨、院試条にある「願赴甲子春夏等取才之人、預於癸亥十一月・十二月院試、以及其都目、秋冬等倣此。」という記事参照。

41　本業書という術語は、『通文館志』巻二、勧奨、衛職取才条にある「本院試漢學官、上通事各本業一冊、［漢學官講書、老乞大・朴通事及伍倫全備。禮曹祿試、當等一巻、合三冊中抽講一書。上通事講書、本業六巻分爲六等、每一等講一巻、置簿循環］」という記事に「本業」という語が現れる。この記事からみると、当時『通文館志』に定められた漢学訳官の本業書は『老乞大』・『朴通事』・『伍倫全備』であることが分かる。この司訳院四学の本業書は、『経国大典』・『続大典』・『大典会通』・『大典通編』では少しずつ異なるが、『老乞大』・『朴通事』は常に漢学、すなわち漢語の本業書として規定されている。

42　『四十題』は後に廃止されたようである。『完議』一八〇七年八月日の書徒考講の試験方法によると、「每年四季朔坐起時、老乞大・朴通事・伍倫全備［背講］・四書・二經・宋鑑［臨講］輪回考講。」として、『四十題』は見えない。

43　朝鮮建国初期の通事科と漢吏科については、拙著（一九九〇）を参照のこと。

44　この合格者数は、初期にはそのまま守られなかったが、燕山君の時からの登第者のリストである『訳科榜目』によると、式年試の場合、覆試で概ね一九人を合格させた。

45　『続大典』礼典、訳科、初試条の「式年見大典。増廣同大增廣、則漢學・蒙學・倭學各加四人。」という記録と『続大典』の同じ部

分の訳科、覆試条の「額數：式年見大典。增廣同大增廣、則漢學・蒙學・倭學・清學各加二人。」という記事と、『通文館志』巻二、勧奨、科挙、続条の「大增廣〔初試：四學各加取四人、出續大典。〕」と「取漢學十三人、蒙・倭・清學各二人、〔出經國大典。大增廣：四學各加取二人、康熙丁酉、趾齊閔尙書鎭厚一從。初試：取其半事定奪。詳見啓辭謄錄〕」という記事を参照。

46　『飜経国大典』は、ひとつの書名ではなく、『経国大典』を翻訳するという意味で、司訳院四学の訳科訳語の出題問題である（拙稿一九八七a、b、及び一九八八）。

47　『新飜老乞大』は『清語老乞大』をいう。このような清学書の変遷については、拙稿（一九九八、二〇〇一）を参照。

48　応試者の講書について複数人が採点する場合は、採点者が紙片に成績を記して提出し、高い方の点数に従ったが、互いに採点が異なる採点者が同数であれば、低いほうに従った、ということである。すなわち三人が採点し、二人が略、一人が粗であれば、その点数は略であるが、二人が採点し、一人が略、もう一人が粗であれば、その講書の点数は粗に換算される、ということである。

49　『通文館志』巻二、勧奨、科挙、続条にある「以漢學爲狀元、餘從其分數、次第出榜」という記事と同じところの、「放榜〔禮曹奉教賜白牌、翌日詣闕謝恩〕」という記事を参照のこと。

50　『通文館志』巻二、勧奨、院試条にある、「當等取才所講兩册中從願聽講、而年五十臨文。三學則於當等課册内抽試一處」という記事と、書徒考講条にある「季朔坐起日。試御前教誨、前銜各本業〔老乞大・朴通事・伍倫全備六册、每季朔半巻式、凡十二等而周背講、御前年四十、教誨年五十臨講。〕」という記事を参照。

51　『通文館志』巻二、院試、続條にある「春等秋等〔文語二度。乾隆癸亥、清學代以物名十張、蒙學物名七張〕」と、禄取才条にある「蒙學才三册〔中略〕文語一度〔秋冬等倣此〕〔後略〕倭學才三册〔中略〕文語一度。秋冬等、捷解新語下五卷、文語一度」という記録のように、蒙学・倭学・清学では文語試験が一緒に試験された。

52　しかし、実際に『経国大典』をその言語に翻訳して、これを訓導が試官に伝達したという証拠は発見しがたい。おそらく、他の雑科の科挙試験のように、大典を朝鮮語で訳してはいなかったのではないかと考えられる。

53　『大典会通』巻三、礼典、諸科、訳科初試条の「漢學講書：四書〔臨文〕老乞大・朴通事・直解小學〔背講〕、《續》四書〔臨文〕・老乞大・朴通事〔見原典〕・伍倫全備〔新增〕、以上背誦、直解小學今廢、《補》譯語類解〔新增、背誦〕、伍倫全備今廢」という記事では、『訳語類解』が『伍倫全備』の代わりに、正式に漢学本業の講書にされたことが分かる（拙著、一九九〇）。

54　光緒年間の漢学試券には、光緒庚辰（一八八〇）の「今庚辰增廣別試譯科初試」、光緒丁亥（一八八七）の「今丁亥增廣別試譯科覆試」の玄鎰の試券、そして光緒己酉（一八八五）皮教宣の初試、光緒戊子（一八八八）金仁杭の初試の試券がある。拙著（一九九〇）の「漢学試券資料録」を参照のこと。

第三章　中国語教育——漢学

朝鮮時代の外国語教育は、中国語が中心とならざるを得ない。元の都である大都、すなわち今日の北京で通用していた漢語は、当時としては、今日の英語のように世界の言語（Lingua Franca）であったのであり、高麗王朝と朝鮮王朝の前期には、この言語で外部の文物を受け入れていた。司訳院においても、他の三学、すなわちモンゴル語の蒙学や日本語の倭学、そして女真語の女真学と比べ、漢語を教育する漢学が制度的に極めて重要視されていたことは、前述したとおりである。

この章では、すでに漢文を通して古典としての中国語が習得されていたにも関わらず、なぜ司訳院で再び漢語を教育する必要があったのか、また、漢語教育の教材にはどのようなものがあり、どのような教育がされていたのか、等について考察してみよう。

一、漢語教育の必要性

前章で述べたように、元の建国とともに、当時燕京と呼ばれていた北京の方言が帝国の公用語となった。この言語は、従来の蒙文直訳体、または漢文吏牘体の基礎となる漢児言語である。これは、漢文において古文の基礎となる東周の都洛陽の標準語であった先秦時代の雅言や、漢の後に新たに登場し、隋、唐を経て形成された長安の通語とは、意思疎通が不可能なほど異なる言語であった。

漢児言語は、第一章で述べた「契丹誦詩」のように契丹語の語順に合わせ、モンゴル語の助詞と語尾を挿入したような言語である。筆者は拙著（二〇〇四a）でこれを一種のクレオール言語と見ており、金文京外（二〇〇二）ではこれを「胡言漢語」とも呼んでいる。[1] 元は、この言語を公用語とし、高麗との交渉の際に使用させた。そこで高麗は、元の建国後漢語都監を置き、この言語を個別に教育するようになった。

モンゴル人の漢語教育

モンゴル帝国の第二代皇帝（カアン）である太宗オゴタイ（窩闊台）は、モンゴル人書記官（必闍赤人）の子弟には「漢児言語」とその文書を学ばせ、漢人の子弟にはモンゴル語を学習させるよう聖旨を下した。[2] それは、この漢・モンゴルの官吏がモンゴル語とそれを翻訳する漢児言語、そしてその文語まで、互いに学習し、意思の疎通に支障がないようにすることが目的であった。

高麗では、この新たに登場した漢語を教育するために「漢語都監」を設置し（拙著、一九八八a）、この言語を学習する教材として『老乞大』と『朴通事』を編纂した。太宗王の時に刊行されたものと思われる『（原本）老乞大』は、二〇世紀末に発見されて紹介されたものである。これは元代の公用語であった漢児言語を学習していた教材であることが明らかになっている（拙著、二〇〇二b、二〇〇四aおよび二〇一〇）。

漢児言語

漢児言語の教育は、元帝国を建てたモンゴル人にとっても重要な問題であった。表意文字の漢字で記録されるしかなかった漢語は、その正確な発音を学習するのが困難な言語であったので、この言語を学ぶために発音記号としてのパスパ文字が考案された。この文字の制定については、次の章で説明するが、朝鮮においてもこの文字が漢語教育の発音記号として有用であることを自覚するようになり、正音（漢音表記に使用されたハングル）や訓民正音の必要性を感じたものと思われる。

元代のモンゴル人は、中国を統治するために漢語を学習したが、高麗と朝鮮は中国との交渉のために漢語を学ばざるを得なかった。拙稿（二〇〇六b）と拙著（二〇一二）では、ハングルが漢語学習のために考案されたものであり、元代の漢字の漢語音と朝鮮漢字音（東音）との違いがあまりにも顕著であったため、これを当時の漢語音に近く直したのが東国正韻式の漢字音であると見ている。訓民正音という名前も、この漢字音を国民に教えなければならない正しい発音として付けられたものと思われる。

一方、中国の標準的な漢字音は、正音という名前で呼ばれており、訓民正音や正音という名称は、これを表音する文字、つまり発音記号としてのハングルを指して呼んだものである。この記号で朝鮮語と朝鮮漢字音を記録した場合には、諺文、または諺書と呼ばれた。したがって、正音や訓民正音は、漢字音表記に使用された記号をいい、決して文字の名称ではなかった。

ハングルが発音記号として有用であった例を崔世珍の『翻訳老乞大』や『翻訳朴通事』から見つけることができる。彼の『老乞大』と『朴通事』の翻訳およびそれによる漢語教育については、この章の後半で考察する。

二、漢学書の編纂とその変遷

次に、漢語教材である漢学書の編纂とこれら教材の変遷について考察してみよう。司訳院の訳官は、生きた言語の習得を目標としていたため、言語の変化に常に敏感であった。こうした認識は、言語の変遷を意識させることになり、これに備えて教材が編纂されるようになった。

漢語教材においても、このような訳官の言語認識がそのまま反映されていた。すなわち、時代の変遷に応じて言語は変化するものであり、それに応じて漢語教材を編纂し、修訂・補完を重ねなければならないと見ていたのである。ここでは、このような漢語教材の変遷を歴史的に整理してみよう。

初期の漢学書

『世宗実録』の諸学取才と『経国大典』の訳科取才の出題書の中で、漢学書から順番に見てみることにする。まず、『世宗実録』に登載された取才の漢学書は、漢吏学、字学、訳学漢訓に分けて列挙されているが、これを見てみると次のとおりである。

『世宗実録』世宗一二年三月戊午条の諸学取才書の中の漢吏学は、「書・詩・四書・魯齋大学・直解小学・成齋孝経・少微通鑑・前後漢・吏学指南・忠義直言・童子習・大元通制・至正条格・御製大誥・朴通事・老乞大・事大文書謄録」であり、製述（作文）としては、奏本・啓本・咨文が挙げられた。

字学としては、「大篆・小篆・八分」が取才に出され、訳学漢訓は、「書・詩・四書・大学・直解小学・孝経・少微通鑑・前後漢・古今通略・忠義直言・童子習・老乞大・朴通事」が出された。

漢吏学と字学の取才に使用された訳学書は、事大文書を扱う承文院の官吏を対象としたものと思われ、訳学は司訳院の漢学訳官を対象としていた。朝鮮王朝初期の承文院は、中国明代の初期に設置された四夷館と比較されるが、ここと司訳院の関係は、明の四夷館と会同館との関係を連想させる。

中国には、外国の外交文書を翻訳する機関が置かれていなかったが、明の永楽五年（一四〇七）に四夷館が置かれ、外国から受理される外交文書が翻訳されるようになった。[3] これは再び清代に四訳館と改称され、後代まで続いた。一方、会同館は唐代からその名が見えていたが、外国使臣の接待のための独立した機関として設置されたのは、元の世祖の代、すなわち至元年間（一二六四～一二九四）であり、[4] その後は明代にわたって続いていた。

朝鮮でも事大交隣の文書は承文院で担当されたが[5]、日本に関する外交文書の中で、日本の仮名文字で書かれたものは扱っていなかった。主に中国に送られる吏文で書かれた事大文書の作成が中心的な役割だったと思われる。一方、司訳院は、明・清・日本をはじめとする近隣国の使臣とその随行員を接待し、使行に随行して、朝鮮に漂流してきた人々を尋問する等、実際の外国人との接触を管掌していた。

したがって、承文院の官吏と司訳院の訳官の教材は、その目的において互いに異なる面をもっており、承文院の教材が吏文の作成を主としたものであれば、司訳院の訳学書は実用会話に主とした目標が置かれていた。ところが、よく見ると実際には出題書に大きな違いがなかったことがわかる。

『経国大典』巻三、礼典、勧奨条に掲載されている承文院の官吏の教材は、前述した『世宗実録』に掲載されている「諸学」取才の中の漢吏学書と大体一致する[6]。また、『世宗実録』「諸学」の「取才」の中に含まれている漢吏学の取才の出題書と訳学漢訓の出題書も、中心的な部分は大体同じである。これを要約すれば、次のとおりである。

(一) 漢吏学・訳学漢訓の共通点
書・詩・四書・直解小学・少微通鑑・前後漢・忠義直言・童子習・老乞大・朴通事

(二) 漢吏学の取才だけに使用
魯齋大学・成齋孝経・吏学指南・大元通制・至正条格・御製大誥・事大文書謄録、製述（奏本・啓本・咨文）

(三) 訳学漢訓の取才だけに使用
直解大学・孝経・古今通略

右の比較で明らかなように、漢吏学と訳学漢訓の学習は似ており、ほとんど同じ教材で勉強していたが、漢吏学の場合は、中国の吏文の作成等、文語教育に重点が置かれていたことがわかる。

実際、『通文館志』巻二の勧奨、科挙条に記録されている漢吏科と関連した内容を見れば、

漢吏科
［初試］
初場…賦と詩を各々一編ずつ試験する。
終場…吏文一編と、啓と上書の中の一編を試験。
［会試］
初場…吏文の中の二書、四書の中の一書、三経の中の一経を講じ、漢語の中の一冊を抽選して本を見ずに講ずる。
中場…表・箋の中の一編、記・頌の中の一編を試験
終場…排律一編を試験。

とあり、吏文・四書・三経を解釈させ、漢語教材である『老乞大』と『朴通事』等を抽選して背講（本を開き、本人は見ずに暗誦すること）させている。表・箋・記・頌や律詩を作らせるのを見れば、漢吏科であることがわかるが、単純な漢語の試験ではなかった模様である。

また、漢吏学と訳学漢訓の取才書を内容別に分類すれば、次のとおりである。

漢吏学
経史書類 … 書・詩・四書・魯齋孝経・前後漢・忠義直言・童子習
吏文法制類 … 大元通制・至正条格・御製大誥・事大文書謄錄・製述（奏本・啓本・咨文）
訳語類 … 朴通事・老乞大・直解小学

訳学漢訓
経史書類 … 漢吏学と同じ
吏文法制類 … なし
訳語類 … 直解大学、〔直解小学、老乞大、朴通事〕

※〔 〕は漢吏学と同じもの

以上、漢吏学と訳学漢訓の教科書を比較してみた。この時期の漢吏学は、経史類の訓蒙書をそのまま使用しており、文科の科挙試験と似ていた。しかし、事大文書の作成のために、中国の法制や吏文の書き方の知識を習得する必要があった。また、中国語の日常用語を学ぶために、『老乞大』、『朴通事』そして『直解小学』が教材として定められていた。

訳学漢訓は、実際の事大文書の作成には関わっていなかったので、法制類と吏文類の教材がない代わりに、訳語類の教材として『直解大学』が追加されていた。この『直解大学』は、元代に当時の漢語で解釈したものであるが、偰長寿が司訳院の漢学教材として編纂した『直解小学』からその内容を類推できるだけである。

初期の訳学書

一方、『経国大典』礼典、諸科、訳科条には、次のような訳学書が漢学の訳科出題書として登載されている。

訳科初試

講書 … 漢学は、四書［臨文］・『老乞大』・『朴通事』・『直解小学』［背講］

訳語 … 漢学・蒙学・倭学・女真学は、すべて『経国大典』を臨文して翻訳する。

訳科覆試

講書 … 初試と同じ。［五経・『少微通鑑』、『宋元節要』を望む者は臨文を許す。］

写字・訳語 … 初試と同じ。[7]

右を見れば、漢学訳の初試で四書を臨文（本を目の前で開き、読むこと）で試験し、『老乞大』・『朴通事』・『直解小学』は背講で試験しており、『経国大典』を臨文して翻訳させたことがわかる。また、覆試は初試と同じであるが、ただ五経や『少微通鑑』・『宋元節要』等の史書を講読することを望めば臨文することが許され、訳語は初試のように『経国大典』を翻訳させるという内容になっている。

これは、『世宗実録』の諸学、取才に見られる訳学漢訓の取才書と大きな違いはないが、詩、書等の経書と『少微通鑑』のような史書が覆試においては選択項目となり、『漢書』と『後漢書』、『忠義直言』・『童子習』等の訓蒙史書類が除外されている。そして、訳学漢訓の取才書に比べ、『宋元節要』と『経国大典』の翻訳が新たに登場している。また、『老乞大』・『朴通事』・『直解小学』を他の訳学書とは違って背講させることにより、これら三つの本の重要性が強調されている。

これらの事実は、『経国大典』の他の部分でも確認される。礼典の取才条を見ると、「諸學四孟月、本曹同提調取才。無提調處則同該曹堂上官取才。（漢学・蒙学・倭学・女真学等の）諸学は、一年を四つに割った各四半期の最初の月に、礼曹で提調が取才を行う。提調がいないところは、当該機関の堂上官が取才を行う）」として、礼曹に属する諸学が四孟月（各時期の最初の月、すなわち一、四、七、一〇月）に、礼曹でその官署の提調または堂上官に取才を行わせた。この時漢学の取才に使用された訳学書は、次のとおりである。

漢学 … 直解小学・朴通事・老乞大［以上は背講、四〇歳以下は背誦］
四書経史［以上は臨文、経史は自ら志願］

すなわち、取才においても『直解小学』・『朴通事』・『老乞大』が背講、または背誦（本を見ずに暗誦すること）の方法で試験が行われたことがわかる。四書と経史（五経と『少微通鑑』、『宋元節要』をいう）は、臨文で試験が行われた。

このように、世宗王の時の他の漢学書に比べ、『直解小学』・『朴通事』・『老乞大』が特別扱いを受けているのは、以後の訳学書編纂の方向が提示されているのであり、これは他の三学にも多くの影響を与えた。つまり、司訳院では実用的な教材を必要としており、訳官の任務遂行のための日常会話が現実的に必要であったのである。

実際の漢語会話の教習のために、高麗末期に編纂されたとして知られている『老乞大』と『朴通事』[8]は、朝鮮王朝の初期に愛用された。『世宗実録』世宗一六年六月条にも、「頒鑄字所印老乞大・朴通事于承文院、司譯院。此二書、譯中國語之書也。（鋳字所で印刷した『老乞大』と『朴通事』を承文院と司訳院に分けあたえる。これら二つの本は、中国語を翻訳した本である)」とあり、『老乞大』と『朴通事』(以下『老朴』と略称)が、鋳字所で印刷されて承文院と司訳院に分けあたえられた、という記録が見られる。[9]

したがって、朝鮮の建国当初から、『老朴』は『直解小学』とともに、中国語の会話教科書として特別な待遇を受けていたのである。司訳院の訳官の任務は、使行(使臣が任務遂行のために諸国に出向くこと)に随行したり、来朝した使臣をもてなすこと以外にも、実際に使行の度ごとに公貿易と個人貿易(私貿易)の取引を斡旋する任務まで引き受けていたため、商人の中国語が必要となっていた。したがって、これら『老朴』の価値は時代を追うごとにますます高くなっていったといえる。実際、『老朴』は、正音で発音が転写される「翻訳」(音写)を経た後に、再び諺文で諺解されており、[10] 何度も修訂・増補されて朝鮮王朝の後期まで継続して使用されている。[11]

ところが、初期の漢学書では、全体的に見ると経史類と訓蒙類に重点が置かれており、四書と三経そして史書類が多い。『老朴』が商人の言葉遣いが多いとして警戒されていた面があるのも事実である。[12] そこで、『老朴』のこのような欠点を補う意味で『直解小学』が愛用されたりもした。この本は、中国の訓蒙教科書である『小学』を、帰化人の偰長寿が、当時の中国、すなわち漢児言語で解釈したものである。

『世宗実録』世宗二三年八月乙亥条には、「判三司事偰長壽、乃以華語解釋小學、名曰直解、以傳諸後。(判三司事の偰長寿が、中国語で小学を解釈し、直解という名前を付け、それが後代に伝えられた)」という記事があり、『定宗実録』定宗一年一〇月乙卯条には、「天資精敏剛强、善爲說辭、爲世所稱。自事皇明、朝京師者八、屢蒙嘉賞。所撰直解小學行于世、且有詩藁數帙。(公は)生来の資質が精緻かつ機敏であり、剛直で、弁舌に優れ、世に称賛を受けた。皇明に仕えてから明の京師に入朝したのが八回を数え、何度も嘉賞を受けた。撰述した『直解小学』が世に行われ、また詩藁が数帙ある)」という記事がある。これらを見れば、偰長寿の死を追悼してその生が称えられ、彼が当時の漢語で『小学』を解釈し、『直解小学』という名前で刊行してから、後日これが世に広く使われたことが述べられている。

この『直解小学』は、前述した『老乞大』・『朴通事』とともに、訳学漢訓における実用会話教材として登場している。『経国大典』では、訳科漢学でこれら三冊の本だけを背講させており、他の経史類の漢学書よりも、その重要性が強調されている。これは、司訳院の訳官の実用中国語会話の習得が強調されたものである。『世宗実録』には、これら三冊の本が、他の漢学書のように本を開いて見ながら読む臨文講読ではなく、本を見ずに暗誦する背講をする理由について述べられている。すなわち、訳学の任務は言語習得にある、と明示されている。

『世宗実録』巻三三世宗八年八月条を見れば、他のすべての訳学書も背講させていたが、赴京逓児職を受け持っていたり、使臣の接待で長く出張中であったりして、本業書（中心となる専門書）を学んで読む時間がないため、漢学書を背講するのが難しい場合は、『小学』（『直解小学』をいう）・『老乞大』・『朴通事』のみを四孟朔（一、四、七、一〇月）に分けて背誦させ、残りの漢学書は、前例どおり臨文して解釈させたという。[13] また、『老乞大』と『朴通事』が実用的な会話に偏っているので、それを防ぐために、『訓世評話』が作られたが、それほど広くは使用されなかったようである。[14]

以上述べた『世宗実録』諸学の取才の漢吏学と訳学漢訓以外に、『経国大典』訳科漢学に載っていない初期の訳学書として、発音辞書の役割をしていた『洪武正韻訳訓』と『四声通考』、そしてこれを後に修訂した崔世珍の『四声通解』を挙げることができる。また、難解語の語彙集として使用された『訳語指南』・『音義』[15] があり、漢吏文の参考書に『吏学指南』があった。これらは後に『物名』・『語録解』・『訳語類解』等の本格的な語彙集に発展していった。

中期の漢学書

中期の漢学書は、他の訳学書に比べると、初期との間に特に大きな変動がない。『経国大典』以後の国典、すなわち『大典続録』（一四九二）、『大典後続録』（一五四三）、『受教輯録』（一六九八）、『典録通考』（一七〇六）に至るまで、礼典、諸科の「訳科漢学書」は変動がなかった。[16]『続大典』（一七四四）に至ってはじめて、『経国大典』の漢学書の中で本業書であった「老乞大・朴通事・直解小学」の三書が一部変更され、『直解小学』が『伍倫全備』に変わった。

『続大典』礼典、訳科条を見ると、漢学講書は、「四書［臨文］、老乞大、朴通事［見大典］、伍倫全備［新増］、以上背誦。直解小學、今廢。（四書［臨文で試験する］、『老乞大』と『朴通事』［『経国大典』を見よ］、『伍倫全備』［新しく追加する］、以上は背誦する。『直解小学』は、［教材として］ここに廃する）」という記事がある。[17]

ここに登場する『伍倫全備』は、明代の丘濬が書いた『伍倫全備記』のことで、赤玉峰道人が戯曲として作った『新編勧化風俗南北雅曲伍倫全備記』が正式の書名である。春秋時代の呉の忠臣伍子胥の子孫である伍倫全と伍倫備の忠臣孝親に関する話を編んだ本である。

司訳院で丙子年（一六九六）に諺解を開始したが、乙丑年（一七〇九）に至るまで修訂を重ねてから、教誨庁で庚子年（一七二〇）にやっと完成し、司訳院の前銜劉克慎等が費用を出して刊行した（序文参照）。『伍倫全備』もやはり、『直解小学』のように、『老朴』に商人の俗語が多いのを補完するためのものであったが、実用性に問題があり、その後『訳語類解』に取って代わられた。

漢学書のもう一つの重要な変化としては、『訳語類解』の刊行を挙げることができる。初期にも『訳語指南』・『名義』・『物名』等の語彙集が使用されていたことは、すでに述べた。この本は、『通文館志』によれば、康熙壬戌年（一六八二）に慎以行・金敬俊・金指南等が編纂したものを、康熙庚午年（一六九〇）に司訳院で刊行したものである。[18] これによると、この時の漢学書は、漢学八冊、すなわち四書と『老乞大』・『朴通事』・『伍倫全備』及び、『経国大典』の翻訳があったのであり、初期の漢学書の中で史書の『少微通鑑』と『宋元節要』が付随的に使用された。[19]

後期の改訂・増補・修訂

まず、後期漢学書の改訂、増補および修訂は、漢学書の本業書である『老乞大』と『朴通事』を中心に行われた。『老乞大』は、高麗末から通文館で、そしてその後司訳院で、漢学書として愛用されていたことは、前述したとおりである。中期には漢学だけでなく、蒙学、清学においても『老乞大』という名前の訳学書を持つに至った。

清代の北京官話による『老乞大』の改訂は、英祖三六年（一七六〇）に邊憲等によって始められた。これは「老乞大新釈」という書名で英祖三九年（一七六三）に刊行された。[20] 現伝する『老乞大新釈』の洪啓禧の序文（英祖辛巳、一七六一年の刊記がある）によれば、邊憲が赴燕使行に参加し、中国を行き来しながら『老乞大』の旧本を修訂し、新たに編纂したので、新釈という名前を得たとしている。

すなわち、前述した『老乞大新釈』の洪啓禧の序文に

〔前略〕及庚辰銜命赴燕、遂以命賤臣焉。時譯士邊憲在行、以善華語名、賤臣請專屬於憲。及至燕館、逐條改證、別其同異、務令適乎時、便於俗。而古本亦不可刪沒、故幷錄之、蓋存羊之意也。書成名之曰老乞大新釋、承上命也。既又以朴通事新釋、分屬金昌祚之意、筵稟蒙允。自此諸書幷有新釋、可以無礙於通話。〔中略〕上之三十七年辛巳八月下澣、崇祿大夫行議政府左參贊兼弘文館提學、洪啓禧謹書。

〔前略〕庚辰年になって燕行の命を受けたが、そこではじめてわたくしめにお命じになられた。この時、訳官

の邊憲が使行に参加していたが、中国語が上手であるということで有名であり、わたくしめは邊憲に（この改修作業を）専ら担当させるように請願した。燕京の燕館（玉河館をいう—筆者注）に到着し、（老乞大を）条目ごとに証拠によって改訂し、その同異を区別し、時代に合わせて俗な表現にもなじむよう努めた。しかし、旧本をまた削って無くすことはできず、そのためすべて一緒に記録しているが、思うに存羊（旧礼と虚礼をわざと捨てずにそのまま置くことをいう—筆者注）の意味である。本ができて名前を「老乞大新釈」としたのは、王の命を受けたものである。既に、「朴通事新釈」も金昌祚の裁量に委ねるという考えを、経筵の席で王に告げて許可を得た。このときから、すべての本（訳書をいう—筆者注）に諸書の「新釈」ができ、会話に妨げがなくなった。〔中略〕英祖三七年（辛巳）八月下旬に、崇録大夫行議政府左参賛兼弘文館提学、洪啓禧が謹んで書く。[21]

とあり、英祖三七年（一七六一）の赴京使行の任務を遂行した議政府左参賛である洪啓禧の要請により、漢語訳官の邊憲等が「旧本老乞大」、すなわち前述した『（刪改）老乞大』を新たに修訂したことがわかる。

おそらく邊憲は、北京の燕館（玉河館[22]）で中国人に質問して、『老乞大』の旧本、すなわち『（刪改）老乞大』を一つ一つ直しながら考証し、旧本との同異を区別しており、これを「老乞大新釈」という名で刊行したのである。この新釈本は、単純な中国の発音表記の校正だけでなく、本文の内容も一部改正してあり、旧本とは異なるが、内容の段落や区分は概ね類似している。

『老乞大』の翻訳は、かつて中宗王の時の崔世珍によって始められ、その後は中期の他の訳学書が諺解されるときにともに諺解されたのであるが、康熙庚戌年（一六七〇）に鄭相国の命令により芸閣（校書館の別称）で活字で刊行されている。『老乞大新釈』の諺解も新釈本とほぼ同時期に行われて刊行されたものと思われる。

また、新釈という名前で『朴通事』が修訂・増補されたのは、『老乞大』より前のことかもしれない。先の洪啓禧の序文を見ると、この『老乞大』の新釈は、金昌祚等が『朴通事』を新釈して刊行したことに影響されて行われたと解釈することもできる。すなわち、『老乞大新釈』以前に金昌祚によって新たに編纂された『朴通事新釈』が先に存在し、その後いくつかの書籍が新釈されるに至ったという内容である。

『通文館志』巻八、什物、続条にある、「新釋朴通事板、諺解板〔訓長金昌祚等修整。乾隆乙酉箕營刊板。〕（新釈朴通事の木版、諺解の木版〔訓長の金昌祚等が修訂。乾隆乙酉年に箕営で刊行したもの〕）」という記録によれば、金昌祚の『朴通事新釈』と『朴通事諺解』が乾隆乙酉年（一七六五）に箕営（平壌監営）で刊行されたことがわかる。金昌祚は、『老乞大新釈』の末尾に附載されている諸訳銜名に検察官として登載されており、『朴通事新釈』は、邊憲と李洙等が検察官になっている。彼らによって漢学書と新釈が行われた。[23]

『老乞大新釈』は再び重刊された。乾隆乙卯年（一七九五）に李洙等により『重刊老乞大』と『重刊老乞大諺解』が刊行されている。[24] しかし、『朴通事新釈』や『朴通事諺解』が重刊されたという記録は、いまだ見られない。ただ、現伝する『朴通事新釈諺解』の巻末に「乙卯仲秋 本院重刊」という字が見られるものがあり、[25] やはり『老乞大』のように重刊された可能性はあるといえよう。

このような『老乞大』、『朴通事』の継続的な改訂は、中国語の変遷により、避けられないものであった。高麗末に編纂されたこれら二つの本が、元々は元代の中国語を反映したものであり、[26] その後明、清代を経て変化した標準語を学習するために絶えず改訂が重ねられたわけである。しかし、そのような重刊にも限界があり、最終的には、新しい中国語会話書が編纂されるに至る。それが『華音啓蒙』と『華音啓蒙諺解』、そして『華語類抄』である。

『華音啓蒙』は、光緒癸未年（一八八三）に李応憲が編纂したものであり、『華語類抄』は、いつ誰が書いたものかはわからないが、『華音啓蒙』の編纂後に刊行されたものと思われる。[27] また、中期の漢語語彙集であった『訳語類解』が金弘喆等により増補され、乾隆乙未年（一七七五）に『訳語類解補』という名前で刊行されている。[28]

三、漢学書『老乞大』と『朴通事』

次に、司訳院の漢語教材として最も有名な『老乞大』と『朴通事』（以下『老朴』と略称）を考察し、他の外国語教材も推察してみることにする。特に、『老乞大』は、漢学以外の他の三学でも各言語に翻訳されて教材として使用していたため、司訳院の外国語教材を理解する上で、これに勝るものはないといえる。[29]

伝統的に『老朴』と呼ばれる『老乞大』と『朴通事』は、朝鮮王朝時代の司訳院の漢語教育の基本教材であった。本業書とも呼ばれる司訳院四学の語学専門教材としては、漢学の『老朴』をはじめ、倭学の『捷解新語』、清学の『清語老乞大』、『三訳総解』があり、蒙学の『蒙語老乞大』、『捷解蒙語』があった。そして、これら言語の辞書の役割をしていた漢語の『訳語類解』とモンゴル語の『蒙語類解』、日本語の『倭語類解』、そして満州語の『同文類解』等の本があった。[30]

朝鮮半島で最も広く知られている漢語教材である『老乞大』と『朴通事』は、中国語の歴史的変遷における古官話（明代の南京官話をいう）の実体を見せているという意味で世界的な関心を集めている。韓国はもちろん、日本と中国、そしてオーストラリアのDyer（一九七九、一九八三、二〇〇六）をはじめ、西洋でも多くの研究があった。特に、一九九八年に『老乞大』の原本と思われる『(旧本）老乞大』が韓国の大邱で書誌学者の南権煕教授によって発見された意義は大きい。筆者が学界に紹介したこの資料[31]は、これまで中国語の学者たちにとって幻の言語であった元代の漢児言語の姿を再現したものとして期待された。これを機に『老朴』への関心がさらに高まっていったのである。

『老乞大』の変遷

現伝する『老乞大』と『朴通事』の版本について、小倉進平（一九四〇）以来、書誌学的な研究が多くなされてきた。しかし、訳学書だけが個別に研究されたのは、おそらく拙著（二〇〇二b）が初めてであろう。特にこの本では、一九九八年に『（旧本）老乞大』が発掘されて紹介された後の『老乞大』と『朴通事』のいくつかの異本について、総合的に研究されている。

崔世珍の『老朴集覧』によく登場する『（旧本）老乞大』は、実際には成宗王の時の明人である葛貴等が修訂する前の『老乞大』であり、筆者はこれを原本と見たが、この原本の発掘によって初めて『老乞大』の系譜を整理することができた。すなわち、『老朴』は漢語の歴史的変遷に応じて改編されるしかなかったのであり、そのような変遷を経た『老乞大』は、拙著（二〇〇二b）で以下のようにまとめられている。

まず、『老乞大』は、高麗王朝末に編纂されたものと推定される（これについては後述する「『老朴』の編纂年代」を参照）。中国語の変遷に応じて『（原本）老乞大』（以下『原老』と略称）、『（刪改）老乞大』（以下『刪老』と略称）、『老乞大新釈』（以下『新老』と略称）、『重刊老乞大』（以下『重老』と略称）の、全部で四度にわたる大々的な改編があったように思われる。すなわち、元代の北京の通用語であった漢児言語をそのまま反映した『原老』があり、これを成宗一一年〜一四年（一四八〇〜一四八三）頃に明の使者に随行してきた葛貴と方貴和が、明代の公用語である南京官話に変えた『刪老』があった（拙著、二〇〇二b：二一〇、二四二〜二四三）[32]。

また、満州族が建てた清が、やはり都を北京に定めていたため、清代には満州人が使用していた北京マンダリンが公用語となった。朝鮮訳官の金昌祚・邊憲等は、従来の『老乞大』を、北京マンダリンの発音と語句による表現に変えたが、こうしてできた『老乞大新釈』は、朝鮮英祖三七年（一七六一）頃に洪啓禧の序文をつけて校書館から刊行された。

その後、この『新釈本』は卑俗過ぎる表現が多いとして、再度これを朝鮮訳官の李洙等が北京官話に修訂した『重刊本』が、正祖一九年（一七九五）に刊行された（拙著、二〇〇二b：一六九〜一七三）。これが四番目の改訂であり、清代の官吏がマンダリンを発展させて作った官話を基準にしている。こうして『重刊老乞大』と『重刊老乞大諺解』が『老乞大』の最後の修訂本となった。現伝するほとんどの『老乞大』がこの重刊本である。

これら四度にわたる改訂本をわかりやすく表に示せば、次のとおりである。

［表三-一］『老乞大』の改訂と版本の刊行

書名	編纂、刊行年代	編纂および改編者	反映漢語	所蔵場所、
『(原本) 老乞大』	高麗末期〜朝鮮初期	高麗の司訳院訳官	元代の北京の漢語	個人所蔵
『(刪改) 老乞大』	成宗一一〜一四年	明人の葛貴、方貴和	明代の南京官話	山気文庫、奎章閣に所蔵
『老乞大新釈』	英祖三七年頃	朝鮮の訳官 邊憲等	清代の北京マンダリン	奎章閣、延世大学等に所蔵
『重刊老乞大』	正祖一九年頃	朝鮮の訳官 李洙等	清代の北京官話	奎章閣等に所蔵

世宗二五年（一四四三）に訓民正音が制定されてから、『老乞大』は漢字の漢語音を正音[33]で発音をつけ、原文の意味を諺解した。すなわち、『刪老』に使用された漢字の漢語音を、正音と俗音に分けて注音し、その原文の意味を朝鮮語で解釈した。このような本に、朝鮮の中宗一〇年（一五一五）頃に崔世珍が漢字音を翻訳（音写）し[34]、朝鮮語で諺解した『(翻訳) 老乞大』上・下がある。また、『刪老』を、壬辰倭乱後の顕宗一一年（一六七〇）頃に再度注音して諺解し、校書館から刊行された『老乞大諺解』（以下『老諺』と略称）がある。[35]

そして金昌祚・邊憲等が新釈した『老乞大新釈』を諺解し、ほぼ同時期に『新釈老乞大諺解』（以下『新老諺』と略称）という書名で、英祖三九年（一七六三）に刊行された。最後に、李洙等が重刊したものを諺解した『重刊老乞大諺解』（以下『重老諺』と略称）が正祖一九年（一七九五）に刊行された。これらを表で示せば、次のとおりである。

[表三-二]『老乞大諺解』の修訂と版本

書名	諺解年代	諺解者	底本	版式および刊行所	所蔵場所
『（翻訳）老乞大』	中宗一〇年（一五一五）	崔世珍と推定	刪改本	木版本	上下、個人所蔵
『老乞大諺解』[36]	顕宗一一年（一六七〇）英祖二一年（一七四五）	未詳（司訳院の訳官たち）	右同	戊申字本、校書館および箕営で刊行	奎章閣（奎一五二八、二〇四四、二三〇四）
『新釈老乞大諺解』	英祖三九年（一七六三）	邊憲等	新釈本	箕営で刊行	米国ニューヨークコロンビア大学に巻一所蔵
『重刊老乞大諺解』	正祖一九年（一七九五）	李洙等	重刊本	司訳院で重刊	奎章閣、東京大学小倉文庫等に多数所蔵

これら『老乞大』の修訂本とその諺解本を比較してみれば、元代北京の漢児言語以降の、中国における公用漢語に表れた言語の時代変遷を一目で見ることができ、また、朝鮮語の変遷も刊行当時の生き生きとした口語で比較することができる。

『朴通事』の変遷

『老乞大』と同様に、『朴通事』もこのような漢語の変化を見せている。すなわち、『原老』とほぼ同時期に編纂されたものと推定される『(原本)朴通事』は、今日伝わるものがないが、やはり崔世珍の『老朴集覧』に『朴通事』の旧本という名前で引用されている。これは、『(旧本)老乞大』が『原老』であったように、『(原本)朴通事』(以下『原朴』と略称)が実際に存在したことを物語っている。『原朴』は、『原老』のように、元代の漢児言語を反映する高麗末の漢語教材であったものと思われる。

『老乞大』が成宗一四年(一四八三)に明人の葛貴によって修訂された時、『朴通事』も一緒に刪改されたが、[37]これは明の南京官話を学ぶための教材であった。この『(刪改)朴通事』(以下『刪朴』と略称)は、『朴通事新釈』が出るまでの三〇〇年間、大きな改編なく漢語教材として使用されていた。これは、崔世珍の『(翻訳)朴通事』(以下『翻朴』と略称)の上・中・下と壬辰倭乱および丙子胡乱以後、粛宗王の時に諺解された『朴通事諺解』(以下『朴諺』と略称)上・中・下の底本として使用された。

『老乞大』が清代の北京マンダリンの学習教材として新釈された時、『朴通事』も一緒に修訂され、『朴通事新釈』(以下『新朴』と略称)が刊行される。洪啓禧の「老乞大新釈序」を見れば、『朴通事』を平壌訳官の金昌祚に任せて新釈しようとしたという記事があるが、実際の『朴通事新釈』(韓国ソウル大学一簑文庫所蔵本)の巻末に附載された諸訳銜名には、彼の名前が見られず、邊憲と李湛が検察官として参加している。[38]おそらく金昌祚が高齢なので、この教材が刊行された時は、すでに逝去していたか、参加できないほど老衰していたのであろう(拙著、二〇〇二b：一七六)。[39]

『朴通事』は『老乞大』とは異なり、「重刊本」がない。したがって、原本とその刪改本、そしてこれを若干修訂した新釈本に大きく分けることができる。これを表にまとめれば、次のとおりである。

［表三-三］『朴通事』の編纂と刊行

書名	編纂および刊行年代	編纂者	反映漢語	所蔵場所、
『(原本) 朴通事』	高麗末期~朝鮮初期	高麗の司訳院訳官	元代の漢児言語	失伝
『(刪改) 朴通事』	成宗一一~一四年	明人の葛貴、方貴和	明代の官話	失伝[40]
『朴通事新釈』	英祖四一年	朝鮮の訳官 邊憲、李湛	清代の北京マンダリン	ソウル大学一簑文庫、国立中央図書館等多数

『朴通事』も訓民正音が制定されて以来、本文の漢字すべてを正音で当時の漢語音を注音し、本文を諺解した。その始まりは、おそらく中宗王の時の崔世珍の『(翻訳) 老朴』と思われる。彼が翻訳した乙亥字本の覆刻木版本『翻朴』上巻一冊が、韓国の国会図書館に所蔵されている。[41] この翻訳は、『刪朴』を底本にして、訓民正音で漢字の漢語音を注音し、その意味を諺解したものである。したがって、原本は、おそらく上・中・下の三巻三冊が乙亥字の活字本で刊行されたのであろう。[42]

『刪朴』は、壬辰倭乱と丙子胡乱以後に再度諺解される。粛宗王の時の左議政である権大運が司訳院の都提調を兼任しながら、漢語訳官の邊暹・朴世華等に『朴通事』を諺解させ、粛宗三年（一六七七）に校書館の校理として司訳院の漢学教授を兼ねていた李聃命の序文をつけて刊行した（拙著、二〇〇二b：二〇〇及び『朴諺』の李聃命序文参照）。この活字本およびその翻刻木版本は、奎章閣およびいくつかの図書館に所蔵されている。

英祖四一年には、清代の北京マンダリンに合わせて『刪朴』を修訂した『朴通事新釈』が刊行され、ほぼ同時期に、これを諺解した『朴通事新釈諺解』が刊行された。これらは、韓国学中央研究院の蔵書閣と高麗大学図書館の晩松文庫、ソウル大学図書館の古図書等に多くの版本が伝わっている（拙著、二〇〇二b：二〇二～二〇三）。

このように、『朴通事』の翻訳及び諺解の異本をまとめれば、次のとおりである。

［表三-四］『朴通事諺解』の編纂と刊行

書名	諺解年代	諺解者	底本	版式	所蔵場所
（翻訳）朴通事	中宗一〇年（一五一五）	崔世珍と推定	刪改本	乙亥字翻刻木版本	上巻一冊が国会図書館に所蔵
『朴通事諺解』[43]	粛宗三年（一六七七）	邊暹・朴世華等一二人	右同	木版本	奎章閣、高麗大学晩松文庫
『朴通事新釈諺解』	英祖四一年（一七六五）	邊憲等	新釈本	校書館本	韓国学中央研究院の蔵書閣、高麗大学晩松文庫、ソウル大学古図書等

『朴通事』は『老乞大』とは異なり、重刊本がない。これは、『朴通事』が『老乞大』に比べて、一般的な漢語教材ではないことを証明していると見ることができる。これについては「『老朴』の等級」で扱う。

『老朴』の編纂年代

現伝する『老乞大』や『朴通事』の旧本が存在することは、すでに筆者が拙稿（一九七七）で指摘している。その部分を引用する。

［前略］『老乞大』・『朴通事』（以下『老朴』と略称）が記録に現れるのは、世宗王の時まで遡り、その後幾度か

改新された記録が見られる。私たちの関心は、崔世珍が実際に見た、また翻訳の台本とした原本は、いかなるものかということである。まず、『老朴』両書は、今日残っているものを大きく二つに分けることができる。漢文本と国訳本である。〔中略〕崔世珍が参考にした原本は、改新以前の旧本と新本の二種類があったことがわかる。すなわち、『老朴集覽』を見れば、「旧本書作」、または「旧本作」として、原本以外に旧本があることを示している。〔中略〕旧本は、『成宗實錄』成宗一一年一〇月条の「上曰、且選其能漢語者、刪改老乞大朴通事。(王が仰せられるに、また、漢語に熟達した者を選抜し、老乞大・朴通事を刪改せよ」と。)」に示されている刪改以前の旧本と考えられ、この古本は、今日伝わらず、その全貌を知ることができないが、後代の漢文本とあまり違いがなかったものと考えられる(拙稿、一九七七：一三四～一三六)。

ここで筆者は、崔世珍が『老乞大』・『朴通事』、つまり『老朴』を翻訳する際、彼が底本とした旧本が存在しており、彼が翻訳したときにこれも参考にしたことを強調した。そして、それは原本である可能性を主張した。ところが、後日実際に旧本に該当する『老乞大』が発掘され、学界に報告されたのである。鄭光外(一九九九)で紹介された『老乞大』は、『老朴集覧』で崔世珍が「旧本」と呼んで引用したものと一致しており(拙稿、二〇〇〇b)、これが高麗末期・朝鮮初期に刊行された『老乞大』の原本、またはその覆刻本であろうと思われる(拙著、二〇〇二b)。

『老朴』の原本をいつ、誰が編纂したのかについては、現時点ではこれを明らかにする資料がない。ただし、『老朴』の内容の中に、ある時中国を旅行した人の旅行記に基づいていることを示唆する部分がある。まず、『原老』にある「伴當、恁從那裏來？　俺從高麗王京來―友よ、あなたたちはどこから来ましたか。私たちは、高麗の都(王京)から来ました。」(拙著、二〇一〇：一九～二〇)をはじめ、『翻老』にも「我從高麗王京來　내 고려 왕경으

로셔브터 오라」（『翻老』上一表二～三）という節があり、『老乞大』は高麗王朝に作られたものと思われる。[44]

また、『朴通事』に登場する盧溝橋の氾濫を通して、具体的な編纂の日付がわかるとの見解もある。すなわち、『刪朴』を底本にして朝鮮語で諺解した『翻朴』の第三課に、「今年雨水十分大（올ᄒᆡ 비 므슬히 ᄀᆞ장 하니―今年は雨水が限界に達し）水渰過蘆溝橋獅子頭（므리 蘆溝橋ㅅ란간앳 ᄉᆞᄌᆡ 머리를 ᄌᆞ마 너머―水位が蘆溝橋の欄干にある獅子の頭を超え）把水門都衝壞了（쉬문을 다가 다 다딜어 ᄒᆡ야ᄇᆞ리고―水門をすべて打ち壊してしまい）淤了田禾（뎐회 다 ᄡᅥ셔―田んぼが氾濫し）無一根兒（ᄒᆞᆫ 불회도 업다―稲が一本も残っていない）」（『翻朴』上六裏六～七表一）とある。ここに出てくる「盧溝橋」は、北京の西南郊外にある永定河（金代には盧溝河と呼ばれた）にかかっている橋である。

この橋は、金の大定二〇年（一一八九）から明昌三年（一一九二）の間に建設されたが、長さは二六五メートル、幅は約八メートルである。橋には一一個の孔石拱（石に穴を開けて互いに連結された欄干石）があって、この欄干には、精巧に彫られた石獅子の頭が四八五個ある。これら獅子の頭の部分は、形状がそれぞれ異なり、雄壮でまるで生きているかのような姿を見せているという。[45] 梁伍鎮（一九九八）によれば、この地域の気候は乾燥しており、洪水が非常にまれなことであったため、地方志等を調査すれば、盧溝橋に洪水が起きた時期を限定し、より正確な年代推定が可能であるという。

次に、最も広く知られているものとして、『朴通事』に登場する歩虚和尚の記事から、編纂者の中国旅行がいつ行われたのかを推定する研究がある。『翻朴』第三九課「高麗和尚」には、次のような記事がある。

南城永寧寺裏、―南城永寧寺더레（南城の永寧寺という寺に）
聽說佛法去來。―블웝 니ᄅᆞᄂᆞᆫ 양 드르라 가져（仏道を説く様子を見に行くと）
一箇見性得道的高麗和尚、―ᄒᆞᆫ 見性得道ᄒᆞᆫ 고렷 화상이（一人の見性し得道した高麗の和尚が）、

法名喚歩虚、―즁의 일훔을 블르되 보헤라 ᄒᆞᄂᆞ니（僧の名前を呼ぶのを聞くと歩虚といったが）、
到江南地面石屋法名的和尚根底、―강남 짜해 石屋이라 ᄒᆞ논 일훔엣 즁의손ᄃᆡ 가니（江南の地域に石屋という名前の僧のところに行き）
作與頌字、―숑을 지어 주니（頌を唱えてあげると）、
廻光反照、―그 숑애 두르신 부톄 광명을 도ᄅᆞ혀 보혀 즁의 모매 비취여시ᄂᆞᆯ（その頌に讃えられた仏様が光明を逆に歩虚僧の体に照らしたので）、
大發明得悟、―ᄀᆞ장 훤ᄎᆞ리 ᄇᆞᆯ가 ᄭᆡᄃᆞ로믈 어더（大いに確かな悟りを得て）、
拜他爲師傅、―그를 졀ᄒᆞ야 ᄉᆞ승사마（彼を拝して師匠とし）、
得傳衣鉢、―法衣法鉢를 뎐슈ᄒᆞ야（法衣と法鉢を伝受すると）、
廻來到這永寧寺裏、―도라 와 이 永寧寺애 와（帰ってきてからこの永寧寺に来て）、
皇帝聖旨裏、―황뎃 셩지로（皇帝の聖旨により）、
開場說法裏。―법셕 시작ᄒᆞ야 셜웝ᄒᆞ리러라。（法座を開始し、説法を行った）

（『翻朴』上七四表七行～七五裏四行）

この記事の中に出てくる高麗僧「歩虚和尚」[46]は、『老朴集覧』「朴通事集覧」上では、次のように注釈されている。

歩虚、俗姓洪氏、高麗洪州人。法名普愚、初名普虚、號太古和尚。有求法於天下之志、至正丙戌春、入燕都、聞南朝有臨濟正脉不斷、可往印可。蓋指臨濟直下雪嵒嫡孫石屋和尚清珙也。遂往湖州霞霧山天湖庵謁和

尙、嗣法傳衣、還大都。時適丁太子令辰十二月二十四日、奉傳聖旨、住持永寧禪寺、開堂演法。戊子東還、掛錫于三角山重興寺。尋往龍門山、結小庵、額曰小雪。戊午冬、示寂放舍利玄陵、賜諡圓證國師、樹塔于重興寺之東、以藏舍利。玄陵、卽恭愍王陵也。

歩虚は、俗姓が洪氏で、高麗の洪州の人である。法名は普愚、初名は普虚で、号は太古和尚である。[47] 天下を渡り歩き、仏道を求めんとする志を抱き、元の至正年間の丙戌年（一三四六）春に燕都に入ったが、南朝の臨済宗が正脈を引き継いでおり、印可を受けることができるという話を聞いたという。これは、おそらく臨済宗直下の雪嵒嫡孫である石屋和尚の清珙を指しているものと思われる。それゆえ彼は湖州[48]の霞霧山の天湖庵に至り、和尚に拝謁し、仏道を伝授され、大都に戻ってきた。折りよく丁度太子の誕生日である一二月二四日であったので、聖旨を受けて、永寧禅寺の住持として法堂を開いて法を説いた。戊子年（一三四八）に東（高麗）に帰り、三角山の重興寺に留まって修行した。続いて龍門山に移動して、小さな庵を建て、「小雪」という額を掲げた。戊午年（一三七八）冬に入寂し、舎利を玄陵に祀った。国王が円証国師という諡号を賜り、重興寺の東側に塔を立てて舎利を祀らせた。玄陵はすなわち恭愍王の陵である（鄭光・梁伍鎮、二〇一一：二六八～二六九から引用）。

これにより、閔泳珪（一九六六）は、『朴通事』に出てくる高麗の僧侶歩虚を、高麗の名僧普愚と見た。彼が元の燕京にとどまったのは至正六年（一三四六）からであったため、この時にここを旅した高麗人が作ったものと推定し、『朴通事』は一四世紀半ばに執筆されたものと見ている。

『朴通事』の制作年代を追跡するもう一つの材料は、梁伍鎮（一九九五）で取り上げられた「老曹」という人の葬儀に関する部分である。ここで「殃榜」に書かれた日付が「壬辰年二月朔丙午十二日丁卯、丙辰年生人三十七歳、艮時身故。」（『朴諺』下四一裏六～八）であり、これを言及した歩虚和尚の説法を根拠に推定した至正丙戌年（一三四六）と比較すれば、この「壬辰」年は至正壬辰年（一三五二）と推定される。『朴通事』は、おそらくこの年代からそれ程遠くない時期に、大都すなわち北京を旅行した高麗人訳官が執筆したものと思われる。

前述したように、『老乞大』は常に『朴通事』と一緒に出現する。もしこの二つの本がほぼ同じ時期に作られたのであれば、『老乞大』も一四世紀半ばに作られたであろう。『原老』の下巻末尾、第一〇五話「帰る日の吉日は？（筭卦、占う）」（拙著、二〇一〇：三六九）で、最後に高麗の商人が帰国する日を決めるため、五虎先生（占い師の名前）に占ってもらいに行った時、「今年交大運、丙戌已後財帛大聚、强如已前數倍─今年から大運が働くから、丙戌年以降は財産がたくさん集まって、以前よりも数倍になるだろうね。」（拙著、二〇一〇：三六七～三六八）[49]という記録があり、その年が丙戌年であることがわかる。

この丙戌年は、『朴通事』で歩虚和尚が説法したその年に当たる。つまり、元の順帝至正六年（一三四六）、すなわち高麗忠穆王二年（丙戌）に『老朴』の編纂者たちは中国を旅行し、大道で見た歩虚の説法と道端で見た老曹という人の葬儀、そして帰る時の吉日を占う場面から、その年が丙戌年であることを『老朴』に記録したものと思われる。

こうした筆者の主張に対して、金文京外（二〇〇二：三四五～六）では、『翻老』の「今年交大運丙戌、已後財帛大聚」を「今年は大運が丙戌にかかるから、これからは財産が大いに集まり」と解釈し、続いて「『朴通事』に見える高麗僧、歩虚が大都に来た至正六年（一三四六、丙戌）とする説もあるが、おそらくそうではなかろう。」として、筆者の主張に否定的であった[50]。

しかし、こうした批判は、『老乞大』の特殊な漢語語彙の使用を見過ごした結果のように思われる。『老朴』を解釈するときに問題になる難解語句は、すでに司訳院にて、訳官たちが中国に行ったとき、現地で「質問」してその答えを得ているものである。これらは『字解』・『集覧』・『音義』・『質問』という名前でまとめて司訳院に配置されており、「老朴」を教育する際に参考にされていた。崔世珍は「老朴」を翻訳する時、司訳院に伝わるこれらの参考書を多く引用しており、翻訳が終わった後に、この難解語句を解釈して『老朴集覧』という名前で編纂したのである（鄭光・梁伍鎭共訳、二〇一一：四二六～四二七）。この本は、戦乱を避けて現伝しており、東国大学校図書館に所蔵されている。

ところが、この『老朴集覧』単字解には、まさにこの語句、つまり「今年交大運丙戌」の「交」の注釈を

〔教：平聲、使之爲也。通作交。〕交：同上。又吏語、交割卽交付也

〔「教」は平声で、「させる、するようにする」である。[51]通常「交」として使う。〕「交」は、前で説明したものと同じである。または吏文で「交割」は、すなわち「交付する」である（鄭光・梁伍鎭共訳、二〇一一：三七）。

のように、「交」が「教」のように「させる、働かせる」の意味で使用される、としている。したがって、問題の「今年交大運、丙戌已後財帛大聚」は、「今年から大運が働くから、丙戌年以降は財産がたくさん集められ」（拙著、二〇一〇：三六八）と解釈するのが正しいと思われる。すなわち、丙戌年に大運がかかるのではなく、働くのである。それゆえ、全体的な文脈から見て『原老』の本文に出てくる今年を丙戌年と見るのが妥当である。

『老朴』の著作年代を推定するもう一つの方法は、『老朴』に登場する大都、すなわち北京の物価がそれぞれいつの時代のものを反映しているか、によって推定する方法である。これは、原本と推定される『老乞大』が発掘された後に議論されたものである。後代の『刪改本』では、『老朴』で使用された貨幣が元代の宝鈔（または交鈔）から

白銀、官銀に変わったため、物価を正確に推定するのが難しい面があった。

元で商品の売買に使用された貨幣が、宝鈔という紙幣だったことは、『原老』により明らかである。元代には「宝鈔、交鈔、鈔」と呼ばれる紙幣を使用していたが、前田直典（一九七三）によれば、中統元年（一二六〇）に額面価格が一〇文、二〇文、三〇文、五〇文、一〇〇文、二〇〇文、三〇〇文、五〇〇文、一貫（一〇〇〇文）、二貫と書かれた全部で一〇種類の中統鈔が発行されていたという。ところが「貫、文」等の貨幣の単位は、紙幣の額面に書かれていただけで、実際に呼ぶときには、元々銀の重量単位である「錠（定とも書く）、両、銭、分」が使用された。一分は一〇文、一銭は一〇〇文、一両は一貫、一錠（定）は五〇両を指していたわけである。

『原老』では、すべて中統鈔の単位で商取引が行われた。実際、元の至元二四年（一二八七）には、紙幣の価値が下落し、至元鈔が発行された。これにより、中統鈔は五分の一に平価切り下げされ、至大二年（一三〇九）には、やはり至大鈔が発行されて至元鈔も五分の一に下落した。しかし、至元鈔が発行された後にも、実際の取引では、すべて中統鈔の単位で計算されて通用していた。そして至大鈔が発行されてから四年後の至大四年に、この紙幣の使用が廃止されたので、最終的に至元鈔がその五倍である中統鈔の額によって一般的になったわけである。

『原老』の主人公が、二両半で米を買おうとする場面（第四一話）、またもらった小銭一両半の紙幣に難癖をつけられる場面（第四七話）がある。そして、二両の酒代に二両半紙幣、実際には中統鈔二貫半（至元鈔五〇〇文）紙幣を出して五銭のおつりをもらおうとしたところ、その紙幣が悪いと難癖をつけられ、仕方なく一両半と五銭紙幣で支払う場面（第五〇話）がある。

しかし、実際には二両半（二貫五〇〇文）や一両半（一貫五〇〇文）の額面価格の宝鈔は存在しないため、これは五〇〇文と三〇〇文の至元鈔を、それぞれ五倍の中統鈔の価格で言ったものと見るべきであろう。したがって、五銭（五〇〇文）の宝鈔も、実際には一銭（一〇〇文）の至元鈔だったのであり、これは当時至元鈔が中統鈔の価格で一般に流通していたことを証明する具体的な資料となる。[52]

これに対して、既に舩田善之（二〇〇一：一七～二〇）では、『老乞大』の原本を利用して、当時の様々な物価が考察されており、概ね一三世紀末から一四世紀前半の元代の物価と見ている。このような物価による時代の測定は、筆者が一三四〇年頃に高麗の開京から元の大都まで旅行した高麗人の著述という推定を裏付けるものとして、信憑性が高いといえる。

また、鄭丞恵・徐炯国（二〇一〇）は、『老乞大』に反映された物価を元の至正年間の物価と比較している。元の至正年間の物価を示す『丁巨算法』（概して一三五五年代の物価を反映）や『計贓時估』（一三六八年代の物価）の物価と比較すると、『原老』の物価が後者より低く、前者より高いため、概ね一三五五年以降一三六八年以前の物価を反映していると見ている。

以上の考察を総合すれば、『老朴』は、少なくとも元の晩年、すなわち至正年間（一三四一～一三六七）に大都へ旅行をして数ヶ月滞在した後、帰ってきた高麗の司訳院訳官の著作と推定できる。

ただ、Dyer（二〇〇五）では、『老乞大』は元代に、そして『朴通事』は明初に著作されたものと見ている。すなわち、『朴通事』にはモンゴル人たちの話があまりなく、あっても彼らは品位があるとはいえない行動をしているため、『朴通事』を元代の著作として見るのは難しいとしている。[53]

しかし、こうした主張は納得するのが難しい。崔世珍の『老朴集覧』を見れば、やはり『(旧本) 朴通事』が存在しており、これはまさに『原老』のように元代に書かれた『原朴』、すなわち『(原本) 朴通事』を指していると見るべきであろう。これを後日明人の葛貴等が成宗王の時に修訂したのが『刪朴』である。現伝するのはこの修訂本か、もしくはこれを底本とした「翻訳本」または「諺解本」だけなので、Dyer 氏の主張も可能ではある。しかし、新たに発掘された『原老』を後代に伝わる『刪老』と比較したとき、削除したり直したところが少なくなかった。したがって、『朴通事』も『原朴』と『刪朴』の間にかなりの削除と改編が行われた可能性があり、『朴通事』を前の理由で明代の編纂として判断するのは誤りと思われる。

例えば、『原老』を直して修訂した『刪老』は、モンゴル人たちに対して、「那人們却是達達人家走出來的、因此將那人家連累、官司見着落跟尋逃走的ㅣ그 사ᄅᆞᆷᄃᆞᆯ히 또 다대 사ᄅᆞ미 도망ᄒᆞ야 나가니어늘、이 젼ᄎᆞ로 그 사라미 지블다가조차 버므러 구의 이제 저 ᄒᆞ야 도망ᄒᆞ니를 츄심ᄒᆞ라 ᄒᆞᄂᆞ니（彼らは、再度モンゴル人が逃亡して出て行った人たちなので、このことによりその人の家が関係し、官庁で彼をして逃亡した人を捜そうとするので）」（『翻老』五〇裏二〜七行）のように、逃亡した達達人、すなわち脱走したモンゴル人となっているが、『原老』では、第三九話で「那人每却是達達人家走出來的軀䮝口。[54] 因此將那人家連累、官司見著落[55]根尋逃軀有ー彼らはモンゴル人の家から逃亡した奴隷だったんですが、そのせいでその家も関わっていたとして処罰を受けるそうです。今、この地域の官衙は、逃げた奴隷を追跡して見つける責任を負わされています」（拙著、二〇一〇：一四二）として、元々は、『原老』で「モンゴル人の家から逃げた奴隷（達達人家走出來的䮝口）」だったのが、明人の葛貴等が修訂した『刪老』では「逃げたモンゴル人」に直されている。

モンゴルの元が滅びて漢族の明が興ったので、モンゴル人の身分が前記のように変わるのは当然のことである。元代の『老乞大』原本の「モンゴル人の家から逃げた奴隷」を明代の『刪改本』では、モンゴル人に変えたため、『朴通事』の原本のモンゴル人と刪改本のモンゴル人は、その身分が異なり、したがって『刪改本』でモンゴル人を品位のない人物として描写した可能性は十分ある。これは、明人の葛貴等により成された『老朴』の刪改が、相当な内容の交換を含んでいたことを物語っている。

前で挙げた歩虚和尚の燕京説法や、少なくとも現伝する『刪朴』の内容を見ても、『朴通事』または『老乞大』のように、至正年間に元の燕京を旅行した人物の著作でないとはいえない。もし『朴通事』が朝鮮時代に書かれたのなら、高麗の名僧歩虚の話がこの本に登場する理由がない。ただし、『原朴』はいまだ発見されていないため、速断は許されないであろう。『(原本)朴通事』の発掘が待たれる理由がここにある。

『老朴』の相互関連性

高麗末期朝鮮初期の漢語教材であった『老乞大』と『朴通事』は、内容的にはどのような関連性を持っているのであろうか。これに対する本格的な研究は、まだないようである。[56]『老朴』は、文体と語彙そして内容が類似している。二つの本では、同じ表現が互いに重複して表れ、同じ定型句が互いに別々に引用されて使われている。それだけでなく、『老朴』はすべて漢語の講読教材なので、適切な長さに切られており、『朴通事』は一〇六課、『老乞大』は一〇七話に分けられている。『老乞大』は、教育内容を適切な長さで各話を分けて配列しているが、『朴通事』は、各課のテーマによって分量が異なる。拙稿(二〇〇七b)は、『原老』を一〇七話に、『翻朴』を一〇六課に分けて編集したものと見ている。

『老乞大』は、一貫して旅行記の形式で内容が展開されている。おそらく、原本では『朴通事』のように一〇六話で場面が構成され、漢語教材として使用されていたものと思われる。しかし後代においては、司訳院の漢語教師が『老乞大』の場面を分けるときに、様々な試行錯誤があった。例えば、実際に漢語学習者の教科書として使われた山気文庫所蔵の『刪老』[57]は、所有者[冊主]が自分の考えで区切り、黒筆で鉤画(ㄱ)を表示しており、九八話に分けられている。また、校書館で刊行された『老乞大諺解』は、一場面が終わったところに四葉の花紋魚尾を付け、『老乞大』の場面が分かれるのを表示しているが、全部で一〇六話で構成されているのがわかる。

『朴通事』も『翻朴』では、一つの課が終わったところは行を変えて表示しており、これらの行分けで表示する場面の分析は、『老乞大』よりも先に『朴通事』で行われたようである。

場面を中心にした内容面で見ると、『老乞大』は高麗の商人が北京まで行く旅行記であり、その途中で遼東城に住んでいる中国の商人王客に会って一緒に大道に行く旅程で起こる連続的な場面を素材としている。一方、『朴通事』は連続的ではなく、前後が異なる独立した内容の場面が一つの課にまとめられている。

また、『老朴』は、互いに似ている定型句やことわざを教育しており、内容上相互関連性を持っている。したがって、同一または類似した内容が重ねて現れている。これにより、『老乞大』と『朴通事』が漢語教育の教材として、互いに段階的なレベルの違いによる関係にあることがわかる。すなわち、似たような定型句、同じことわざを内容とするということは、『老朴』が漢語教育で初級、中級教材として連続しており、段階的に編纂したという事実を示唆しているのである。

ここでは、まず『老朴』の場面による一〇六課または一〇七話の分析を行い、その中で『老朴』の内容上重複して現れるくだりを比較し、その特徴を考察してみよう。[58]

学堂学習

まず、学堂での漢語学習が『老朴』ともに重複して出てくる。すなわち、漢語学習の教材であることを示した内容となっている。

『朴通事』の場合、『翻朴』の第二四課に、学堂の勉強について交わした次のような対話がある。

你師傅是甚麼人？ 네 스승은 엇던 사ᄅᆞᆷ고？（君の先生はどんな人なんだい？）

是秀才。 이 션ᄇᆡ라。（彼は学者です）

你如今學甚麼文書？ 네 이제 므슴 그ᄅᆞᆯ 비호ᄂᆞᆫ다？（君は今どんな本を学んでいるのかね？）

讀毛詩尚書。　모시 샹셔 닑노라。(毛詩尚書を読んでいます)
讀到那裏也？　어드메 닐거 갓ᄂᆞ다？(どこまで読み進んだんだい？)
待一兩日了也。　두 날만 기드리면 ᄆᆞᄎᆞ리라。(二日もすれば読み終わります)
你毎日做甚麼功課？　네 날마다 므슴 이력ᄒᆞᄂᆞ다？(君は毎日どんな勉強をしているのかね？)
毎日打罷明鍾起來洗臉、　바루 터든 니러 ᄂᆞᆺ 시븟고、(銅鑼が鳴れば起きて顔を洗い)
到學裏、　학당의 가 (学校に行って)
師傅上唱喏、　스승님ᄭᅴ 읍ᄒᆞ고 (先生の前で挨拶して)
試文書的之後、　글 바틴 후에 (試験を受けてから)、
回家喫飯、　지븨 도라와 밥먹고 (家に帰ってご飯を食べて)、
却到學裏上書、　학당의 가 글 듣고 (学校に行って学び)、
念一會、　한디위 외오다가 (一度暗誦して)、
做七言四句詩、　칠언 쇼시 짓고 (七言四句詩を作り)、
到晌午寫倣書、　바ᄅᆞ 낫만ᄒᆞ거든 셔품 쓰기 ᄒᆞ야 (昼間になれば字を書く)、
寫差字的手心上打三戒方。　그르 스니란 소ᇇ바당의 세번 젼반 티ᄂᆞ니라 (間違えた人は (罰として) 手のひらを三回打たれます)。

(『翻朴』上四九表一～五〇表五)

これに対し、『老乞大』の場合は、『原老』の第二話と第三話に次のような対話がある。

恁是高麗人、却怎麼漢兒言語說的好有？
君は高麗の人なのにどうして中国語が上手なんだい？

俺漢兒人上、學文書來的上頭、
私は中国人に学んだので

些小漢兒言語省的有。
少しは中国語ができます。

你誰根底、學文書來？
誰について学んだのかね？

我在漢兒學堂裏學文書來。
私は中国人の学校で学びました。

你學甚麼文書來？
どんな本を学んだんだい？

讀論語、孟子、小學。
『論語』・『孟子』・『小学』を読みました。

恁每日做甚麼工課？
毎日どんな授業をしたのかね？

每日清早晨起來、到學裏、
毎朝早く起きて学校に行って

師傅行受了生文書、
先生に本の習っていないところを学び

下學到家、喫飯罷、
授業が終わると家に帰ってご飯を食べて

却到學裏寫倣書。
また学校に戻って習字をします。

寫倣書罷對句、對句罷吟詩。
習字が終わると対句をし、対句が終わると詩を詠みます。

吟詩罷、師傅行講書。
詩を詠んでから、先生の前で本を講読します。

講甚麼文書？
どんな本を講読するんだい？

講小學、論語、孟子。
『小学』・『論語』・『孟子』を講読します。

第三話

說書罷、更做甚麼工課？
本を講読してから、その次にどんな授業をするんだい？

到晩師傳行撤簽、
背念書、
背過的師傳與免帖一箇。
若背不過時、教當直學生背起、
打三下。

夕方になれば、先生のところに行ってくじ引きをして
当たった人が本を暗誦します。
暗誦ができれば先生が免状を一枚くれます。
暗誦できなければ当直の学生に言いつけて後ろ向きにさせ、
三回（むちで）打たせます。

（拙著、二〇一〇：二三～二七）

これらを比較すれば、『老乞大』と『朴通事』が同様の方法で漢語を教育したことがわかる。若干の違いがあるだけである。やはり『老朴』が漢語学習教材として編纂されたことを示している。ただ、『朴通事』では、罰を与えるときは、手のひらを打つ中国の体罰方式をとっているが、『老乞大』では、背を向けて立たせふくらはぎを打つ朝鮮の書堂と同じ方式をとっている。[59]

食べ物の名称

次に、やはり日常会話に多く登場する食べ物に関する名称が、『老朴』で重複して登場する。まず、『老乞大』の場合、『原老』の第八三話「漢児茶飯」で、中国料理の順序を次のように示している。

咱毎做漢兒茶飯者。頭一道細粉、第二道魚湯、第三道雞兒湯、第四道三下鍋、第五道乾按酒、第六道灌肺、蒸餅、第七道紛羹、饅頭、臨了割肉水飯、打散。

中国料理を作りましょう。最初はすいとん、二つ目は煮魚のスープ、三つ目は鶏肉のスープ、四つ目は三下

鍋、五つ目はおつまみ、六つ目は灌肺と蒸し餅、七つ目は紛羹と蒸しパン、最後は肉を切って入れた水飯で終わりです

（拙著、二〇一〇）。[60]

しかし、同じ部分が『刪老』では、「咱們做漢兒茶飯着。頭一道團攛湯、第二道鮮魚湯、第三道雞湯、第四道五軟三下鍋、第五道乾按酒、第六道灌肺、蒸餅、第七道紛湯、饅頭、打散。（内容は『原老』と同じ）」となっている。やはり刪改するときに若干の修訂があったことがわかる。

これに対して『朴通事』の場合は、『翻朴』の台本となった『刪朴』の第一課にある花見の宴［賞花宴席］の後半に、次のように記されている。[61]

第一道羊烝捲、第二道金銀豆腐湯、第三道鮮燈籠湯、第四道三鮮湯、第五道五軟三下鍋、第六道脆芙蓉湯、都着些細料物、第七道粉湯饅頭、官人們待散也。

一番最初は羊を蒸して乾燥させたもの、二つ目は豆腐湯、三つ目は海鮮燈籠湯、四つ目は三鮮湯、五つ目は五軟三下鍋、六つ目は芙蓉湯、七つ目は春雨スープと蒸しパン、官吏たちがみな別れる。

これを見れば、まず『老乞大』と『朴通事』が、同じ内容に対して表現に若干の違いを置いており、言語教育の教材として多少の変化を持たせていたことがわかる。また、食べ物の語彙や対話が日常会話に多く登場するので、『老朴』でできるだけ多くの料理の名称を教育するために、異なる料理を紹介したものと見るのが妥当であろう。

ことわざ

次のようなことわざが『老乞大』と『朴通事』に同時に登場する。『原老』第二四話「まぐさは夜にやれ」に登場する「馬不得夜草不肥、人不得横財不富」は、元代戯曲の『後庭花』「雑劇」（二節）「一枝花」に「馬無夜草不肥、人不得外財不富―馬は夜にまぐさを食べないと太らず、人は取った財を得られないと金持ちになれない。」（拙著、二〇一〇：九六）という表現にも現れているように、元代の漢児言語で流行していたことわざであった。[62]

このことわざが、『删老』でも第二四話に出てくる。

> 常言道、馬不得夜草不肥、人不得横材不富、―상언에 닐오되 ᄆᆞᆯ이 밤 여믈을 엇디 못ᄒᆞ면 ᄉᆞᆯ지디 못ᄒᆞ고 사ᄅᆞᆷ이 ᄲᅳᆫ 財物을 엇디 못ᄒᆞ면 가ᄋᆞᆷ여디 못ᄒᆞᆫ다 ᄒᆞᄂᆞ니、
>
> （『老諺』上二九表九～一〇）

これに対して『朴通事』は、『翻朴』（上）の第一一と末尾に、「說的是。人不得横財不富、馬不得夜料不肥―닐오미 올타 사ᄅᆞᆷ도 공ᄒᆞᆫ 쳔 몯 어드면 가ᅀᆞ며디 몯 ᄒᆞ고 ᄆᆞᆯ도 밤 여믈 몯 어드면［ᄉᆞᆯ］지디 몯 ᄒᆞᄂᆞ니라（言われているのは正しい。人もただで財を得ることができないと裕福になれず、馬も夜にまぐさを食べることができないと太らない）」があり、『新朴』第一一課の終わりにも「俗語說、人不得横財不富、馬不得夜料不肥、這話是不差―속어에 니ᄅᆞ되 사ᄅᆞᆷ이 횡재ᄅᆞᆯ 엇디 못ᄒᆞ면 가ᄋᆞᆷ여디 못ᄒᆞ고 ᄆᆞᆯ이 야초ᄅᆞᆯ 엇디 못ᄒᆞ면 ᄉᆞᆯ지디 못ᄒᆞᆫ다 ᄒᆞ니 이말이 그ᄅᆞ지 아니ᄒᆞ니라（ことわざにあるように、人が思いがけないもうけを得られないと裕福になれず、馬が夜にまぐさを食べることができないと太らないというが、この言葉は間違っていない）」という一節があり、当時広く使われていたこのことわざを、『老朴』で同時に学習させていることがわかる。

格言

同じ格言の「千零不如一頓」が、『老乞大』と『朴通事』に同時に登場する。『原老』第六〇話「馬を売ってください」で、「便將到市上也則兀的是。千零不如一頓、則不如都賣與他毎倒快也（市場に連れて行っても同じですが、「少しずつばらばらに散在している千の山よりも、一つの大きな山がいい」というでしょう。すべてまとめてこの方たちに売った方が手っ取り早いです。）」（拙著、二〇一〇：二〇五）のように使われた定型句が、『翻朴』第四課の「月俸（給料をもらう）」に再び出てくる。すなわち、「不要小車、只着大車上裝去。千零不如一頓。— 쟈근 술위 말오、굴근 술위예 시러 가져 일쳔 뽄 거시 ᄒᆞᆫ 무저비만 ᄀᆞᄐᆞ니 업스니라（小さな車でなく、大きな車に積んで行きましょう。千個の小さなものは一個の大きな山に及びません）」のように、比喩的に使用されている。[63]

『老朴』には、互いに同じ格言の対話が多く登場する。『朴通事』第六七課に出てくる「老實常在、脫空常敗— 고디식ᄒᆞ니난 덧덧이 잇고 섭섭ᄒᆞᆫ 이ᄂᆞᆫ 덧덧이 패ᄒᆞᆫ다 ᄒᆞᄂᆞ니라（生真面目な人は堂々としており、うそをついた人は常に負ける）」（『朴諺』中四七裏五~六）は、『原老』第八六話で「正しい者は堂々としており、小策を弄すれば常に敗れる」（拙著、二〇一〇：二九七）と出ており、『翻老』第八六話で「常言道：老實常在、脫空常敗。— 샹녯 말ᄉᆞ매 닐오ᄃᆡ、고디시그니ᄂᆞᆫ 당샹 잇고 섭섭ᄒᆞ니난 당샹 패ᄒᆞᆫ다（ことわざにあるが、生真面目な人は常に堂々としており、うそをついた人は常に負ける）」（下四三表）と諺解されている。『老朴』が漢語の教材でありながら、教訓の込められた学童教科書のような面もあったのかもしれない。

慣用句

この他にも、高麗人が北京に行って生活する際に必要な慣用句を含んだ内容が、互いに重複して現れている。『朴諺』第四七課の「腦疼（頭が痛い）」と『原老』第八四話の「何の病気か?」は、病気になったときに医師を呼んで病気を治療する内容なので、互いに類似しており、『原老』第五五話の「高麗から訪れた親戚（高麗客人）」と『朴諺』第四六課の「高麗から客がくる（高麗客）」は、北京滞在中に故郷から訪れた親戚や知人に喜んで会い、故国の様子を聞く内容であり、大きな違いはない。『朴諺』第八四課の「家書（家からの手紙）」、第一〇六課の「高麗新聞（高麗の様子）」等は、すべて北京で商売をしながら、長く滞在している間に起こる場面の対話である。

一方、北京で商売をする際に必要な内容が話題になった場合も多い。『原老』第五六話の「物価」をはじめ、第六二話の「馬の値」、第七三話の「反物の値」等、あちこちで登場する北京の物価の話題が『朴諺』にも第八課の「買段子（反物を買う）一」、第三八課の「買段子（反物を買う）二」、第六〇課の「買段子（反物を買う）三」等、様々なところに出てくる。もちろん、『原老』にも第七二話の「反物を買う（買段子）一」、第七三話「反物を買う二」等、反物を買うために必要な対話が素材にされて多く扱われている。これらを通じて、当時の高麗商人たちがどのような品物を主に輸入していたのかがわかる。

『老朴』の場面の分析

『老朴』は、漢語教材として編纂された際、一回の授業で学ぶに適した分量として、『朴通事』は一〇六課に、『老乞大』は一〇七話に分けられた。このような場面の分析は、壬辰倭乱と丙子胡乱以前から試みられており、『朴通事』は早くから一つの課が終われば行を変えて表示していた。一方、『老乞大』の場面は連続しているため、後代には漢語の訓長たちによって恣意的に分析が試みられた。前述したように、現伝する『老乞大』の中には、恣意的に場面を分析した資料が残っている。おそらく教師の指示に応じて、学習者が教材に鈎画で表示し、場面を分析したものと思われる。

拙稿（二〇〇七b、c）で引用した嘉靖本『老乞大』には、九三の場面に鈎画の印があるが、内容に応じて分けたというよりは、分量を適当に分けたものと思われる。[64] ただ、この教材の編纂者は、最初から『朴通事』のように全部で一〇六話に分けて書いたのではないかと推定される。この数字は、おそらく司訳院の授業日数と関連があるであろう。

『老乞大』の分析

『老乞大』はカラムシと馬、新羅の朝鮮人参を中国に売りに行く高麗商人の旅行を内容としている。金文京外（二〇〇二）と拙著（二〇〇四a）では、『老乞大』の内容を、訳注の内容に基づいて整理し、大きく六つの場面に分けている。すなわち、（一）高麗商人と漢人客商の王氏の最初の出会い、（二）旅の途中の瓦店での宿泊、（三）大都へ行く途中の民宿での哀歓、（四）大道での商いと生活、（五）人が生きる道理、（六）帰国のための準備と王客との別れ、等である。

金文京外（二〇〇二）と拙稿（二〇〇七c）では、この六つの場面をさらに細分し、『原老』の場面が一〇六話に分析されているが、拙稿（二〇〇七c）の内容は、次のとおりである。

第一章　高麗人と漢人商人の出会い

第一話　どこから来たか。（恁從那裏來?）

第二話　何を勉強したか。（你學甚麽文書來?）

第三話　どうやって学んだか。（做甚麽工課?）

第四話　漢語はなぜ学ぶのか。（學他漢兒文書怎麽?）

第五話　先生は誰だったか。（師傅是甚麽人?）

第六話　同行しよう。（俺做伴當去）
第七話　大都の物価（京裏價錢）
第八話　今夜はどこで寝ようか。（今夜那裏宿去？）
第九話　まぐさの値はいくら？（草料多少鈔？）
第一〇話　絹と木綿の値（綾絹錦子價錢）
第一一話　都で（京裏）
第一二話　同行三人（三箇伴當）

第二章　瓦店での宿泊

第一三話　まぐさの値（多少草料）
第一四話　まぐさの準備（切草料）
第一五話　夕食の仕度をしなさい。（打火）
第一六話　肉を炒める方法（炒肉）
第一七話　宿賃の計算（盤纏）
第一八話　まぐさを与える方法（碾馬草、鋪藁薦）
第一九話　橋の修理（修橋）
第二〇話　強盗に遭う（賊）
第二一話　矢に当たる（客人被箭射傷）
第二二話　強盗は捕まる（捕盜）

第二三話　井戸（井）
第二四話　まぐさは夜にやれ（喂馬）
第二五話　誰が部屋を守るか？（誰看房子？）
第二六話　水汲み（打水）
第二七話　高麗の井戸（高麗井）
第二八話　馬を引いてくる（牽馬）
第二九話　いよいよ出発（起程）

第三章　いざ、大都へ！
第三〇話　朝食をとる（早飯喫）
第三一話　親切なご主人（主人家哥）
第三二話　たくさん召し上がれ。（喫得飽那不飽？）
第三三話　旅人のもてなし（好看千里客萬里要傳名）
第三四話　次はどうぞわが家に（是必家裏來）
第三五話　馬を絆して荷造り（打駝馱）
第三六話　今夜はどこに泊まる？（尋箇宿處）
第三七話　一晩お世話になります。（恁房子裏覔箇宿處）
第三八話　うちはだめです。（宿不得）
第三九話　一晩だけ泊めてください。（俺宿一宿）

第四〇話　怪しい者ではありません。（盤問）
第四一話　お米を売ってくれますか。（那裏將糶的米來？）
第四二話　凶年で大変です。（今年生受）
第四三話　馬のまぐさは？（就那與些草科如何？）
第四四話　交代で馬の見張り（睡覺）
第四五話　荷造りして出発しよう。（收拾行李打駝馱）
第四六話　夏店までは三〇里（夏店有三十里多地）
第四七話　食堂で食事（店子茶飯）
第四八話　酒場で一杯の酒（喫酒）
第四九話　兄貴の歳は？（你貴壽？）
第五〇話　酒代の計算（廻鈔）

第四章　大都での商いと生活
第五一話　順承門前の関店（順承門關店）
第五二話　ここに泊まることができますか。（這店裏下俺麼？）
第五三話　たった今着いたところ。（纔到這裏）
第五四話　この馬は売るつもりか。（你這馬待要賣那？）
第五五話　高麗から来た親戚（高麗客人）
第五六話　朝鮮人参の値（賣行貨）

第五七話　家族はみんな元気ですか。（家裏都好麼？）
第五八話　同行人は誰ですか。（這伴當是誰？）
第五九話　また会いましょう。（再厮見）
第六〇話　馬の値段（賣馬）
第六一話　馬の種類（馬）
第六二話　馬の取引（馬價）
第六三話　買うのか、買わないのか。（商量價錢）
第六四話　仲買（牙家）
第六五話　古いお金はだめです。（爛鈔不要）
第六六話　売買契約書を書こう。（寫馬契）
第六七話　馬の契約書（馬契）
第六八話　仲介料と税金（牙稅錢）
第六九話　噛まれますか（悔やまれ？）。（你更待悔交那？）
第七〇話　羊を売りに涿州へ（涿州賣羊）
第七一話　元を切って売る（賤合殺賣與你）
第七二話　いろいろな反物（各樣各色緞子）
第七三話　反物を買う一（賣段子一）
第七四話　反物を買う二（賣段子二）
第七五話　馬具を買う（買馬具）

第七六話　弓を買う（買弓）
第七七話　弓の弦を買う（買弓弦）
第七八話　矢を買う（買箭弓）
第七九話　食器を買う（買什物）
第八〇話　家族の宴会（親戚宴）
第八一話　車（車子）
第八二話　賭弓（賭射箭）
第八三話　中国料理（漢兒茶飯）
第八四話　何の病気か。（甚麼病？）

第五章　人の生きる道理

第八五話　人生は愉しく（毎日快活）
第八六話　子供の教育（老實常在、脫空常敗）
第八七話　友達づきあい（掩惡揚善）
第八八話　主人と仰ぐ（做奴婢）
第八九話　友は互いに助け合い（接濟朋友）
第九〇話　放蕩な生活（執迷着心）
第九一話　四季の贅沢な服（按四時穿衣服）
第九二話　豪華な帯（繫腰）

第九三話　おしゃれな帽子（帽子）
第九四話　靴を履く（穿靴）
第九五話　放蕩息子の末路（幇閑男女）

第六章　故国に向かって！
第九六話　いよいよ涿州へ（涿州賣去）
第九七話　高麗人参を売る（賣人蔘）
第九八話　カラムシを売る（賣毛施布）
第九九話　反物の寸法（長短不等）
第一〇〇話　カラムシの値（毛施布價）
第一〇一話　偽造紙幣はだめです。（鈔的眞假）
第一〇二話　帰国して売る品物一（買廻貨一）
第一〇三話　帰国して売る品物二（買廻貨二）
第一〇四話　帰国して売る品物三（買廻貨三）
第一〇五話　帰る日の吉日は？（筭卦）
第一〇六話　また会いましょう。（再見）

壬辰倭乱と丙子胡乱の後に整備された漢語教材では、『老乞大』が一〇六の場面に分けられている。やはり、拙稿（二〇〇七c）で引用した侍講院所蔵本は、嘉靖本のように黒の鈎画で場面が変わる部分を表示しており、欄上に数字で場面の数を書いている。この資料は、嘉靖本とは異なり、全部で一〇六の場面に分けられているが、欄上の数字が数箇所重なっており、実際には一〇八話となっている。拙著（二〇〇四a、二〇〇六d、二〇一〇）では、漢文本『老乞大』と『翻老』、『老諺』を訳注した際に一〇六話に分けている。

『老乞大』の場面を分析し、これを正式に表示して刊行されたのは、やはり山気文庫所蔵の甲寅字『老乞大』の覆刻本（一七〇三）である。康熙本『老乞大』と呼ばれるこの版本では、場面が変わるごとに行が変わり、最初の行の最初の文字に四つ葉の花柄（四葉花紋）の黒四角を入れて表示されており、一〇七話に分けられている。諺解本ではこれに先立ち、顕宗一一年（一六七〇）に刊行された『老乞大諺解』（奎一五二八）で、二葉の花柄（二葉花紋）の黒魚尾が入れてあり、新しい場面の始まりが明示されている。諺解本の現存本はすべて一〇七場面であるが、第七二話を二つに分けたため、従来の一〇六話から一つ増えている。この部分は、絹織物の店で絹織物を買う内容であるが、会話の内容が長いため、二つに分けたものと思われる。

後代に刊行された『老乞大新釈』と『重刊老乞大』では、『老諺』の一〇七話から、第八〇話の「親戚の宴会（親族宴）」を三つに増やし、第八三話の「朝鮮人参を売る（賣人蔘）」を二つに分け、第九八話の「カラムシを売る（賣毛施布）」も二つに分けており、元々の一〇六話から全部で五場面を追加している。したがって、康熙本の一〇七話から四話が加わり、一一一話となった。奎章閣に所蔵されている『老乞大新釈』（奎四八七一～二）は、場面が変わる部分に○を付けて表示されている。東京大学小倉文庫所蔵の『重刊老乞大』（L一七五一七五～六）は、本文上段の欄上に分析された場面の数が赤字で記入されているが、全部で一一一場面であった（拙著、二〇〇二b：一九五）。

『朴通事』の分析

『朴通事』の場面分析は、『老乞大』に比べて区別しやすい。各課の見出しを付ける作業は、梁伍鎭（一九九八）で試みられ、朴在淵（二〇〇三）で修訂された。前述したように、『朴通事』は『翻朴』から場面が変わるところを改行して表示しているため、比較的早くから場面分析が決定され、一〇六課に分かれることがわかっている。これまでなされた場面分析と各課の見出しをまとめてみよう。

ここでは、拙稿（二〇〇七b）で『老乞大』の場面を分析したように、すでに『翻朴』と『朴諺』で一〇六課に分けられているものに、場面のポイントとなるくだりおよび翻訳と諺解のキーワードで見出しを付けてみることにする。

『朴通事』上（『翻朴』のものを分析した）

第一課　賞花宴席（花見の宴）
第二課　差使（詔書を伝達して高麗へ行く）
第三課　水滲蘆溝橋（洪水で橋が水面に沈下する）
第四課　月俸（月給をもらう）
第五課　腮頬瘡（顔にできたおでき）
第六課　買段子一（反物を買う一）
第七課　打刀子（刀を作る）
第八課　四時而女子（季節の子供遊び）
第九課　金帯（金で作った帯）

第一〇課　印子鋪裏當錢（質屋に行く）
第一一課　洗馬（馬の世話）
第一二課　下碁（囲碁を打つ）
第一三課　翫月會（月見）
第一四課　操馬（馬の訓練）
第一五課　買獏皮（皮を買いにいく）
第一六課　誆惑人（詐欺師）
第一七課　和尚偸弄（浮気した僧をしかる）
第一八課　害痢疾（下痢に苦しむ）
第一九課　謎話（なぞなぞ）
第二〇課　獸醫家（獣医）
第二一課　剃頭（散髪）
第二二課　取娘子（娘をもらう）
第二三課　護膝（膝当て作り）
第二四課　上學（学堂に通う）
第二五課　我家書信（我が家の消息）
第二六課　混堂（浴場で）
第二七課　路貧愁殺人（旅行は大変です）
第二八課　射箭（弓を射る）

第二九課　做了月子（子を産む）
第三〇課　那裏下着（どこにお泊りですか？）
第三一課　打弓（弓を作る）
第三二課　借錢文書（借用証を書く）
第三三課　買馬（馬を買う）
第三四課　客人來（客が来る）
第三五課　生日（誕生祝い）
第三六課　西湖景（西湖の景色）
第三七課　東西對換（物々交換）
第三八課　買段子二（反物を買う二）
第三九課　高麗和尙（高麗の僧）

『朴通事』中『朴諺』から分析

第四〇課　拘欄雜技（いろいろな雑技の遊び）
第四一課　槓子（いい加減な箱）
第四二課　染東西（染料を染める）
第四三課　使臣來也（使臣をもてなす）
第四四課　賣奴文書（奴婢文書）
第四五課　修理車輛（車を直す）

第四六課　高麗客（高麗から来た客）
第四七課　腦疼（頭痛がするとき飲む薬）
第四八課　高麗東西（高麗から来た贈り物）
第四九課　婦人無夫身無主（女の気を引く）
第五〇課　閑良蕩（壮丁たちがする仕事）
第五一課　參見菩薩像（南海の菩薩像を見にいく）
第五二課　上直（家を留守にする）
第五三課　做冒（帽子作り）
第五四課　若作非理必受其殃（悪事を行えば必ず災いを被る）
第五五課　天氣冷（寒い天気）
第五六課　貌隨福轉（接待）
第五七課　遊山翫景（自然の景色を見に行く）
第五八課　買菜子（野菜を買う）
第五九課　賊廣（盗賊が多い）
第六〇課　買段子三（絹織物を買う三）
第六一課　房契（家を借りる契約書）
第六二課　房上漏雨（雨漏りする屋根を直す）
第六三課　問字様（文字を問う）
第六四課　莊（農場に行く）

第六五課　收拾整齊（部屋の装飾）
第六六課　替官（官員の解由、事務引継ぎ）
第六七課　老實常在脫空常敗（正しい者は堂々としており、小策を弄すれば常に敗れる）
第六八課　孩兒（幼い子供の面倒を見る）
第六九課　下蹩碁（チュサノリ―囲碁のような遊び）
第七〇課　捽挍（相撲）
第七一課　路行（道を歩く）
第七二課　牢子走（獄吏たちの競走）
第七三課　裁衣（服を織る）
第七四課　天氣炎熱（暑い日に）
第七五課　買猫（猫を買う）
第七六課　蚊子（蚊）
第七七課　告狀（訴訟）

『朴通事』下『朴諺』で分析する
第七八課　皮虫蛀（皮の服にしみができる）
第七九課　蝤蜒（セミの幼虫を踏む）
第八〇課　布施去（布施を受けに行く）
第八一課　整治炕壁（かまどとオンドルを直す）

第八二課　疥痒（疥癬にかかる）
第八三課　盂蘭盆齋（高麗僧の盂蘭盆齋を見に行く）
第八四課　家書（家に出す手紙）
第八五課　盖書房（書斎を作る）
第八六課　光祿寺卿（官職はいい）
第八七課　監了（獄に下る）
第八八課　買文書（本を買いに行く）
第八九課　買珠兒（玉を買う）
第九〇課　茶房（茶店でお茶を飲む）
第九一課　銀盞（銀の装飾を作る）
第九二課　衛門官人（宮中の護衛）
第九三課　食店喫飯（食堂で食事する）
第九四課　打毬兒（ジャンチギのまりを打つ）
第九五課　租稅（税金を払う）
第九六課　幾時行？（官員のお出まし）
第九七課　有名的畫匠（画家に肖像画を描いてもらう）
第九八課　老曹出殯（老曹の葬儀）
第九九課　炊飯（飯を炊く）
第一〇〇課　打春（迎春の見物に行く）

第一〇一課　北京城門（北京の城門）
第一〇二課　打魚兒（釣り）
第一〇三課　中竊盗狀（盗賊を告訴する）
第一〇四課　寫狀子（所志を書く）
第一〇五課　寫告子（告示を書いて貼る）
第一〇六課　高麗新聞（高麗の様子[65]）

しかし、各課の分量にはばらつきがあって、第一課と第八八、九三、一〇〇、一〇六課は、他の課の二倍〜三倍程度の分量であるのに対して、第一〇一課の「北京城門（北京の城門）」は、わずか一一行の短い内容である。これは、『老乞大』の分量に応じた整然とした分配とは非常に異なっている。おそらく、『老乞大』の一〇六話に合わせて『朴通事』をそのように分けたものの、分量の調節まではできなかったものと思われる。分量の多い課は、その量の多い順に、第一〇六課の「高麗の様子（高麗新聞）」や第八八課の「本を買いに行く（買文書）」、第一課の「花見の宴（賞花宴席）」等である[66]。

前述したように、『老乞大』では、『原老』の第七二話のように、ある店で反物を買う話なので一つの場面として見ることができるものを、会話の量に応じて『老諺』で第七二話と第七三話に分けて全部で一〇七話としている。『朴通事』では、そのような分量の調節は行われなかったようである。

試験に及ぼす影響

『老朴』の各話・各課の分量は、各種試験と科題において非常に重要である。拙著（一九九〇）によれば、司訳院では訳官の教育と才能の検証のために、様々な科題と試験が準備されていた。まず、訳官の最終資格試験である訳科をはじめ、随行訳官や禄官の選抜のための取才があり、司訳院での教育のための各種考講と院試があった。これらの試験方法に関しては、訳科と取才の場合は『経国大典』に記載され、司訳院の考講と院試は『通文館志』に規定されていた。[67]

こうした試験制度の中で、漢学、すなわち漢語能力の試験は、『老朴』が最も基本であるため、この教材からの出題が規定されていた。『老乞大』の各話や『朴通事』の各課を指定し、講書させる場合が多かったのである。その場合、『老乞大』は、各場面が出題に適した分量になっているため問題はないが、『朴通事』は、各課の分量が違うので、分量を指定して講書するしかなかった（拙著、一九九〇、および拙稿、一九八七c）。こうした点も、『朴通事』に比べて『老乞大』が漢語教材として各種試験によく使われるようになった原因といえる。

また、科挙に合格して出身した訳官であっても、その外国語を忘れないために、期間ごとに義務的に読むべき講書の分量が決まっていた。[68]この場合も、『老朴』はいくつかの課と話に分けてまとめて読むため、『朴通事』の場合は課に応じて分量がまちまちに指定され、不便であった。したがって、『朴通事』に比べて比較的各話の分量が一定だった『老乞大』が、中心的な教材として使われるようになった。

『老朴』の等級

『老朴』は漢語の初級教材なのであろうか、あるいは中級教材なのであろうか。この問題について、拙著（一九八八a）では、『老乞大』は初級漢語教材であり、『朴通事』はより難しい中級教材である、という主張をした。しかしこれに対して、「老朴」の内容理解に誤差があるためか、納得しがたいという研究者もいたようである。これまで考察してきたところによれば、『老朴』の二つの漢語教材は、相互に関連性をもって編纂されたものであり、司訳院で漢語を教育する際に、互いに相補的な関係にあったと見ることができる。果たして、『老乞大』と『朴通事』は、漢語教育の教材として互いにどのような位置にあったのであろうか。

何度も強調しているが、前述したように、『老朴』は漢語能力を検証する各種試験や科題の基本教材であった。また、訳官の外国語学習を奨励するために、いくつかの試験制度があり、その中で最も上位にある重要な試験は、科挙の訳科であった。すでに拙著（一九九〇）で調査されたように、朝鮮時代を支える最も重要な国家制度は、科挙制度であった。科挙は文武大科と雑科に分けられたが、外国語試験である訳科を含めた雑科は、中人階級が技術官として官職に進むことのできる重要な試験であったといえる。

拙著（一九九〇）によれば、『経国大典』に規定された雑科には、訳・医・陰陽・地理・律科・天文科があった。すなわち、言語の通訳能力を試験する訳科と、人体の病気を治す医薬の医科、吉凶禍福を占う陰陽科、国土の農地や村の位置を明らかにする地理科、法律を理解して執行する律科、そして空の星を観察して月暦を担当する天文科があった。しかし、朝鮮王朝のような厳格な身分階級社会では、雑科は次第に軽視され、朝鮮後期に入るとその軽視の風潮が非常に強くなっていた（拙著、一九九〇：九四）。かつて正祖王は雑科を重視する必要があることを強調したことがあるが、[69] それも一時的であった。徐々に雑科は有名無実となり、これは間もなく科挙制度の混乱をもたらし、朝鮮を亡国の道へと追いやった。

訳科は、『経国大典』の規定により、生員・進士科のように初試・覆試の二段階の選抜方式を経ていた。すなわち、『経国大典』巻三、礼典、諸科条に

文科　　初試・覆試・殿試
生員・進士　　初試・覆試

譯科・醫科・陰陽科・律科　　初試・覆試

とあり、諸科を分類して試験方式が定められており、同じ『経国大典』巻四兵典、取才条には、武科の初試・覆試・都試の方式が規定されている。

これを見れば、文科だけに初・覆・殿試の科挙三層法[70]が設けられており、「文科十年一重試、［堂下官許赴、額數及試法、臨時稟旨。武科同］」として、文科と武科だけが一〇年に一度重試が施行された。他の諸科はすべて初・覆試の二段階選挙法であったことがわかる。実際に拙著（一九九〇）で主に引用された各種訳科試券を見ると、初試と覆試の二段階試験を受けたことが確認できる。[71]

拙著（一九九〇）で引用された漢学試券の中で、正祖一二年に初試を、そして正祖一三年（一七八九）己酉式年試に覆試を受けて合格した応試者、劉運吉の初試と覆試の試券を見ると、乾隆己酉の式年試の訳科漢学の出題がわかる。

來己酉式年、すなわち己酉式年試の上式年（一七八八）に応試した、訳科初試の劉運吉の試券には、次のような漢学科題が記されている。

老乞大　　自　客人們打中火阿　　止　大片切着抄來吃罷
朴通事
伍倫全備
論語　　李氏旅於泰山
孟子

中庸
大學　　知止而后有定
飜經國大典

これを見ると、この初試では、本業書の『老乞大』・『朴通事』・『伍倫全備』のうち、『老乞大』だけが出題され、四書も『論語』と『大学』からのみ出題されており、訳語の科題である「翻経国大典」は、出題されなかったことがわかる（拙著、一九九〇：一一二～一三四[72]）。

しかし、覆試である今己酉式年試、すなわち実際に己酉（一七八九）年に実施された式年試の試券は、次のような科題を見せている。

老乞大　自　主人家還有一句話説　止　明日好不渴睡
朴通事　自　咳今日天氣冷殺人　止　吃幾盃解寒何如
伍倫全備　自　孃呵我捨不得孃去　止　讀書做甚的
論語　自　成於榮
孟子
中庸
大學
飜經國大典　自　隔等者　止　下馬相揖

これを見ると、「今己酉式年訳科覆試」（一七八九年施行）の漢学は、本業書三冊からすべて出題され、四書は『論語』だけが、そして訳語の「翻経国大典」も出題されている。前の初試と比較すれば、本業書の『朴通事』と『伍倫全備』が追加され、四書は反対に一科目が減った。これは初試では、初級教材を中心に基礎的な漢語の知識を試験したのであり、覆試は、より難しい教材で専門的な漢語の知識を出題したことがわかる。

これにより、『老乞大』が四書と同列の基礎教材であり、『朴通事』はこれらとは難易度の異なる教材であるといえる。このことから、拙著（一九八八a）等で『老乞大』を初級の漢語教材、『朴通事』を中級教材と見たのである。また、試券に見られるように、『伍倫全備記』のような中国の古典を漢語教材として編纂した高級教材もあった。

この他にも、『老朴』を読み、これらを比較した研究によれば、『老乞大』に比べて『朴通事』により難しい語彙や表現があることがわかっている。訳官の業務を遂行するために、より専門的な内容があったのである。すなわち、第三二課の「借銭文書（借用証を書く）」をはじめ、第四四課の「賣奴文書（奴婢文書）」、第六六課の「替官（官員の解由、業務の引継ぎ）」、第七七課の「告狀（訴訟）」、第九五課の「租稅（税金を払う）」、第一〇三課の「申竊盜狀（盗賊を告訴する）」、第一〇四課の「寫狀子（所志を書く）」、第一〇五課の「寫告子（告示を書いて貼る）」等は、訳官として北京での任務遂行に必要な専門知識であり、これらは『朴通事』を通して得ることができる知識であった。

四、訳科漢学と漢語試験

ソウル江東区明逸洞の江陵劉氏の宗務所に一時寄居していた劉鍾輝翁は、家に代々伝わる古文書を多数保管していたが、[73]その中に前述した乾隆辛卯（一七七一）と己酉（一七八九）の式年訳科漢学の初試・覆試の試券が含まれていた。

筆者がこれまで調査したところでは、訳科試券が保存されているところは、他にも高麗大図書館の清学試券（清学初試）である白完培のものをはじめ、奎章閣に二点、韓国学中央研究院に一点、そして国史編纂委員会が一九八七年代に公開した川寧玄氏の家に伝わる古文書に含まれている六点があるだけである。[74]

以上の試券のうち、漢学のものとしては最も古い乾隆年間、すなわち英・正祖王の時の試券を考察し、この時代の訳科漢学の実際を明らかにしてみようと思う。

劉学基の訳科初試の試券

劉翁の所蔵していた古文書は、ほとんど彼の九代祖先である劉学基と彼の三人の子弟のものである。その中でも、劉学基の告身（官職任命状）、白牌（科挙に合格した生員、進士に与えられた白の合格証書）、賜牌[75]が最も多い。

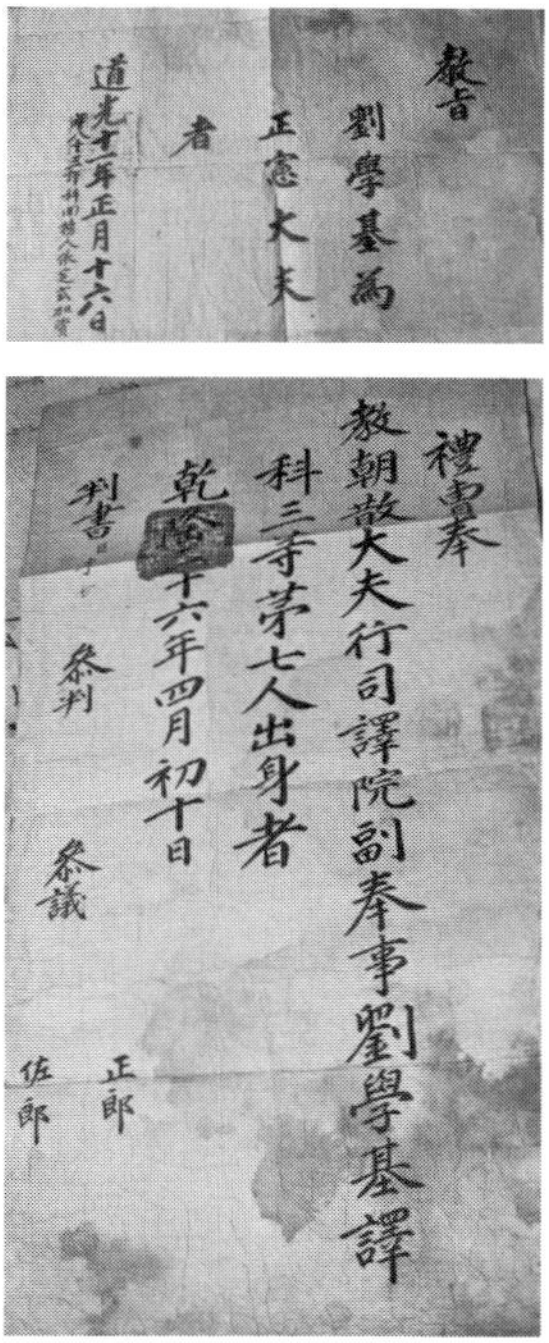

【写真三-一】劉学基の告身（上）と白牌（合格証書、下）

特に、彼が乾隆辛卯式年試の訳科漢学を応試した初試・覆試の二つの試券は、この時代の訳科漢学がどのように実施されたかを明示している。

この試券の中で、まず劉学基の来辛卯式年の訳科初試漢学試券を見ると、大きさが横八三・七、縦六九・〇センチメートルの厚い楮紙（コウゾで作った韓紙の総称）で、保存状態は非常に良好である。

〔写真三-二〕劉学基の来辛卯式年の訳科初試（上）と覆試の漢学試券（下）

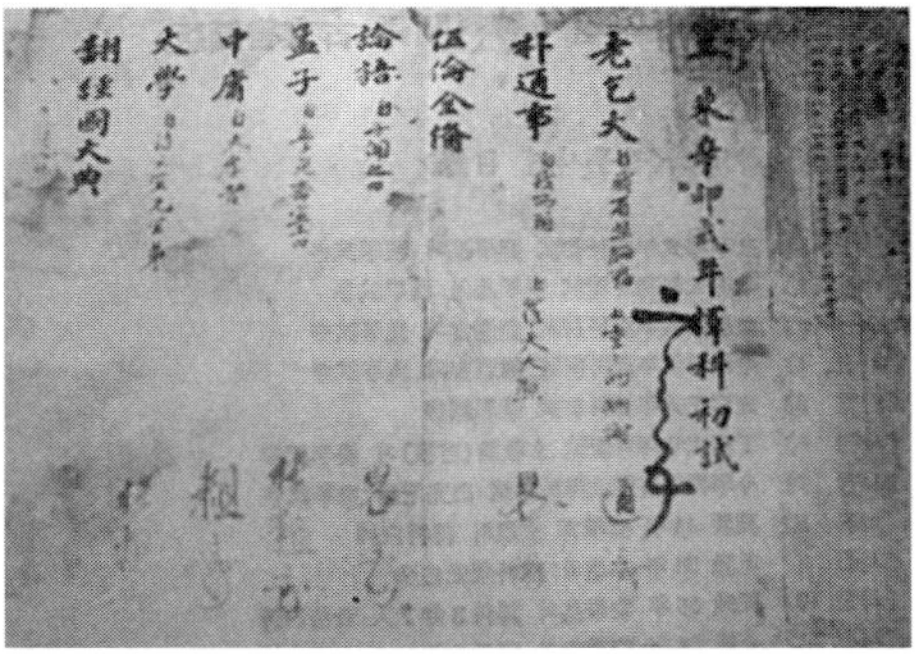

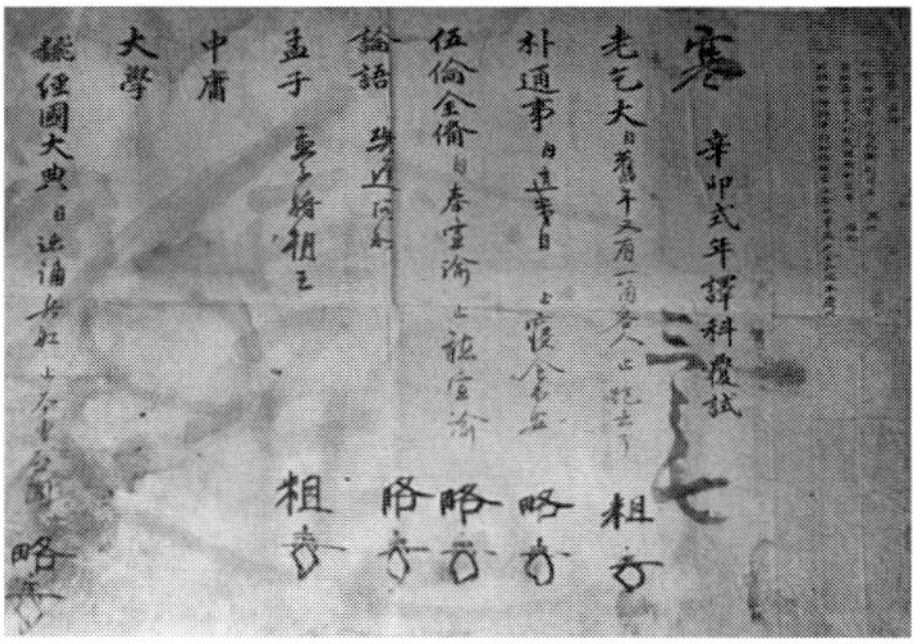

〔写真三-二〕の上の試券は、右上の中間から下段にかけて「来辛卯式年訳科初試」と活字で書かれている。この時の来辛卯式年は、『通文館志』の科挙条に「毎式年増廣設科初試、開場前期。（科挙試験の）式年試験（三年に一回

の定期試験）や増広試毎に、開場前期、すなわち正式試験の一年前に科挙の初試を行う）」という記事からもわかるように、乾隆辛卯の式年試験の上式年である乾隆庚寅（一七七〇）に実施された訳科初試、という意味である。[76]

初試試券の右上段にある秘封（答案用紙に書いた応試者の名前がわからないように封ずること）された部分には、応試者の身分・氏名・本貫・居住地と四祖（父・祖父・曽祖父・外祖父）の身分・氏名・本貫（母方の祖父のみ）が書かれているが、これを示せば、次のとおりである。

朝散大夫　行司譯院　奉事　劉學基　年二十二　本漢陽　居京
父　幼學　益海
祖　禦侮將軍行忠武衛副司正興作
曾祖　嘉善大夫行龍驤衛副護軍碩齡
外祖　禦侮將軍行加德鎭管永登水軍萬戶金弘瑞　本慶州

これにより、この試券の作成者が、朝散大夫の品階で、司訳院参奉の職にあった劉学基であることや、彼の本貫が漢陽劉氏でソウルに居住し、当時二二歳であったことがわかる。その次の四行には、応試者の父・祖父・曽祖父および外祖父までの四祖の身分と名前、本貫（外祖父）が書かれているが、この部分は、採点の公平を期すために、糊名試式（科挙時に答案用紙の応試者の名前を糊付けして封じること）の規則に基づいて封じられたのである。[77]

第二章で考察した『続大典』と『通文館志』の訳科方法によれば、訳科初試は、司訳院で提調二人（または一人が兼教授）と四学官二人で構成された入門官四人が定められ、[78]彼らが入門所に出勤して榜を掲示し、訳科の開場を発表する。

応試者は、儒巾と紅團領を身に着け、入門所に行って入門官に四祖単子と保挙単子を提出した後、名前を記入して受付を済ませる。この時入門官は、応試者が書いてきた秘封部分を確認し、応試者の名前を糊付けして封じた後、一連番号と一緒に官印を押して、科挙試験を受ける場所に送るのが慣例であった。この試券にも、秘封の左上に「玉」という千字文の順序による一連番号があり、官印の跡が見える。

［写真三-二］の下の劉学基の覆試試券をよく見ると、試券上段の右から左に「老乞大・朴通事・伍倫全備・論語・孟子・中庸・大学・翻訳経国大典」という漢学課册の訳学書名が見られる。これらは、前述した『続大典』の訳科漢学出題書や『通文館志』の科挙漢学八冊と一致している。この試券の出題書は、鋳字で印刷されたものである。

すなわち、『大典会通』巻三礼典、諸科条に「式年講経所、書册名及謹封等字、刻鑄印給（式年試験に講経所で、書籍の名前と謹封という字を鋳字で印刷して返す）」という一節があり、この出題書は、講経所で鋳字で印給されたものであることがわかる。

また、漢学出題書の下には、背講・臨講または臨文訳語する部分がどこからどこまでかが記載されており、この科題の下に、通・略・粗・純粗等の分数と採点者の手書き文字である手決がある。この試券の中央から左には、斜めに大きな文字で「合」という赤い文字が見られ、採点者と同じ手決の赤い字で書かれている。訳科初試と書かれたところの前には、別の行書体で「二之十」という文字が見られる。これは、この試券の主人公が二等一〇人で合格したことを示している。

劉学基の訳科覆試の試券

［写真三-二］の下の試券は、横八四・七、縦五九・三センチメートルの楮紙で、初試のものと同じ紙である。右

中央上段から「辛卯式年訳科覆試」と書かれており、乾隆辛卯（一七七一）に実施された訳科覆試であることがわかり、右上段には初試と同様の秘封が見られる。

朝散大夫　行司譯院副奉事　劉學基　年二十三　本漢陽　居京
父　幼學　益海
祖　禦侮將軍　行忠武衛副司正　興祚
曾祖　嘉善大夫　行龍驤衛副護軍　碩齡
外祖　禦侮將軍　行加德鎮管　永登水軍萬戶　金弘端　本慶州

これを初試の秘封と比較すると、役職が司訳院参奉から副奉事に上がり、年齢が二三歳になったことが違うだけで、後はすべて同じである。秘封の横には、やはり入門所で印した千字文の順序の一連番号「寒」がある。出題書［課册］の漢学八冊は、初試のように右から左へ書かれ、その下に背講または臨講、翻訳する科題が書かれており、初試のように、そのすぐ下に分数と採点者の手書き文字（手決）が見られる。

採点者の手決は、初試のものと似ており、同一人物が初試と覆試の両方を採点したものと思われる。試券の中央に「合」という赤い文字（朱書）が見られ、その横に薄くではあるが、採点者の手決がやはり赤い字で書かれている。また試券の右側中央に「三之七」という別の筆致の文字が見られるが、この試券の主人公が三等七人で合格したことを示している。実際に『訳科榜目』（巻二）「乾隆辛卯式年試」（八四表九行）条に、劉学基が三等七人で記載されている。

劉運吉の試券

次に、劉学基の長男劉運吉の己酉式年訳科初試・覆試を考察してみよう。乾隆己酉（一七八九）式年試は、辛卯式年試より一八年後のことである。その試験の方法や科挙試験の出題等は、およそ二つの試券が類似していることを示している。

[写真三-三] 劉運吉の訳科初試（上）、覆試試券（下）

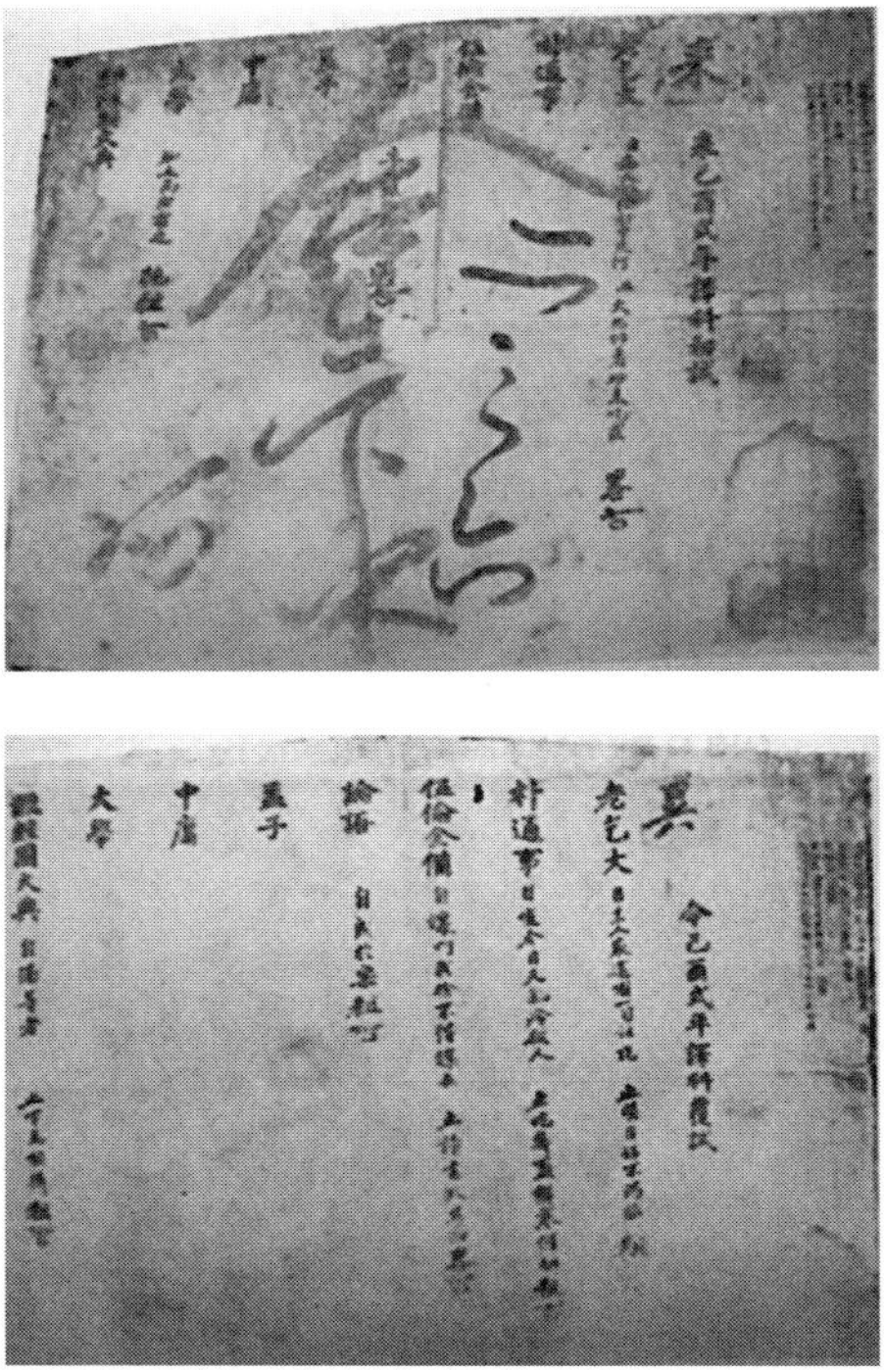

[写真三-三] は、劉運吉の初試試券と覆試試券である。上の初試試券は、大きさが横七四・二、縦五九・四センチメートルで、右側に「来己酉式年訳科初試」と書かれている。これは、乾隆己酉式年試の前期、すなわち乾隆戊

申（一七八八）秋に施行された訳科初試であることを示している。

この試券の右上段に見られる秘封は、次のとおりである。

司譯院　漢學前銜　劉運吉　年十七　本漢陽　居京
父　宣務郎　司譯院主薄　學基
祖　幼學　益海
曾祖　禦侮將軍　行忠武衛副司正　興祚
外祖　嘉善大夫　行龍驤衛副護軍　安世完　本順興

これを見ると、この試券の作成者が、前述した辛卯式年訳科漢学試券の主人公である劉学基の子であり、訳科を受けた時は、司訳院漢学漢學前銜（訳生たちの肩書き）であったことがわかる。母方の祖父が違うのを除けば、祖父と曽祖父は劉学基の父と祖に該当するため同一である。

秘封の左側に「来」という千字文の順序の一連番号があり、官印が見られ、辛卯式年のものと同様に上段に右から左へ漢学八冊の出題書が書かれている。試験問題の題目の次に点数と手決があり、中央左側から斜めに「合」という赤い文字が見られる。その次に「二下」という総成績が記載されており、その下に採点者と同じ手決が見られる。

[写真三-三]の下の今己酉式年訳科覆試の試券は、大きさが横六四・一、縦五九・八センチメートルであり、右側に「今己酉式年訳科覆試」と書かれている。この時の「今」という漢字は、来己酉式年の「来」と対立するもので、今が己酉式年に該当するものであることを示している。

秘封部分には、

司譯院　漢學前銜　劉運吉　年十八　本漢陽　居京
父　宣務郎　前司譯院主簿　學基
祖　幼學　益海
曾祖　禦侮將軍　行忠武衛副司正　興祚
外祖　嘉善大夫　行龍驤衛副護軍　安世完　本順興

と書かれており、応試者である劉運吉の年齢が一八歳に変わったこと以外は、初試の試券と同じである。ただし、総合順位が『訳科榜目』巻二、乾隆己酉式年には、一等三人、二等五人、三等六人のうち、九番目に記録された劉運吉は三等一人であることがわかる（八裏一行を参照）。

劉学基

これまで乾隆辛卯・己酉の時の訳科漢学を応試した劉学基・運吉父子の試券四つを考察したが、彼らは、朝鮮王朝中期から多くの訳官を排出した漢陽劉氏であり、『訳科類輯』によれば、順治庚子（一六六〇）の増広試の訳科漢学に合格した劉尚基をはじめ、光緒戊戌（一八九八）まで二三八年間に四五人の訳科及第者を輩出した訳官の名門であった。

劉学基は、かつて司訳院の年少聡敏に選ばれ、朝散大夫の品階を受けるほど、中国語（漢語）に優れた才能を見せた。八〇余歳まで生き、中国語訳官として活躍し、官職は正憲大夫（正二品）、同知中枢府事（従二品）まで上がっていた。

彼の実父である劉益海は、幼学で科挙に合格したことはないが、後日息子劉学基のおかげで、嘉善大夫工曹参判兼五衛都摠管に追贈された[79]。彼の祖父である劉興祚は、禦侮将軍忠武衛副司正の武班であったが、やはり孫劉学基のおかげで、通政大夫（正三品）工曹参議として贈職された。曽祖父である劉碩齢は、嘉義大夫龍驤衛副護軍を務めており、外祖である金弘瑞も、当時禦侮将軍加徳鎮管永登水軍萬戸で、武官であった。

『江陵劉氏世系略図』によると、劉益海には学基、協基、集基の三人の息子がいた。学基と集基は二人とも訳科漢学を応試して合格し、劉益鉉の養子となった協基も、訳科には合格できなかったが、司訳院の奉事を務めた訳官であった[80]。

劉学基には、運吉、逢吉、進吉の三人の息子がいるが、彼らはみな訳科漢学に科挙に合格した。すなわち、運吉は後述するが、逢吉も『訳科榜目』によると、嘉慶甲子式年試の訳科漢学に一等二名で合格しており、進吉も嘉慶丁卯式年試の訳科漢学に一等二名で合格している。このうち逢吉は、学基の弟である集基に養子に行き、宣務郎司訳院主簿を経て、通訓大夫司訳院正を務めた[81]。

次に、劉学基は、試券の秘封に書かれた内容と『訳科榜目』の記録によれば、乾隆己巳年（一七四九）に生まれ、司訳院の年少聡敏庁で漢語を学習し、二一歳になる乾隆三四年（一七六九）に朝散大夫司訳院参奉の官職に上がった[82]。乾隆三五年（一七七〇）の訳科初試を経て、乾隆三六年（一七七一）の覆試で三等七人で合格した。

覆試の合格により、彼は正九品副奉事に任命された。これは前述したとおり、『経国大典』巻一吏典、司訳院条にある「譯科一等授從七品、於本衙門叙用、下同二等從八品階、三等從九品階」という規定に基づいて任命されたもので、三等及第であるので、正九品の副奉事に任用されたのである[83]。その後、乾隆四〇年（一七七五）に、通訓大夫司訳院主簿に昇任した[84]。しかし、乾隆四三年（一七七八）九月には、宣務郎司訳院直長にその品階と禄職が降格された。劉翁の古文書に「吏曹、乾隆四十三年九月日、奉教宣務郎劉學基、爲宣務郎行司譯院直長者、乾隆四十三年九月日、判書、參判、參議、正郎、佐郎」という告身があり、これを知ることができる。通訓大夫から宣務郎に、主簿から直長に、職級と品階が下がったのだが、その理由はわからない。

その後、彼は順調に職位が上がって、嘉慶三年（一七九八）には、折衝将軍（正三品堂上）行龍驤衛副護軍（従四品）となり、堂上訳官になる。正祖が崩御すると、中国に送る告訃兼請謚請承襲の奏請使の使行で堂上訳官に選ばれ、彼の出世は加速化していった。

すなわち、嘉慶五年（一八〇〇）に正祖が崩御すると、これを清朝に知らせて、彼の諡号と純祖の承襲を奏請する使行が送られたが[85]、この時、劉学基が常仕堂上訳官として活躍したのである。この任務を無事終えて帰ってくると、純祖は嘉慶五年一一月二〇日に特別に奴婢一人と畑三結（およそ三ヘクタール）を褒賞として与えた。劉翁の所蔵古文書には、そのことが確認できる賜牌がある。

また、翌日の一一月二一日には、嘉善大夫（従二品）に品階が上がり、その翌年の嘉慶六年四月には嘉義大夫に昇任した[86]。嘉慶七年六月には龍驤衛護軍兼五衛間将となり、中枢府の同知事を兼任した。同年六月二九日に夫人安氏が死亡すると、『経国大典』巻一吏典、追贈条の「亡妻従夫職（死んだ妻は夫の職位に従う）」という規定に基づき、貞夫人の職位を受けた[87]。

嘉慶八年（一八〇三）に世子の冊封を奏請しに行く使行にて、春城尉沈能建等に随行して奏請訳官として活躍し、畑三結と奴婢一人が特別に褒賞として下された。劉翁所蔵の古文書に

教旨：
惟譯官嘉義大夫、前同知中樞府事劉學基

爾以册封奏請譯官、田三結、奴婢中一口特賜賞、爾可傳永世者

嘉慶八年二月十九日

右承旨、通政大夫、兼經筵參贊官、春秋館修撰官、臣任、手決

という賜牌があり[88]、そのことを知ることができる。道光八年（一八二八）に八〇歳になり、『経国大典』吏典、老人職条にある「年八十以上、勿論良賤除一階。元有階者又加一階。堂上官有旨乃授。（年齢が八〇歳以上になれば、良民や賤民を問わず品階を一つ上げる。元々の品階があれば、さらに一つの品階を加える。堂上官は教旨があれば授ける）」という規定により品階が上がり、資憲大夫（正二品）龍驤衛大護軍となった。また、道光一一年（一八三一）には、八三歳に至って訳科回榜人に職位が上がり、正憲大夫（正二品）となり、従三品以上の品階に上がった[89]。

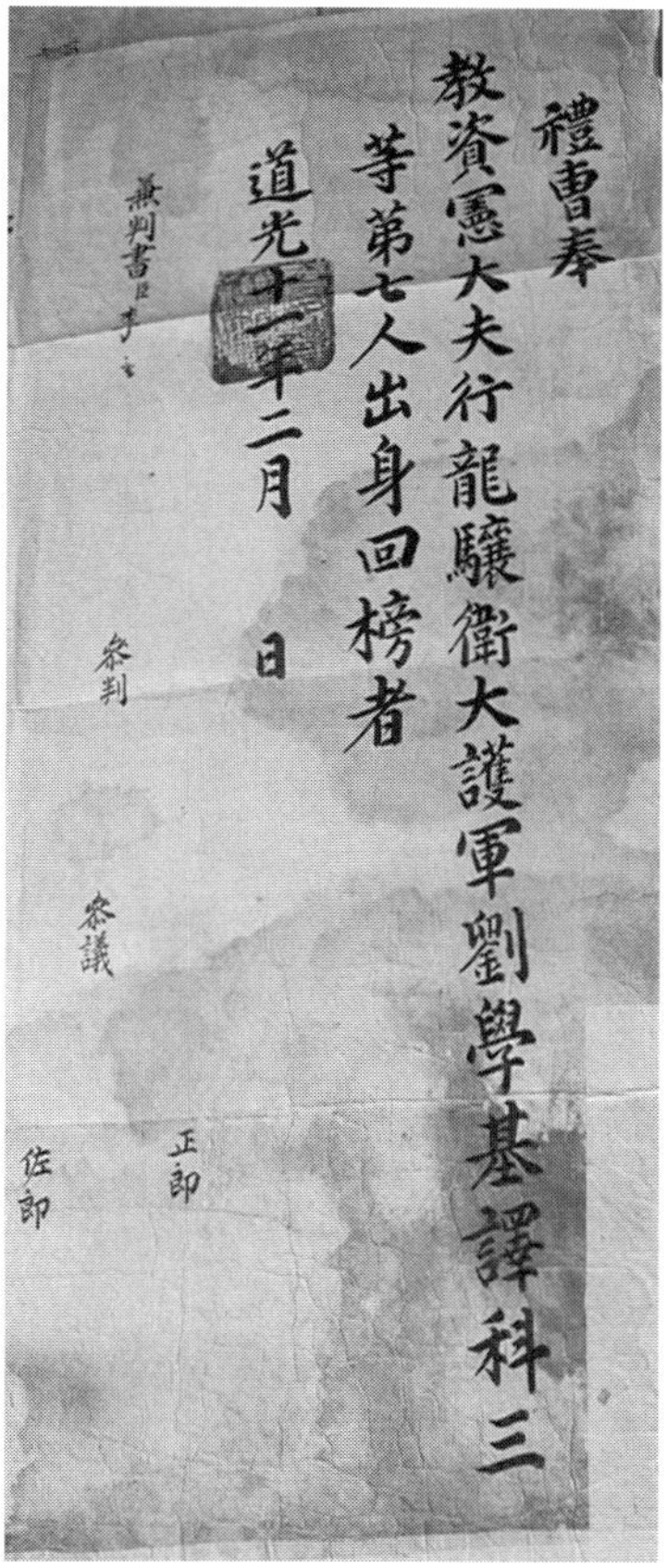
禮曹奉
教資憲大夫行龍驤衛大護軍劉學基譯科三
等第七人出身回榜者
道光十二年二月　日
兼判書
參判
參議
正郎
佐郎

［写真三-四］ 劉学基の回榜による加資の教旨

回榜人は、科挙に合格してから六〇年になったことをいう。劉学基は乾隆辛卯年（一七七一）の式年試験に合格したので、六〇年が過ぎれば道光辛卯年（一八三一）である。彼は、正憲大夫を最後に他界したものと思われる。『訳科類輯』乾漢陽劉氏、劉学基条にある「漢學聰敏、正憲知樞。（漢学の聡敏として始まり、正憲大夫（正二品）中枢府知事に至る）」の記事がこれを物語っている。

劉運吉

次に、己酉式年訳科漢学の初試・覆試試券の作成者である、劉運吉について見てみよう。

劉運吉は、劉学基の三人の息子のうちの長男である。『訳科榜目』と試券の秘封によれば、乾隆壬辰年（一七七二）生まれであり、一八歳になる乾隆己酉の式年試にて、［写真三-三］の試券で合格した。彼は初試に合格した一七歳で、既に司訳院漢学の前銜であったことがわかる。劉翁所蔵の劉運吉の白牌と『訳科榜目』巻二乾隆己酉、式年条によれば、当時、訳科は一等三人、二等五人、三等六人で合わせて一四人が合格しており、彼はこの榜目の九番目に記載され、三等一人の順位であった。[90]

その後、嘉慶一九年（一八一四）正月に通政大夫に陞叙して、正三品堂上訳官になった。道光七年（一八二七）八月には、他の一三人の訳官とともに昇任し、嘉義大夫（従二品）に至った。[91] それ以降の事跡は見つからないが、『訳科類輯』の漢陽劉氏、劉運吉条に「漢學教誨嘉義」という記録があり、それ以上の品階には昇進しなかったものと思われる。

漢学八冊

『通文館誌』巻二勧奨二、科挙、漢学八冊条を見ると、

漢學八冊：老乞大・朴通事・伍倫全備［以上三冊背講］
　論語・孟子・中庸・大學・飜經國大典［訓導傳語、以上五冊臨講］

という試験方法が規定されている。これは、漢学の本業書である『老乞大』・『朴通事』・『伍倫全備』の三つは背講し、『四書』と「翻経国大典」の科題は臨講するが、『経国大典』を翻訳する訳語問題は、訓導が試官に伝達するようにした、というものである。

前述した［写真三-二］、［写真三-三］の試券の上段には、訳科漢学の出題書、すなわち漢学八冊の書名が記載され、そのすぐ下に科題が書かれており、応試者が背講もしくは背誦する部分、または臨文講書する部分、そして翻訳する部分が指定された。ここでは、これらを通じて、訳科漢学が実際にいかなる漢語教材から、どのように、どれだけ多くの分量が出題されたかを見てみることにする。

まず、劉学基の来辛卯式年訳科初試の試券に使われた科題は、以下のとおりである。

老乞大	自	我有些腦痛	止	重重的酬謝
朴通事	自	我兩箇	止	羅天大醮
伍倫全備				
論語	自	子聞之曰		
孟子	自	孟子見齊宣王曰		
中庸	自	夫孝者		
大學	自	詩云宜兄宜弟		

飜經國大典

これを見ると、訳科漢学の初試では、前述した漢学八冊の中で、『老乞大』・『朴通事』・『論語』・『孟子』・『中庸』・『大学』のみに科題が書かれている。漢学本業書は、『老乞大』と『朴通事』のみが出題され、四書はすべて出題され、『経国大典』の翻訳である訳語は出題されていないことがわかる。

『老乞大』の版本と科題

それでは、まずここに見られる出題書『老乞大』について、いかなる版本であったかを最初に考察することにする。前述したように、『老乞大』は漢語会話用の学習書であり、高麗末に編纂された可能性が高い[92]。その後、『翻訳』・『諺解』・『新釈』・『重刊』を経て、何度か修訂・改訂・増補された。したがって、多くの異本が存在しており、現在奎章閣に所蔵されている『老乞大』という名前の古本だけでも、七～八種を数える。

現伝する最も重要なものだけを挙げても、前述したように、中宗九年（一五一四）頃に崔世珍によって翻訳されたものがあり（『(翻訳)老乞大』）、顕宗一一年（一六七〇）に邊暹等が諺解した『老乞大諺解』がある。また、英祖三七年（一七六一）に邊憲・金昌祚等が新たに解釈した『老乞大新釈』とその諺解があり、正祖一九年（一七九五）に李洙等が重刊した『重刊老乞大』と、これを諺解したものがある（拙著、二〇〇三）。

乾隆辛卯式年の初試（一七七〇）と覆試（一七七一）は、おそらく年代から見て、英祖三七年に邊憲等が新たに解釈して刊行された『老乞大新釈』から出題されたであろうと推定するのは、難しいことではない。この本は、巻頭の洪啓禧序文によれば、漢語訳官の邊憲が中国に行って来て、顕宗の時の『老乞大諺解』を修訂したものであり、諺解とともに乾隆癸未、すなわち英祖三七年（一七六一）に芸閣で刊行された[93]。

『老乞大』の科題は、「自我有些腦痛 止重重的酬謝」であるため、『老乞大』の「我有些腦痛（私は少し頭が痛い）」から「重重的酬謝（ほんとにたくさん謝礼するつもりです）」までを背誦せよ、という意味である。『続大典』の訳科漢学講書として、本業書の『老乞大』、『朴通事』、『伍倫全備』は、背誦するように規定されている。

実際に、『老乞大新釈』の三五裏八行目から三六表七行目までが、「○我有些腦痛頭眩（私は少し頭が痛くめまいがします）」から「必要重重的酬謝（必ずたくさん謝礼します）」なのだが、漢語原文が一〇行に及ぶ多くの量である。『老乞大新釈』は、一節が終わるところに○印をして表示し、一節は概ね一〇行ずつに分けられている。この出題部分も、この一節一〇行を暗唱させたのであり、これがその時の漢学初試の問題であった。[94]

『朴通事』の版本と科題

『朴通事』の出題においても、まずいかなる版本を背誦させたのかを確認する必要がある。『朴通事』は、『老乞大』とともに『世宗実録』の諸学取才経書諸芸の項目で、訳学漢訓の漢語訳学書として記載されていたことをはじめ、長期にわたって司訳院漢学の訳科・取才・考講等の本業書として使用されてきた。やはり、翻訳・諺解・新釈を経た多くの異本がある。

最初の『朴通事』は、『老乞大』のように、高麗末に編纂されたものと思われるが、『朴通事』の内容から見て、至正丙戌（一三四六）頃に元の大都の漢語を対象にして作られた中国語会話の学習書である。[95]

この『朴通事』は、成宗王の時に大々的な改編が行われた。『成宗実録』成宗一一年（一四八〇）一〇月乙丑条に、「侍讀官李昌臣啓曰、前者承命、質正漢語於頭目戴敬、敬見『老乞大』・『朴通事』曰、此乃元朝時語也。與今華語頓異、多有未解處。卽以時語改數節、皆可解讀。請令能漢語者盡改之。〔中略〕上曰「〔中略〕且選其能漢語者、刪改老乞大・朴通事。」（侍講官李昌臣が啓するに「先に命を受け、漢語を頭目の戴敬に質問して正しましたが、戴敬は『老乞大』、『朴通事』を見て言うには『これは、元朝の時の言葉であり、今の中国語と多く異なるため、理解できないところが多い。』そこで今の言葉で数節を直してみたところ、すべて解読が可能でした。願わくは漢語の上手な者に全てこれを改めるようにさせてください。〔中略〕上がおっしゃるには「〔中略〕また、漢語に長けた者を選抜し、『老乞大』・『朴通事』を刪改させよ」という記事があり、原本の『朴通事』を『老乞大』とともに、この時点で刪改したことがわかる。

丁邦新（一九七八）は、今日伝わる『老乞大』と『朴通事』が、この時に改正されたものであり、明初の中国語（漢語）を反映していると見ている。『朴通事』は、今日原刊本はもちろん、この刪改本も伝わっておらず、ただ中宗王の時に崔世珍が刪改本を翻訳したもの、すなわち、『（翻訳）朴通事』の乙亥字活字本を覆刻した木版本上巻が伝わっているだけである（韓国国会図書館所蔵）。

その後、『朴通事』は『老乞大』とともに、粛宗三年（一六七七）に邊暹等により諺解されたが、この諺解本の漢語が崔世珍の翻訳本のそれとは非常に異なっているため、その間にもう一度改訂が行われたであろうことを推察することができる。『朴通事』の新釈も、『老乞大新釈』より四年後の英祖四一年（一七六五）に金昌祚等により行われ、これとほぼ同時に諺解も行われることとなり、箕営（平壌監営）で刊板された。[96]

したがって、『朴通事』が改訂された年代から見て、この試券に見られる『朴通事』の科題である「自我兩箇 止 羅天大醮（「我兩箇」から「羅天大醮」まで）」は、『朴通事新釈』か、この本を諺解した『朴通事新釈諺解』を背誦せよ、ということであろうと思われる。

実際に、『朴通事新釈』の五一裏の一〇行目は、八八課「書店に行って」の「我兩箇到書舗裡去（私たち二人が書店に行って）」が始まるところであり、五二表の一〇行目は、「一日先生做羅天大醮（一日は先生が羅天大醮（天に捧げる大規模な祭祀）を行う）」なので、この間の一〇行を背誦させたのである。その分量は『老乞大』と類似している。[97]

四書

四書は、「論語・孟子・中庸・大学」の下に臨講すべき科題が書かれているため、四書がすべて出題されたことがわかる。しかし、『論語』は「自子聞之曰」、『孟子』は「自孟子見齊宣王曰」、『中庸』は「自夫孝者」、『大学』は「自詩云宜兄宜弟」なので、臨文講書の始まりの部分のみ、「自～」のように書かれているだけである。それゆえ、試官が適当なところで止めさせたであろうことが推察される。この時の四書は、『論語正音』・『孟子正音』・『中庸正音』・『大学正音』（以上は『経書正音』として刊行されていた）から出題されたもので、応試者は、漢語の発音で本文を読み、意味を解釈したものと思われる。

『経書正音』は、雍正甲寅（一七三四）に司訳院の院官であった李聖彬等が、「論語（二冊）、孟子（三冊）、中庸・大学（合わせて一冊）」と「詩経（三冊）、書経（三冊）、春秋（二冊）」を合編し、『経書正音』という名前を付けて鋳字で印刷し、合計一四冊で刊行したものである。[98]

奎章閣所蔵の『経書正音』から四書の出題部分を見てみると、まず『論語』は、『経書正音』の第一二冊目の『論語正音』（巻二）「八佾篇（一〇表八～一〇行）」に、「〇子入大廟毎事問、或日、孰謂鄹人之子知禮乎？　入大廟毎事問。子聞之曰、是禮也。（孔子が大廟に入って（行事を行う際に）事あるごとに問うので、ある人が言った。「誰が鄹人の息子（孔子を指す）のことを礼を知ると言ったのか。大廟に入って事あるごとに質問している。」孔子がその言葉を聞いて「これが礼である」と言った）」（傍線は筆者）とあるので、この部分が出題されたものと思われる。

『孟子』の出題は、『経書正音』第一四冊目の『孟子正音』（巻一）「梁恵王下篇（二二裏九～一〇行）」に、「孟子見齊宣王曰、所謂古國者非謂有喬木之謂也。（孟子が齊の宣王に会って言うに、「いわゆる古い国とは喬木があることを言うのではありません。」と。）」があり、この部分を読んで解釈させたものと思われる。[99]

『中庸』の出題は、『経書正音』第一一冊目の『中庸正音』九裏一～二行に、「夫孝者善繼人之志、善述人之事者也。（そもそも孝とは、人の意をよく継承し、人の仕事をよく祖述することである（周公が文王や武王等の先代の志と事業をよく受け継ぐことを指す））」があり、この部分が出題されたものと思われる。また、『大学』の出題は、やはり『経書正音』第一一冊目の『大学正音』（八裏六～七行）に、「詩云宜兄宜弟、宜兄宜弟而後以教國人。（詩経に「兄によろしく待遇し、弟によろしく対すべし」とある。兄によろしく対し、弟によろしく対し、しかる後に国の人々を教えるという意味である）」があり、やはりこの部分を本を開いて読み、解釈する方法で試験したのであろう。

『伍倫全備』と「翻経国大典」

次に、乾隆辛卯式年（一七七一）に応試した劉学基の覆試試券（[写真三―二]）を見ることにする。本業書である「老乞大・朴通事・伍倫全備」からはすべて出題され、四書は『論語』と『孟子』からのみ出題されており、初試とは異なり『経国大典』の翻訳である訳語も出題されている。すなわち、次のとおりである。

老乞大	自　舊年又有一箇客人	止　跑去了
朴通事	自　這幾日	止　寢食不安
伍倫全備	自　奉宣諭	止　聽宣諭
論語	樊遲問知	
孟子	孟子將朝王	
中庸		

大學
飜經國大典　自　諸浦兵舡　止　本曹啓聞

この試券を［写真三-二］の初試と比較すると、本業書に『伍倫全備』が追加され、四書ではむしろ『中庸』と『大学』からは出題されておらず、訳語に『経国大典』の翻訳が出題されている。四書が基礎科目の性格であるとすれば、覆試では、本業と訳語の専攻部分が強調されたものと見ることができる。

出題傾向

まず、『老乞大』の出題を見ると、前述したように、実施年代から見て『老乞大新釈』から出題されたものである。実際に、『老乞大新釈』の九裏七行が「舊年又有一箇客人（昨年は別の旅人がいて）」で、一〇表六行が「那賊跑去了（その盗賊が走り去っていきました）」なので、この間の一〇行を背誦する問題であることがわかる。この部分を崔世珍の訳文から探してみると、白淳在氏が所蔵している『老乞大』上の二八裏七行が「年時又一箇客人（その年にまた別の旅人が）」で、三〇表四行が「那賊往西走馬去了（その盗賊が西に向かって馬を走らせた）」なので、もしもこれを読んで解釈させる出題であった場合、前記のような試験問題（科題）は不可能である。

また、邊憲等が諺解した『老乞大諺解』（一六七〇）や卞熤等がこれを校正した『老乞大諺解』（一七四五）にも、この部分は、「年時又有一箇客人 ○전년의 ᄒᆞᆫ 나그내이셔［中略］那賊往西走馬去了 ○ 그 도적이 西로 향ᄒᆞ여 ᄆᆞᆯ ᄃᆞᆯ려 가니라（その盗賊が西方に馬を走らせた）」とあるので[100]、この試券に見られる試験問題とは異なっている。これにより、この試券の出題は、前記のものではなく、『老乞大新釈』（一七六一）から出題されたことを確認することができる。[101]

次に、『朴通事』の出題部分を見ると、「自這幾日止寝食不安（「這幾日」から「寝食不安」まで）」である。やはり『朴通事新釈』の三七裏四行が「這幾日怎的不見有賣菜子的過去呢？（この頃は総菜を売る人が通ることがあるのに、どうして気が付かないのか？）」で、三八表四行が「無功食祿寝食不安（何の功労もなく禄を食むと、寝ても食べても不安である）」なので、この間の一一行を背誦する問題であったことがわかる。『朴通事新釈諺解』では、巻二の三九表六行目から四〇裏六行目までの三一行に該当し、かなり多くの分量となる。これを粛宗王の時の『朴通事諺解』から探してみると、中巻三三表一一行目から三五表一行目までである。しかし、「聽的賣菜子的過去麼？○드ᄅᆞ라 ᄂᆞ믈 ᄑᆞᆯ 리 디나가ᄂᆞ냐？（聞きなさい、山菜を売る人が通り過ぎたか）」から「無功食祿寝食不安。○功이 업시 祿을 먹으면 寝食이 편안티 아니타 ᄒᆞ니라（功労なく禄を得れば、寝食が安らかでないものだ）」であるため、この試券の科題としては当てはまらない。

『伍倫全備記』は、元々明代の丘濬の作品であり、[102]これを底本にして赤玉峰道人が、「勧化風俗南北雅曲伍倫全備記」という戯曲の台本を作ったものと考えられる。[103]この本は、朝鮮王朝中期以降、司訳院の漢語学習に使用されてきているようである。これは、同じ本業書である『老乞大』と『朴通事』が、明代の口語を反映した会話体（話し言葉）の漢語訳学書であることを考えると、北京マンダリンの標準語を学習する対話形式の漢語学習書であり、『直解小学』に取って替わったものである。

この『伍倫全備』を諺解して、司訳院の漢語本業書として使用するための努力は、粛宗王の時から行われていた。現伝する『伍倫全備諺解』の巻頭に収録されている高時彦の序文によると、粛宗二二年（一六九六）に司訳院で『伍倫全備』を諺解しようとしたが、途中で中断し、粛宗三五年（一七〇九）に司訳院の教誨庁で再開した。司訳院都提調である領議政の金昌集の奨励で、粛宗四〇年（一七二〇）に初めて完成し、司訳院漢学訳官の劉克慎等が、景宗元年（一七二一）に刊行した。

『伍倫全備記』は、ハングルで諺解される以前から、司訳院で漢語訳学書として使われていたと思われる。すなわち、『通文館志』巻八、什物条に、「朴通事板・伍倫全備板・四聲通解板、以上刊板年月未詳（『朴通事』の木版・『伍倫全備』の木版・『四声通解』の木版、以上は刊行された年月が不明である）」という記事があり、早くから『老乞大』・『朴通事』に加えて、漢語学習に利用されていたことがわかる。司訳院で刊行された漢語本『伍倫全備記』の完本は、まだ見つかっていないので、この試券の試験問題を、その諺解本である『伍倫全備諺解』から探してみる。[104]

『伍倫全備』の科題は、「自奉宣諭 止聽宣諭（「奉宣諭」から「聽宣諭」まで）」である。これは『伍倫全備諺解』巻三一七表一一行目から一七裏五行目までが、

末 奉宣諭 ○宣諭를 받ᄌᆞ오니、這策文理平順 ○이 策이 文理 平順ᄒᆞ고、言詞激切 ○言詞ㅣ 激切ᄒᆞ니、宜第二 ○맛당이 第二라、第一甲第一名狀元伍倫全 ○第一甲 第一名 狀元은 伍倫全이오、第一甲第二名榜眼伍倫備 ○第一甲 第二名 榜眼은 伍倫備라、聽宣諭 ○宣諭를 드ᄅᆞ라

なので、この部分を背誦させた出題であることがわかる。

この『伍倫全備』は、『経国大典』の漢学本業書であった『直解小学』が、『続大典』で『伍倫全備』に替わったものである。『直解小学』や『伍倫全備諺解』は、すべて同じ本業書の『老乞大』、『朴通事』の欠点、すなわち商人の言葉ばかりを反映しすぎているという点を補完するために採用されていた。しかし、出題の分量から見ると、『老朴』の二つの本に比べて非常に少なく、初試では出題もされなかった。また、『大典会通』では、『訳語類解』がこれに取って替わるに至る。

四書は、『論語』と『孟子』からのみ出題されたが、初試のように臨講する部分の冒頭だけが書かれている。すなわち、『論語』は「樊遲問知」という科題である。これは、前述した『経書正音』の第一二冊目の本『論語正音』巻一、雍也篇に「樊遲問知、子曰務民之義敬鬼神而遠之、可謂知矣（樊遅が知とは何ですかと聞くと、孔子は「民の義を務め、神を敬うがこれに頼らない、これが知というものだ」と答えた）」（二五表三～四行）の部分を講読させたものと思われる。

また、『孟子』の科題は「孟子將朝王」である。これを『経書正音』から探してみると、『孟子正音』巻二、公孫丑篇の「孟子將朝王、王使人來曰、寡人如就見者也、（孟子が宣王に会いに行こうとしたところ、王の使者が来て言うことに、「わたくしが会いに伺おうと思っていたのですが、」）」（一七前六行）という部分を講書させたことがわかる。

次に、『経国大典』の翻訳は、講書（背講・臨講）の方法でない、訳語の方法によって行われた。これは前述したように、他の蒙・倭・女真または清学で行われていた方法であったが、訳科漢学の試験方法にも使用されていた。漢学八冊は、本業書の三冊と四書四冊、そして『経国大典』の翻訳があったのであるが、前述したように、初試には、訳語が出題されなかった。[105]

しかし、覆試の試券には、上段に書かれた漢学八冊の末尾にある「翻経国大典」の下に、「自諸浦兵舡　止本曹啓聞（「諸浦兵舡」から「本曹啓聞」まで）」との科題が書かれており、訳語が出題されたことがわかる。この部分を『経国大典』から探してみれば、巻四「兵典」の「兵船」条に「諸浦兵船及什物、水軍節度使毎歳抄見數報本曹、本曹啓聞（諸浦の兵船および什物は、水軍節度使が毎年末にその数を備えて本曹（兵曹をいう）に報告し、本曹が王に報告する）」（巻四 六〇表）があり、これを漢語に翻訳し、訓導が伝える言葉に基づいて試験官が採点する、という問題が出題されたのである。

出題傾向の変遷

次に、劉学基の長男である劉運吉の試券を通じて、乾隆己酉式年訳科漢学の出題を考察してみよう。己酉（一七八九）式年試は、乾隆辛卯（一七七一）式年試より一八年後に施行されたものである。この時の初試・覆試試券に現れた訳科漢学と前項で見た辛卯式年試のものを比較検討することにより、訳科漢学の出題の変遷を考察することができる。

来己酉式年の訳科初試における劉運吉の試券には、次のような漢学試験問題が書かれている（［写真三‐三］を参照）。

老乞大　　自　客人們打中火阿　　止　大片切着抄來吃罷
朴通事
伍倫全備
論語　　李氏旅於泰山
孟子
中庸
大學　　知止而后有定
飜經國大典

これを見ると、この初試で本業書の『老乞大』・『朴通事』・『伍倫全備』の中で、『老乞大』だけが出題され、四書も『論語』と『大学』からのみ出題されており、訳語である「翻経国大典」は出題されていないことがわかる。

これは辛卯式年の初試に比べて、本業書である『朴通事』と四書の『孟子』・『中庸』から出題されておらず、訳科漢学の初試が非常に易しくなったことを示している。すなわち、壬辰倭乱と丙子胡乱以後、一時重視されていた訳科が、再び乱れてきていることを物語っている。

『老乞大』の出題は、この初試が施行された時期から見て、やはり『老乞大新釈』と同じ本の諺解から行われたものと思われる。すなわち、前述したように、邊憲等が新たに解釈した『老乞大新釈』が英祖三八年（一七六二）に刊行され、その後、李洙等が重ねて直し刊行した『重刊老乞大』、そしてこれを諺解したものが正祖一九年（一七九五）に刊行されたので、来己酉式年初試（一七八八年施行）の訳科漢学では、重刊本が出題されることはなかった。

実際に、『老乞大新釈』の七裏三～一〇行が、「〇客人們、你打中火啊、不打中火啊？〔中略〕大片切着、炒來吃罷（旅人たちよ、あなたたちは火をつけることができるのか、できないのか。〔中略〕厚く切って炒めて来なさい）」なので、この試券の『老乞大』の科題と一致している。ただし、試券の「你打中火啊」の「啊」は、「呵」の誤字と思われる。この部分の『重刊老乞大』は、「〇客人們、你打中火呵？不打中火呵？〔中略〕大片切着炒來罷。」（七表七行～七裏三行）であり、試券の科題と内容は同じだが、漢語の表現が異なっている。[106] この試券の出題は、『老乞大』の八行分で、〇印で区画された一節なので、辛卯年のものと量的に類似している。

次に、四書の出題を見ると、科題は『論語』と『大学』だけである。『論語』の下には「季氏旅於泰山」とある。これは、『経書正音』第一二冊目の『論語正音』巻一、八佾篇の「季氏旅於泰山、子謂冉有曰、女弗能救與？對曰、不能。（季氏が泰山で祭をしようとすると、孔子が冉有に言われた、「お前は救うことができないか。（誤りに陥るのを防ぐという意味））」と。冉有は「どうにもできません。」と答えた）」の部分から、本を見て講読する試験であったことがわかる。

『大学』の出題問題は、「知止而后有定」であるので、『経書正音』第一一冊目の『大学正音』一表四行目の「知止而后有定、定而后能靜、靜而后能安、安而后能慮、慮而后能得。(止まることを知ってこそ定まりがあり、定まりあってこそ心は静かになり、静かになってこそ心が安らかになり、安らかになってこそ思慮が生じ、思慮があってこそ得ることができる)」を講読する試験である。

では次に、今己酉訳科覆試を応試した劉運吉の漢学試券を見てみよう。ここには、次のような科題が見られる([写真三-三])。

老乞大　自 主人家還有一句話說　止 明日好不渴睡
朴通事　自 咳今日天氣冷殺人　止 吃幾盃解寒何如
伍倫全備　自 孃呵我捨不得孃去　止 讀書做甚的
論語　自 成於樂
孟子
中庸
大學
飜經國大典　自 隔等者　止 下馬相揖

これを見ると、今己酉式年(一七八九)の訳科覆試の漢学は、本業書三冊がすべて出題され、四書は『論語』だけであり、そして、訳語の『飜経国大典』も出題されている。来己酉式年の初試と比較すると、本業書の『朴通事』と『伍倫全備』が追加され、四書ではむしろ一科目減っている。訳語は初試にはなかったが、辛卯式年試のと

き と同様、訳語は覆試でのみ出題されたことが喚起される。辛卯式年の覆試と比較すれば、訳語が同じように出題されたこと以外にも、本業書がすべて出題されている。ただし四書からは辛卯年には二科目が出題されたが、己酉年の覆試では一科目のみが出題された。

まず、『老乞大』の科題をみると、「自主人家還有一句話説 止明日好不渇睡 (—「主人家還有一句話説」から「明日好不渇睡」まで)」であり、初試のように『老乞大新釈』と同じ本の諺解から出題されたものである。すなわち、『老乞大新釈』の一八裏七行目から一九表六行目までの一〇行が「主人家還有一句説話、人吃的雖是有了。〔中略〕大家安息安息、明日好不渇睡（旦那さん、もう一つ言いたいことがある。人が食べるものは、少しあるが、〔中略〕お客さん、お休みなさい。明日はいい日で喉も渇かず眠くもないでしょうよ）」で、前記の出題問題と一致する。[107] しかし、卞熤等が校正した『老乞大諺解』（平壌監営重刊、一七四五）は、この部分が「主人家哥、又有一句話〔中略〕明日不渇睡。」（上巻五〇表五行~五一裏三行）となっており、これから前記のような問題が出題されることはない。

『朴通事』の出題問題は、「自咳今日天氣冷殺人 止吃幾盃解寒何如」までである。この試券の試験年代から見て『朴通事新釈』（一七六五）か、同じ本の諺解から出題されたものと思われる。実際に、『朴通事新釈』に、「咳今日天氣冷殺人、腮頬凍的刺刺的疼哩。〔中略〕且打些酒來吃幾杯解寒何如？（ああ、今日は天気が寒くて死にそうだ、頬が凍って刺すように痛い。〔中略〕酒をもう少し持ってきて、何杯か飲んで寒さをしのぐのはどうか。）」という一節があり、出題問題と一致する。ただ、問題の「盃」が原文には「杯」と表記されているのが異なるだけである。[108]

次に、『伍倫全備』の出題は、「自孃呵我捨不得孃去 止讀書做甚的—『孃呵我捨不得孃去』から『讀書做甚的』まで」である。これを『伍倫全備諺解』から探してみると、巻二二五裏五~七行に

大生孃呵我捨不得孃去○孃아！　내 孃을 ᄇᆞ리고 가디못ᄒᆞ리로소이다。（お嬢さん！　私はあなたを捨てて行くことはできません）

夫説甚話○므슴 말을 니ᄅᆞᄂᆞ다（どうしてそんなことを言うのですか）

教你讀書做甚的○널로ᄒᆞ여 글을 닑혀 므섯ᄒᆞ려 ᄒᆞ더뇨？（あなたをして本を学ばせどうしようというのですか）

とあり、この三節を本を見ずに講読させたことがわかる。これは、同じ本業書である『老乞大』や『朴通事』の出題量に比べて非常に少ない。

続いて訳語の出題であるが、前述したように、司訳院四学はすべて『経国大典』を翻訳させていた。この試券も「翻経国大典」の下に「自隔等者 止下馬相揖（『隔等者』から『下馬相揖』まで）」との科題が見られる。これは、『経国大典』巻三、礼典、四六表、京外官迎送、相見条にある以下のくだりを翻訳することであった。

京外官相見、隔等者、［如五品於三品之類］就前再拜、上官不答、［差等則答拜］、揖禮則隔等者就前揖、上官不答。［差等則答揖］、道遇則下官下馬、上官放鞭過行、［差等則下馬相揖］。同等者馬上相揖、堂上官則雖隔等並下馬相揖。

中央の官吏と地方の官吏が互いに会うとき等級の隔りのある者［五品が三品に対する場合の類］は、前に出て再拝し、上官はこれに答えない。［一等級の違いであれば、答拝する］揖礼の場合は、等級の隔りのある者が前に進んで揖礼し、上官はこれに答えない。［一等級の違いであれば、答拝する］道で会ったときには、下官は馬から下り、上官は鞭を下ろしてとおり過ぎる。［一等級の違いであれば、馬から下りて互いに揖礼する］官等の同じ者は、馬の上で互いに揖礼する。堂上官は、たとえ等級に隔りがあっても、二人とも馬から下りて互いに揖礼する。

これは、辛卯式年の訳語よりかなり長い部分の出題である。この部分は、訳科試験問題によく出題されていたものと思われる。乾隆丁卯（一七四七）式年訳科覆試の倭学にも、「自隔等者 止下馬相揖（『隔等者』から『下馬相揖』まで）」の出題問題が出ている（第五章参照）。

初試・覆試の採点

次に、劉学基・運吉父子の訳科漢学初試・覆試試券の採点について考察してみよう。これら四つの試券は、出題書である漢学八冊の書名が上段に書かれていて、その下に科題があり、その次に各問題に対する評価が通・略・粗の分数で表示されており、最後に評価者の書いた手決がある。[109]

初試の採点

まず、[写真三-一二] 劉学基の初試試券を見ると、『通文館志』に規定された訳科漢学八冊のうちこの時出題された本業書二つと四書の採点結果は、『老乞大』通、『朴通事』略、『論語』略、『孟子』純粗、『中庸』粗、『大学』純粗なので、通（二分）が一つ、略（一分）が二つ、そして粗（半分）が一つ、純粗が二つである。

前述した『経国大典』の試券採点基準に純粗はなかったが、これも粗のように半分（半点）として見ると、この試券は五分半の点数を得たことになる。満点が一二分なので、四五・八パーセントの成績を出したわけである。[写真三-一二] によれば、試券の中央に、「合」という赤い文字と一緒に、薄い字で「五半」が見られ、右側中下段に「二之五」という墨で書いた文字があり、この成績で初試に二等五人で合格したことがわかる。また試券の成績から見て、劉学基は本業の漢語会話に長けており、四書のような共通教養科目は成績が良くなかったことを伺い知ることができる。

次に、これを一八年後に実施した来己酉式年の訳科初試を応試した劉運吉の試券と比較すると、興味深い結果を見出すことができる。

［写真三-三］の劉運吉の初試試券は、訳科漢学八冊のうち『老乞大』・『論語』・『大学』からのみ出題され、『老乞大』は略、『論語』は通、『大学』は純粗を得ている。これは、六分のうち三分半を得たものなので、五八・三パーセントの成績である。これは劉学基の初試よりも点数が良かったことになる。しかし、［写真三-三］の左側に表示された試券の総合評価は「二下」で、二等六人の順位で合格したわけである。試券の中央に斜めに「合二下」の赤い文字と、中央から右側中段に「二之六」と書かれている文字がこれを示している。[110]

覆試の採点

［写真三-二］の上に見られる劉学基の覆試試券は、『通文館志』の訳科漢学八冊のうち、四書の『中庸』・『大学』を除く六冊から出題されている。本業書では『老乞大』が粗、『朴通事』が粗、『伍倫全備』が略であり、四書では、『論語』が略、『孟子』が粗の成績であった。訳語である「翻経国大典」は略なので、結果として通はなく、略が三つ、粗が三つであった。これらを換算すると四分半の成績となり、一二分満点の三七・五パーセントに過ぎなかったことになる。これは初試の成績（四五・八％）よりも悪かったが、劉学基がこの点数で三等七人の順位で合格している。この試券の中央に斜めに書かれた「合五」という朱書と左側中段にある「三之七」（三等七人）という黒の文字がこれを示している。これは『訳科榜目』でも確認することができる事実である。

すなわち劉学基は、『訳科榜目』巻一、乾隆辛卯式年条の一五番目に名前があり、この時の合格者は全部で二〇人であった。乾隆辛卯式年の「一等三人、二等五人、三等十一人（一等は三人、二等は五人、三等は一一人）」という記事を見れば、三等七人で合格したことがわかる。そして、この榜目、巻一の八四裏八行に、「劉學基、字習如、父益海、己巳生、本漢陽、漢學聰敏正憲知樞（劉学基は字が習如で、父は劉益海であり、己巳年（一七四九）生まれである。本貫は漢陽で、漢学の［年少］聡敏の出身であり、正憲大夫（正二品）中枢府知事を務めた）」という記事があり、訳科では成績が良くなかったが、訳官として後に大きく栄達したことを知ることができる。

劉運吉の採点

彼の息子劉運吉の初試試券は、［写真三―三］の上に見られるように、漢学八冊のうち、本業書が三科題、四書から一科題、訳語が一科題で、合わせて五科題が出題されている。採点は『老乞大』が粗、『朴通事』が粗、『伍倫全備』が略、『論語』が粗、訳語の「翻経国大典」が粗の成績であり、合わせて粗が四つと略が一つの三分の分数を得たことになる。これは、一〇分満点のうち三〇パーセントの成績であり、劉学基の覆試よりも悪かったが、それにもかかわらず「三之下」の成績で合格した。この試券の左側中段にある「合二下」という朱書がこれを示している。

劉運吉は、『訳科榜目』巻二、乾隆己酉式年条に、「一等三人、二等五人、三等六人（一等は三人、二等は五人で、三等は六人である）」という記事の次に、九番目に「劉運吉、字祥來、學基子、壬辰生。本漢陽、漢學教誨嘉義（劉運吉は字が祥来で、劉学基の息子であり、壬辰生まれである。本貫は漢陽劉氏で、漢学教誨（教師）であり、嘉義（従二品）大夫を務めた）」という記事があり、彼が三等一人の順位で合格したことがわかる。

五、漢語訳官崔世珍

漢語を学習して通訳を担当した訳官の中では、中宗王の時の崔世珍が最も有名である。彼は、世宗王がハングルを創製し計画していた漢語音の表記を再度意図し、『老乞大』と『朴通事』のそれぞれの漢字をハングルで表音する「翻訳」を試みた。彼は、「翻訳」と「諺解」を区別し、「翻訳」は漢字の中国音をハングルで表音すること（音写）であり、「諺解」は漢語を朝鮮語で解釈することとして、分けて考えた。そうして本人が『老乞大』、『朴通事』を「翻訳」する際に、正音で表記する基準と表音で提起された問題を、「翻訳老乞大朴通事凡例」という名前で『四声通解』の下巻末尾に添付した。

それだけでなく、朝鮮の伝統的な漢字を集めて『訓蒙字会』を刊行し、朝鮮漢字音を諺文で注音した。彼の『四声通解』と『訓蒙字会』は、世宗王～世祖王の時の『四声通考』と『初学字会』を基にして作られたものであるというが、これまでの言語の変遷を反映して整理したという評価を受けている。

崔世珍の訳官としての専攻は漢語である。したがって、彼の生涯を見ると、当時の漢語訳官がいかにして外国語を学習したのかを知ることができる。また、漢語の教誨として漢語教育の最前線にあった彼を通じて、朝鮮中期の漢語教育を考察することができる。

「崔同知世珍挽詞」

崔世珍の生涯を本格的に照明したのは、方鍾鉉[111]（一九四八）の研究が嚆矢であろう。続いて方鍾鉉（一九五四）では、崔世珍の死を哀悼するために、彼と同榜で合格した金安国が後に作詩した「崔同知世珍挽詞」から「逆旅浮生七十翁」が引用され、崔世珍の享年が七〇と推定されている[112]。

しかし、この方鍾鉉（一九五四）の挽詩の解釈や引用には間違いがあった。まず挽詞の引用には多くの誤字があった。金安国の「崔同知世珍挽詞」が掲載された『慕齋集』（一五巻七冊）は、原刊本と重刊本が現伝する。『慕齋集』は、崔世珍と封世子別試に同榜で合格した金安国（号は慕齋）の詩文集である。宣祖王の時、柳希春が刊行したものと、粛宗一三年（一六八七年）に金構龍が重刊したものがある。

柳希春の原刊本は、高麗大学中央図書館の晩松文庫に欠本として文集（巻一、三、四）三冊と詩集（巻一、三、四）三冊が所蔵されており、計六冊が現伝する。実は、「崔同知世珍挽詞」が掲載されている詩集巻三が原刊本の欠本の中に現伝しており、その間学界で通用していた挽詞と比較することができた。これにより、安秉禧（一九九六b）と拙稿（一九九九a、b）で引用の誤字が正しく修訂された。『慕齋集』の重刊本にも学界で通用していた誤字の挽詞はなかったので、どうしてこのような誤字の挽詞が、いくつもの研究書に引用されていたのか、全く不思議なことである。すべて方鍾鉉（一九五四）のものをそのまま写したもので、引用文の原典確認は研究者の義務という、基本的な常識が改めて頭に浮かび、襟を正される。

方鍾鉉（一九四八、一九五四：一四四）は、この挽詞の「逆旅浮生七十翁」というくだりを崔世珍が七〇歳を生きたものと誤解し、彼が他界した一五四二年（『中宗実録』中宗三七年二月の記事による）から逆算して一四七三年（成宗四年）を彼の誕生年と見た。そしてこれがその間学界で通用していたわけである。ところが、李崇寧（一九七六：八九～九二）が『国朝文科榜目』のある異本で崔世珍に関する記事を発見し、そこに書かれている「丙午員」という記事に着目して、新しい主張を展開した。

すなわち、『国朝榜目』の弘治癸亥の「封世子別試榜目」に、「講肄習讀崔世珍、字公瑞、同知、丙午員、父正潑〔後略〕（講肄習読官の崔世珍は、字が公瑞であり、同知の職を務めた「丙午員」であり、父は正溌である。〔後略〕）」という記事の「丙午員」を「丙午生員」として見て、崔世珍が成宗丙午（一四八六）の生員試に合格したものと推定し、崔世珍が成宗四年（一四七三）に生まれた場合、成宗丙午の生員試に合格した年齢が一四歳となるため、不合理であると主張し、成宗四年に生まれたとする従来の仮説に異議を提起した。

続いて金完鎮（一九九四）は、中人としての崔世珍の生涯を検討し、文科榜目のいくつかの異本の記事と信憑性に関する問題を取り上げた。また安秉禧（一九九六b）は、金安国の挽詞が掲載された『慕齋集』を書誌学的に検討して誤字があることを指摘し、「逆旅浮生七十翁」の解釈に関してこれが七〇を生きた崔世珍のことを言っているのではないという見解を表明した。

そして拙稿（一九九九b）と拙著（一九九九）では、この異本の「丙午員」[113]を成宗丙午（一四八六）の訳科に合格して承文院に出仕したことを言っていると見た。概して司訳院の訳生たちが訳科覆試を応試する年齢が通常二〇歳前後であるため、この時から逆算すると世祖一一年（一四六五）頃に生まれたものとなる。したがって、彼の享年を七七歳と推定した。

また、問題となった金安国の「崔同知世珍挽詞」（『慕齋集』詩集、巻三、二九表）にある「浮生七〇」は、金安国自身を指すものと見て、次のように全文を解釈した。[114]

逆旅浮生七十翁（わずかの間旅する浮雲のようなはかない人生七〇の老人が）
親知凋盡寄孤躬（親しい友はみないなくなりこの体だけが孤独に生き残っている。）
登名四紀幾更變（科挙及第に名を上げて四〇年、その間幾たび世の中が変わっただろう。）
餘榜三人又失公（同榜の中で残るは三人だったが、また公を失い）
爲命自今誰共討（今後事大文書を書くときは、誰と討論せよというのか。[115]）
輯書裨後世推功（彼には本を書き後世のためになる功労があったが）

嗟吾後死終無益（悲しいことよ！　我は彼より後に死ぬが、何らの益もないとは。）

涙洒東風慟不窮（涙を東風に散らし声を上げて泣くのを抑えることができない。[116]）

安秉禧（一九九六b）では、この挽詞の全文を解釈することはなかったが、重要な誤字について言及している。安秉禧（一九九九b）は、崔世珍の享年を七六歳と推定したが、これら二つの論文と拙稿（一九九九b）は、それまで墓誌銘を確認できていなかったため、正確な誕生年を明らかにすることができなかった。

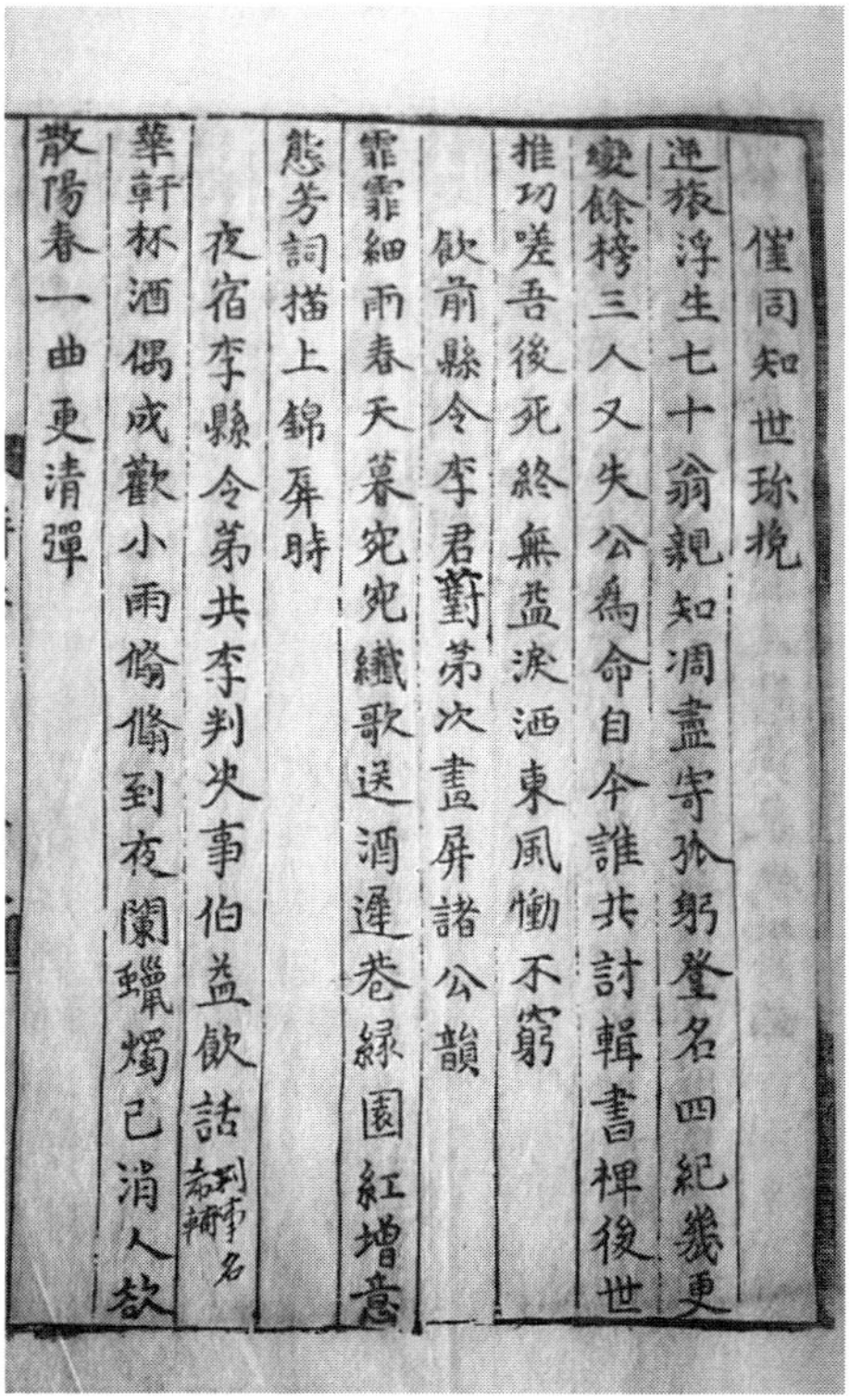
崔同知世珍挽
逆旅浮生七十翁親知凋盡寄孫躬登名四紀幾更
變餘榜三人又失公爲命自今誰共討輯書裨後世
推功嗟吾後死終無益涙洒東風慟不窮
飲前縣令李君薱第次畫屏諸公韻
霏霏細雨春天暮宛宛纖歌送酒遲巻綠園紅增意
態芳詞描上錦屏時
夜宿李縣令第共李判決事伯益飲話判事名希輔
華軒杯酒偶成歡小雨翛翛到夜闌蠟燭已消人欲
散陽春一曲更清彈

【写真三―五】晩松文庫所蔵本『慕齋先生集』（巻二之四）「詩集」巻三の一五表「崔同知世珍挽」部分

その後、学界に崔世珍の墓誌銘も紹介され、彼の生涯についてより多くの事実が知られるようになった。学界に紹介された崔世珍の墓誌銘は、新聞（『朝鮮日報』一九九九年一〇月一二日、写真を含む）に紹介されたように、果川のあるアパート基礎工事で発掘された二枚の白磁図版であり、二つとも九〇字の銘文と誌文が書かれている。安秉禧（一九九九b）にも紹介されたが、その内容は次のとおりである。

〔写真三-六〕　崔世珍の墓誌銘[117]の拓本

第一版　嘉善大夫　同知中樞府事　兼五衛將　崔公世珎之墓
　東爲貞夫人　永川李氏之墓　夫人嘉靖辛丑九月葬〔夫人年四十七終[118]〕
第二版　年至七十五　嘉靖壬寅以疾終　同年四月二十日葬于果川縣
　午坐子向之原〔夫人先公一年七月二十九日終〕

この墓誌銘によると、彼は、嘉善大夫（従二品）に中枢府同知事と五衛将を兼ねたのが、生涯の中で最も高い官職であった。七五歳の嘉靖壬寅、すなわち中宗三七年（一五四二）に病死したことがわかる。また、果川県の南の丘に埋葬され、夫人は永川李氏で、彼より一年前の嘉靖辛丑（一五四一）七月二九日に死亡している。ほとんどの内容は、すでに実録等で知らされていたが、この墓誌銘のおかげで、彼の享年と夫人の姓と生没年代が初めて明らかにされたのである。これによれば、崔世珍は享年七五歳で、実録の死亡した日から逆算すると、世祖一四年（一四六八）に生まれたことが確認される。

拙稿（一九九九b）で崔世珍の享年を七七歳と仮定したのは、前述したように『国朝榜目』の「丙午員」、または「丙午参」という記事と、『通文館志』の「成廟朝中院科選」という記事を根拠に、崔世珍が成宗丙午（一四八六）に訳科合格して出仕したものと判断したからである。通常訳科覆試に応試するのが二〇歳前後であるため、成宗丙午から二〇年を逆算して世祖一一年（一四六五）に生まれたものと見たわけである。

しかし、一四六八年に生まれたのなら、一九歳で訳科覆試に合格したこととなる。前述した英祖四七年（一七七一）に施行された訳科漢学の辛卯式年試を応試した劉学基や、やはり訳科漢学で正祖一三年（一七八九）に施行された己酉式年試を応試した劉運吉の父子は、それぞれ二二歳と一七歳の年齢で覆試に合格した。したがって、崔世珍も一九歳で訳科覆試に合格し、講肄習読官として承文院に出仕したものと見なければならない。

ただし、安秉禧（一九九九b：六二）でなされた主張、すなわち崔世珍が生員として小科に合格してすぐに承文院の講肄習読官になったという主張は、納得し難い。なぜなら、承文院は朝鮮太宗一〇年に設置された機関で、事大交隣の文書を作成するところであり、講肄習読官は、漢語と漢吏文を学習して、実際に事大文書を作成する役職であったため、生員小科に合格した人物がすぐに漢吏文や漢語を教育する講肄習読官になることはできず、また、『文科榜目』に「丙午員」として記録されることもないためである。[119]

文臣─訳官論争

崔世珍の生涯に関する研究で、金完鎮（一九九四）と安秉禧（一九九六b、一九九九b）に浮上した重要な争点は、彼が果たして文科合格の文臣か、あるいは漢吏科出身の訳官か、という問題がある。前者は姜信沆（一九六六b、一九七八）も主張していたことで、『国朝文科榜目』の燕山君九年（八月二八日実施）封世子別試の及第者名簿に崔世珍の名前が見られるからである。この時、前述した金安国と一緒に二等で合格して同榜となる。

しかし、拙稿（一九九九b）では、『通文館志』人物、崔世珍条に、「中廟朝崔世珍卽漢吏科出身也（中宗朝の崔世珍は漢吏科出身である）」という記事があり、彼は大科に及第したのではないと見た。すなわち、拙著（一九九〇）で明らかにしたように、朝鮮王朝では、中期から漢吏文の学習を奨励するために、漢吏科出身を文科に同榜に唱榜[120]する制度があることに基づき、燕山君の時にも、漢語と漢吏文の学習を奨励するために、漢吏科を文科と幷試し、ここで合格した人に文科及第者と同榜の栄光を与えたものと見たのである。

前記の『通文館志』の記事は、まさにこの制度のおかげで崔世珍が漢吏科を応試して合格し、文科とともに同榜に発表したことを言ったのである。拙著（一九九〇）の同じところから引用された『通文館志』巻二、勧奨第二、科挙条に、「額數 只三人。〔省略〕殿庭放榜、賜紅牌遊街。中廟朝崔世珍卽漢吏科出身也。（額数は、三人だけである。〔省略〕宮殿の庭に榜を掲示し、紅牌を与えて遊街させる。中宗朝の崔世珍は、まさしく漢吏科出身である）」という記事から見て、崔世珍が漢吏科出身であることは明らかである。

崔世珍が漢吏科出身である、ということについては、拙著（一九九〇）に詳しく説明されているので、ここでは重要な部分だけをまとめてみようと思う。

朝鮮王朝は、建国の初めに科挙制度を定め、文科に加えて、武科・医科・陰陽科・漢吏科・通事科を置いた。漢吏科は、太祖元年（一三九二）七月に定められた科挙法にはなかったが、その後科題を改訂する時に、権近の請願

によって開設されたものである。すなわち、『増補文献備考』巻一八六、選挙考二、科題二に

権近上書曰、〔中略〕漢吏之文、事大要務、不可不重。今醫・譯・陰陽・律等學、皆有科目、而此獨無之、誠闕典也。乞依前朝明科例、文科試日幷試、吏文之士許於正科、同榜唱名。其赴文科者、有欲幷試吏文者、正科內加其分數。

権近が上書して言うに、「〔中略〕漢吏文は、事大外交の業務に必要なので、重要に思わざるを得ません。今や医学・訳学・陰陽学・律学等は、すべて科挙がありますが、漢吏文だけは存在せず、法典（『経国大典』をいう）に抜けています。願わくば、前朝（高麗王朝のこと）の明科例に基づき、文科試験日に一緒に試験を行い、漢吏文を勉強した者も正科を受けることができるように許可し、同榜で唱榜されますよう、文科を受けにきた者で、吏文を一緒に試験することを望む者は、正科の中にその点数を追加されますよう」と。

という記事があり、文科試験日に漢吏文科を一緒に試験し、合格すれば、文科及第と同じ榜に唱榜する制度があったことがわかる（拙著、一九九〇年：六八～七〇）。

これは崔世珍が文科及第でないことを前提とすることである。後述する『国朝文科榜目』（奎一〇六、巻五）の燕山君九年（一五〇三）癸亥八月の封世子別試に、第二等二人で合格したことを示しながら、「崔世珍、同知。精於吏文華語。［未登第以質正官朝天。臺諫以非舊例爲言、成廟曰、我作古例何妨?］」。（崔世珍、同知。漢吏文と中国語に精通していた。［科挙に及第せずに、質正官として中国に行った。台諫たちが旧例に反すると言うと、成宗は「我が古例を作れば何の妨げなろうか」と言った］）」という記事があり、この事実を裏付けている。[121]

彼が文臣でなく、また文科及第でないことは、『中宗実録』中宗四年一月丁酉条の記事にある台諫の諫諍からも

確認することができる。すなわち、身分上の欠陥を挙げて、彼が承文院で士大夫の儒生たちを教育することができないとし、承文院習読官の職を変えるように求めたという記録がある。

また、『中宗実録』中宗一二年一二月丁未条に、「世珍、性本貪鄙、然能通漢語、不失家業。幸得科擧、許通仕路、〔後略〕（世珍は本性が貪欲で卑しいが、漢語が堪能で家業を失うことなく、運よく科挙に受かって官職の道を開き〔後略〕…）」という記事があり、彼が訳官の家門で家業を受け継ぎ、訳科に受かったことを示している。『国朝文科榜目』の燕山君九年封世子別試の榜目においても、とりわけ崔世珍だけが父親を除く祖父、曽祖父、母方の祖父等が欠落しており、本貫も不明である。彼が漢吏科出身で、訳官の子弟であるため、かろうじて司訳院正を務めた父親の名前だけを挙げ、残りは削除されたのである。[122]

彼が文科に合格していないという、何よりも重要な証拠は、前述した新しく発見された墓誌銘に、大科及第に関する記事がないということである。通常の墓誌銘には必ず記載されなければならないこの部分が欠落しているのは、彼が正式に大科に合格したわけではないためである、と見なければならない。

家系

『国朝文科榜目』に登載された崔世珍の家系には、唯一父親の名前だけが掲載された。金完鎮（一九九四：七四〜七六）によれば、「文科榜目」という題目で、歴代の文科合格者の名簿を載せた文献は、『文科榜目』（奎三四、宣祖三二〜高宗三二）をはじめ、『国朝文科榜目』（奎一〇六、太祖〜英祖五〇）、『国朝榜目』（奎五二〇二、高麗忠烈王〜朝鮮高宗）、『国朝榜目』（奎一一六五五貴重本、太祖一〜高宗三一）、『国朝榜目』（古四六五〇、太祖〜英祖一九）、『国朝文榜』（古四九五〇、太祖〜純祖）、『国朝榜目』[123]（想、太祖〜成宗）等、ソウル大学所蔵本だけでも七つを数える。このうち崔世珍に関する記事が最も詳細なものは『国朝文科榜目』（奎一〇六）で、弘治癸亥の封世子別試に崔世珍は次のように紹介されている。


習讀　崔世珍　公瑞　父正潑　曾　外　妻父
同知精於吏文華語。

未登第以質正官朝天。臺諫以非舊例爲言、成廟曰、自我作古何妨？　槐山人。

習読官崔世珍（字）公瑞。父（司訳院）正潑、曽祖（記録無し）、外祖（記録無し）、妻父（記録なし）。

［中枢部の］同知を務め、吏文と中国語に精通していた。

科挙にまだ及第していないときに、質正官として中国に行く。台諫が旧例に反すると諫言すると、成宗が「我が古例を（新たに）作れば何が妨げになろうか」と言った。槐山の人である。


このほか、『国朝榜目』（奎五二〇二）には、「習讀 崔世珍 公瑞 同知精於吏文 父」という記事しかなく、父の名がない。『国朝榜目』（奎一一六五五、貴重本）には、「講肄習讀 崔世珍 公瑞 同知 父正潑 丙午員」という記事がある。残りの榜目は、父名も見られない。これらの記事により、崔世珍の父を「崔正潑」と見たり、または「司訳院の正を務めた崔潑」と見たりもする。金完鎮（一九九四）では、『成宗実録』成宗一三年、一一月条の記事にある、「差通事司譯院副正崔潑、云云（通事として選出された人は、司訳院の副正である崔潑である、云々）」に出てくる司訳院副正の崔潑のことであると見ることができるとしている。また、方鍾鉉は申叔舟の「題訳生崔潑約韻図」に出てくる訳生崔潑であると見た。

おそらく世祖王の時の司訳院の訳生であった崔潑が、世祖一四年（一四六八）に崔世珍を生み、成宗一三年（一四八二）に司訳院の副正を経て、崔世珍が漢吏科に合格していた燕山君九年（一五〇三）には、正（正三品）にまで昇進したものと推測される。ただし、『通文館志』巻七、人物、崔世珍条の記事にも彼の父名について記載されておらず、『国朝榜目』の記事にある「父正潑」を「司訳院正の崔潑」と見ることができるのか、という問題が残っている。『国朝榜目』の崔世珍に関する記事が、漢吏科合格を同榜で記載したものと見れば、他の合格者とは別に記載された可能性があり、実際に『国朝榜目』の記事が、同榜金安国と比較しても、非常に異なっていることがわかる。

崔潑が崔世珍の父親であれば、彼は明らかに訳官であり、家業を受け継いだ崔世珍も訳官でないとはいうことができないだろう。特に、『通文館志』の人物条に崔世珍の名前が見られるのは、彼が確かに燕山君の時の文科と同じ時期に施行された漢吏科に及第して紅牌を受けているが、それはあくまでも訳官だったからである。『通文館志』の人物条には、そもそも文臣の名前を一人も見つけることができない[124]。すなわち、『通文館志』巻七の人物条には、朝鮮太宗王の時の元閔生をはじめ、数十人の訳官の行状が載せられているのである。

その中で崔世珍の名前もあり、中宗王の時に彼とともに活躍した訳官李和宗の名前も、崔世珍と並んで挙げられている。ここに掲載された人物は、みな事大交隣の外交活動に功労のある訳官たちであり、儒臣は一人も見られない。もし崔世珍が、大科に及第した両班の士大夫であったなら、『通文館志』の人物条に入るはずがないのである。彼と同榜であった金安国も、もちろんこの名簿にはない。もし崔世珍が儒臣で、この『通文館志』の人物条に名前があるなら、槐山崔氏の家門がじっとしているわけがない。

もう一つ、崔世珍が漢吏科出身の訳官であるという証拠は、彼が受けた官職からも見つけることができる。すべてが上護軍・副護軍・五衛将等の軍職だったからである。すなわち、拙稿（一九九九b、二〇〇〇）によれば、中宗一二年（一五一七）一一月に崔世珍が『四声通解』を完成した時、彼の官職は司訳院漢学教授兼承文院の参校（従三品）であり、内贍寺の副正を兼任し、同年一二月六日に内贍寺正（正三品堂下官）に昇進した。

たとえ職任は内贍寺の副正や承文院漢学教授等であったとしても、俸禄は西班職のものを受けていた。例えば、中宗三二年（一五三七）一二月一五日には、上護軍の崔世珍が『韻会玉篇』と『小学便蒙』を著して王に捧げたが、中宗王はこれを高く評価し、褒賞として鞍の置かれた馬と酒を支給して、僉知中枢府事を除授したという記事が実録に掲載されている。

また、中宗三四年（一五三九）五月一七日には、副護軍の崔世珍が『大儒大奏議』二巻と『皇極経世書』一二巻を王に捧げると、中宗は褒賞として酒を下し、品階を上げたという記事がある。それで彼は、承文院提調（従二品）として五衛将（従二品）の俸禄を受けたが、これらの上護軍・副護軍・五衛将は、すべて西班の職責である。もし彼が訳官ではなく大科及第の文臣であったら、このような衛職を受けることができない。

何よりも重要なのは、『中宗実録』で崔世珍を訳官として扱っている点である。すなわち、『中宗実録』中宗一五年三月丙午条に「上曰、〔中略〕且承文院之事至重、可常檢擧。李和宗・崔世珍、似不可一時倶赴京也。袞曰、今奏請之事、至爲重大、而帝在南京。該部請命、必兩度往來、其間使臣、久留于京。辭命之傳達、言語之相通、必因鍊熟華語、諳習中朝之事者然後可。李和宗・崔世珍、不可不倶遣。〔下略〕（王が曰く〔中略〕「また承文院の仕事は極めて重大なので、いつも待機していなければならず、李和宗・崔世珍を同時に一緒に北京に行かせることはできない」と仰せられるので、南滾が申し上げるに、「奏請は極めて重大な仕事ですが、皇帝は南京におります。該当部署で命を求めようとすれば、必ず二度往復しなければならず、その間に臣は長く北京に留まらなければなりません。辞命を伝えるにおいて言語が通ずる必要があるので、漢語に精通し、中国の朝廷に精通している者であってはじめて可能です。李和宗・崔世珍を一緒に送らざるを得ません」〔後略〕）」という記事がある。崔世珍は、当時承文院で訳官李和宗とともに、明に送られるすべての事大文書を検討しており、二人が同時に承文院を空けることができないほど、彼が明との接触において重要な人物であったことを示している。さらに、李和宗が年老いて引退した後は、ただ崔世珍だけが一人で明との接触を担当していたという記事も見られる。このように、『中宗実録』では、彼を儒臣として見ておらず、李和宗等と同じ部類の訳官として見ているのである。

行状

崔世珍は訳官出身の中人身分の家系で、前述したように、『国朝榜目』や『国朝文科榜目』に彼の祖父や曽祖父、外祖、丈人の記録が残っていない。彼は父親に従って司訳院に入属し、漢語を学習した。成宗王の時に司訳院で施行された訳科に選抜されて、講肄習読官となった。また、封世子別試の文科及第者と同榜で名が呼ばれた。等第後、承文院と司訳院に出仕し、漢語訳官として活躍しており、彼が質正官になって、中国に行ってきたことに関しては、多くの記録が残っている。

崔世珍は、燕山君九年（一五〇三）五月に司訳院提調李世佐の推薦で、中国から来た使臣に漢語を学び、同年八月の封世子別試と一緒に一時的に施行された漢吏科の科挙試験を応試し、合格した。前述したように、この科挙には、漢語と漢吏文の学習を奨励するために、文科以外に漢吏科が弁試されたが、崔世珍はこれに及第して文科及第者と同榜の栄光を得たわけである。

崔世珍は、燕山君九年の封世子別試に合格した後、司訳院に出仕したが、その年の九月に李世佐が甲子士禍で処刑されると（『燕山君日記』巻五六、燕山君九年一二月条の記事）、彼の推薦を受けたことがある崔世珍の及第も罷榜（科挙試験に及第した人の合格を後に取り消したこと）された。その上、罷榜の後に、匿名書の投擲者の疑いをかけられたが、幸いにも承旨の権鈞が弁明してかろうじて鞠問を免れた。そして、後日崔世珍は、中国から使者が来た時、御前で通訳した功労を認められ、罷榜が解かれて紅牌を再び受けた。

この時が燕山君一二年三月一三日で、中国の使臣が来て王に会いたいと言ったが、適当な通事がいなかったため崔世珍が担当しており、この時の功労が認められて罷榜が取り消しとなった。したがって、約二年にわたって資格停止処分であった崔世珍は、このために学問への意欲を失ったようである。燕山君の時は、他のすべての学問分野と同様に訳学も低迷し、この時代の崔世珍もこれといった学問的業績を残すことができなかった。

崔世珍の学問活動は、中宗代に入って活気を取り戻す。中宗反正以降、崔世珍は燕山君の辞位使金応箕と中宗の承襲使任由謙が北京に向かった時、質正官として同行し、大活躍をする（『中宗実録』中宗二年二月己丑条の記事を参照）。以降、崔世珍に対する中宗王の寵愛は格別なものとなり、それに伴う文臣のねたみと謀略が相次いだ。そして崔世珍は漢語教育に専念し、徐々に漢吏文の知識を認められ、東班に官職が移り、文臣の列に加わることとなった。それだけでなく、司訳院の漢学教授と承文院の訓誨兼習読管として後学の教育に専念していく（『中宗実録』中宗一〇年一一月丙申条の記事を参照）。

中宗三七年（一五四二）二月一〇日に崔世珍は他界したが、その時の彼の官職は同知中枢府事であった。実録は彼の死を記載して、「世珍系出卑微、自小力學、尤精於漢語。既登第、凡事大吏文、皆自主之。得蒙薦擢、官至二品。有著諺解孝經、訓蒙字會、吏文輯覽、行于世。（崔世珍は卑しい身分の家系に生まれたが、幼いころから学問に勤しみ、特に漢語に精通していた。科挙に及第してからは、すべての事大に関する吏文を担当した。抜擢されて、官職が二品に至った。著書には『諺解孝経』と『訓蒙字会』、『吏文輯覽』があり、世に広く知られた）」という評価を残している。出身は卑しい身分であったが、ひたすら学問に没頭して立身出世した意志の人物であったことがわかる。

生涯

ここまで崔世珍の生涯について、拙稿（一九九九b）で誤って推定した誕生年と享年を修訂し、彼の出身や家計における従来の主張をもう一度考察してきた。彼は新たに発見された墓誌銘に記載されているように、享年は七五歳で、誕生年は世祖一四年（一四六八）であった。ただし、出身は成宗丙午（一四八六）に訳科に合格して承文院に出仕し、燕山君九年（一五〇三年八月二八日施行）に施行された封世子別試に弁試された漢吏科に合格して、文科と同榜で呼ばれたようである。これについては、『増補文献備考』巻一八六の記事と『通文館志』の記事を根拠に拙著（一九九九）で既に主張したことを、ここでもう一度まとめて確認しようと思う。

たとえ『国朝文科榜目』に登載されてはいても、燕山君九年の封世子別試で大科に及第したのではなく、正科に弁試された漢吏科出身であるという事実は、前述した各種文献の記録から確認される。特に、新たに発見された墓誌銘に大科及第の事実が記載されていなかった点や、『通文館志』の訳官人物条に他の通訳とともに登載されたという点、そして上護軍・副護軍・五衛将等の軍職を除授された点等から確認されるものである。

崔世珍の家系は、いまだ明確ではない現在としては、彼の父親が司訳院正を務めた訳官崔溌である可能性が最も高い。本貫も『国朝榜目』に記載されているように、槐山崔氏であると思われる。実際に槐山崔氏が存在するという金完鎮（一九九四）の調査は、示唆するところが大きい。

以上の崔世珍の生涯を年譜にしてまとめると、次のとおりである。


世祖一四年（戊子、一四六八）：訳官崔溌の息子として生まれる。

成宗一七年（丙午、一四八六）：司訳院訳科に合格。

成宗一七年（丙午、一四八六）～燕山君九年（一五〇三）：司訳院の講肄習読官として中国語教育。

燕山君九年（癸亥、一五〇三）八月：漢吏科に壮元及第し、封世子別試に二等二人で同榜。

燕山君九年（癸亥、一五〇三）九月：甲子士禍で罷榜。封世子別試の及第が取り消される。

燕山君一二年（丙寅、一五〇六）一月：燕山君を誹謗する匿名書投擲の疑惑をかけられ、承旨権鈞の解明により助かる。

燕山君一二年（丙寅、一五〇六）三月：御前通訳の功労で紅牌が返される。罷榜が取り消され、再び司訳院の講肄習読官となる。

中宗二年（丁卯、一五〇七）：燕山君の辞位使と中宗の承襲使に随行して、中国に行く。

中宗四年（己巳、一五〇九）一月：喪中作妾により台諫の弾劾を受け、講肄習読官を免じられる。

中宗一〇年（乙亥、一五一五）一一月：司訳院の漢学教授、承文院の訓誨兼習読官として漢語と漢吏文教育に臨む。この時、漢学書『老乞大』・『朴通事』を翻訳する。

中宗一二年（丁丑、一五一七）：承文院参教、司訳院漢学教授に再任。一一月に『四声通解』完成。一二月に内贍寺正になったが、台諫の弾劾で礼賓寺の副正に左遷される。

中宗一三年（己卯、一五一八）四月：礼賓寺副正の崔世珍を台諫が再び弾劾する。七月：奏請使と聖節使の使行に随行して、北京に行く。

中宗一五年（庚辰、一五二〇）四月：司訳院正に任命される。再び台諫の弾劾を受けるが助かる。

中宗一六年（辛巳、一五二一）：年の初めに北京へ行く。採女（中国に送る貢女の募集）事件で台諫の弾劾を受けたが、領議政南袞の弁護で助かる。

中宗一九年（甲申、一五二四）二月：『世子親迎儀註』と『冊嬪儀註』の翻訳の命を受ける。官職は軍資監の正。

中宗二二年（丁亥、一五二七）四月：『訓蒙字会』を完成する。

中宗二五年（庚寅、一五三〇）一二月：『皇極経世書集』を進上する。僉知中枢府事の職にあった。

中宗三一年（丙申、一五三六）一二月：病気になり出仕ができない。それにより朝廷では事大外交に多くの支障が生ずる。

中宗三二年（丁酉、一五三七）一二月：『韻会玉篇』と『小学便蒙』を著して王に進上し、鞍つきの馬と酒を授け受ける。官職は上護軍。『吏文輯覧』を編纂する。

中宗三四年（己亥、一五三九）五月：承文院提調として『大儒大奏議』二巻と『皇極経世書』一二巻を進上する。

中宗三五年（庚子、一五四〇）一〇月：再び病床に伏す。

中宗三六年（辛丑、一五四一）六月：中国南京の地図である『京城志』と『女孝経』、そして地図一軸を王に捧げる。

中宗三七年（壬寅、一五四二）二月一〇日：崔世珍死亡。官職は同知中枢府事であった。

業績

次に、崔世珍の業績を考察してみよう。崔世珍の学問活動は、訳官としての「漢語」と「漢吏文」の研究および教育、そして朝鮮漢字音の研究とハングルの普及に分けて考えることができる。漢語とは、元代北京地域の共通言語であった漢児言語を含んでおり、これは従来の隋、唐、宋の中国語とは非常に異なる北方漢語であった。今日の中国語の標準語となったこの漢児言語は、四書三経の漢文で学んだ中国語とは非常に異なっており、個別に学習しなければ、元の官吏はもちろん、明代の中国人との意思疎通が不可能であった。

元代は、大都、すなわち北京地域の方言である漢語が国の公用語となり、明代には、建国初期に南京官話を標準語に定め、これを強要した。後代に再び北京に遷都して、この地域の言語が通用されたが、帝国の標準語は依然として南京官話であった。次に、満州族の清が建国し、都をやはり北京に決めると、この地域の言語が再び帝国の公用語として登場する。清代北京のマンダリンが北京官話となり、清朝の標準語となった。今日の中国の公用語である普通話も、まさにこの北京官話から発達したものである。

このような中国語の変遷は、これを学ばなければならなかった朝鮮の漢語教材に反映され、絶えず漢学書を改編しなければならなかった。崔世珍は、まさに元代の漢語から明代の南京官話に変わった時点で漢語を勉強したのであり、これらの新しい中国語の教育に専念した。彼が『老乞大』と『朴通事』を正音で注音するときの原則は、彼の発音辞書である『四声通解』（一五一七）の下巻末尾に「翻訳老乞大朴通事凡例」という題で付け加えられている。

漢吏文は、儒教経典の古文や唐以降の文学作品に反映された変文はもちろん、白話とも異なる漢語の文章語であり、元代北京地域の口語である漢児言語に基づいて形成された文語であり、明代にも行政、司法の公用文語として使用された。朝鮮半島では、元の要求により、高麗末からこの文章語で事大文書を作成し、中国から送られてくる外交文書がすべてこの漢吏文で作成された。それだけでなく、朝鮮から送られる事大文書もすべて漢吏文で作成する必要があったので、これについての知識が絶対的に必要であった。崔世珍は口語の漢語と文語の漢吏文にすべて精通していた。

漢語研究および教育

まず、漢語会話の研究としては、彼が承文院訓誨兼講肄習読官であった時、司訳院の漢語会話講読教材である『老乞大』（上・下）と『朴通事』（上・中・下）を翻訳し、これらの注釈書である『老朴集覧』（一巻）を著したことである。崔世珍の漢語教材『老朴』の翻訳は、漢字一つ一つに中国語発音を正音で転写することであり、漢字の左右に発音を付けたのであるが、一つは韻書の発音で、もう一つは実際の発音であった。また、『老朴集覧』は、新たに元代漢語を反映した『(原本）老乞大』が発見されてから、その価値がさらに高まった。

それだけでなく、中国語標準発音辞書である『四声通解』も編纂した。訓民正音の制定当時にもすでに中国語の発音辞書の必要性が認められて『洪武正韻』が訳訓され[125]、さらにこれを縮約して申叔舟により『四声通考』が編纂されていた。『四声通解』は、前記二つの中国語発音辞書を改訂したものである。彼は、『老乞大』と『朴通事』の翻訳、すなわち正音で発音を表記していた時、二つの韻書の誤りが多く発見され、新しい発音辞書の必要性を痛感していた。そのため、二つの韻書を修訂し、『四声通解』を編纂した。世宗王の時に開始され、端宗三年（一四五五）に完成した『洪武正韻訳訓』は、編纂当時も問題があったが、崔世珍の時代には既に無用なものに近いほど昔の発音だけを示しており、改訂せざるを得なかった。

そこで崔世珍は、まず『続添洪武正韻』を作り、続いて『四声通解』を編纂し、その末尾に「翻訳老乞大朴通事凡例」（以下「老朴凡例」と略称する）を付けて、『洪武正韻訳訓』と『四声通考』の発音を『四声通解』で修訂した理由を明らかにしている。すなわち「老朴凡例」は、『老乞大』・『朴通事』の翻訳（音写）で、なぜ『四声通考』の発音転写に従わず、『（翻訳）老乞大』・『（翻訳）朴通事』の右側につけた注音のように独自の漢語発音を文字に置き換えて書いたのか、に対する正確な説明であった（拙稿、一九九五）。ここで崔世珍は、朝鮮語と中国語の違い、特に声調の違いについて深みのある研究成果を示している。

また、礼賓寺での勤務経験を生かし、彼が軍資監正であった中宗一九年（一五二四）に、『世子親迎儀註』および『冊嬪儀註』を翻訳した。これら二つの本は、宮中の礼儀作法と法度を規定したもので、中国の規範に合わせているため、崔世珍の漢語の知識が必要であった。

中宗二二年（一五二七）には、漢字教育書である『訓蒙字会』を編纂し、この時の官職は忠武衛副護軍、品階が折衝将軍（正三品堂上官）であった。中宗二七年（一五三二）には、『翻訳女訓』を著して王に捧げたが、この本は校書館から刊行された。中宗三二年（一五三七）には、『韻会玉篇』（二巻）と『小学便蒙』（四巻）を著して王に捧げ、漢吏文教育のための『吏文輯覧』を作った。

『韻会玉篇』と『小学便蒙』は、二つともみな漢字学習と関連のあるものであるが、崔世珍はこれを進上しながら、二つの本の著述目的を明らかにしている。すなわち、『中宗実録』中宗三二年一二月庚申条に、「我國有韻會而無玉篇、故難於考見。臣玆會字類、作韻會玉篇以進。若命刊行、則庶有補於考字也。我國以小學敎子弟、而內篇則皆聖賢可法之事、外篇則似不緊於小兒之學、而亦不能遍讀。故臣類抄其中可法之事、分作四卷以進。非有所增損於本篇也。簡略而便易、若命刊行、則庶有補於小兒之學也。（わが国には『韻会』はあるが、『玉篇』がないため、参考にして見るのが難しい。臣はここに文字の類を集め、『韻会玉篇』を作って捧げます。もし刊行を命じられますならば、文字を参考にする上で役に立つと思われます。そして、朝鮮には『小学』で子弟を教えますが、内篇は誰もが模範とすべき聖賢の話しが書かれていますが、外篇は子供たちが学ぶ上で肝要ではなく、またすべてを読むこともできないと思われます。それゆえ、臣がその中で模範とすべき話を、類型別に選んで四巻にして捧げます。本篇は付け加えたり減らしたりしたところはありません。簡単で複雑でなく、便利で易しいので、もし刊行することを命じられれば、子供たちが学ぶ上で役に立つと思われます）」とある。実際、これら二つの本『小学便蒙』と『韻会玉篇』について、中宗王が「使う人が簡単に理解することができ、子供たちの勉強に便利なものである。崔世珍が留意して作成したことは、本当に褒め称えるべきことである。特別に酒を賜い、鞍つきの馬を一頭与え、僉知中枢府事の官職を除授せよ。（令人易曉、而亦便於童蒙之學。世珍之留意成書、誠爲可嘉。可別賜酒、給鞍具馬一匹、除授僉知）」（『中宗実録』の同じ部分）という評価をしており、漢字学習に非常に便利な字典かつ参考書であった。

『韻会玉篇』と『小学便蒙』を著述した時は、上護軍の官職を務めていた。崔世珍が五衛将や副護軍、上護軍等の軍職を務めたのは、朝鮮王朝の訳官には西班の職を除授するのが慣例だったからである。官職から退いた後も、書籍を製作した功労により、朝廷では僉知中枢府事を除授し、訳官としては当時最も高位の職である同知中枢府事（従二品）に昇進した。

崔世珍の主な任務は、漢語訳官として司訳院で漢語を教育することと、中国に行く赴京使臣に随行し、朝鮮に来る明の使者を接待し、その言語を通訳することであった。特に、彼は中宗王の時、御殿通事の任務を長期間実行して実力を認められた。司訳院の訳官たちは、通訳の任務だけでなく、後輩を養成する外国語教育の任務も一緒に遂行していた。それゆえ、司訳院では多くの外国語教材が刊行されたのであり、崔世珍が翻訳した『老乞大』や『朴通事』等も、実際に司訳院の漢語教材として編纂された。

外国語を教育したり、学習教材を開発するときは、当然のことながら各国語との対照研究が先行している。崔世珍の漢語研究は、主に朝鮮語と中国語の違いを明らかにし、中国語の特徴を発見していた。特に、当時は漢文が一般化していたため、発音上の違いが重要な研究課題であった。実際に、『老乞大』や『朴通事』の翻訳は、発音をハングルで注音したのであり、「老朴凡例」では漢語注音の基準と原則、漢語と朝鮮語の違い等を言及している。

『老乞大』と『朴通事』は、高麗末に編纂された漢語の会話のための講読教材であり、中国を旅行するときに起こる様々な状況を設定し、それに合った会話を教材として編んだものである。司訳院の漢語教育の中で最も重要な教材であった。それ以前は専ら漢字で書かれたものだけがあったが、崔世珍が諺文文字を利用してこれを翻訳し、また諺解をつけて漢語学習に使用したわけである。崔世珍の翻訳は、この教材に書かれた漢字一つ一つに、正音で発音を文字に置き換えて書いたのであるが（転写）、一つの漢字の下の左右に二元的に注音している。例えば、次のとおりである。

老 랗 랖

乞 깅 키

大 따 다

上 썅 상

朴 팧 포

通 퉁 퉁

事 쓰ᇫ ᄉᆞ

上 썅 상

このような二元的発音表記は、崔世珍以降の漢語教材の諺解でみなこれに従うようになり、一つの伝統になった。したがって、後代の漢語教材である『訳語類解』をはじめ、『(翻訳)老乞大』、『(翻訳)朴通事』の改訂本である『老乞大諺解』や『朴通事諺解』でも同じ方法が用いられている。また、日本語学習の倭学書やモンゴル語と満州語学習の蒙学書、清学書でも正音を利用して発音を表音した。崔世珍が正音を利用して訳学書を編纂する新しい伝統を確立したのである。

『四声通解』(二巻二冊)は、適切な発音辞典の編纂が目的であった。この韻書の編纂は、従来の『四声通考』が漢語の学習に非常に肝要ではあるが、注釈がないため不便だったのを補完するためのものであり、単語の数(実際には漢字の数)も二、六三六字を補充して、全部で一三、一二四字に増やした。そして、「今俗音」として官話音の変遷で当時通用していた発音を追加した。特に、この本の下巻末尾に付け加えられた「老朴凡例」は、朝鮮語と漢語の違いに言及しており、朝鮮語の研究における非常に貴重な業績となっていて、現代の朝鮮語研究で頻繁に引用されている。

まず、「老朴凡例」の夾注に「漢訓諺字、皆從俗撰。字旁之點、亦依鄕語(漢字の意味を書いた諺文文字は、すべて俗に使われているものに従った。文字に付けた傍の点も、やはり朝鮮語に従う)」として、崔世珍が使用した正音が訓民正音の制定当時のもの、例えば、東国正韻式の漢字音(中国音)ではなく、その後に通用していた俗音と呼ばれた朝鮮漢字音を使用し、傍点も朝鮮語の声調表示に使われていたものを使用した、という意味に取る必要がある。この凡例は、「国音・漢音・正音・俗音・諺音・傍点」等に分け、漢字の下に在左音と在右音の二元的な注音をした理由を説明している(拙稿、一九九五a)。

「老朴凡例」の傍点条を見れば、「在左字旁之點、則字用通攷所制之字、故點亦從通攷所點。而去聲・入聲一點、上聲二點、平聲無點。在右字旁之點、則國俗編纂之法而作字。故點亦從國語平仄之乎而加之。(左にある注音字の傍

点は、『四声通考』で作られた文字を使用したものである。したがって、点も『四声通考』の点に従う。去声・入声は一点で、上声は二点、平声は点がない。右側の傍点は、文字を俗に編纂する方法で作成された。したがって点も朝鮮語の高低に応じて加えられたものである）」として、二元的な注音で左側の注音は四声通告の作字と傍点によるものであり、右側の注音符は当時通用していた綴り字法と傍点法によるものであることがわかる。特に、この凡例で朝鮮語の声調を漢語と比較した説明は、当時の朝鮮語の声調の研究に非常に重要な資料として注目されている。ただし、まだ「老朴凡例」について多くの事実が明らかにされていないので、これに対する研究が続けられなければならない。

崔世珍は漢語教材である『老乞大』と『朴通事』の発音のみを考察せずに、この二つの教材に使われた難しい言葉を抜き出し、音と義、すなわち発音と意味を正音と諺文、すなわちハングルで表示して『老朴集覧』を編纂した。この本では、漢語の難解語または難解句を出典順序と次数別に区分し、意味と典拠を明らかにした。特に単字解は、訳学で使用される文法と用語の説明があり、朝鮮語研究で文法が考察された初期段階の様子を垣間見ることができる。李鳳雲の『国文正理』（一八九七）は訳学の文法研究を導入しており、金敏洙の『新国語学史』（全訂版、一九八〇）は、これらの研究を訳官文法と名付けたが、まだこれに対する研究もほとんど行われていない。

さらに崔世珍が最も力を入れて研究した漢吏文と、これに対する研究書の『吏文輯覧』に関しても、まだこれといった研究がない。中国では、元代以降から行政文書を作成するための漢文文体として吏文が発達したが、これは朝鮮半島にも輸入され、朝鮮時代に公用文語となったのであり、朝鮮吏文や吏読文と区別するために漢吏文と呼ぶ。中国に送る事大文書は、ほとんどがこの漢吏文で作成されたため、朝鮮承文院で漢吏文を個別に教育していた。漢吏文に対する関心は、朝鮮後期に時代が下がるほど高くなったが、崔世珍は口語の漢語だけでなく、文語の漢吏文にも一家言を持っており、承文院訓誨として吏文を教育し、この時の教材として『吏文輯覧』を編纂した。『老乞大』と『朴通事』の翻訳が話し言葉としての漢語の教科書ならば、『吏文輯覧』は書き言葉としての漢吏文の参考書であった。また、『四声通解』は、文字と発音の辞典であるので、崔世珍は漢語教育のための話し言葉と書き言葉の教材、辞典等の諸般の学習書を作成したわけである。

漢字音研究およびハングルの普及

崔世珍は、漢語訳官として主に漢語と漢吏文に関する研究を行っていたが、晩年には、朝鮮漢字音と漢字教育にも多くの関心を見せていた。彼が編纂した『訓蒙字会』は、朝鮮漢字音の研究と新文字であるハングルの普及に一つの起源ともいえる業績を残した。『訓蒙字会』は、眉巌柳希春の『新増類合』のような文臣の著書、すなわち漢学書ではなく、儒臣の漢文教材として書かれたものである。実際に彼自身が『孝経諺解』のような文臣の著作を刊行したこともあり、彼のことを文臣と誤解した研究が出てくることになる。

『訓蒙字会』は、『千字文』と『類合』のように、朝鮮漢字音の教育とその意味を教えるための子供用の教科書であった。それで書名も「訓蒙」という名前が付けてあり、『千字文』とともに朝鮮王朝で最も広く普及した漢字教科書の一つとなった。これは日本でも名声を得て広く使用された。この本は、漢字三、三六〇文字を全実字と半虚字に分け、天文、地理等の意味による項目別に配列した一種の類別語彙集である。

特に、『訓蒙字会』の巻頭に掲載された凡例と「諺文字母」は、世祖王の時の『初学字会』のものを移したもので、当時の諺文に対する見解をうかがい知ることができる。すなわち、この本の凡例に付け加えられた「諺文字母」には、夾注に「俗所謂反切二十七字（俗にいういわゆる反切二七字）」とあり、ハングルが諺文という名前以外にも「反切」という名前で呼ばれていたことがわかる。この「諺文字母」は、この本の凡例に「凡在邊鄙下邑之人、必多不解諺文。故今乃幷著諺文字母、使之先學諺文、次學字會則庶可有曉誨之益矣。〔後略〕（凡そ辺境や田舎の人々は諺文がわからないことが多い。そこでここに諺文字母を一緒に載せ、まず諺文を学び、その次に訓蒙字会を学べば、理解するのに役立つであろう。〔後略〕」とあり、前からあった諺文字母を載せて諺文を学ばせ、その後に訓蒙字会を学ぶことができるようにした。

「諺文字母」は、ハングルの普及のために、後代に簡単な吏読字を使って使い方を説明したもので、解釈の簡便性と実際に文字生活を営む中人の吏読表記方法で説明されており、新文字の普及に大きく貢献していた。諺文字母は、おそらくハングル制定当時までさかのぼることができるものと思われる。筆者は、「変音吐着」の難問題を解決した貞懿公主が「諺文字母」を作成したものと考える。[126]

「諺文字母」は、世祖王の時の『初学字会』に添付され、漢字教育で朝鮮漢字音の発音記号の役割をした「諺文字母」を学習させるためのものだったのではないかと思われる。『訓蒙字会』には、「初学字会」のものがそのまま多く引用されており、この諺文字母の正書法は、純粋に朝鮮漢字音（東音）の表記のためのものだからである。もし「諺文字母」が『初学字会』に添付されたものを『訓蒙字会』にそのまま移したものであれば、これは崔世珍の著作ではないかもしれない。したがって、この諺文字母の見解は崔世珍のそれとは異なる可能性もある。

遺産と影響

最後に、崔世珍の学問が後世に与えた影響を考えてみよう。崔世珍の業績は、これまで見てきたように、大きく二つに分けることができる。一つは漢語の研究と教育であり、もう一つは漢字音の研究とハングルの普及であった。彼は、司訳院の漢語学習教材を整備したのであり、訓民正音で『老乞大』と『朴通事』を翻訳（音写）した方法は、後に司訳院の他の外国語学習教材にもそのまま適用され、すべての訳学書が訓民正音で発音を表記して、その意味を諺解するに至る。

実に、崔世珍は世宗王と集賢殿の学者たちが訓民正音を創製した時に期待していたように、漢字の漢語音を意識して、それに合わせて発音を改正した東国正韻式の漢字音表記のための訓民正音があり、外国語、特に漢字に対する中国の標準音を表記するための記号としての正音が存在することを理解していた。

これにより、外国語学習に注目に値する発展をもたらし、司訳院の訳学書が現実的にすべて整備されるという結果を生んだ。今日朝鮮語と当該外国語の重要な歴史的資料である訳学書は、崔世珍のおかげで、当時最も科学的な表音文字である訓民正音で発音が転写されたわけである。

次に、崔世珍は、漢字音の研究を通して、朝鮮漢字音（東音）を整備しており、これを『訓蒙字会』に編纂して広く教育した。そして、この本に「諺文字母」を添付し、ハングルの普及に多大な貢献をしたのである。訓民正音は、漢字音の整理を念頭に置いて制定された文字だったので、『東国正韻』以降の漢字音表記は、一大転機を迎えることになる。しかし崔世珍は、漢字に対して中国側の漢語音と朝鮮漢字音（東音）を区別して、朝鮮漢字音をまとめていた。「諺文字母」は、ハングル字母の順序を整えて定着させながら字母の名称を定め、吏読に使われていた馴染みのある漢字で新文字の使用方法を説明し、ハングルを普及することに貢献したのである。これは、訓民正音創製以後のハングル使用の全体的な検討と再評価を試みたもので、非常に意味のある作業として評価することができる。

注

1　金文京外（二〇〇二：三七〇～三七一）に「胡言漢語」について「南宋人が『漢人』、『漢児』と言う場合、それは必ず北方の金の治下にある中国人を指す。したがって、『漢語』も北方で使用される中国語を意味するが、その言語は、南宋人には奇妙な言葉に聞こえるようである。南宋の著名な哲学者である陸九淵（一一三九～一一九三）の『象山語録』巻下や禅僧の伝記集である『五灯会元』巻一六、黄檗志因禪師条等に、でたらめ、おかしな言葉という意味で「胡言漢語」という言い方が見えると記述している。

2　このオゴタイの聖旨は、北京の地誌である『析津志』（『析津志輯佚』、北京古籍刊行、一九八三）に載っており、元の太宗五年（一二三三）に下されたものである。その内容は、燕京（元の首都）に「四教読」という学校を設立し、そこでモンゴル人必闍赤の子弟一八人と中国人の子弟二二人を一緒に起居させながら、モンゴル人の子弟には漢児言語で書かれた文書を、中国人の子弟にはモンゴル語と弓術を教育させろというものであった。ここで「漢児言語」は当時の漢人の口語をいい、「文書」は文語である漢吏文をいうものと理解することができる。金文京外（二〇〇二）を参照。

3　万暦重修本の『大明会典』巻二二一、翰林院条にある、「凡四方番夷文子、永樂五年設四夷館」という記録と、『皇明実録』永楽五年三月、癸酉条および『明史』巻七四、志、第五〇、職官三にある、「提督四夷館、少卿一人［正四品］、掌譯書之事。自永樂五年外國朝貢、特設蒙古・女眞・西番・西天・回回・百夷・高昌・緬甸八館、置譯字生通事。［通事初隷通政使司］通譯語言文字。正德王增設八百館、［八百館蘭者哥進貢］。萬曆中又增設暹羅館。初設四夷館、隷翰林院。［後略］」等の記事を参照。その他四夷館の始末については神田喜一郎（一九二七）を参照。

4　これについては、『元史』巻八五、志、第三五、百官条と、『新元史』巻五五、志第二一、官志条を参照。

5　『経国大典』吏典、承文院条の「承文院 掌事大交隣文書」および姜信沆（一九六六a）を参照。

6　『経国大典』礼典、勧奨条にある「承文院官員、每旬提調講所讀書、詩・書・四書・魯齋孝經・少微通鑑・前後漢・吏學指南・忠義直言・童子習・大元通制・至正條格・御製大誥・朴通事・老乞大・吏文謄錄」を参照。

7　原文は「譯科初試、漢學・四書［臨文］、老乞大・朴通事・直解小學［背講］、譯語、漢學・蒙學・倭學・女眞學・並飜經國大典［臨文］。譯科覆試、講書・同初試［願講五經、少微通鑑、宋元節要者、聽臨文］。寫字・譯語、同初試。」である。

8　『老朴』の編纂時期は、拙稿（二〇一二b）によれば、これら二つの本の内容や他の多くの記録から見て、至正丙戌（一三四六）に遼東で、元の都である大都まで旅行したことのある高麗の訳官が作成したものを、高麗末に編纂したものと思われる。拙著（二〇一〇）を参照。

9　『世宗実録』世宗四年正月条には、「壬寅禮曹啓、「講習漢訓事大先務、但書冊稀小、學者未易得觀。講始將朴通事、老乞大各一件、分送黃海、江原兩道、刊板送干校書館、印行廣布。」從之。」とあり、地方で木版を作った『老朴』を校書館に送って刊行し、その本を広く配って漢語を学ばせたようである。

10　『老朴』が翻訳された時点では、「翻訳」と「諺解」が区別して使用されていたものと思われる。崔世珍は『老乞大』と『朴通事』を翻訳したが、この時の翻訳は、これら二つの本の内容を諺解しただけでなく、中国語の発音を訓民正音でそのまま転写（音写、音訳、Transcription）したことをいい、この時の発音転写原則を「翻訳老乞大朴通事凡例」として『四声通解』の巻末に添加した。この「翻訳凡例」には、発音転写における韻書音と実際の発音の違いが述べられている。拙稿（一九七四、一九九五ａ）を参照。本書では、基本的に「翻訳」を一般的なTranslation（解釈、意訳）の意味で使用するが、音写の意味で使用する場合もあり、その際はできるだけ括弧書きを付けた。

11　『翻訳老乞大』と『老乞大諺解』の関係は、金完鎮（一九七六）を参照。

12　『世宗実録』巻九三、世宗二三年八月条に、「上護軍閔光美等六十人上言曰、臣等竊見我國、自三韓至于高麗、世世事大。高麗設漢語都監及司譯尚書房、學習華語、其時漢人來萬本國者甚多。至國初置司譯院、如龐和・荊華・洪揖・唐成・曹正等、桐繼訓誨。由是親灸習業、人才輩出。然學徒所讀、不過老乞大・朴通事・前後漢等書而已。且其書所載、率皆俚近俗語、學者患之。〔後略〕」という記事を参照。傍線は筆者。

13　その原文は「禮曹據司譯院牒啓、在前四孟朔取才、依三館例、以四書・詩・書・古今通略・小學・孝經・前後漢・魯齋大學・老乞大・朴通事周而復始、臨文講試、去庚子年、並令背誦。然因赴京護達押送、無待使臣館通事、式累朔出使、講習無假。且各年長未易背誦、請小學・老乞大・朴通事等書、分爲四孟朔背誦。其餘諸書依前例臨文試講。且譯學之任、言語爲大弁試之。從之。」である。

14　『訓世評話』については、姜信沆（一九八五）を参照。

15　これらがどのような語彙集であったかは、今日伝わらないため明確にはわからないが、『訳語指南』は『四佳文集』に載っている序文と『通文館誌』等により、その断片的な姿を知ることができる。『音義』は、『老朴集覧』に引用されたものではないかと思われる。

16　『経国大典』以降の国典の変遷をまとめると次のとおりである。
『経国大典』崔恒等　受命編　睿宗元年（一四六九）
『大典続録』李克培等奉教編　成宗二三年（一四九二）
『大典後続録』尹応輔等奉教編　中宗三七年（一五四三）
『受教輯録』李翊等受命編　粛宗二四年（一六九八）、
『典録通考』崔錫鼎等受命編　粛宗三二年（一七〇六）
『続大典』金在魯等受命編　英祖二〇年（一七四四）
『大典通編』金致仁等受命編　正祖九年（一七八五）

17　『大典会通』趙斗淳等受命編　高宗二年（一八六五）。

18　これは、『大典会通』（一八六五）では『訳語類解』に再び替わった。

19　『通文館誌』巻八、什物、訳語類解板条の記事を参照。

20　『通文館誌』巻二、勧奨、訳科条にある、「初試、漢學八册、老乞大・朴通事・伍倫全備、以上三册背誦。初用直解小學、中間代以伍倫全備・論語・孟子・中庸・大學・飜繹國大典訓導傳語、以上五册臨講。覆試、講書・寫字・飜語・同初試。」という記事と、『通文館誌』巻二、勧奨、取才、考講条に見られる本業書を参照。

21　『通文館誌』巻八、什物、続条にある「新釋老乞大板、諺解板［乾隆癸未邊憲修整、芸閣刊板］」という記事を参照。

22　鄭光・尹世英（一九九八：七八～七九）から再引用。

23　朝鮮から明に使行を送れば、彼らは北京の会同館に宿泊せずに玉河館に泊まった。清代も初期には同じであった。清がロシアとネルチンスク条約（一六八九）を結んだ後は、ロシアの使節だけが会同館に泊まっていた。

24　諸訳銜名は、訳学書を編纂する時に参加した何人かの訳官の品階と肩書きを記し、巻末に添付したものをいう。

25　『椄版考』巻四、訳語類条に、「老乞大一卷、諺解二卷、不著撰人氏名。［中略］當朝乙卯、司譯院奉敎重訂。」という記事があり、正祖一九年乙卯（一七九五）に重訂されたことがわかる。

26　一簑文庫に所蔵されている『朴通事新釈諺解』第二巻巻末に「乙卯仲秋 本院重刊」という墨書が見える。

27　『成宗実録』成宗一一年一〇月乙丑条にある、「侍讀官李昌臣啓曰、［中略］（戴）敬見老乞大、朴通事曰、此乃元朝時語也、與今華語頓異、多有未解處。卽以時語改數節、皆可解讀。請令能漢語者盡改之。［下略］」という記事から、『老乞大』および『朴通事』を元代の漢語と認識していたことがわかる。

28　『華音啓蒙』と『華語類抄』は、『老乞大』と『朴通事』の翻訳後の伝統的な発音表記、すなわち漢字一字の左右に正音と俗音を付けた二元的発音表記を止揚し、一字一音の発音表記を示している。

29　『訳語類解補』の金弘喆の序文と『通文館誌』巻八、什物、続条にある、「譯語類解補板、［乾隆乙未、訓上金弘喆修整、本院刊板］」という記事を参照。

30　日本語の倭学においても「倭語老乞大」が初期の倭学書にその名を見せており、『老乞大』を日本語に翻訳して倭学書として使用していたかもしれない。

30　漢語学習で語彙を探す方法としては、漢字の形・音・義に基づいた「字書・韻書・類書」の字典があった。これに対する詳細な説明は、拙稿（二〇一二c）を参照。

31　新たに発掘された『(原本）老乞大』は、一九九八年一二月一八日に開かれた第二五回国語学会で、筆者によって「新発掘の訳学書資料、元代漢語『旧本老乞大』」という題で紹介された。この新しい資料について、世界の多くの学者たちが関心を持った。例えば、当時新潟大学の人文学部教授であった玄幸子教授は、読売新聞に掲載された紹介の中で、「世紀の発見」と評価し、またオーストラリアの中国語学者であるDyer女史は、『朴通事』に対する力作であるDyer（2006）の巻頭序文に、「［前略］The most exciting news was the discovery of the original 原刊 or at least of an old edition of the original at the beginning of 1998 in Korea. This has created great excitement among all the scholars who are interested in or worked on these two books. Chŏng Kwang 鄭光, a Korean scholars, was one of the scholars who discussed this discovery at a conference as early as the winter of 1998. In 2002, he published the above-mentioned book. According to Chŏng, this newly discovered edition of the Lao Qida is either the original or an early copy of the original.［中略］Chŏng thinks that when Ch'oe（崔世珍をいう）mentions 舊本老乞大 'the old copy of the Lao Qida' he was referring to this newly discovered original copy.」と記し、この方面の研究者にとって、『(原本）老乞大』の発見がいかに衝撃であったのかをよく描写している。筆者の「原本（original version）」という主張を受け入れている。

32　『(原本）老乞大』と『(刪改本）老乞大』に表れる漢語原文の違いについては、拙稿（一九九九a、二〇〇〇b）および拙著（二〇〇〇、二〇〇四a）で詳細に考察されている。ただ、ここで『(刪改本）老乞大』も明代の北京官話を反映した資料として見ているが、実際には明初に首都であった金陵の中国語を基礎とした南京官話であったというのが正しいと思われる。すなわち、明の太祖朱元璋は都を金陵に定めたが、明三代目の永楽帝（成祖）が再び北京に遷都していたため、朝鮮の成宗王の時は、明人の修訂が北京語を反映しているものと見たわけであるが、実は明の太祖の胡元漢語に対する敵愾心が強く、人工的に漢字の正音を定めた『洪武正韻』を刊行する等、積極的な言語醇化が行われていた。それゆえ、明初には既に南京官話が定着しており、遷都後も明の公用語としてそのまま使用されていたのである。したがって、『老朴』の刪改もこの官話によって修訂されたものと見なければならない（鄭光・梁伍鎮、二〇一〇：四三五～四三八）。南京官話については古屋昭弘（二〇〇六）に整理されている。この問題を提起してくれた北京外大の張西平教授に感謝する。清代の北京マンダリンは、清の役人がそれを使用することにより、再び官話として発展する。

33　世宗が新たに制定したハングルは、その表記対象に応じて名称が決められていたものと思われる（拙稿、二〇一三）。すなわち、『東国正韻』のように漢字音を修訂して表記するときに使われるハングルは「訓民正音（民に教える正しい発音）」であり、中国の標準音を転写するために使われるハングルは「正音（漢語標準音）」であり、朝鮮語や朝鮮漢字音（東音）を表記するために使われるハングルは「諺文（俗っぽい上品でない文字や文）」であった。これまで韓国社会では、「諺文」が、ハングル文字を卑下した名称として使わないようにしていたが、当時は朝鮮語の敬語法に合わせて、中国の漢語に対して朝鮮語は謙譲して諺語と呼び、漢文に対しても謙譲して諺文と言ったのである。この名称は、ハングル創製当時、世宗だけでなく集賢殿の学者たちも使用していた一般的な名称であった。そして、数百年もの間我々の先祖が使用してきた名称を突然使用すべきでない用語として規定するのは、理解し難く、また望ましいことでもない。

34　ここでの「翻訳」が意味するのは、注10で説明したように、漢字の漢語音を正音で表音（音写、音訳）することであった。さらに説明を加えれば、「翻訳」の本来の意味は、南宋の法雲による『翻訳名義集』で明らかにされていたように、梵語の発音を漢字で表音することだったので、ここでは漢字を新しく作成した文字で変えるという意味で考え、翻訳（音写）とした。漢語を朝鮮語で解釈することは諺解と言い、これを区別したが、すでにこの時期に『翻訳小学』（一五一七）と『小学諺解』（一五八八）の書名のように、どちらも漢字に発音を表記しながら漢字混用文で解釈したものに対して、翻訳と諺解という用語が混用されている。

35　現伝する木版本『翻老』は崔世珍の翻訳ではないかもしれない（拙稿、一九七七、および梁伍鎭、一九九八）。『刪老』の諺解と校書館の刊行については、拙著（二〇〇二b：一九〇～一九一）を参照。また、英祖二一年（一七四五）に申聖淵・邊煜等が修訂し、箕営（平壌監営）で刊行された『老乞大諺解』もある。すべて『刪老』を諺解したものである。

36　この『老乞大諺解』は、壬辰倭乱の後に『刪老』を新たに諺解したもので、当時領議政だった陽坡鄭太和の奏請により校書館から活字で刊行された。その後、多くの翻刻本が木版本で刊行されることになる。特に、平壌訳官の申聖淵、卞煜、李天埴等がこれを修訂し、箕営で刊行した英祖二一年（一七四五）の修訂本は、漢語音のハングル注音が異なり、本文も一部校正した跡が見られるため、清代の北京マンダリンの変化を反映したものと思われる（拙著、二〇〇二b：一九二）。これは、すぐに新釈本に取って代わられる。

37　『成宗実録』巻一二二、成宗一一年一〇月乙丑条に、「上曰、且選其能漢語者、刪改老乞大・朴通事。」という記事を見ると、この刪改、すなわち誤った部分を削除して直す作業は、すでに三年前に始まっていたことがわかる。

38　李湛は、後日「李洙」に改名している（拙著、二〇〇二b）。

39　『訳科榜目』によれば、金昌祚は甲戌年（一六九四）生まれで、『新朴』が刊行された英祖四一年（一七六五）は、彼が七〇歳になる年である。

40　現伝する漢語本『（刪改）朴通事』はまだ見つかっていない。しかし、多くの『朴通事』の諺解本が刪改本を底本としているため、原文を再構することは困難ではない。

41　現伝する『（翻訳）朴通事』上一巻は、一時乙亥字活字本として間違って知られ、崔世珍の翻訳原本と考えられていた。しかし、これは木版本であり、司訳院で原本を活字本で製作した後に、修訂を経て木版で流布本を製作したものであることは、拙稿（一九八九）で明らかにされている。

42　崔世珍が『老朴』を翻訳したのは、彼の『四声通解』（一五一七）末尾に「翻訳凡例」が付けられているので、これよりは前の時期であろう（劉昌惇、一九六〇、および拙著、二〇〇二b：一九九）。

43　壬辰倭乱の後に『刪老』を新たに諺解したものが、当時、領議政であった陽坡鄭太和の奏請で校書館から活字で刊行された。以来、多くの翻刻本が木版本で刊行された。特に、平壌訳官の申聖淵・卞煜・李天埴等がこれを修訂し、箕営で刊行された英祖二一年（一七四五）の修訂本は、漢語音のハングル注音が異なり、本文も一部校正した跡が見られるため、清代の北京マンダリンの変化を反映したものと思われる（拙著、二〇〇二b：一九二）。これは、まもなく新釈本に取って代わられる。

44　英祖三七年（一七六一）の刊記を有する『老乞大新釈』は、この部分が「我朝鮮王京來」のように「朝鮮」に変わっている。

45　この橋については『老朴集覧』「朴通事上」の「蘆溝橋」条に「蘆溝本桑乾河、俗曰渾河、亦曰小黄河。上自保安州界、歴山南流、入宛平縣境、至都城四十里。分爲二派、其一東流經金口河、引注都城之壕。其一東南流入于蘆溝、又東入于東安縣界。去都城三十里、有石橋跨于河、廣二百餘歩、其上兩旁皆石欄、雕刻石獅形狀奇巧。成於金明昌三年。橋之路西通關陝、南達江淮。兩旁多旅舍、以其密邇京都行人、使客絡繹不絶。」（『老朴集覧』「朴通事集覧」上四裏七～五表二）という説明がある。これによると「蘆溝」は、本来「桑乾河」と呼ばれ、俗に「渾河」、または「小黄河」とも呼ばれた。「蘆溝橋」は、都城の三〇里外にある石橋であったことがわかる。また、この橋の両側の欄干にある石でできた石獅子の彫刻が非常に奇巧であったという。元代の熊夢祥の『析津志輯佚』「河閘橋梁」「盧溝橋」条に『老朴集覧』と似た内容が伝わっている。

46　『朴通事諺解』には、この歩虚和尚について同じ内容が夾注（上六五前八～六五後二）で付けられている。これによると、歩虚和尚は高麗名勝太古和尚の普愚（一三〇一～一三八二）であり、彼が元の大都（今の北京）に滞在したのは、至正六年（一三四六）から至正八年（一三四八）のことである。

47　「歩虚和尚」の例は、『翻朴』の第三八課に「一箇見性得道的高麗和尚、法名喚歩虚、—ᄒᆞᆫ 見性得道ᄒᆞᆫ 고렷 화샹이 즁의 일후믈 블로ᄃᆡ 보헤라 ᄒᆞᄂᆞ니」（上七四裏一～四行）とある。

48　「湖州」は、府の名前で明代に設置された。今の浙江省呉興県一帯を指す。

49　『翻老』は「今年交大運丙戌—올ᄒᆡ 대운이 병슐에 다ᄃᆞ라 이시니」（『翻老』下七一b）である。

50　この主張の根拠は、『五行精紀』等によると、「大運」が一〇年を単位とする運勢を言うため、「今年交大運」を「丙戌年から大運がかかるので」と見て、その年が丙戌であることを指摘したものではない、ということである。

51　このように使われた「教」の例としては、『原老』第三話「漢語の勉強はどうだったか?」で「教當直學生、將簽筒來搖撼」（拙著、二〇〇四ａ：三二）がある。この他にもいくつかの場所で発見されるので、こうした表現が非常に流行していたものと思われる。

52　当時の紙幣は、紙質が悪く、流通している間に紙が擦れてボロボロになっている場合もあり、印刷された額面が消えて明瞭に見えない場合が多かった。それゆえ、当然古い紙幣と新しい紙幣の違いが生じるわけであるが、擦れて字が見えなかったり、紙がボロボロになった紙幣を「爛鈔」、「昏鈔」と言った。一方、新しい紙幣を「料鈔」と言ったが、紙幣を管理する「交鈔庫」で爛鈔、昏鈔を手数料［工墨錢］を取って料鈔に交換していた（拙著、二〇〇四ａ：三三六注九）。

53　「The Mongols are mentioned only twice in the *Piao Tongshi*, It is interesting to note that on both occasions they are referred to in a derogatory manner. They portrayed as uncivilized, rude and non-believers. The fact that they are not mentioned frequently and not praised seems to indicate that although the *Lao Qida* was definitely written during the Yuan period, perhaps the *Piao Tongshi* was written during the early Ming period. If the *Piao Tongshi* was written during the Yuan dynasty, then it means that the Mongols were tolerant and that they do not mind what was written about them.」（Dyer, 2005:167）とあり、『朴通事』にモンゴルの話が二度しか登場しておらず、彼らを失礼かつ乱暴で信頼できない人として描かれているとしており、『老乞大』は明らかに元代に書かれたが、『朴通事』は明初に著作されたものと見ている。

54　原文の「軀口」は、「驅口、軀口」とも書かれ、戦争で捕虜になって奴隷にされた者をいう。『輟耕録』」（巻一七）「奴婢」条に、「今蒙古、色目人が臧獲にした中で、男は奴、女は婢と呼ばれ、これらを合わせて軀口と言う」という説明がある。『元典章』「刑部」（巻一八）「孛蘭奚逃驅不得隱藏」条に、逃げた奴隷を匿うことに対する禁止令がある（拙著、二〇一〇：一四一）。

55　「著落」は、「(責任を負って) ~をさせる」という意味の吏語である（『老朴集覧』を参照)。『元典章』刑部、巻一八、人口不得寄養に「もし（奴隷が）逃げたら、責任を持って（著落して）探すこと（根尋)」という一節がある（拙著、二〇一〇：一四一)。

56　『老朴』について、Dyer（二〇〇七：三）が、「The *Lao Qida*（*Nogŏltae* in Korean and 老乞大 in chinese) and *Piao Tongshi* (*Pak t'ongsa* in Korean and 朴通事 in Chinese) were two very popular, authoritative and influential textbooks of the colloquial Chinese at the beginning of Yi 李 dynasty（1383~1910) in Korea. They were written for the Koreans who came to China to trade. [中略] These two textbooks are similar in style, vocabulary and content, except that *Lao Qida* is shorter and easier and the *Piao Tongshii* is much longer and contains an exceptionally large number of terms and expressions.」としたのが、これまで二つの訳学書の関係について言及した唯一のものと思われる。

57 実際に、この本の一葉表の右上段に「嘉靖二十六年／丁未二月十八日／置簿戊申十／二月十五日下等／二十四日楊洲除授」という付箋が付けられており、この本の所有者が、嘉靖二六年（一五四七）二月一八日に『老乞大』を持って漢語を勉強する者として置簿され、その翌年である戊申年（一五四八）二月一五日に実施された取才で「下等」の分数で合格し、二月二四日に地方の楊洲牧使に除授された、という内容がある。訳官でない文臣が漢語を学習して取才に応試したのであり、『老乞大』がその漢語教材であったことを示す貴重な資料である（拙稿、二〇〇七b：一五）。

58 拙著（二〇〇四a、二〇〇六d）では『老乞大』を一〇六話に分け、拙著（二〇一〇）と鄭光・梁伍鎮（二〇一一）では『朴通事』を一〇六課に分けた。『老乞大』を「話」とし、『朴通事』を「課」としたのは、後者が独立した場面を素材にしているのに対し、『老乞大』は連続した旅行における会話を素材にしているためである。

59 二〇〇三年一〇月一七日北京外国語大学で開かれた韓国二重言語学会国際学術大会で、筆者が「韓半島における中国語教育と教材」と題して基調発表をした時に、『老乞大』を取り上げた。発表が終わった後、中国の北京人民大学の故胡明揚老師が『老乞大』に登場する「背起」の意味を質問した。中国では『老朴』研究の大家が、なぜこのような質問をするのだろうかといぶかしく思いながら、韓国でふくらはぎを打つ時に後ろ向きに立たせて打つので、おそらく「後ろ向きに立たせる」という意味ではないかと答えた。この言葉を聞いて胡先生は破顔大笑しながら、「中国では手のひらを打つんですよ！」と言われた。中国と韓国で体罰の習慣が違うことを指摘したのであるが、これが『老乞大』と『朴通事』が見せる最大の違いかもしれない。

60 ここに登場する料理とその製法については、拙著（二〇一〇：二八三～二八四）で詳しく紹介されている。

61 『新朴』第一課では、この部分が削除された。

62 梁伍鎮（一九九八：九〇～九三）には、『老朴』に見られることわざと格言がまとめられている。『老乞大』は一五のことわざと格言が使用されているが、『朴通事』のそれは六五も見つけることができ、全部で八〇のことわざと格言が載せられている。ただし「千零不如一頓」は『原老』にも現れており、『朴通事』のみ使われたものとしたのは、『原老』が当時まだ発見されていなかったために起こったミスと思われる。

63 やはり『新朴』の第四課にはこの定型句が抜けている。おそらく清代の北京マンダリンでは、既にこの言葉があまり使われていなかったことを示しているのであろう。

64 『老乞大』の場面分析は、かつてDyer（一九七九）で試みられ、Dyer（一九八三）で具体的にまとめられている。彼女の研究が韓国と東洋の学界にあまり知られていないのは、この方面の研究にとって非常に大きな損失であった。

65　先行研究の各課名称に比べて少しずつ違うのは、その課の主題が何かに対する認識の違いがあるためである。今後これに対する総合的な議論が必要であろうが、ここでは筆者の意見に基づいて整理した。

66　『新朴』も一〇六課が維持されている。『老乞大』の新釈本と重刊本が一一話に会話の場面を増やしたことに比べると、異例と言える。ソウル大一簑文庫所蔵の『朴通事新釈諺解』は、各課ごとに欄上に課数を墨書で記入しているが、興味深いことに最後の第一〇六課は表示されておらず、「百五」で終わっている。おそらく最後の課の欄上に「百六」と書くのを忘れたようである。

67　もちろん、訳科と取才も司訳院が主管するため、『通文館誌』には訳科と取才に関する詳細な規定が記録されている。この他にも、院試と考講は、司訳院自体で訳官の外国語学習を訓練して試験する制度であるため、『通文館誌』に詳細に規定されている。これについては、第二章四節の司訳院の外国語教育と評価を参考にすること。

68　例えば『通文館誌』巻二、勧奨第二、書徒考講条に、「季朔坐起日、試御前教誨、教誨、前銜各本業［老乞大・朴通事・伍倫全備六冊、毎季朔半巻式凡十二等、而周背講御前年四十、教誨年五十臨講。］、經史［四書・通鑑・宋鑑、則毎季朔四巻式、詩傳・書傳・胡春秋則二巻半式凡二十四等、而周臨講］［後略］」とある。御前教誨や教誨のような通事たちに本業書の『老乞大』・『朴通事』・『伍倫全備』を一二回に分け、四書と通鑑等の経史書は二四回に分けて、覚えて解釈させたが、四〇歳以上の御前教誨や五〇歳以上の教誨は本を見て講ずるようにしたのであり、司訳院では、常に訳官たちを教育していたことがわかる。この時講読する本業書の分量が規定されていた。

69　これについては、『増補文献備考』の「教曰、各以科試則其爲重大、正科・雜科豈有間焉。雖以雜科言之、天象之推測、地理之究解、御藥之調和、法律之平反、象鞮之喋利、建除之通曉。凡此數者、孰非重大之事乎？　固不可以雜科而忽之也。」（巻一九一、選挙考八、科挙第八、雑科、正祖元年三月条）という記事参照。

70　科挙三層法は、唐宋の科挙制度に由来するもので、地方長官が考試官になって施行される郷試という予備試験と、その合格者を礼部で再試する会試（省試、覆試）、そして国王が自ら考試官になる殿試をいう。高麗王朝の科挙制度では、初期には郷試がなく、会試と殿試を合わせた東堂監試があっただけであったが、顕宗一五年（一〇二四）に挙子試（郷試）ができ、国子監試ができて、科挙三層法に準ずるようになる（曺佐鎬、一九五八）。

71　このような二段階にわたる人材の選抜法も、朝鮮王朝末期に入ってくると乱れ始め、道光甲辰（一八四四）年に施行された増広別試に訳科清学で応試して合格した白完培の清学試券は、覆試ではなく初試のものであったが、彼はこの試験に合格して『訳科榜目』（巻二、三六表）の七番目（第二等四人）に、「白完培［字成汝、元培弟］、辛巳生、本林川、清學新遞兒判官」のように記録された。すでにこの時点で初試、覆試の二段階選抜がなくなっている（拙著、一九九〇：二三九～二四七）。

72　これより一八年前（一七七〇）年に施行された劉学基の初試、すなわち「来辛卯式年訳科初試」では、『老朴』の両書と四書のすべてが出題されていた。壬辰倭乱・丙子胡乱以降、一時強化されていた訳科が、時代の変遷を経て、徐々に簡素化されていることを示している（拙著、一九九〇：一二〇～一二四）。

73　これら試券資料は、後に個人所蔵になったようである。

74　川寧玄氏家の古文書は、『国史館開館記念史料展示会目録および解題』（国史編纂委員会、一九八七）と金炫栄（一九八七）を参照。

75　国から功労のある臣下に下される山林、土地、奴婢等をいい、その所有に関する文書を与えること、またはその文書。

76　『高麗史』巻七三、志第二七、選挙一、科目一の睿宗一一年条に見られる記事と、『増補文献備考』巻一八六、選挙考第三、科制三の三年定式年、初試及覆試の試期条にある「禮曹啓曰、式年諸科自正月至五月畢試。東堂作之時、擧子來往有妨於農、請依中朝例、毎寅・申・巳・亥年秋、試以初試。子・午・卯・酉年春、試以覆試。上可之。」という記事から、初試は寅・申・巳・亥年の秋に、覆試は、子・午・卯・酉年の春に施行されたことがわかる。

77　秘封は、通常糊名または糊封と呼ばれ、応試者が巻頭に氏名、本貫と四祖を書いて応試の数日前に糊封し、試験前日に試院（科挙の試験が行われた所）に提出させた（『高麗史』巻七四、志、巻二八、選挙二科目二、元宗一四年一〇日条）。糊名法は、本人と名前の上に糊名紙という紙を貼って隠す方式であり、封彌法は、本人と四祖の身分等の情報が記録された部分を右から左に巻き上げ、上・中・下の三箇所に縦に穴をあけてひもで縛る方式である。糊名試式が始まったのは顕宗二年（一〇一一）で、礼部侍郎の周起が王に啓上して定められたものである（『高麗史』巻七二、志、巻二七、選挙一科目一条にある、「顯宗二年禮部侍郎周起奏、定糊名試式」という記録参照）。

78　入門官は、『通文館誌』に「毎式年增廣、設科初試開場前期、本院定入門官四員［漢學三員内一員教授、二員等第參上官、一員三學出身有等第官、排次輪差］」とあるように、初試の場合は、司訳院四学のうち三学が漢学官で、残りの一人は三学（蒙・倭・清学）から、科挙に合格して出身した者（有等第出身者）が順番にしたことがわかる。また、漢学官三人のうちの一人は教授、残りの二人は科挙に合格して正六品を務めた者（有等第參上官）となっている。

79　『経国大典』の追贈法には、祖父母と曽祖父母は、父親よりもそれぞれ一等級ずつ下がる、とあるので、父親である劉益海より一等級下で追贈された。

80　『訳科榜目』によれば、劉集基は乾隆丙午式年試の訳科漢学に三等で合格し、劉協基は本人が科挙に合格できなかったが、彼の息子の劉用吉が嘉慶甲子式年試の訳科漢学に三等で合格している。その榜目に「劉用吉、字士行、丙午生、本漢陽。漢學舊押物主簿、父譯奉事協基」（巻二、一七表）という記事がある。

81　劉鍾輝翁の所蔵古文書に、劉逢吉の漢城府戸籍単子があり、この事実を知ることができる。

82　劉翁の古文書に「教旨、劉學基爲朝散大夫、行司譯院參奉者、乾隆三十四年四月」という告身（任命状）を参照。

83　同じ古文書にある、「禮曹奉教、朝散大夫行司譯院副奉事劉學基、譯科三等第七人出身者。乾隆三十六年四月初七日判書、參判、參議、正郎、佐郎。」という白牌を参照。

84　劉翁の古文書にある、「教旨：劉學基爲通訓大夫、行司譯院主簿者、乾隆四十年月日」という告身を参照。

85　嘉慶五年正祖崩御（昇遐）の告訃兼請謚請承襲の奏請使は、綾城尉の具敏和を正使とした使行をいう。『通文館志』巻一〇、紀年續編、正祖大王二四年庚申条を参照。

86　劉翁の古文書に「教旨、惟嘉善大夫、行忠武衛副司直劉學基、爾以告訃兼請謚請襲奏請使行中堂上譯官、奴碑中一口、田三結特賜賞、爾可傳永世者。嘉慶五年十一月二十日、右副承旨通政大夫、兼經筵參贊官春秋館修撰官臣李。」という賜牌があり、「教旨、劉學基爲嘉善大夫者、嘉慶五年十一月二十一日、告訃兼請謚請承襲奏請使、常仕堂上譯官加資事、承傳。」という告身があり、これを知ることができる。

87　劉翁の古文書に「教旨、劉學基爲嘉義大夫、行龍驤衛護軍、兼五衛將者、嘉慶七年六月日。」と「教旨、淑人安氏爲貞夫人者、嘉慶七年六月二十九日、嘉義大夫同知中樞府事、兼五衛將劉學基妻、依法典從夫職。」という劉学基と夫人の告身を参照。

88　この賜牌の左下に「癸亥閏二月十九日同年同月日、承傳、册封奏請譯官劉學基、熟馬壹匹」という馬帖が添付されており、馬一頭を褒賞として受けたことがわかる。

89　劉翁の古文書に「教旨、劉學基爲正憲大夫者、道光十一年正月十六日、年八十三譯科回榜人、依定式加資」という告身がある。［写真三-四］参照。

90　劉翁の古文書に「禮曹奉教、司譯院漢學前銜劉運吉、譯科三等第一人出身者、乾隆五十四年三月日、判書、參判、參議、正郎、佐郎。」という白牌が含まれている。この白牌も拙著（一九九〇）の巻頭に写真で掲載された。

91　劉翁の古文書に、「教旨、劉運吉爲嘉義大夫者、道光七年八月日、因備邊司草記、四學譯官中可合陞用者十三人加資事、承傳。」という告身と、「教旨、劉運吉爲通政大夫者、嘉慶十九年正月初七日、多有效勞可合任使加資事、承傳。」という告身がある。

92　『老乞大』の編纂については、閔泳珪（一九四三、一九六四）、丁邦新（一九七八）および拙著（二〇〇二b）を参照。

93　『通文館誌』巻八、什物、続条にある「新釋老乞大板、諺解版、乾隆癸未訓長邊憲修整、芸閣刊板。」という記事参照。

94　卞熤等の『老乞大諺解』（平安監営重刊本）では、この部分が「我有些腦痛頭眩［中略］太醫上重重的酬謝。」（下巻三五裏九～三七表一〇行）であり、科題から見ても同一で、『重刊老乞大』とも区別されない。

95　崔世珍が翻訳した『(翻訳) 朴通事』上（乙亥字本の木版覆刻本、韓国国会図書館所蔵）の本文に、「南城永寧寺裏聽說佛法去來、一箇見性得道的高麗和尙、法名喚歩虛。」という一節があり、邊憲等の『朴通事諺解』にこれについての詳細な注がある。これによると、高麗の歩虚和尚は、高麗末の名僧普愚（一三〇一～一三八二）のことで、彼は忠穆王二年の至正丙戌（一三四六）に、中国に赴き、江南湖洲の霞霧山にある天湖庵で石屋和尚から雲峰直覚禅師の臨済宗を学び、高麗に伝えた人である。本文中の南城は燕京（北京）、つまり大都をいい、『朴通事』の著者が、実際に燕京で普愚に会ったことを内容に入れたのであれば、『老朴』は忠穆王二年から高麗末（一三九二）の間に編纂されたものと見ることができる（拙稿、二〇一二bおよび閔泳珪、一九六六）。

96　『通文館誌』巻八、什物、続条に、「新釋朴通事板、諺解板、訓長金昌祚等修整、乾隆己酉 箕營刊板。」という記事があり、金昌祚が『朴通事新釈』に関与したことがわかるが、実際の『朴通事新釈』の巻末には、彼の名前が記載されていない。すなわち、同じ本の巻末に検察官として邊憲と李湛（後の李洙）の名前が見られ、校正官（書籍の修訂・校正を引き受けている官員）として申漢楨、洪愼憲、卞光宝、李運成、金履熙等の名前が見られ、書写官として七人の訳官が記載されている。書写官の趙東洙、金履熙、そして金漢謙の名前の下に「諺解正書入梓」という記録が見えるので、彼らが諺解部分の諺文を筆写したことがわかる。また、平壌監営で刊行した時、新釈とその諺解が同時に行われたものと思われる。監印官は、通訓大夫行平壌訳学の愼在忠となっており、彼が平壌監営で刊版するとき監督したのであろう。

97　『朴通事新釈』は、一つの課が終わると行を変えて書かれている。しかし、このくだりは非常に長い（五一表一〇行目から五五裏七行目まで）ので、その始まりである「我兩箇到書舖裡去」から一〇行になる「一日先生做羅天大醮」までを切って出題しており、一つの課全体を出題できていない。分量に合わせて科題を調節したものと思われる。

98　『通文館誌』巻八、書籍、続条に、「經書正音［論語二本、孟子三本、中庸、大學合一本、詩經三本、書經三本、春秋二本。雍正甲寅 院官李聖彬等捐財、鑄字印納］」という記事があり、『經書正音』一四冊の刊行経緯を知ることができる。この本は、ソウル大学奎章閣等に多数現伝している。ただ、奎章閣本のうち一つ（奎一六七四）は、第一〇冊目の『春秋正音』巻四末尾に、検察官として洪命福、校正官として玄熤・金益瑞、書写官として金亨瑞・李師夏、そして監印官として金漢泰の名前が見られ、「甲辰冬重刊、通文館藏板」という刊記がある。この本は乾隆甲辰（一七八四）に通文館にて木版本で重刊されたことがわかる。

99　『孟子正音』巻一、梁恵王下篇に「孟子見齊宣王曰、爲巨室則必使工師求大木」（二四表一〇行）があり、この部分の出題である可能性もある。

100　『老乞大諺解』（一六七〇）の上巻二六表二～二七表四行と『老乞大諺解』（一七四五）の同じ部分を参照。

101　この部分の『重刊老乞大』は、この試券の科題に示されているように、「舊年又有一箇客人～那賊跑去了」であるが、この本はこの時点ではまだ刊行されていない。

102　丘濬は、明の瓊山人で、字を仲深といい、景泰年間（一四五〇～五七）に進士試に及第して官途についた。明の孝宗の時、文淵閣学士に至り、学問の好きな性格のため、国の典例と故事に明るかった。朱子学に精通しており、『大学衍義補遺稿』、朱子学の『家礼義節』等の著書がある。また、「伍倫全備記、投筆記、挙鼎説、羅囊記」等四種の伝奇がある。『明史』巻一五一、『明史稿』巻一六四、萬斯同の『明史』巻二三七等を参照。

103　ソウル大図書館の古図書に、『新編勧化風俗南北雅曲伍倫全備記』という名前の零本（巻一、二）が所蔵されている。この本の巻頭にある玉山高並の序文に、赤玉峰道人の作品である『五倫全備記』について言及してあるが、丘濬の原作を彼が雅曲に作ったのではないかと思われる。

104　ソウル大奎章閣所蔵の『伍倫全備諺解』八巻五冊は、現在伝わる唯一の完本として知られている（田光鉉、一九七八を参照）。しかし、奎章閣には、もう一つの『伍倫全備諺解』が伝わっている。

105　道光甲辰増広別試の訳科清学に応試した白完培の試券には、初試にて訳語で『翻大典通編』が出題されている。しかし、この時は清学に覆試がなかった。

106　試券の科題最後の部分「大片切着炒來吃罷」の「吃」が、『重刊老乞大』では抜けている。

107　『重刊老乞大』のこの部分は、「○主人家、還有一句話［中略］明日好不渴睡」になっており、科題の「還有一句話說」の「說」が抜けている。

108　卞煜の『朴通事諺解』には、中巻二九裏二行目から三〇裏四行目までが「咳今日天氣冷殺人○애 오○ 하○ 긔운이 차 사ᄅᆞᆷ을 죽게 ᄒᆞ니［中略］將去再吊一吊○가져가 다시 드리오라」なので、終わりの部分が試券の科題とは全く異なっている。

109　これについては、第二章四節の「採点」参照。

110　国史館に所蔵されている訳科漢学試券の中に、初試で四分で合格した例があり（乾隆癸巳大増広別試訳科初試 玄熢の試券）、倭学覆試にて一〇分で合格した例（乾隆丁卯式年訳科覆試 玄敬躋の試券）がある。後者の場合は、一〇分でも三等七人で合格したので、この採点の基準は非常に主観的であったようである。

111 同榜とは同じ時の科挙に合格し、榜目に一緒に記されること。またはそのような人。

112 全文を李崇寧（一九六五）から再引用すれば、次のとおりである（＊は誤字）。

逆旅浮生七十翁　親知凋盡寄孤窮＊　登名四紀幾更變　餘榜三人又失公

爲希＊自今誰共討　輯書裨後世推公＊　嗟吾後死終無益　涙洒東風慟不窮

113 金完鎮（一九九四）によれば、方鍾鉉先生はこの部分を「丙午參」と見ており、また別の榜目では、この部分が欠落している点を明らかにした。この本では、原典の批判が非常に重要であることを強調しており、筆者はここから学んだところが多い。

114 筆者が拙稿（一九九九b）を書いた時は、安秉禧（一九九六b）を見ていない状態であった。誤字が修訂されていない金安国の挽詞を何度も解釈を試みたが到底解釈ができず、原文を探し、その結果いくつかの誤字があることを知り、これを正しく直してからようやく解読可能となった。既に誤字があることについては安秉禧（一九九六b）で議論されていたことを明らかにしておく。

115 「爲命自今誰共討」の「為命」は、外交文書の作成のことである。『論語』憲問編に「子曰、爲命裨諶草創之、世叔討論之、行人子羽修飾之、東里子産潤色之。」という一節があり、いくつかの段階を経て、文書が作成されることを述べている。崔世珍は漢吏文に精通しており、常に事大文書を作るときにこれを主管していたので、世叔に比肩して「討論」する人と見たわけである。

116 この挽詞を見ると、大科の榜に上がってから四〇年（四紀）という文句が見られ、やはり崔世珍の死が封世子別試の大科に合格した燕山君九年（一五〇三）から四〇年後の中宗三七年（一五四二）のことを言っている。金安国が生員試、つまり初試に合格したのは、前述した『国朝榜目』の記録によれば、燕山君辛酉式年試（一五〇一年施行）のことである。彼は成宗九年（一四七八）に生まれたので、二三歳になった年のことであり、大科に合格したのは三年後のことなので、彼の年齢は二六歳であった。当時崔世珍は三六歳で、一〇歳の年の差があったが同榜となった。その後金安国は承文院の官吏に登用され、博士、副修撰、副校理等を務めたが、崔世珍と長い間一緒に働いていた。

117 この墓誌銘は、誠庵古書博物館に所蔵されている。

118 ［　］内の文字は、双行夾注で書かれたものである。以下同じ。

119 生員で小科に合格したことで、『国朝榜目』に「丙午員」または「丙午参」と記録された例は、見つけるのが難しい。ここで「丙午員」を「丙午年に官員となった」と解釈することができる。

120 唱榜とは科挙及第者を榜に貼り付け発表すること。

121　成宗が旧例にとらわれず、崔世珍を抜擢して質正官として中国に派遣したことは、非常に有名なことであり、『中宗実録』にも登場している。『通文館誌』巻七、人物、崔世珍条にも、「〔前略〕既數年親講所業大加奬歎、特差質正之官。言官啓曰、以雜職而補質正之官、古無比例。上曰、苟得其人、何例之拘？　自予作古可也。累赴京師。〔後略〕」という記事があり、すでに成宗王の時に、中国語に長け、王の寵愛を得ており、文臣だけが行くことのできる質正官としての資格で中国に行ってきたことがわかる。以降は、司訳院の訳官が質正官として、中国に行く使行に随行するのが正式に認められたようである（拙著、一九八八ａ）。

122　訳科を応試した時も、四祖単子を提出し、訳科試券の右上に四祖を記録して糊封する制度のため、訳科の応試者たちは皆家系を明らかにしていたが（拙著、一九九〇）、崔世珍の場合は、文科榜目に名前を上げる際に、文臣が故意に除いたものと思われる。雑科出身者に対する根深い差別意識の発露と見ることができる。

123　「想」は、「想白文庫本」を言っており、故李想白教授が寄贈した書籍である。

124　『通文館誌』の編纂と諸異本については、拙稿（一九九二）を参照すること。

125　訳訓とは、漢字の中国語発音を正音で表音し（訳）、その意味も解釈すること（訓）をいう。『洪武正韻訳訓』は、『洪武正韻』の標準漢字音を表音し、その漢字の意味も記している。

126　「変音吐着」とは、漢字の発音を変えて、吐、すなわち口訣を書き入れることをいう（拙著、二〇一五）。

第四章　モンゴル語教育——蒙学

モンゴル語は、チンギス・カンがステップを席巻して大帝国を建設して以来、中国の漢語に勝るとも劣らない東アジアの通用語であったので、高麗ではこの言語の教育が非常に活発であった。特に、クビライ・カンが中国の宋を滅ぼし、元を建国してからは、中国ではモンゴル語が支配階級の言語となったので、元に朝貢を行う周辺諸国もモンゴル語を学ばざるを得なかった。したがって、高麗ではモンゴル語教育が非常に徹底して行われるようになった。

前述したように、高麗で通文館という名前で司訳院を初めて設置した時には、漢語とモンゴル語の教育から始まった。この伝統は、朝鮮の建国初期にも続いていた。たとえモンゴルの元は滅亡したとしても、元々の発祥の地に追い返された北元のモンゴル人たちとの交渉もあったので、モンゴル語の教育はそのまま維持された。しかし、東アジアでモンゴル語の勢力が次第に衰え、周辺の他の民族、例えば建州、野人の満州族が勢力を得ると、モンゴル語の需要も徐々に減少していった。

特に注意を引くのは、朝鮮王朝時代に壬辰倭乱と丙子胡乱を経て、多くのモンゴル人と接するようになったという事実である。なぜなら、明から派遣された援軍の中でモンゴル人が多く、丙子胡乱の清軍の中にもモンゴル人が混じっていたためである。しかし彼らのモンゴル語は、チンギス・カン時代のモンゴル語とは非常に異なる言語だったため、大規模なモンゴル語教材の修訂が行われた（拙稿、一九九〇、および拙著、二〇〇二b）。元代のモンゴル語とは全く別の言語として認識されるほどであった。したがって司訳院では、この新しいモンゴル語を教育するようになった。

司訳院でこのような周辺の少数民族の言語を教育したのは、少し変わった事情があったものと思われる。それは、『経国大典』に規定されている司訳院四学に合わせてモンゴル語を維持したためではないだろうか。また、李瀷の「蒙学三書重刊序」に述べられているように、すでにモンゴル語の需要はなかったが、後日モンゴルが強くなることに備えてモンゴル語を教育していたようである。このように朝鮮後期には、ひたすら慣例によってこの言語が教育されていた。ただし、燕行使として派遣された朝鮮の訳官が、北京で多くの少数民族の使節に会い、彼らの事情を探り、交易する必要から、モンゴル語の必要性はあったものと思われる。この章では、朝鮮時代のモンゴル語教育について考察することにする。

一、モンゴル語とモンゴル文字

モンゴル族は、斡難河（今のオノン川）上流の不児罕山（今の肯特山）一帯に分布していたが、キヤト・ボルジギン部族のイェスゲイ（也速該）が興起して周辺の諸部族を統率し始めた。イェスゲイの息子テムジン（鉄木真）は、さらにセレンガ川のタイチウト（泰赤烏、Taidjouts）、フルンボイル地域のタタール（塔塔爾、Tartars）等を併合し、南にオンギラト（翁吉刺惕、Khongirad）、オンゴート（汪古特、Ongouts）、そしてトール川とオルホン川の間のケレイト（克烈部、Kertes）、セレンゲ川上流のメルキト（蔑児乞、Merketes）、エニセイ川のオイラト（斡亦刺特、Oirats）、イルティシュ川地域のナイマン（乃蠻、Naiman）をすべて征服し、東は海に至り、西は西域に至る大帝国を建国した。テムジンはチンギス・カンと呼ばれるモンゴル帝国の創建者である。[1]

モンゴル人は、元々文字を持っていなかった。チンギス・カンがステップを征服した後も、適当な文字を国字に定めることをしていなかった。チンギス・カンの側近が漢文を理解し、彼の言葉を漢字で記録する場合もあったが、契丹文で書いたり、女真文字で書くこともあり、またウイグル文字（畏兀字）を借りモンゴル語で書くこともある等、混乱した状態であった。

特に、「漢人」を意味するモンゴル語の「Jaqud（札忽惕）」[2]は、漢族のみを指すのではなく、契丹、女真等、彼らが支配する諸民族を指す言葉であり、これら民族はそれぞれ自分たちの文字を持って言語を記録するという経験があった。[3]例えば、熱河で出土したチンギス・カンの聖旨牌は、正面に漢文で「天賜成吉思皇帝聖旨疾（天がチンギス・カンに皇帝の聖旨を下する。至急）」と書かれており、背面には契丹文字で「走馬」という二文字が書かれている。これを見ると、モンゴル北方の遼、金の跡地には、当時契丹文字または女真文字が依然として使用されていたことがわかる。

羅常培・蔡美彪（一九五九）は、このようなモンゴル帝国の混乱した文字使用が、パスパ文字のような新しい文字の制定を促したと主張している。このような主張が事実かどうかは、現在の資料では確認することができないが、モンゴル人がモンゴル・ウイグル文字（畏兀字）を使用してからわずか五〇年で、突然登場したパスパ文字が、モンゴル・ウイグル文字に取って代わってモンゴル語を記録するようになる。モンゴル語だけでなく、中国周辺の膠着語は、表音文字を独自に発明して使用していた。元代のパスパ文字もその中の一つということができる。

吐蕃

元の世祖クビライ・カン（忽必烈汗）は、「吐蕃」に遠征したときに、パスパ（八思巴）というラマ僧（喇嘛僧）を連れてきて、モンゴル人が漢字を学習するために必要な発音記号を作らせ、これを利用していくつかの韻書を作った（拙著、一九九〇：一三七）。これらにより、パスパ文字は吐蕃のラマ僧パスパが作成したことがわかっている。吐蕃については拙著（二〇〇九：一三六～一四二）で詳しく考察されているので、ここではその中で重要な部分だけを抜粋する。

クビライ・カンは、後に中国の南宋を滅ぼして元を建てたが、モンゴルの憲宗癸丑（一二五三）に吐蕃王朝を滅亡させ、この地域に軍政を設置した。パスパ・ラマは、かつてこのモンゴル軍の軍政指揮所である吐蕃宣慰司に在任していたこともあった。彼はこの地方の出身であった。

中国人が「蔵族」の本拠地と呼ぶこの地域を、最近では「西蔵」と呼んでいるが、歴史的には「吐蕃」と呼ばれてきた。西洋人は「Tibet」という。陳慶英（一九九九）によれば、中国で「蔵（ツァン）」または「西蔵（シーツァン）」と呼ぶチベット地域は、チベット文字で「bod-ljong」と書く。中国の西蔵自治区は、北は青海省・甘粛省、東には四川省と雲南省西部地域、南にはヒマラヤ山脈の南麓、西にはパキスタン東部に至る広大な地域をいう。

七世紀頃に吐蕃王朝が興起して青蔵高原の大部分を統一して強大な国家を建設してから、中国の漢文書籍に「吐蕃」と書かれるようになった。元代には、吐蕃は広くは中原の西域に属するので、「西蕃（あるいは『西番』と書かれることもある）」と呼ばれることもあった。その後もやはり「蔵」に方位を指す「西」を付けて「西蔵」とも呼ばれるようになったが、今日中国ではこの名称が一般的である。また、ソグド（Sogd）人は彼らを「twp'wt」と呼び、トルコ人は「töpüt」、西側のイスラム教徒は「tibbat、tubbit」と呼んだ。モンゴル語でツァン族（蔵族）を「töbet（土伯特）」と呼ぶため、西洋で呼ぶ「Tibet」という名称はここに由来する。

パスパ

元の世祖の勅命によりパスパ文字を制定したパスパ・ラマ（八思巴喇嘛、ḥP'ags-pa Lama）は吐蕃出身で、サキャ（薩斯嘉、Sa-skya）出身であり、ツァン族（蔵族）であるサキャ・パンディタ（Sakya Pandita）の甥である。[4] 元々の名前はロテ・ギャンツェン（Lodoi Ĵaltsan）で、ソェナム・ギャンツェン（Ĵanĵa Sodnam-ĵaltsan）の息子であり、姓は、コン

（mK'on、འཁོན་）氏で、パスパ（八思巴）は「聖童」という意味である（Poppe、一九五七：三）。[5] 既に七歳の時に経書数十万言を覚えてしまったので、国では神聖な子供という意味の「パスパ（八思巴、八思馬、帕克斯巴）」と呼ばれたという。[6]

彼は、元の太宗乙未（一二三五）に生まれ、元の世祖至元一七年（一二八〇）一二月一五日頃にこの世を去ったものと思われる。[7] 一〇歳の時に出家して法名を慧幢とし、一三歳になった年に季父であるサキャ・パンディタに伴われてモンゴルに赴いている。一九歳の時、クビライ・カンの招請を受け、彼の宮殿に来たが、一五歳の時、モンゴルの憲宗癸丑（一二五三）に初めてクビライ・カンと会っているとする学者もいる（Pauthier、一八六二：一〇）。[8]

パスパ・ラマは自分の母国語のチベット文字を増減して字様を変改し、モンゴル新字を作った。[9] 普通パスパ文字（八思巴字）・モンゴル文字・国字といい、モンゴル・ウイグル文字と区別される。また、字形が方形なので、帖児真、帖児月真（dörbeljǐn）と呼ばれることもある。元々モンゴルでは、方形の文字という意味の「dörbeljǐnüsüg」で呼ばれており、外国語では、英語「hPags-pa script」、フランス語「écriture carrée」、ドイツ語「Quadratschrift」、ロシア語「квадратная письменность」と呼ばれる（Poppe、一九五七：一）。しかし、最近の英語では、区分符号（diacritical mark）をすべてなくし、パスパ文字（Phags-pa Script）で統一して呼ばれている。日本でも一時「パクパ［pakupa］文字」と呼ばれたことがあるが（服部四郎、一九八四a、b、c）、最近では「パスパ［pasupa］」文字と呼ばれている。現代中国の普通話では、「八思巴」が「パスパ」と発音されるため、筆者も「パスパ文字」と統一して呼ぶことにする。[10]

中国では、明の太祖がこの文字を徹底的に廃絶したため、明代はもちろん、清代までパスパ文字という名前を使用することを好まなかった。高麗と朝鮮では、前述した方形の文字という意味の帖児真、帖児月真と呼ばれたり、ただ「字様（文字の形）」と呼ばれたりした。

拙著（一九九〇：一三六～七）によれば、『太祖実録』巻六、太祖三年（一三九四）一一月甲戌条に、「七科入官補吏法」があり、下級官吏に対して試験を行い、官吏に任命する制度を設けたものと思われる。その中で、外国語を試験して訳官に任命する試験方法において、モンゴル語を学習した「習蒙語者」の場合、「能譯文字、能寫字様、兼偉兀字、爲第一科。只能書寫偉兀文字、兼通蒙語者、爲第二科。（文字を読むことができ、字様を書くことができ、併せてウイグル文字を読んで書ければ、第一科とする。ただウイグル文字だけを書くことができ、併せてモンゴル語に通じていれば、第二科とする）」とあり、「字様」と「ウイグル文字（偉兀字）」の両方が書ける者を第一科としているが、この時の「字様」はパスパ文字を指しているものと思われる。

おそらく、朝鮮時代には、すでに明の顔色を窺わざるを得ず、蒙古新字・国字・八思巴字等と呼ぶのが難しかったため、「字様」、すなわち、「文字の形」という曖昧な呼称でパスパ文字を呼んでいたものと見ることができる。そしてこの記事は、すでにこの時点で、朝鮮ではモンゴル・ウイグル文字だけがわかり、パスパ文字が理解できないモンゴル語訳官も多かったことを窺い知ることができる。[11]

こうして作られたパスパ文字は、元の世祖（クビライ・カン）によって至元六年（一二六九）に皇帝の条令により頒布される。すなわち、『元史』巻六、世祖紀に、「至元六年二月己丑、詔以新製蒙古字、頒行天下。（至元六年二月己丑日に新たに作成されたモンゴル文字を頒布し、天下に使用するよう詔勅を下す）」という記事があり、至元六年（一二六九）二月にモンゴル新字、すなわちパスパ文字を頒布したことがわかる。この文字は、チベット文字を母胎にし、サンスクリット文字のように表音的な文字として作られた。

パスパ文字と訓民正音

パスパ文字の制定は、朝鮮の訓民正音の制定に大きな影響を及ぼした。[12] 元の世祖至元六年（一二六九）に皇帝の詔令により頒布されたパスパ文字は、諸路に建てられたモンゴルの学校で、モンゴル人に漢字の漢語音を学習する発音記号として提供されており、『蒙古韻略』や『蒙古字韻』のような韻書の発音表記に使用された（拙著、二〇〇九：一六六）。

パスパ文字の子音表音字と母音表音字については、まだ多くの部分が未知のままであり、その解読も学者により異なることが多い。[14]これは、明の太祖以降継続して明王朝が実施してきた胡元の残滓を抹殺する政策によって、この文字の資料が徹底的に破壊され、伝授が断絶されたことに起因している。[13]

これまで、この文字は、本土の中国の学者たちが部分的に研究しており、西洋の好事家たちやモンゴルのナショナリズム的な研究者たちも関心を示したりもしたが、そのほとんどは日本人の学者によって研究が行われた。西洋の研究者たちの研究は、パスパ文字で書かれた文献資料がほとんどない状況で、主に現存する金石文のパスパ文字をモンゴル語で解読し、それからこの文字の音価を把握する方法をとっており、文字解読に多くの誤謬があった。

モンゴル語の歴史的研究者として自他が公認するポッペ（N. Poppe）教授も、パスパ文字の解読と研究を含む初期のモンゴル人の文字使用の研究がまだ未熟な状態であることを公言している（Poppe、一九五七：一、拙稿、二〇〇九：一二）。その後、日本人学者たちがこのような西洋の研究者の研究を継承しているが、やはりこの文字の全貌を把握するのは難しいように思われる。[15]

モンゴル語教育

モンゴル語の教育は、高麗王朝後期から、正確には、チンギス・カンによって勃興したモンゴル族が中国を征服し、元を建てて高麗を侵略する間にその必要性が増大し、国家的事業として実施されたものと思われる。朝鮮王朝の司訳院にも漢学とともに蒙学が設置され、中国語とモンゴル語の教育は、朝鮮建国初期から施行されていた。司訳院四学（漢学・蒙学・倭学・清学）が完備された後も、蒙学は序列からすると『経国大典』で漢学の次に位置しており、元が滅びた後もモンゴル語の教育は中断されなかった。

満州族の勃興とともに、司訳院で女真学が清学に変わった後も、同じ畏兀文字（ウイグル文字）を使用していたので、モンゴル語教育は満州語教育と並行されており、甲午改革により訳科制度と司訳院がなくなるまで、蒙学、すなわちモンゴル語教育は続いた。

このように元が滅びた後もモンゴル語教育が続いたのは、中国の東北方にモンゴル族の子孫やモンゴル語を使用する種族が多く、ここを旅行したり、彼らと交易するときに、モンゴル語が必要だったためであると考えられる。したがって、朝鮮王朝のモンゴル語は、国家間の外交関係のための訳官派遣や外国文書の翻訳に必要だったのではなく、旅行中の接触時に商品の取引に使用されたので、モンゴル語訳学書、すなわち蒙学書は、主に商人の会話に重点を置いて教育された。中国語や日本語と比べると、同じ司訳院で行われた外国語教育であっても、使用目的に応じて異なる場合があることがわかる。

二、蒙学書の編纂とその変遷

通事科

初期のモンゴル語教育は、もちろん元のモンゴル語、すなわち中世モンゴル語を教材として教育し、高麗の通文館やその後身の司訳院でモンゴル語を学習したモンゴル語訳官は、元との接触で通訳を担当した。

元が明によって滅亡した後も、モンゴルの残存勢力が北元を建てて執拗に明と高麗を圧迫したため、高麗末と朝鮮建国初期のモンゴル語は、元との交渉があった時と変わらず必要であったと思われる。朝鮮初期のモンゴル語教育については、第二章で述べたように、朝鮮が建国されて三年目の太祖三年に通事科が設置され、モンゴル語を試験して通事として選抜したという記事が、『太祖実録』巻六、太祖三年一一月乙卯条に見られる。

通事科

考試方法：三年毎に一次考試

赴試資格：司訳院の生徒はもちろん、七品以下の者で、『四書』、『小学』、『吏文』、漢語とモンゴル語に長けた者は、試験を受けることができる。

科策・出身品階：〔省略〕

第一科：文字の翻訳に長けており、字様（パスパ文字をいう）を書くことができ、併せてウイグル文字を書くことのできる者は、第一科

第二科：ただし、ウイグル文字だけを書くことができ、併せてモンゴル語に通じている場合は、第二科、出身品階は前と同じである。

昇進：元々官品がある者が第一科であれば二等を上げ、第二科なら一等を上げる。

額数：〔省略〕

モンゴル語第一科一人、第二科二人。

全部で一五人を選んで定員とする。もし第一科に該当する者がいない場合は、第二科と第三科のみ選抜し、第二科に該当する者がいない場合は、第三科だけを選ぶ。[16]

この記事を見ると、通事科がいかにして実施されたかを明確に把握することができる。この通事科は、朝鮮の建国初期に中国から帰化した司訳院提調の偰長寿の提案により設置されたものである（『太祖実録』巻六太祖三年一一

月条の記事）。通事科は、漢語学習者とモンゴル語学習者の二分野だけを訳官として選抜したが、モンゴル語学習者の場合は、漢字はもちろん、パスパ文字とウイグル文字の両方を駆使できる人を第一科とし、ただウイグル文字だけを書くことができる人を第二科として、第一科一人、そして第二科二人を選抜した。

ここで興味深いのは、明によって既に国を失ったモンゴル人は、パスパ文字を使用していなかったが、それでも朝鮮初期には、この文字に加えて、モンゴル・ウイグル文字を読み、解読できる人を優先的にモンゴル語通事として抜擢したという事実である。元の時代から漢字学習の発音記号として制定されたパスパ文字は、チンギス・カンがナイマン（乃蛮）王国のウイグル人から借用して使用していたモンゴル・ウイグル文字に押され、モンゴル帝国でも限定的に使用していたようである。

蒙学書の種類

モンゴル語の教育については、『世宗実録』世宗一二年三月戊午条の諸学取才書の訳学蒙訓に関する記事から、より具体的に把握することができる。

蒙訓：待漏院記・貞觀政要・老乞大・孔夫子・速八實・伯顔波豆・土高安・章記・巨里羅・賀赤厚羅。書字：偉兀眞・帖兒月眞。

蒙訓は、『待漏院記』・『貞観政要』・『老乞大』・『孔夫子』・『速八実』・『伯顔波豆』・『吐高安』・『章記』・『巨里羅』・『賀赤厚羅』（を教材にする）。ウイグル文字・パスパ文字（を書かせる）。

この記事を見ると、モンゴル語の教育では、『待漏院記』・『貞観政要』・『老乞大』・『孔夫子』・『速八実』・『伯顔

記したものである。

わかる。すなわち、書字（文字を書く試験）の偉兀真[17]は、モンゴル・ウイグル文字を表すモンゴル語を漢字の借音で書いたものであり、帖児月真はパスパ文字のモンゴル語名称であるDörberjin（方形文字）をやはり漢字で借音表記したものである。

波豆』・『土高安』・『章記』・『巨里羅』・『賀赤厚羅』を講読教材とし、ウイグル文字とパスパ文字を書かせたことがわかる。すなわち、書字（文字を書く試験）の偉兀真[17]は、モンゴル・ウイグル文字を表すモンゴル語を漢字の借音で書いたものであり、帖児月真はパスパ文字のモンゴル語名称であるDörberjin（方形文字）をやはり漢字で借音表記したものである。

『経国大典』巻三、礼典、訳科、蒙学では、『世宗実録』のものと大同小異のモンゴル語教材が見られる。すなわち、大典に規定された蒙学書は、「王可汗・守成事鑑・御史箴・高難加屯・皇都大訓・老乞大・孔夫子・帖月真・吐高安・伯顔波豆・待漏院記・貞観政要・速八実・章記・何赤厚羅・巨里羅」の一六の教材が見られる。書字からは「偉兀真」が削除されている[18]。

この両者の間で同じ名前の本に、漢字の一部が異なるものがある。『世宗実録』で『土高安』であったのが、『経国大典』では、『吐高安』となり、『賀赤厚羅』が『何赤厚羅』に、『帖児真』が『帖月真』に変わっている。これらモンゴル語教材については多くの研究があるが、今日伝わるものがないため、いかなる本であるかは明らかでない。ただ、元代の訓蒙教科書、子供や初心者に文章を教えるための入門書であったものと思われる（拙著、二〇〇二：二六八〜二九二）。また、『老乞大』は漢語の老乞大をモンゴル語に変えたものと見るべきであろう。

『経国大典』のモンゴル語教材は、前述した『世宗実録』の記事にはなく、新しく追加された新本が六つあるが、これらは臨文講読（本を開いて読み解釈する）させたものである。これらは、『通文館志』科挙、蒙学八冊条にある、「初用王可汗・守成事鑑・御史箴・高難加屯・皇都大訓・老乞大・孔夫子・帖月眞・吐高安・伯顔波豆・待漏院記・貞観政要・速八實・章記・何赤厚羅・巨里羅・並十六冊。兵燹之後、只有時存五冊〔中略〕」に指定された蒙学出題書の一六の本と一致している。これらをそのまま写字、すなわち書き写させたのは、この本が漢文で書かれておらず、モンゴル文字、ウイグル文字で書かれていたことを示している[19]。

また、同じ名前（一部の漢字は変わっている）の本が元代に広く訓蒙教科書として使用されていたことから、元代の訓蒙書を輸入して使用したものと思われる。例えば、『皇都大訓』は、阿憐帖木児[20]等が皇帝の訓戒をモンゴル語に翻訳し、「皇都大訓」と名前が付けられたものであり、この蒙学書は元代の訓蒙教科書と同じ本か、または関係のあるものであろう[21]。

『貞観政要』もやはり、元の仁宗王の時に阿林鐵木児等がモンゴル語に翻訳したもの[22]と何らかの関連がありそうである。また、『守成事鑑』も、元代の『守成事鑑[23]』と関連があると思われる。これらについては、M. Courant（一八九四～九六）、小倉進平（一九六四）、李基文（一九六七）、Song（一九八一）をはじめ、拙著（二〇〇二b）で詳細に言及されている。

ここで、注目すべきは「老乞大」という書名である。前章まで漢語の『老乞大』について言及してきたが、前述したように、この本は世宗王の時の訳学漢訓や『経国大典』の訳科漢学で愛用されていた。そして『蒙語老乞大』、『清語老乞大』も存在し、モンゴル語と満州語の学習書としても『老乞大』は人気があったことを見てきた。

『老乞大』の「乞大」は、「Kitai」または「Kitat」を漢字で表記したもので、元のこの言葉は、一〇世紀初めから二〇〇余年にかけて、モンゴル、旧満州および中国北部の一部を領有して国家を建設した遼（九一六～一一二五）のモンゴル系民族、すなわち契丹人を指す。契丹の「Kitan」は複数形で、「Kitai、Kitat」は単数形である。この名称は、遼が女真族の金によって滅亡した後も、中国北部およびその住民を指す呼称として広く使用されており、やがてモンゴル人が女真族の金を滅亡させて領土を拡大し、元を建てた後は、中国および中国人の代名詞となった。『元朝秘史』や『華夷訳語』等の後世資料で、北方中国人（漢人、漢児）を指す「乞塔・乞臺・奇塔」等の表記は、全て「乞大」のように「Kitai、Kitat」を借音表記したものである。また、この言葉は、西のトルコ語、ペルシア語等に伝わり、西側世界で中国語を指す言葉となり、現在ロシア語で中国を「Китай（キタイ）」と言ったり、また英語で中国を「Cathay（キャセイ）」と呼ぶのは、この言葉に由来したものである。

次に、「老」は、英語の「old」のように中国語でも愛称や敬称として使用されている。例えば、王という中国人を「老王」と呼んだり、師匠を「老師（先生）」と呼ぶときの「老」であると思われる。それ以外に、モンゴル語で「本当の」という意味の「lab」が変化したものという説もあるが、ここでは、現代中国語で北京をよく知っている人を「老北京」と呼ぶように、この「老乞大」は、中国事情に明るい「中国通」という意味で理解しようと思う。それがこの本の内容ともよく合うためである。筆者は、拙稿 Chung（二〇〇二）で、『老乞大、Lao Qida』を「Mr. Cathayan」に英訳して発表したことがある。[24]

「乞大」がモンゴル人が呼ぶ中国人「kitai、Kitat」に由来したものであれば、モンゴル人の中国語学習書である可能性もあるが、内容的に見て高麗人が書いたものと思われる（拙稿、二〇一三）。蒙学書に『老乞大』だけがあり、『朴通事』という名前がないことも想起すべきであろう。

『老乞大』がいつモンゴル語で編纂され、またいつ諺解されたのかに対する確かな記録はないが、『通文館志』によれば、『新釈老乞大』という名前の蒙学書が康熙甲子（一六八四）の訳科蒙學に出てくる。すなわち、『通文館志』巻二、科挙条の蒙学八冊という題の下に「守成事鑑・御史箴・孔夫子・伯顔波豆・待漏院記・新飜老乞大・飜経国大典」として七種の蒙学書が挙げられいる。その注に「自康熙甲子始用新飜老乞大、背試二處、而前五冊各寫一處。（康熙甲子年（一六八四）から『新翻老乞大』を使用し始めたが、本を見ずに二箇所を試験し、前の五つの本はそれぞれ一箇所を写字する）とあり、『新翻老乞大』だけを二箇所から背試（本を見ずに行う試験）にし、前の五つの本（『守成事鑑』・『御史箴』・『孔夫子』・『伯顔波豆』・『待漏院記』）は、一箇所を書き写させたことがわかる。蒙学も漢学のように、『老乞大』が非常に重用されていたのである。

この『蒙語老乞大』は、『通文館志』によれば、乾隆辛酉（一七四一）に蒙学官の李最大等が財を投資して刊行したことがわかる。[25]また、『捷解蒙語』に附載された「蒙学三書重刊序」によると、『蒙語老乞大』は乾隆辛酉年に刊行されてから、一七六六年に李億成によって、そして一七九〇年に方孝彦によって二回修訂されて刊行されたことがわかる。

蒙学書は、中国の訓蒙書をモンゴル語に翻訳したものと、『老乞大』のように高麗王朝に編纂された漢学書をモンゴル語に変えたもの以外に、最初からモンゴル語で作成されたものもある。例えば、『速八実』は、拙著（二〇〇二b）によれば、モンゴル語「Su ba（γ）si」の漢字表記で、「速［Su］先生（Teacher Su）」という意味であるが、漢字「速［su］」とは、速中忽［suγu］、速別額合［Sübe'etei］、速別該［Sübegei］、速客［Süke］、速客該［Sükegei］）等に見られるモンゴル人の名前速［Su］を表記した文字と考えることができ、最初からモンゴル語で作られた書名であったと主張した（Song：一九七八、一一〇〜一参照）。

これが事実であれば、この本はモンゴル語だけで書かれたと考えられる。同じ例を『伯顔波豆』からも見つけることができる。これはモンゴル語「Bayan Padu（r）」の漢字表記であり、おそらく伯顔拔都児（Bayan Padur）と呼ばれた伯顔蔑児吉解（Bayan of the Merkid）の一代記を記録した本であると推定される。このように、モンゴル人やモンゴル語で書かれた書名の蒙学書は、モンゴルで独自に訓蒙教科書として製作されたものをそのまま輸入して使用したものと思われる。

さらに、『土高安』または『吐高安』から発見されるのは、モンゴル語「Toγo'an〉Toγon（釜）」という意味の書名であり、『章記』は、モンゴル語「Janggi（消息）」、『巨里羅』は、「Geril～Gerel（光、光明）」、『賀赤厚羅』または『何赤厚羅』は、「Haci hure、Aci ure（優秀さ）」、『王可汗』は、「OngQaγan（王大王）」、そして『高難加屯』は、「Unan Qatun（皇后ウナンあるいは三歳女児）」を漢字で表記したものである（李基文、一九六四および拙著、二〇〇二b参照）。

以上の蒙学書は、『蒙語老乞大』を除いて、みな伝わっておらず、その内容を知ることができないが、その書名から推定すると、次のように四つの部類に分けることができる。

第一、中国の書籍をモンゴル語に翻訳したもの：貞観政要・孔夫子・守成事鑑・御史箴・待漏院記・皇都大訓

第二、モンゴル語だけで編纂されたもの：章記・何赤厚羅・吐高安・巨里羅・伯顔波台・速八実・高難加屯・王可汗

第三、司訳院で編纂したもの：老乞大

第四、モンゴル文字を学ぶためのもの：偉兀真（ウイグル文字）を習得するためのもの、帖（児）月真、すなわちパスパ文字（八思巴文字）のためのもの。

このうち「偉兀真」に関しては、すべての蒙学書がウイグル文字で記録され、これらの科挙試験［科試］が写字を兼ねるようになると、訳科の科試や取才からこれらの本が除外され、『経国大典』巻三、礼典、諸科、訳科蒙学の出題書から排除された。また、『老乞大』を除いては、みな元代モンゴルの訓蒙教科書として使用されていたものと推定される。

蒙学書の変遷

初期の蒙学書は、『王可汗』等一六種の蒙学書が使用されたが、壬辰倭乱と丙子胡乱を経て、「守成事鑑・御史箴・孔夫子・伯顔波豆・待漏院記」の五種だけが残り、蒙学の科挙試験には、五つの本の中から七箇所を指定して漢学の冊数に準じて書き写させた。

康熙甲子（一六八四）からは、清学とともに『新翻老乞大』が重要な出題書として登場した。すなわち、前述した『通文館志』科挙、蒙学八冊条には、「守成事鑑・御史箴・孔夫子・伯顔波豆・待漏院記・新翻老乞大・翻経国大典」を出題書としているが、『新翻老乞大』だけが二箇所を本を見ずに試験し、残りの五つの本は一箇所を選んでそれぞれ写字するとした。蒙学書の中でも科試・院試・取才・考講に本業書が重要な位置を占めていたことがわかる。これは漢学・清学・蒙学の三学が『老乞大』を中心に訳学書を改編していることを物語っている。

壬辰倭乱・丙子胡乱の後に最初に刊行された国典である『受教輯録』（一六九八）によれば、「蒙學則舊業守成事鑑・伯顔波豆・孔夫子・待漏院記之外・添以新飜老乞大。（蒙学は昔『守成事鑑』・『伯顔波豆』・『孔夫子』・『待漏院記』を学んだが、新たに『新翻老乞大』を追加する）」として、康熙甲子（一六八四）から科挙試験用の図書として使用された『新翻老乞大』が、正式に国典に登載された蒙学書となった。[26]

『新翻老乞大』が初期の蒙学書『老乞大』とどのように違うのかについては、初期のものが残っていないため知ることができないが、『通文館志』巻二、勧奨、科挙条にある、「兵燹之後、只有時存五冊（兵乱後、今日残っている五冊）」という記事に『老乞大』が含まれておらず、壬辰倭乱・丙子胡乱前の『老乞大』と『新翻老乞大』は別のものと思われ、これは後に『蒙語老乞大』という名前で呼ばれたものと同じ系統ではないかと思われる。

すなわち、日本の『象胥紀聞拾遺』（天保一二年、一八四一）には、この時の蒙学書に「蒙語老乞大（八本）・孔夫子（一本）・御史箴（一本）・守成事鑑（一本）・待漏院記（一本）・伯顔波豆（一本）」のように、六種一三の本が挙げられているが、ここに登場する『蒙語老乞大』八本は、蒙学官の李最大等が刊行した『蒙語老乞大』（一七四一）、またはそれ以前に刊行された『受教輯録』の『新翻老乞大』と同じものと思われる。

『続大典』（一七四四）の科挙、蒙学書条によれば、「寫字：蒙語老乞大［見大典］・捷解蒙語［新增］〔中略〕其餘諸書今廢。（写字（筆記）試験は、（蒙学で）『蒙語老乞大』［大典を見よ］・『捷解蒙語』［新しく追加］〔中略〕その残りのすべての本は今後廃止する）」として、蒙学書の科挙出題書として『蒙語老乞大』と『捷解蒙語』のみを置き、「兵燹之後」の五つの本まですべて廃棄したことがわかる。ただし、文語翻答（モンゴル語の文語を翻訳して答える試験）を新たに加えている。[27]

また、『通文館志』科挙、続の蒙学条を見れば、

蒙學八冊：守成事鑑・御史箴・孔夫子・伯顔波豆・待漏院記、音義不適時用。故乾隆丁巳筵稟定奪、並去前書、以新飜捷解蒙語四巻、行用差與老乞大。抽七處寫字、以准漢學冊數。

蒙学出題書の八つの本は、『守成事鑑』・『御史箴』・『孔夫子』・『伯顔波豆』・『待漏院記』が、その発音と意味において、現在使用するに適していなかった。それゆえ、乾隆丁巳年に経筵の場で、（王に）報告して決定を得て、先の本をすべてなくし、新たにモンゴル語に翻訳した『捷解蒙語』四巻を『老乞大』とともに使用させた。漢学の本の数に準じて七箇所を選んで写字させる。

とあり、乾隆丁巳にモンゴル語の音義が、その時代に不適当であった『守成事鑑』・『御史箴』・『孔夫子』・『伯顔波豆』・『待漏院記』をすべて廃止し、『捷解蒙語』四巻を新たに翻訳して『蒙語老乞大』とともに七箇所を書き写す科挙試験を行うとしている。

『捷解蒙語』は、誰によって編纂されたのかは不明であるが、『通文館志』巻二、科挙、続の蒙学条に「捷解蒙語板、乾隆丁巳蒙學官李世烋等捐財刊板。（『捷解蒙語』の版本は、乾隆丁巳に蒙学官李世烋等が財を投じて刊行した）」という記事があり、乾隆丁巳（一七三七）に蒙学官李世烋等により木版本で刊行されたことがわかる。

『捷解蒙語』が『続大典』で正式に蒙学教科書として認められることにより、初期の蒙学書はみな姿を消し、司

訳院で編纂した『蒙語老乞大』と『捷解蒙語』だけが科試、取才、考講等に使用されることになった。また、司訳院で編纂した『蒙語類解』が語彙集としての科挙試験の出題書に認められることにより、蒙学書のすべてが司訳院で編纂し刊行されたものに変わったのである。[28]

後期の蒙学書

後期の蒙学書も、中期の『蒙語老乞大』と『捷解蒙語』を修訂し、重刊して使用した。前述したように、中期に使用された『新翻老乞大』、すなわち『蒙語老乞大』は、蒙学官李最大が乾隆辛酉（一七四一）に刊行したものである。しかし、『捷解蒙語』に添加された李瀷の「蒙学三書重刊序」によれば、蒙学堂上の李億成が訓長である時に一度訂正しており、乾隆庚戌（一七九〇）に再び修訂して刊行されたようである。

また、中期の蒙学書のうち司訳院で編纂された『捷解蒙語』は、やはり『新翻捷解蒙語』という名前で『新翻老乞大』とほぼ同じ時期に編纂され、乾隆丁巳（一七三七）に蒙学官李世烋等によって刊行されたが、「蒙学三書重刊序」によれば、方孝彦によって乾隆庚戌（一七九〇）に他の二つの蒙学書、すなわち『蒙語老乞大』と『蒙語類解』とともに再び修訂・重刊されている。『蒙語類解』の増補は、『蒙語類解補』という名前で刊行された。

後期に入って顕著になった訳学書の特徴としては、語彙集の刊行を挙げることができる。初期には韻書式語彙集と類解式物名等の語彙集が中心であったが、[29]中期に入ってからは『訳語類解』のような類解式の語彙集が成功すると、『倭語類解』に続いて『同文類解』が編纂され、続けて乾隆戊子（一七六八）に李億成によって『蒙語類解』が刊行された。[30]これは、従来あったものを、李億成が修訂して刊行したものと思われるが、[31]『捷解蒙語』と『蒙語老乞大』が刊行される時に再び修訂・重刊された。

京都大学の木版

以上の訳科蒙学と蒙学書の変遷を総合すれば、『経国大典』以前は『世宗実録』世宗一二年（一四三〇）に決定された、諸学取才の蒙訓条にある「待漏院記・貞観政要・老乞大・孔夫子・速八実・伯顔波豆・土高安・章記・巨里羅・賀赤厚羅」の講読書と「偉兀真・帖児月真」の文字教材を出題書としたという記事があり、司訳院で使用したモンゴル語の教科書と試験出題書がわかる。

『経国大典』では、訳科蒙学に前述した一〇種の蒙学書に『王可汗』・『守成事鑑』・『御史箴』・『高難加屯』・『皇都大訓』の五つの本を追加して、書字を廃止した後、『帖月真』を写字の出題に入れた。成宗二年には『経国大典』で追加された五つの本を臨文講試させた。

『通文館志』によれば、壬辰倭乱と丙子胡乱以後は、「守成事鑑・伯顔波豆・孔夫子・待漏院記・御史箴」等、兵乱の後に残った五つの本（只有時存五册）から七箇所を写字して、科挙試験を行った。そして『受教輯録』では、『御史箴』を除いて『新翻老乞大』を追加させたが、この本は、康熙癸亥（一六八三）から訳科蒙学の出題書として使用されたという記録がある。

しかし、『通文館志』（一七二〇）では、訳科の蒙学八冊として「守成事鑑・御史箴・孔夫子・伯顔波豆・待漏院記・新翻老乞大・翻経国大典」の七つの本が挙げられたが、『続大典』（一七四四）では、このうち『新翻老乞大』、つまり『蒙語老乞大』と「翻経国大典」だけが残り、『守成事鑑』等の兵乱後に残った五つの本はすべて廃止され、『捷解蒙語』が代わりに追加された。また、『大典会通』（一八六五）では、『蒙語類解』が加わり、訳科蒙学の出題書として『蒙語老乞大』・『捷解蒙語』・『蒙語類解』の三つの本が規定されたのである。

日本の京都大学は、一九八〇年頃に中央図書館を新築し、各学部に散らばっていた貴重本を整理して所蔵した。この新築図書館の地下倉庫には、日本で作られた刊板がまるで薪を積み上げたかのように整理されて保管されている。

そこの片隅に朝鮮司訳院で作られた刊板二五枚も保管されている。これらはすべて司訳院の訳学書（そのうちの一枚は『通文館志』）を刊行するために作られた刊板であり、司訳院四学（漢・蒙・倭・清学）のうち漢学を除いたモンゴル語、日本語、満州語の訳学書に使われたものである。これらをまとめると次のとおりである。

［表四−一］京都大学所蔵の訳学書冊板目録

版心書名	枚数	冊板の頁数
蒙語類解	一	二葉（上巻—一四・一五）
捷解蒙語	一	二葉（巻二—五・六）
蒙語老乞大	二	四葉（一—二一・二三、七—一五・二〇）
改修捷解新語	七	一四葉（一—二七・二八、三—一一・一二、七—六・七、八—一・二・二三・二四、九—一一・一二、一三・一四）
捷解新語文釈	一	二葉（一—七・八）
隣語大方	二	四葉（五—一九・二〇、六—一四・一五）
漢清文鑑	一	二葉（九—五九・六〇）
三訳総解	九	一八葉（一—一五・一六、二—一一・一二、三—一・二、五・六、四—一一・一二、五—八・九、一八・一九、八—一五・一六、一〇—五・六）
通文館志	一	二葉（四—七・八）

この冊板は、大きさや厚さ、形状等がすべて異なり、板材と文字を刻んだ板刻の深さも異なっている。保管状態も良くない。取っ手がなくなったものをはじめ、木版が割れているものもり、板面がひどく摩耗したものもある。

これら木版のうち、『通文館志』の一枚を除いた二四枚が訳学書の冊板である。この木版を一九一八年七月、当時京都大学言語学科の教授であった新村出博士が印刷して、『朝鮮司訳院日満蒙語学書断簡』（以下『語学書断簡』と略称）という題名を付けて一冊の韓粧本、すなわち朝鮮時代の古書のように編纂した。

筆者が参考にした『語学書断簡』は、京都大学東洋史研究室の桑原文庫に所蔵されたもので、みな九種の司訳院訳学書の冊板の中で二八枚五六葉を印刷したものである。『語学書断簡』に収録された訳学書は、現在、京都大学中央図書館に所蔵された冊板のものと、『通文館志』の木版一枚を除いては、すべて一致するため、『語学書断簡』がまさしく京都大学中央図書館所蔵の冊板を印刷して作成されたものであることがわかる。

九種の司訳院訳学書の中で二八枚五六葉（冊板一枚の表裏に一葉ずつ彫られている）が印刷されて韓粧で製本装丁されたこの『語学書断簡』は、木版の大きさがそれぞれ異なるため、編纂された各枚の大きさも一定でない。これは、いくつもの帙を印刷したと見られ、国内でもいくつか所蔵されている。

この本の刊行経緯については、新村出博士の『朝鮮司訳院日満蒙語学書断簡解説』（以下『断簡解説』と略称）があり、詳細を知ることができる。これによると、京都大学文学部に所蔵されている司訳院訳学書の木版は、故和田雄治博士が寄贈したもので、日韓併合のずっと前に散失していたものを発見して保存したものであるという。この『断簡解説』では、『語学書断簡』の題簽[32]を内藤氏が書き、彦根の古活字で植字した目次を追加したものである。この時の目次には、『捷解蒙語』が「蒙語捷解」と誤って表記され、印刷された。

訳学書の編纂は司訳院で主管しており、大部分は訳官が財を投じて木版で刊行していたが、司訳院でその価値が認められたものは、司訳院の都提調等が王に啓上し、校書館で鋳字本で刊行された。このような過程を経た訳学書は、ほぼ訳科の科試書に指定されて国典に登載され、訳科と取才の場合は必ずこれらの本から出題された。

校書館で刊行された活字本は、概して保存用であり、実際の訳生たちの教材は、これを修訂して修訂版を出したりその活字本を覆刻し、木版本を作って使うのが一般的であった。活字本を覆刻した冊板は、司訳院の蔵書楼に保管され、新たに訳生たちが入学すると、これを再び刷って、教材として使用したのである。

『通文館志』巻八、什物、象院題語板条には、「康熙庚戌以鑄字印行、己卯濟州譯學吳震昌刊板輸納。（象院題語が）康熙庚戌年に鋳字で印行されたが、己卯年に済州訳学の刊板を作って送ってきたものを受けた）」という記事と、「[前略] 以上板材、藏于大廳兒房上藏書樓。（以上の冊板材料は、大広間の児房の上にある蔵書楼に収蔵する）」という記事があり、『象院題語』が康熙庚戌（一六七〇）に鋳字で刊行され、己卯（一六九九）に済州訳学の呉震昌が済州でこれを覆刻して刊板を作ったのを、司訳院に送ってきたという話である。また、『老乞大』、『朴通事』等の板材が、司訳院の大広間の児房（宿直していたところ）の上にある蔵書楼に収蔵されたことがわかる。

これら訳学書冊板の板材は、司訳院が甲午改革（一八九四）によって廃止されるまで、司訳院に保存されていたようである。すなわち、『通文館案』（一八八〇）の記録や光緒辛卯式年試（一八九一年に施行）の訳科科挙試験を見ると、少なくとも甲午改革までは、この木版がよく保存されていたものと思われる。司訳院の廃止とともに、ここに収蔵されていた木版が散失したのであろう。『断簡解説』の中で、京都大学所蔵の司訳院木版が、国権を喪失した韓国併合（一九一〇）よりもずっと前になくなっていることを発見し、収集したものであるという新村氏の言葉が喚起される。

筆者は、国内のいくつかの場所で司訳院訳学書の木版を発見したことがある。鄭光・尹世英（一九九八：三〜八）の巻頭に書いた筆者の序文には、高麗大博物館に所蔵されている訳学書の冊板が、実際に司訳院の蔵書楼にあった板木であり、これらがいかにして高麗大博物館に至ったのかを明らかにした。すなわち、今西春秋（一九五八：五三〜五四）の発言を引用し、司訳院が庚戌国辱後に朝鮮書籍印刷株式会社の倉庫になり、おそらく司訳院の蔵書楼があった場所と推測される倉庫の天井裏から、古い冊板が多数発見されたのであるが、当時そこの人々がこれらを箱火鉢（木で作られた箱の中に火をくべる火鉢）にしたり、あちこち毀損するのを見て、日本人歴史学者の田川孝三氏が社長に告げて、朝鮮史編修会に移して保存するようにした、という証言を掲載した。

司訳院に保存されていた訳学書の冊板は、国が滅びて司訳院が廃止されると、その一部は朝鮮史編修会に送られたが、大多数はすでに市場に流れ、好事家の収集品となっていた。光復後（終戦後）、朝鮮史編修会は国史編纂委員会の建物に使われたのであるが、これら冊板が建物の軒下で風雨に悩まされているのを見て、当時の国史編纂委員会の委員長が高麗大に送ったのである。そのうちいくつかは毀損したが、それでも多くは残っていた。

筆者は、高麗大学文科大学教授として赴任してすぐに冊板を整理するプロジェクトを申請し、学術振興財団から助成金を受けて、それまで残っていた訳学書の冊板をすべて整理し、すべて昔の方法で印刷し、これを再び影印本で刊行した。すなわち、当時高麗大博物館館長だった尹世英教授との共著で、一九九八年に『司訳院訳学書冊板研究』という名前で高麗大学出版部から刊行した[33]。この訳学書冊板は、一〇〇大朝鮮語学資料として認められた。

刊行経緯

前述したように、京都大学に所蔵されている木版は、大きさと厚さが違うだけでなく、木の質も様々である。これらの中には、地方で刊板を作ってから司訳院に送られたものもあるであろうし、刊板作成の時期もそれぞれ異なっていると思われる。

ここに所蔵されている『捷解新語』の木版が、重刊本の冊板であるように[34]、他の木版の刊板について見てみると、いくつかの興味深い事実が発見される。つまり『通文館志』巻八、什物、続編には、次のような刊板に関する記事がある。

通文館志—乾隆戊戌（一七七八）に倭学官崔昌謙が財を投じて刊板を作成する。
新釈清語老乞大の冊板—乾隆己酉（一七八九）に平壌監営で刊板を作成する。
新釈三訳総解の冊板—乾隆甲午（一七七四）に司訳院で刊板を作成する。
捷解蒙語の冊板—乾隆丁巳（一七三七）に蒙学官李世烋等が財を投じて刊板を作成する。
蒙語老乞大冊板—乾隆辛酉（一七四一）に蒙学官李最大等が財を投じて刊板を作成する。
蒙語類解の冊板—乾隆戊子（一七六八）に蒙語訓長李億成が修訂して司訳院で刊板を作成する。[35]

この記事により、前述した一〇種の司訳院木版のうち、五種の冊板が刊行された経緯を知ることができる。ただし、『蒙語老乞大』は、乾隆辛酉（一七四一）に李最大等が刊板を作ったもの以外にも、『蒙語類解』を修訂して刊板にする前の乾隆丙戌（一七六六）に、李億成がこれを改刊して木版で刊行したものがある。また後に『蒙語老乞大』・『捷解蒙語』・『蒙語類解』等の蒙学三書を、正祖一四年（一七九〇）に再び重刊するために、漢学管の金亨宇が財を投じて木版本で刊行したものがある（『捷解蒙語』に付けられた李瀷の「蒙学三書重刊序」を参照）。しかし、この時、刊行されたのは『捷解蒙語』と『蒙語類解』の補篇だけであり、『蒙語老乞大』と『蒙語類解』は、李億成の改刊本である旧版が補刊されただけである。[36] この補刊の意味を次項以下で詳しく見てみることにする。

特徴

京都大学所蔵の木版は同じ本のものでさえ均一でないが、「蒙語老乞大板」が最も重くて堅く（厚さ二・四センチメートル）、「改修捷解新語板」が最も軽くて薄い（厚さ一・七センチメートル）。全体の大きさは、「蒙語老乞大板」が横五五・〇、縦二五・四センチメートルで「蒙語類解板」と同じである。これに比べ、同じ蒙学三書の一つである「捷解蒙語板」は、全体の大きさが横四六・四、縦二三・六センチメートルで、他の蒙学書二種の木版とは多くの違いがある。これは、乾隆丁巳（一七三七）に李世烋等が財を投じて刊板を作成した「捷解蒙語板」ではなく、方孝彦が改訂して金亨宇が刊行した重刊本（一七九〇）であるためではないかと思われる。それで、李億成等が乾隆丙戌（一七六六）に刊行した「蒙語老乞大板」や乾隆戊子（一七六八）に刊板を作成した「蒙語類解板」より冊板の大きさが小さくなったのではないだろうか。

そのほか、倭学書の板木が粗雑に見えるのは、一つには済州等の地方で刊行されたためであり、また司訳院四学の序列で倭学が末席を占めていたためであるとも考えられる。すなわち、『経国大典』の司訳院四学は、漢・蒙・倭・女真学の順であったが、後に女真学は清学に取って代わられた。そして、乾隆乙酉（一七六五）に清学の位置は蒙学の上になり、結局それ以降は、漢・清・蒙・倭学の順となった（『通文館志』沿革、官制参照）。したがって、木版本の刊板は、司訳院における四学の序列と教材の重要性に応じて、板材の選別がなされた可能性を見出すことができる。前述した蒙学書のように、時代が下るにつれて劣悪な板材を使用したことがわかり、地方で作成された刊板は司訳院のものよりも粗雑であった。

校正

京都大学所蔵の木版を見ると、訳学書は修訂が重ねられ、木版ですら校正が行われていたことがわかる。『蒙語老乞大板』の二枚のうち一つの木版（七巻一五・二〇葉）は、特異なことに背面が連続しておらず、前面が第一五葉、背面は第二〇葉の奇妙な形式をしており、背面（第二〇葉）には、木版を校正した痕跡が多く見られる。

すなわち、第二〇裏六行にモンゴル文字「bürgü（笠）」とその横にハングルで「븰구」と発音をつけた、横二一・九、縦四・六センチメートルの木を精巧に挿入している。同じ校正が四行と七行にも行われた。やはり「笠」に該

当する「bürgü（뷜구）」が同じ形で校正された跡が見られる。したがって、「笠」に該当するモンゴル語を、後日すべて「bürgü（帽子）」に置き換えたことがわかる。

この時の校正は、モンゴル語と注音をすべて変えた可能性と、注音のみ変えた可能性を考えてみることができる。筆者の考えでは、「bürgü」の注音「뷜구」だけが変わったものと思われる。同様の校正が表四行でも行われているが、ここにもモンゴル文字「ǰun（夏）」とそのハングル注音「쥰」が刻まれた横二・九、縦二・三センチメートルの木片が精巧に挿入されている。これも「ǰun」の注音「슌」を「쥰」に変えたのであろう。

このような校正は、印刷された本では判別が不可能である。この木版の反対側、すなわち第一五葉には、校正するために挿入していたものが抜けた跡が残っている。すなわち、第一五葉左（一五表）最後の行の上段に、大きさが横二・九、縦一・九センチメートル、深さ〇・三センチメートルの溝が彫られており、これを印刷した『語学書断簡』には、モンゴル文字「keregle」とハングルでその音を表示した注音「커럭러」だけが見えるが、奎章閣所蔵の『蒙語老乞大』には、モンゴル文字「kereglеǰu」とその注音「커럭러쥬」がすべて表示されている。したがって、この溝は、後日校正した「ǰu、쥬」が抜け落ちたものであることがわかるのである。これはモンゴル語「keregle（使う）」に活用語尾「—ǰu」が接続したものであり、おそらくモンゴル語接続語尾「—ne」を「ǰu」で校正したか、または「ǰu」の注音符「슈」を「쥬」に変えたものと思われる。

このように「蒙語老乞大板」においてのみ集中的に発見される校正は、この木版が乾隆丙戌（一七六六）に李憶成が財を投じて刊板を作ったものを、重刊する時に新たに刊板を作らず、旧版を補刊したために起きたことと見ることができる。すなわち、李瀷の「蒙学三書重刊序」を見ると、次のような記録がある。

〔前略〕昨年使節之回、購得蒙文鑑一帙、即乾隆新頒之音。而與清蒙諸臣、折衷蒙語新舊音之合、於時用者、傍以淸書註釋、乃蒙語之大方也。以其音釋較諸老乞大諸書、太半不類。於是謀所以改舊刊新之道。而漢學官金君亨宇、願捐財鋟梓、稟白都提擧、遂開校整之役。老乞大及類解二書、則隨其字音之差異者、仍舊板而補刊之、〔後略〕

〔前略〕昨年〔中国に行った〕使節が戻ってきた時に、『蒙文鑑』一帙を買って持ってきたが、乾隆年に新たに頒布した発音の本であった。満州とモンゴルの臣下たちがともにモンゴル語の新・旧音を折衝して清書、すなわち満州文字で横に注釈をつけたものであり、モンゴル語の学習にとって重要な本であった。その音釈を『老乞大』などの諸書と比較すると、大半が同じではなかった。ようやく（『蒙語老乞大』の）旧巻を改刊する方向で考えるようになった。漢学官の金亨宇が財を投じて木版で彫ることを望み、都提挙に上申して校正の仕事を始めた。『老乞大』と『蒙語類解』の二つの本で、その文字の発音が異なっているものは、旧板にしたがって補って刊行し、〔後略〕

これを見ると、『老乞大』と『類解』（『蒙語老乞大』と『蒙語類解』をいう）の二つの本は、その字音が異なっている旧板だけを直し、新たに補刊したことがわかる。したがって、『蒙語老乞大』と『蒙語類解』は、全編を再び彫らずに旧板の一部を補刊したのであり、この補刊は、まさしく前述したように、木版の板木校正を意味するものであった。

ソウル大学中央図書館付属奎章閣に所蔵されている『蒙語老乞大』を、京都大学の冊板の板木二枚と比較すると、前述した校正木片が抜けていること以外は完全に一致している。したがって、奎章閣本やこれと同じ板として知られている東洋文庫本は、すべて京都大学の木版と同じものを印刷したものと見るしかない。これまで奎章閣本『蒙語老乞大』の刊行について、金芳漢（一九六三）は李憶成が改刊したものと見ており、李基文（一九六四、一九六七）は方孝彦が重刊したものと見ている。しかし、東洋文庫本を見ると、この版本は互いに補刊の関係にあることがわかる。すなわち、李憶成が改修して最初に刊行したものを、方孝彦が後に再び木版で一部を校正したものと見るべきである。

同じ作業が『蒙語類解』でも行われている。その結果、金亨宇が財を投じて全編の刊板を作成した『捷解蒙語』のみ完全に改刊され、したがって、ここにだけ李瀷の「蒙学三書重刊序」が記載されたのである。これによりはじめて、他の二つの蒙学書に重刊序が載せられなかった謎が解けたわけである。

まとめ

以上、京都大学中央図書館の地下倉庫に所蔵されている司訳院関連冊板二五枚について考察した。まとめると、これら二五枚の木版は、司訳院に保存されていたものが、甲午改革以降一般人の間に流出し、日本人と推測される好事家が『通文館志』と清学・蒙学・倭学に関連する訳学書の木版をそれぞれ三種ずつ集めて、日本に搬出したものと思われる。これを和田雄治氏が京都大学に寄贈したのである。

これら木版は、すべて一八世紀後半に司訳院と地方の訳官が作った刊板であり、そのそれぞれの刊板年代が明らかになった。

これにより、ほとんどの司訳院訳学書が、最初は鋳字本で刊行され、これを覆刻して木版本にする朝鮮王朝の一般的な刊行形式に合わせて刊行された、という従来の筆者の主張を再び確認することができた。また、木版を校正する場合もあることがわかった。特に、これまで議論となっていた奎章閣本『蒙語老乞大』の刊行について、李憶成が直して作った刊板に対して、方孝彦が木版を校正し、重刊したのであり、李瀷の「蒙学三書重刊序」に見られる旧板の補刊は、李憶成の改修本を、金亨宇が財を投じ、方孝彦が板木を校正した、という意味としてとるべきである。

三、訳科蒙学とモンゴル語試験

前述したように、ソウル近郊明逸洞の漢陽劉氏の宗家に起居していた劉鍾輝氏が、自分の六代祖先である英・正祖の時の漢学訳官であった劉学基・運吉父子の訳科漢学試券をはじめ、告身（官員に品階と官職を任命するときに与える任命状）、白牌（科挙に合格した者に与えられる合格証書）、追贈教旨（後で官職や土地、奴婢等を下すという文書）、賜牌（功臣に下した山林・土地・奴婢等に関する文書）、戸籍単子（戸籍が書かれている紙）等の古文書を所蔵している。この中に「来甲午式年訳科初試」と書かれた蒙学試券が、実は一つ含まれている。

筆者は、司訳院の四学のうち漢・倭・清学の訳科試券を見つけて発表したことがあるが、蒙学の試券だけは、科挙に合格したものを見つけることができなかった。そうした意味で、劉翁が所蔵しているこのモンゴル語試券は、たとえ及第できなかった応試者のものであっても、重要な価値があると見ることができる。

ここでは、この蒙学試券を中心に訳科蒙学の実際を考察してみよう。

蒙学試券

劉鍾輝翁が所蔵しているモンゴル語試券は、横六八・〇、縦六五・二センチメートル大の厚紙でできており、左側の中間部から「来甲午式年訳科初試」と鋳字で印刷されている。この試券は、甲午式年試の前期に実施する訳科初試で、「来甲午式年」のものである。ここで「来」の意味は、前述したように、甲午式年の上式年、すなわち癸巳年に実施した初試という意味である。[37]

〔写真四－一〕来甲午式年訳蒙学科初試[38]

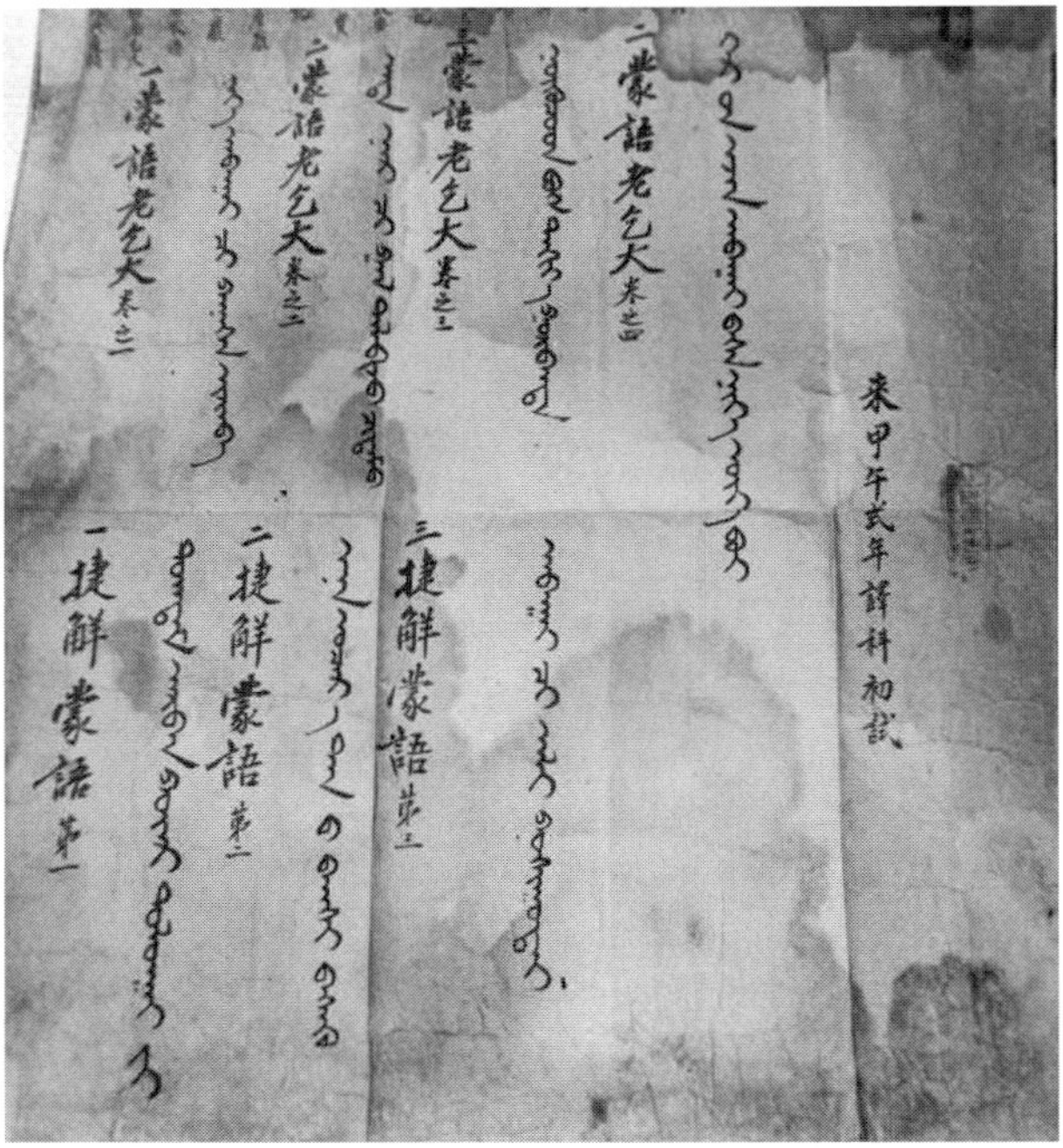

この試券は、左上段の端に「翻大典通編」という訳語の科題が見えるので、[39]『大典通編』（一七八五）以降の科挙で作成されたものである。すなわち、朝鮮朝の訳科では、司訳院四学がすべて訳語で『経国大典』を翻訳させており、『続大典』にも「訳語同大典」とあるので『経国大典』と同じである。また、『通文館志』にも「翻経国大典」

とある。実際に、乾隆辛卯（一七七一）式年試の訳科漢学初試・覆試の劉学基の試券や乾隆己酉（一七八九）式年試の劉運吉の試券でも、「翻経国大典」となっていたことを第三章で見てきた。

また、第六章で考察する道光甲辰（一八四四）の増広別試における清学官白完培の試券も、「翻大典通編」になっているので、この試券は『大典通編』が刊行された後、甲午式年試に施行された訳科初試の蒙学試券である。それだけでなく、『大典会通』が刊行された後は、「翻大典会通」となったので、この試券は『大典通編』が刊行された正祖九年（一七八五）から『大典会通』が刊行された高宗二年（一八六五）の間の甲午式年試の前期に実施された訳科初試の試券である。したがって、この試券は純祖三四年（一八三四）甲午式年試の前期、すなわち純祖三三年（一八三三）に実施された訳科初試の蒙学試券であることが容易にわかるのである。

この試券の右側中央部に赤い印章の跡が見られ、左端隅に白紙をつけた跡が見られる。応試者の身分を示す右上の秘封部分は、故意に消したか最初から書かなかったかはわからないが、全く文字の跡が残っていない。元々秘封は、応試者の身分・氏名・年齢・本貫・居住地と四祖（父・祖父・曽祖父・外祖）の身分・氏名・本貫（外祖の場合のみ）を書いて糊封することを言い、糊名とも呼ばれる。このような科挙試券の糊名試式は、顕宗二年（一〇一一）に礼部侍郎の周起が王に啓上して定められたものである[40]。

この糊名法は、採点の公平を期すためのもので、四祖の名前をすべて書かずに父親の身分と名前だけを書くこともある。その場合は、試券の右端の下に応試者の身分・氏名・年齢・本貫・居住地および父の身分と名前を書いて縦に切った後、切った部分を丸めて記載されたものが見えないように糊で貼り付け、「謹封」[41]と書く。この試券は、右上段にあるべき秘封が見えないので、左下に見られる貼り付けた白紙が糊名の痕跡ではないかと思われる。

蒙学試券は、千字文の順序による一連番号が右上段の秘封左側に書かれ、官印が押されているのが一般的である[42]。すなわち、応試者が試券の紙を市中の紙屋で購入し、四祖単子と保挙単子とともに入門所に提出すると、帳簿に名前を記入し、一連番号を書き、その上に印を押して応試者に返すのが普通であるが、この試券には一連番号も官印も見えない。[43]

すべての訳科試券は、出題部分に採点者の自筆で書かれた手決（花押）に加え、採点結果である分数が通・略・粗で表記される。そして全体の成績をやはり朱書で記した後、手決を記すのが普通だが、この試券は採点した跡が見られない。これは、次に論ずる写字した答案の内容から見て、作成はされたが提出はされなかった試券としか考えられない。左下に応試者の糊名が隠されたまま保存されたのも、この試券で合格できなかったためと考えられる。

本書の第六章で論ずる、道光甲辰増広別試訳科に応試した清学官の白完培の試券に書かれているように、[44]この試券の上段にも右から左へ『王可汗』から一八種の蒙学書と「翻大典通編」まで一九の出題書が書かれている。そして、写字の科題と答案は、試券を上下二段に分け、上段には左から右の順に『蒙語老乞大』の一巻から四巻まで各一箇所ずつ四箇所が記載されている。下段はやはり左から右へ『捷解蒙語』第一、第二、第三の各一箇所ずつ三つの問題の答案が写字されている。また、これら各問題には、「一蒙語老乞大巻之一」のように頭番号が見える。これは、試験問題を選ぶ際につけられた番号である。

この試券の上段に右から「王可汗・守成事鑑・御史箴・高難加屯・皇都大訓・老乞大・孔夫子・帖月真・吐高安・伯顔波豆・待漏院記・貞観政要・速八実・章記・何赤厚羅・巨里羅・捷解蒙語・蒙語老乞大・飜大典通編」等一八種の蒙学書と、「翻大典通編」まで全部で一九の出題書が書かれているが、これは『経国大典』巻三、礼典、訳科初試、写字蒙学条に登載されている『王可汗』から『巨里羅』までの一六種の蒙学書に、『続大典』で追加された『蒙語老乞大』と『捷解蒙語』、そして訳語の問題である「翻大典通編」が加わったものである。

『続大典』で追加された二つの蒙学書『捷解蒙語』と『蒙語老乞大』が、蒙学書として編纂された時期と経緯については、前述したとおりである。ただし、『蒙語老乞大』は、康熙癸亥（一六八三）または康熙甲子（一六八四）

から『新翻老乞大』という名前で訳科蒙学に必ず使用され、『捷解蒙語』は、乾隆丁巳（一七三七）から『守成事鑑』等の五つの本の代わりに『蒙語老乞大』とともに訳科蒙学の出題書となったのである。すべて『続大典』において訳科蒙学の科策として定着するようになったことをもう一度喚起されたい。『大典会通』からは『蒙語類解』も訳科蒙学の科試書となったが、この試券には『蒙語類解』が見られない。したがって、『大典会通』以前に施行された訳科の試券であることが再確認される。

最後の「翻大典通編」は、この試券の作成時期を確定できる証拠となることは前述したとおりであるが、朝鮮朝の訳科の科試方法は、『経国大典』に記載されたとおり、漢学は講書の方法、そして他の三学（蒙学・倭学・女真学または清学）は、写字の方法で試験するとしている。もちろん蒙学の場合、一部の蒙学書を臨文講書する場合もあった。

このような講書、写字の方法以外に、司訳院四学の訳科には、外国語を通訳または翻訳する訳語の方法があり、『経国大典』を翻訳させていた。前述した劉学基や劉運吉の訳科覆試試券にも訳語の問題が出題されているが[45]、『経国大典』のある部分を指定して、その部分を中国語に翻訳させるのである。これは訓導が伝語して試官が評価し、分数を定めるように規定されたものである[46]。前述した白完培の清学試券も、『大典通編』のある部分を翻訳させている[47]。

この蒙学試券では、「翻大典通編」として『大典通編』を翻訳させることになってはいるが、実際には出題されなかった。この試券にはそれに関する出題問題が見られないからである。

訳科蒙学

この試券が道光甲午（一八三四）式年試の訳科初試蒙学のものであれば、これは、『大典通編』に登載された蒙学教材から出題されたものであり、そこに規定された試験方法で行われたと言える。

『大典通編』の訳科制度は『続大典』をそのまま踏襲したもので、以下のとおりである。すなわち、『大典通編』巻三、礼典、諸科、訳科初試に次のように記されている。

【原】［額数］漢学は二三人、蒙学・倭学・女真学は各四人、司訳院で名前を書いて試験を行う。漢学の郷試は黄海道七人、平安道一人であり、観察使が試験官を定めて送る。名前を書き試験を行う。

【続】式年・増広・大増広は、漢学・蒙学・倭学にそれぞれ四人を加える。

〔中略〕

【原】蒙学［筆記試験］『王可汗』・『守成事鑑』・『御史箴』・『高難加屯』・『皇都大訓』・『老乞大』・『孔夫子』・『帖月真』・『吐高安』・『伯顔波豆』・『待漏院記』・『貞観政要』・『速八実』・『章記』・『何赤厚羅』・『巨里羅』[48]。

【続】老乞大［見原典］・捷解蒙語［新増］。それ以外の諸書は廃止する。

〔以上中略〕

【原】［訳語］漢学・蒙学・倭学・女真学、並びに翻経国大典［臨文］

※【原】は『経国大典』先録、【続】は『続大典』次録

これによれば、前述したとおり、式年試の場合、訳科蒙学は他の三学とともに四人を選抜することができ、司訳院で名前を記録して試験を受けさせている。しかし、実際の「訳科榜目」に書かれた道光甲午式年試の合格者は、蒙学が二人だけである。[49] これは、覆試蒙学の額数と一致するため、漢学を除いた三学は初試のみ試験を受け、漢学

だけが初試・覆試の過程を経たものと思われる。

そして、前記の『大典通編』の規定によれば、『続大典』から蒙学の写字試験は、『蒙語老乞大』と『捷解蒙語』からのみ出題され、残りの他の教材はすべて廃止されたことがわかる。実際に、この試券では、『蒙語老乞大』巻一・二・三・四から各一箇所ずつ四問題、『捷解蒙語』第一・二・三から各一箇所ずつ三問題、合わせて七つの問題が写字された。

これは、前述したように、『通文館志』「蒙学八冊」条の規定に基づき、兵乱後残っていた『守成事鑑』等五つの本から七箇所を選んだ科題を写字させていたものが、康熙甲子からは『蒙語老乞大』を使用するようになり、ここから二題、残りの五つの本からそれぞれ一題ずつが科題として出されて、全部で七つの科題を書くようになった、ということである。このような『通文館志』の訳科蒙学試験方法は、粛宗二年に『章記』等の蒙学書一一冊は写字し、『守成事鑑』等の五冊は臨文講試した訳科蒙学の方法を思い起こさせる。

しかし、この試券によれば、この時はすでに訳科蒙学で臨文講試が廃止され、『蒙語老乞大』から四箇所を写字させているのだが、これは前述した『大典通編』の規定に従い、『蒙語老乞大』と『捷解蒙語』からのみ科題が出されて書かせているのである。

『通文館志』の続編蒙学八冊条には、「蒙學八册：守成事鑑・御史箴・孔夫子・伯顔波豆・待漏院記・音義不適時用、故乾隆丁巳筵稟定奪、並去前書。以新飜捷解蒙語四卷、行用並與老乞大、抽七處寫字、以准漢學册數。（蒙学八冊は『守成事鑑』・『御史箴』・『孔夫子』・『伯顔波豆』・『待漏院記』が発音と意味が現在使用されている言葉に適していないため、乾隆丁巳から経筵で啓上して、すべて廃止した。新たに翻訳した『捷解蒙語』四巻を『蒙語老乞大』とともに使用して、七箇所を選んで筆記させることにより、漢学の冊数の基準に合わせた）」という記事がある。すなわち、前述したように、乾隆丁巳（一七三七）からモンゴル語の音と意味がその時代の言語に不適当であった『守成事鑑』等五種の蒙学書をすべて廃止し、『捷解蒙語』四巻を使用して『蒙語老乞大』とともに七題を選んで写字させることにより、漢学の出題数に合わせたということである。

次に、『蒙語老乞大』と『捷解蒙語』から出題された部分について考察する。これらの編纂と刊行については前述したとおりであるが、『蒙語老乞大』は全八巻で、『捷解蒙語』は全四巻である。[50]そのうち、この試巻で写字された部分をここに移せば、次のとおりである。

上段

〔写真四-二〕蒙学試巻の『蒙語老乞大』の写字答案

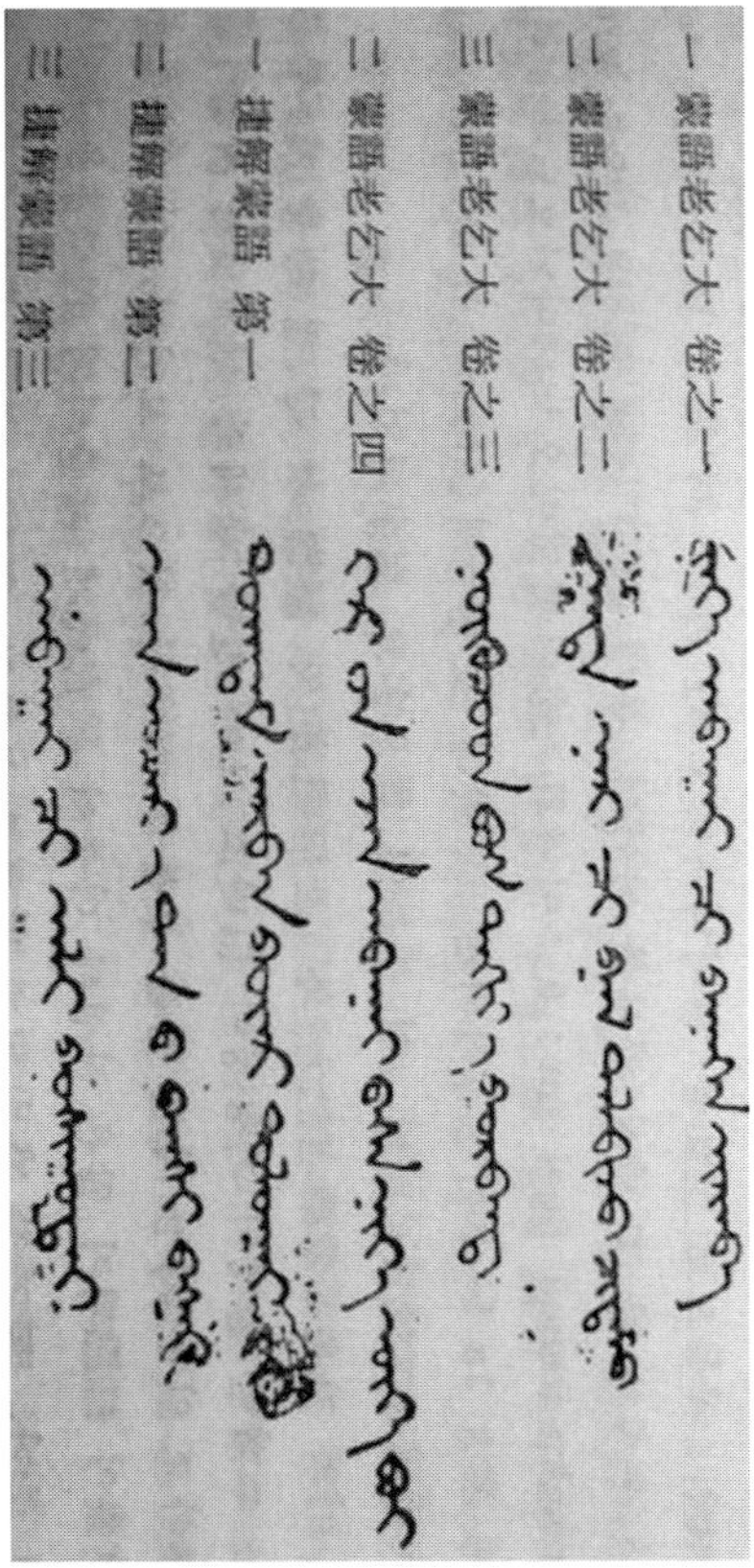

この試巻の写字の部分が、実際に蒙学書である『蒙語老乞大』と『捷解蒙語』のどの部分なのかを探してみる

と、意外な事実が発見される。すなわち、この試券は『蒙語老乞大』巻一・二・三・四の一番最初の行が書かれているのである。

『蒙語老乞大』（巻一）の最初の行は、「이커 아바개 치 하나사 이러버（yike abaɣai ci hanasa irebe：큰 兄아 네 어듸셔 온다（[一番上の] 兄よ、どこから来ますか）」であるが、この部分が写字されている。『蒙語老乞大』の巻二、三、四の写字もその最初の行を書いたものである（[写真四-二] 参照）。すなわち、巻二の「안다 날 치 갈 탈비쥬 치다무 치다후케［ㅜㅜ］（anda nar ci ral talbiju cidamu cidahugei [uu]：나그ᄂᆡ들 네 불ᄯᅵᆺ기 아ᄂᆞᆫ다 아지 못ᄒᆞᄂᆞᆫ다（旅人よ、あなたたちは火をくべることができますか、できませんか）」（巻二 一表一～三行）、巻三の「눠쿠춘 봇 타캬굴반타 도고로뭐（nokucud bos takiya rurbanta dororomui：번ᄃᆞᆯ아 닐라 ᄃᆞᆰ이 세 번 우러시니（友よ、鶏が三度鳴いたので）」（巻三 一表一～二行）、巻四の「걸 군 어젼 아바개 바사 니거우거 뷔（ger-un ejen abaɣai basa nige uge bui：主人兄아 또 ᄒᆞᆫ 말 잇다（ご主人さん、私がもう一言言いたいことがあるので）」（巻四 一表一～二行）となっている。このうち巻二の写字は、最初の行と次の行の「치다후게（cidahugei）」までが書かれており、そのくだりが終わる「ㅜㅜ（uu）」は書かれていない。[写真四-二] と、次の [写真四-三] を比較されたい。

【写真四-三】『蒙語老乞大』の出題部分（巻一と巻二の一表二〜三行）

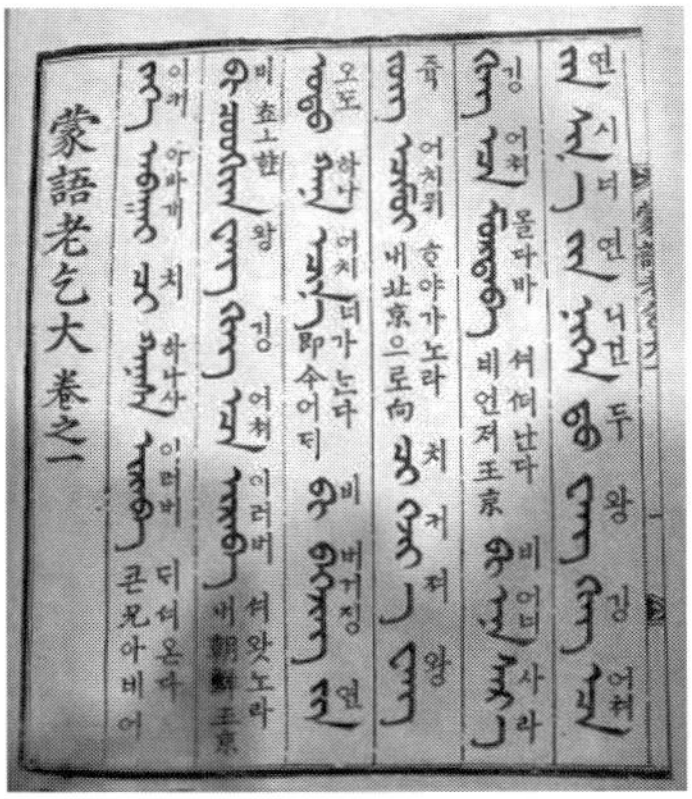
蒙語老乞大巻之一

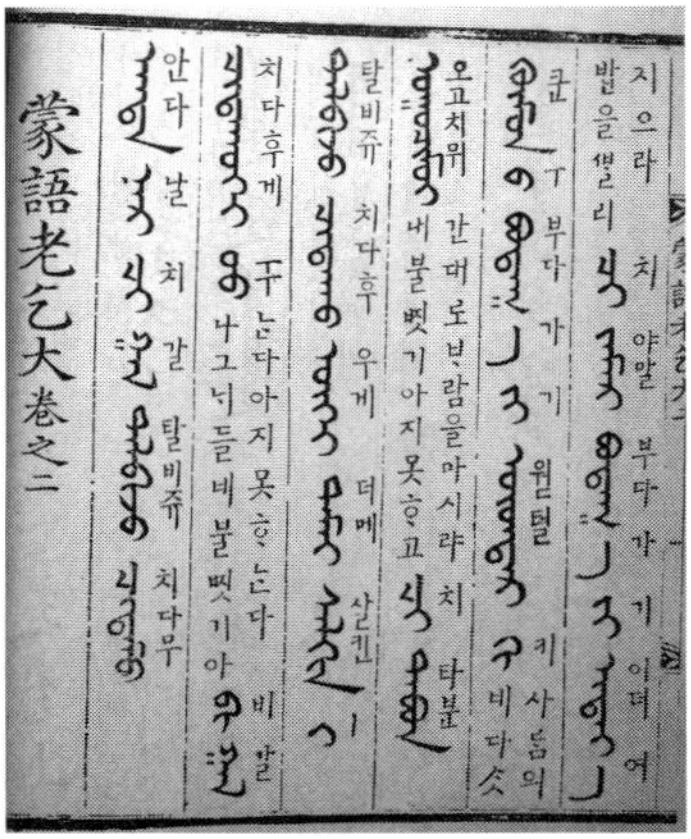
蒙語老乞大巻之二

『捷解蒙語』も同様で、第一、第二、三の最初の行が書かれている。すなわち、巻一は「투탐 알반 호얄 토로개기 웅신 볼마수다굴 ᄃᆞᆫ 쳐거 저러뮈（tuɤtam arban hoyar toloɤai-ɤi ungsin bolbasudaɤul-un cege jilemui：처음이로 反切을 어닉여외오고）」（一表一〜三行）であり、巻二の答案は「어너 우챠 라탄 ᅮ박시 바사쿠 이러뉴 우게 ᅮᅮ（ene ucara tan-u baɤsi basaku ireneu ugei uu：요ᄉᆞ이 너희 스승이 셧셧이 오ᄂᆞ냐 아니 오ᄂᆞ냐（この頃君の先生は達者でいらっしゃるか））」（一表一〜三行）であり、巻三は「아바개 치 아리 호시 구태（abaɤai ci ari hosiɤutai：兄아 네 뉘그핸다（兄さん、あなたは誰ですか））」（一表一〜二行）である。これらの部分がモンゴル－ウイグル文字で記されている。

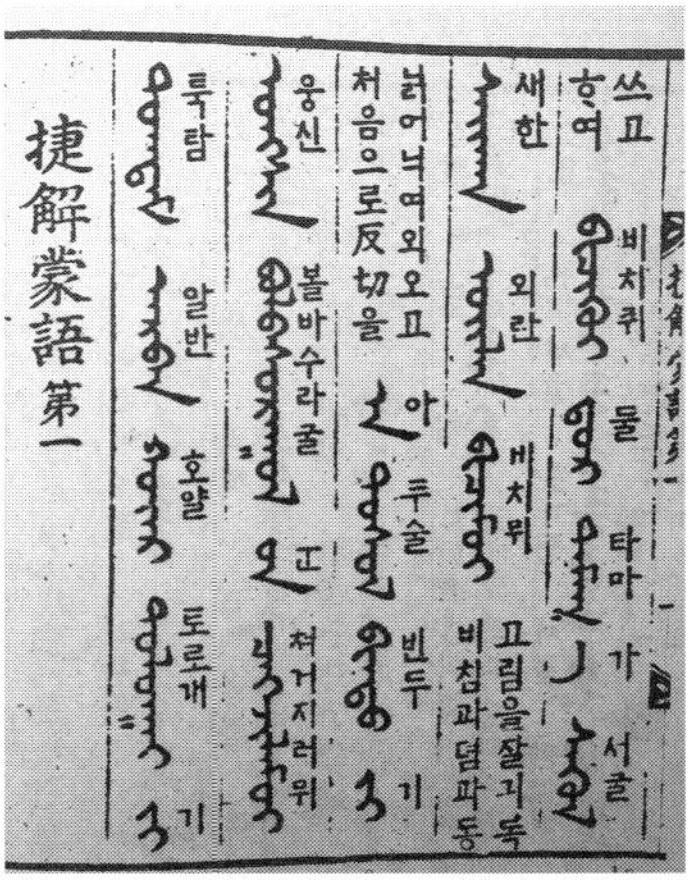

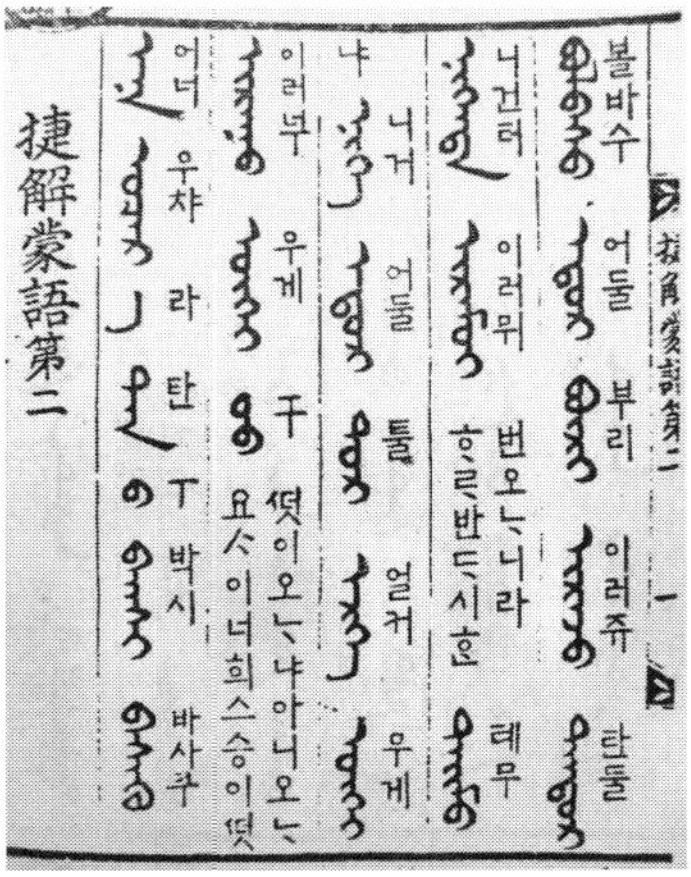

【写真四-四】『捷解蒙語』の出題部分（巻一、二の表二～三行）

このように『蒙語老乞大』と『捷解蒙語』の各巻の最初の行を写字したのは、そのような出題可能性はないと思われるため、出題とは無関係に自分が暗唱している最も得意とする部分を書き写したものであろう。こうしたことから、この試券が採点されていないという事実とともに、試験官に提出されていないことが確認できる。また、最も自信を持って暗唱した部分を書き写したであろう文章に実は間違いが見られる。これは、道光甲辰増広別試の訳科初試清学に応試し、合格した白完培の試券と比較してみたとき、この試券の写字における答案が、いかに粗雑に作られたかがわかるのである。

すなわち、第六章で考察するが、白完培の訳科清学試券は、『三訳総解』第一・第二・第三から、そして『八歳児』と『清語老乞大』の巻一・巻二、『小児論』等から、合わせて七箇所が出題され、『大典通編』巻六、工典、宮繕条から訳語が出題された。『三訳総解』は、第一巻の一四葉表の最初の行から三行までを、第二巻の九葉裏の四

～六行を、第三巻の九葉表の二～四行を写字して三行ずつ満州文字で筆写している。『清語老乞大』も巻一の一五葉表から一～三行、巻二の七葉表から三～五行を写字し、『八歳児』と『小児論』も三葉裏の三～五行、二葉表の二～四行を写字しており、四種の清学書から七箇所が出題され、三行ずつ筆写している。[51]

これとほぼ同時期の蒙学試券に、一行ずつ写字したものがあるが、これもやはり出題とは無関係に自分が覚えている部分を恣意的に書いたものと思われる。また清学では、「翻大典通編」が初試で出題されたことが確認されるが（第六章参照）、蒙学も同様であったと思われるので、この試券は提出できないほど不十分なものであったことを物語っている。

まとめ

ここまで、朝鮮王朝の訳科蒙学と蒙学書の変遷を検討し、道光甲午式年試の訳科初試と思われる蒙学試券を中心に、実際の訳科蒙学の施行について考察した。最後にこれをまとめてみよう。

朝鮮朝の蒙学書は、司訳院のモンゴル語教科書として、『経国大典』の訳科以前にあった『太祖実録』の通事科と『世宗実録』の訳学蒙訓に見られるように『待漏院記』等九種の蒙学書が使用されたのであり、『偉兀真』と『帖児月真』でモンゴル語ウイグル文字とパスパ文字の試験が行われた。

『経国大典』の訳科蒙学には、前記の九種の蒙学書以外に、「王可汗・守成事鑑・御史箴・高難加屯・皇都大訓・帖月真・伯顔波豆」の七種が追加され、一六種の蒙学書から写字の方法で出題されるようになった。この時の写字は、出題された部分を覚えて書くことを言い、ウイグル文字で書かれた。また、「帖児月真」、すなわちパスパ文字も別途に出題されて写字したものと思われる。

しかし、『経国大典』の取才では、新しく追加された『王可汗』等五種の蒙学書は本を開いて読み講読させた。

壬辰倭乱・丙子胡乱の後は、一時期五つの本、すなわち「守成事鑑・伯顔波豆・孔夫子・待漏院記・御史箴」からのみ出題されていた訳科蒙学に、康熙癸亥から「新翻老乞大」という名前の『蒙語老乞大』が追加された（『通文館志』巻二、科挙を参照）。

また、前記の蒙学書の中で『御史箴』を除く四種の蒙学書と『新翻老乞大』から出題されることもあった（『受教輯録』巻三）。また、乾隆丁巳から『捷解蒙語』が刊行され、それ以降の訳科蒙学の出題は、完全にこの『捷解蒙語』と『蒙語老乞大』のみに依存するようになった（『続大典』訳科写字、蒙学を参照）。その後、『大典会通』で『蒙語類解』が新しい訳科の出題書として登場しただけで、概して『続大典』のものがそのまま踏襲された。

劉翁が所蔵している来甲午式年訳科初試の蒙学試券は、道光甲午式年試の前年（一八三三年）秋に施行された訳科初試のものと思われる。これは『大典通編』に規定された蒙学科試の規定に合わせ、『蒙語老乞大』と『捷解蒙語』から、それぞれ四箇所と三箇所が出題されて写字している。また、『大典通編』を翻訳する訳語の出題は見られなかった。

この試券は、秘封の部分が最初からなかったか、あるいは左の下部に糊封されたものが完全に密閉されたかして、応試者の名前と身分を知ることができないようになっている。また、写字の答案がすべて蒙学出題書の第一葉の最初の行なので、実際の問題の答案ではないであろう。採点及び採点者の手決もないことから、この試券は作成後提出されず、応試者が持って帰ってきたものと思われる。

しかし、この資料を通じて、この時期の訳科蒙学が実際に実施される様子を窺い知ることができた。また、道光甲辰増広別試に施行された訳科清学の白完培試券と比較して、いくつかの重要事項を確認することができた。

注

1　チベット語やモンゴル語等は、基本的に英語で転写することになっている。したがって、本書のこの章では、一般的な日本語の表記にできるだけ従来の英語表記を括弧で併記することにする。

2　『至元訳語』「人事門」「漢児」条にある「札忽歹［ja-xu-dai］」と、『元朝秘史』巻一二、五五表五行「金人毎」の「札忽惕［ja-qu-d］」を参照。前者は北方漢人、すなわち中国人をいうが、後者の「金人毎」は契丹、女真人を含んでいる。

3　遼の契丹文字と金の女真文字は、拙稿（二〇一〇）参照。

4　モンゴル文学で広く知られている作品である *Subhāṣitaratnanidhi* は、サキャ・パンディタの著作であり、何度もモンゴル語に翻訳され、今でも版本が多く残っている。これについては、Vladimirtsov（一九二一：四四）、Ligeti（一九四八：一二四）を参照。

5　Poppe（一九五七）のパスパの紹介については、G. Huth が翻訳して編纂したチベットのཧོར་ཆོས་འབྱུང *hor-č'os-byuṅ*（*religious doctrine*、伝）から引用したものである。この本に比較的詳細にパスパ・ラマの一代記が紹介されている。

6　『元史』巻二〇二、伝第八九、釋老八思巴条と拙著（二〇一二）を参照。

7　サガンセチェン（SarangSečen）のパスパ一代記には、彼が「Yi-Sheep」に生まれたとしているが、「Yi-Sheep」は中国語とモンゴル語が混合した言葉で「乙未」年を示す。「羊（Sheep）」は、一二干支の八番目であり、「Yi」は一〇の天干のうち二番目の「乙」をいう。しかし、中国のいくつかの史料の中には、モンゴルの太宗一一年（一二三九、己亥）に生まれたと記録されている。

8　Pelliot（一九二五：二八六）では、一二五三年または一二五四年と見ている。

9　モンゴル・ウイグル文字に対して、パスパ文字はモンゴル新字と呼ばれている。

10　筆者の「パスパ」という名称が、日本語の「パスパ」から来たという憶測があるようである。日本語のパスパや筆者のパスパがすべて八思巴の現代中国の普通話の発音に基づいたものであることを明らかにしておく。

11　これについては、拙著（一九九〇）を参照のこと。拙著（一九九〇）は、朝鮮時代の訳科の総合的な研究であり、司訳院の外国語教育と訳官の各種試験、特に雑科の一つとして行われた訳科について、今日残っている訳科試券を通じて考察されている。本書の第四章で考察したモンゴル語の試券には、このパスパ文字の試験問題が出題されていなかった。

12　これについては、拙著（二〇一二、および二〇一五）で詳細に考察した。

13　ここに見られる元代の「路」は、明代の「府」に該当し、現代中国の「省」と類似している。朝鮮時代の「道」のような行政単位である。

14　これについては拙著（二〇〇九：二三）の「パスパ文字はまだ解読できていないか、明らかでないことの多い迷宮の文字である。モンゴルがユーラシア大陸の東部をみな占領し、帝国の統治文字として制定されたこの文字は、モンゴルと漢児の元が滅びると、後を継いだ呉児の明によって徹底的に破壊された。今日残っている文献資料はほとんどなく、その研究も非常に遅々たるものである」を参照。

15　例えば、最近、日本の吉池孝一（二〇〇五）に紹介されたパスパ文字の母音字は全部で五字で、ポッペ教授の八字とも異なり（Poppe、一九五七：三四）、『蒙古字韻』のロンドン鈔本に基づいて再構した拙著（二〇〇九）及び拙稿（二〇一一）の七つの母音字とも異なっている。これは、金石文資料を中心としたパスパ文字の研究に限界があることを示した一例と言えよう。訓民正音で朝鮮漢字音を整理した『東国正韻』を研究することにより、ハングルの母音字を考察することができるように、パスパ文字で当時の中国の標準音を整理した『蒙古字韻』の研究を通じてより精密なパスパ文字が再構できるものと思われる。

16　原文は、「通事科、毎三年一次考試。勿論是無本院生徒、七品以下人。但能通曉四書、小學、吏文、漢、蒙語者、但得赴試。［中略］能譯文字能寫字様、兼寫偉兀字者爲第一科、只能書寫偉兀文字、兼通蒙語者爲第二科、出身品級同前。其原有官品者、第一科升二等、第二科各升一等、額數［中略］蒙語、第一科一人、第二科二人、通取一十五人、以爲定額。若無堪中第一科者、只取第二科三科。又無堪中第二科者、只取第三科。」である。

17　モンゴル帝国の創建者である太祖チンギス・カンが、一二〇六年にナイマンを滅ぼした後、太陽汗の臣下であったウイグル人タタトンガ（塔塔統阿、Tatatunga）を捕まえて捕虜として連れて来て、ウイグル（畏兀、古代の維吾爾）文字でモンゴル語を記録する方法を、太子のオゴタイ（窩闊台、謌格德依）と諸汗に教えたので（『元史』巻一二四、列伝第一一、塔塔統阿条）、これがモンゴル語を記述したウイグル文字の始まりであり（羅常培・蔡美彪：一九五九）、その後モンゴルの記録は、主にこの文字に依存するようになった。『世宗実録』の「偉兀真」はウイグル文字（畏兀文字）を言っており、現在モンゴルではこの文字を生かして使用している。

18　また、『経国大典』礼典、取才条に、「蒙學：章記・帖月眞・孔夫子・何赤厚羅・貞觀政要・待漏院記・吐高安・巨里羅・伯顔波豆・老乞大・速八實［已上寫字］守成事鑑、王可汗、御史箴、皇都大訓、高難加屯［已上臨文、臨文秩小冊、則以二冊準漢學一冊。］」という記事があり、モンゴル学習教材とこれを通じた試験方法について規定している。

19　『通文館志』科挙、蒙学八冊の「蒙学八冊」は、実際に訳科モンゴル試験の出題書が八冊という意味ではなく、漢学八冊に準ずる「蒙学八冊」の出題という意味で使われたものである。読者の混乱を招きやすい表現である。

20 阿憐帖木児は、阿林鐵木児とも表記されるが、元の仁宗王の時の人物でウイグル人である。元の順帝天暦初に元に帰順して元の明宗王の時に活躍した。博識で多くの著書を残し、光禄大夫に昇進した。

21 『元史』巻一二〇、紀三〇、三表六行にある、「阿憐帖木兒等譯帝訓戒、更名闢皇圖大訓」および『元史』巻一四三、伝三〇巻、三表六行にある「馬祖常譯爲闢皇圖大訓」という記事を参照。

22 『元史』巻二四、紀二四、一一表一行にある「仁宗覽貞觀政要、諭阿林鐵木兒譯以國語、刊行」と、『元史』巻三六、紀三六巻、五裏五行にある「命奎章閣學士院、以國字譯貞觀政要、鋟板模印以賜百官。」と『元史』巻一三七、伝二四、三裏一行にある「察罕譯貞觀政要以獻。」等の記事を参照。

23 『元史』巻一六七、伝五四、二二表三行にある「王惲獻守城事鑑十五篇」という記録から、元代に『守城事鑑』が広く読まれていたことがわかる。

24 筆者は、二〇〇三年二月一七日、米国イリノイ大学（Univ. of Illinois at Urbana- Champaign）東アジアおよび太平洋研究センターの「二〇〇三年春のセミナー」で、「Mr. Cathayan（A 14th Century Chinese Language Primer in Korea」という名前で、『老乞大』を紹介した。

25 『通文館誌』巻八、什物、続条にある「蒙語老乞大板、乾證辛酉蒙學官李最大等、捐財刊板。」という記録を参照。

26 前掲した『通文館誌』の「兵燹之後 時存五冊」に比べると、大典の「時存五冊」には『御史箴』が抜けている。

27 『續大典』礼典、取才条にある、「蒙學：蒙語老乞大、［見大典］捷解蒙語、［新增］以上寫字、文語［新增］飜答、其餘諸書今發」という記事を参照。

28 『蒙語類解』は、乾隆戊子（一七六八）に刊行されたため、『續大典』（一七四四）の蒙学書には掲載されなかったが、『大典通編』（一七八五）には、この二つの蒙学書とともに『蒙語類解』の名前も見られる。

29 韻書式語彙集としては『蒙漢韻要』を例に挙げることができる。これは尹子雲が成宗一三年（一四七七）に諺文で翻訳して使用するために刊行された、簡単なモンゴル語辞典であった。また、『物名』は、『同文類解』の安明説の序文にある、「清學舊有所謂物名」という記録と、『通文館志』巻二、勧奨、二六考講、続条と街職、取才、続条に、文語の代わりに物名を数枚背誦させるという記録があり、『同文類解』以前に多く使用されていたことがわかる。

30 『通文館誌』（巻八）「什物」「続」条にある「蒙語類解板、［乾隆戊子蒙語訓長李億成修整 本院刊板］」という記事を参照。

31 「蒙学三書刊序」にある「本學堂上李億成、曾爲訓長時、慨然於此。毎赴燕京輒就蒙古館、與之論難字義演習語音。歸與有志者、

屢年講磨老乞大及類解等書、校其說謬、更付剞劂、新進之業是學者庶得其正」という記事によれば、『老乞大』と『類解』（『蒙語類解』をいう）等を修訂し、再び編纂したという事実を言っているので、李億成の前に『蒙語類解』の原本があった可能性がないわけではない。

32　表紙に直接書かず、他の紙に書いて表紙につけた外題。

33　この本の末尾で、筆者は、「『通文館誌』什物、書籍条に見られる記事によれは、非常に多種類の訳学書冊板が司訳院に保存されていたことがわかる。しかし、その冊板のほとんどが散逸し、今日高麗大学博物館に収蔵されている四〇〇余板の冊板が残ったすべてだと思うとき、韓国の文化遺産の毀損がこれほどまでにひどいかという恥辱の思いが頭から離れない。今もどこかに残っている残りの冊板の研究が続くことを切実に願うばかりである」と愚痴をこぼしたことがある（鄭光・尹世英、一九九八：二六一）。

34　京都大学に所蔵されている『改修捷解新語』の木版は、実際には辛丑改修本であり、世には重刊改修本として知られているものである。

35　原文は、「通文館志：乾隆戊戌倭學官崔昌謙捐財刊板、新釋三譯總解板：乾隆甲午本院刊板、新釋清語老乞大板：乾隆乙酉箕營刊板、捷解蒙語板：乾隆丁巳蒙學官李世烋等捐財刊板、蒙語老乞大板：乾隆辛酉蒙學官、李最大等捐財刊板、蒙語類解板：乾隆戊子蒙語訓長李億成修整、本院刊板」である。

36　李瀷の「蒙学三書重刊序」に「〔前略〕捷解一書、則並與字音語套而改之。始役半載、功告訖、本學訓長方君孝彥實主之。又於諸書釐正之暇、裒集類解中闕漏者一千六百餘言、逐類添載、彙作一本、名之曰：類解補。且集語錄數百餘句、附之卷末。〔後略〕」というくだりがある。『捷解蒙語』（記事の「捷解一書」をいう）一冊だけを、蒙学訓長の方孝彦が字音と言葉遣いを修訂し、半年間で改訂を完成しており、また、いくつかの本（『蒙語老乞大』等）を整理する間に、『蒙語類解』で抜けた語彙一、六〇〇語余りを集めて分類し『蒙語類解補』という名前を付けた。また、巻末に語彙目録数百を付録として収録した。これによれば、金亨宇が重刊したときは、方孝彦が全面的に改修した『捷解蒙語』と『蒙語類解』の補篇だけが新たに改版されたことがわかる。

37　科挙試験の実施時期は、高麗光宗王の時に初めて科挙法が定められたのであるが、それは毎年春に試験を行い、秋と冬に及第者を発表するものであった。穆宗七年三月の改定科挙法では、三月に進士科（文臣を登用するための科挙試験）を開場し、明経以下の諸科目は、その前年の一一月までに選抜し、進士と同じ日に及第者を発表した。しかし、朝鮮王朝では、科挙を三年に一度行う式年試制を設け、式年諸科を正月から五月に実施した。『経国大典』では、中国の例に従い、寅・申・巳・亥年の秋に初試を開き、子・午・卯・酉年の春に覆試と殿試（覆試に及第した者に対して、王が直接臨席して行われる科挙）を行うように規定されている。したがって、来甲午式年初試は、その前年の癸巳年秋になる。『高麗史』巻七二、志二七、選挙一、科目一の穆宗七年条と粛宗一一年条、そして『経国大典』巻三、礼典、科挙条参照。

38 〔写真四-一〕の蒙学試券は、秘封が存在するはずの部分が空欄となっている。

39 〔写真四-二〕では、左上段の端の部分なので見えない。

40 『高麗史』巻七三、志第二七、選挙一、科目一、顕宗二年条にある「禮部侍郎周起奏、定糊名試式」と、『高麗史』巻七四、志第二八、選挙二、科目二、元宗一四年条にある「參知政事金坵知貢擧、舊制二府知貢擧、卿臨同知貢擧。其赴試諸生、卷旨寫姓名本貫及四祖、糊封試前數日、呈試院。〔後略〕」の記事を参照。

41 崔承熙（一九八一）に試券の糊封についての詳細な説明がある。

42 第六章で論じた道光甲辰増広別試の白完培の訳科初試試券にも一連番号の「出」と官印があり、前述した乾隆年間の劉学基・運吉父子の漢学試券にも、一連番号と官印がある。

43 場合によっては官印を押さない試券もある。官印が押されていない試券を白文と呼ぶ。

44 道光甲辰増広別試訳科初試の白完培の試券は、上段に右から左へ「千字文・兵書・小児論・三歳児・自侍衛・八歳児・巨化・七歳児・仇難・十二諸国・貴愁・吳子・孫子・太公・尚書・三訳総解・清語老乞大・翻大典通編」等一七種の清学書と、「翻大典通編」を合わせて全部で一八種の科試書が書かれている。「巨化」は、「去化」とも書かれる。これらは、『経国大典』と『続大典』等に規定された清学科試書である。第六章を参照。

45 訳科漢学初試には、訳語が出題されなかった。これについては第三章を参照。

46 『通文館誌』巻二、科挙、漢学八冊条にある、「〔前略〕論語・孟子・中庸・大學・飜經國大典、〔訓導傳語、以上五冊臨文〕」という記事によれば、『経国大典』を翻訳すると、訓導がその言葉を伝え、その点数を定めたことがわかる。

47 白完培の訳科清学初試試券には「三訳総解（三箇所）、八歳児（一箇所）、清語老乞大（二箇所）、小児論（一箇所）」から七箇所が出題され、この写字が終わった下段右の空間に、粗雑な字で『大典通編』の翻訳する部分が書かれている。第六章を参照。

48 原文は「【原】〔額數〕漢學二十三人・蒙學・倭學、女眞學、各四人、司譯院錄名試取。漢學鄕試：黃海道七人、平安道十五人、觀察使定差使員、錄名試取。【續】式年・增廣・同大增廣・則漢學・蒙學・倭學各加四人。〔中略〕【原】蒙學〔寫字〕王可汗・守成事鑑・御史箴・高難加屯・皇都大訓・老乞大・孔夫子・帖月眞・吐高安・伯顏波豆・待漏院記・貞觀政要・速八實・章記・何赤厚羅・巨里羅。【續】老乞大〔見原典〕、捷解蒙語〔新增〕、其餘諸書今廢〔以上中略〕【原】〔譯語〕漢學・蒙學・倭學・女眞學・並飜經國大典〔臨文〕」である。

49　『大典通編』巻三、礼典、諸科、訳科覆試条に、「【原】額數漢學十三人、蒙學、倭學、女眞學各二人、本曹同本院提調録名試取。【續】式年、增廣同大增廣、則漢學・蒙學・倭學・清學各加二人。」（傍線筆者）とあり、訳科覆試で蒙学は倭学、清学とともに二人を選ぶようになっている。

50　『蒙語老乞大』の重刊本八巻八冊は、奎章閣等に、『捷解蒙語』の重刊本四巻四冊は、奎章閣・伽藍文庫等に所蔵されている。

51　これについては、第六章の満州語教育を参照すること。

第五章　日本語教育——倭学

この章では、朝鮮王朝時代の司訳院の倭学で、日本語教育がいかにして行われたかを考察する。日本語教育は、漢学とは異なり、漢字ではなく、日本の仮名文字を個別に学習する必要があり、また、この文字は、数種類の字体があるため、学習するのが難しかった。すなわち、日本語の仮名文字には、草仮名と片仮名、略草仮名、平仮名等の字体があり、これらをすべて把握していなければならなかったのである。

倭学訳官の日本語学習は、司訳院の他の漢・蒙・清学等の訳官とは異なり、独特な日本語の書契、すなわち一種の候文体書簡文を個別に学習する必要があった。これは、倭学訳官の任務に関連している。当時、対馬島主の懇願によって朝鮮と日本との公貿易が礼曹の許可を得て行われていたが、朝廷と東莱府使が発行する公文書は、漢文がわからない日本人たちのために倭学訳官が翻訳した日本語の書契で伝達され、日本人が提出する各種文書と請願書も、彼らが使用している候文体書簡文の形式で作成されていた。したがって、倭学訳官たちは、日本語のこのような文を理解する必要があり、そのために日本語会話とは別の学習が必要であったのである。このような日本語の書簡文の学習は、非常に古くからの伝統があり、弘治五年（一四九二）に刊行された倭学書『伊路波』の第二部が、このような候文体書簡文の例文で書かれていることから、それを理解することができる。[1]

また、中国に行く燕行使に比べ、日本に行くの通信使行は船に乗って行かなければならなかったので、時には波によって船が破壊されたり、命を失うこともあり、倭学は訳官の忌避対象であった。すなわち、「非他學之例、往還滄波劒戟間、實爲可憚。故求屬者少、而生徒三十餘人唯用、一遆兒遷轉、故生徒多托故不仕。雖或一二人僅存、不解文字只通言語、非徒通事者難繼、譯解倭書、恐將廢絶。〔後略〕（他の語学（蒙学と清学）の例とは異なり、滄波と剣戟の間を行き来しなければならないため、まことに、（訳官たちに専攻するのを）はばかられております。したがって、入学しようとする者が少なく、（倭学の）生徒は、わずか三〇人余りで、一遍見にしかなれず、そのため生徒たちが言い訳ばかりして働いておりません。一人や二人が僅かにいたとしても、文字を知らずに専ら話が通じるだけなので、通事が続くのが難しいだけでなく、日本語の書簡を読んで理解できる者が、将来なくなるのではないかと気がかりであります）」（『世宗実録』巻四九、世宗一二年八月丁酉条）として、すでに朝鮮初期に倭学を避けようとする現象があったことが窺える。

この章では、朝鮮時代の司訳院の日本語教育がいかにして行われたかを、言語教育と文字教育、そして訳科倭学の試券を通じた教育の評価まで、考察してみよう。

一、倭学書の編纂とその変遷

司訳院倭学における日本語教育は、言語と仮名文字の教育に分けて考えることができるが、ここではまず最初に、倭学教材、すなわち倭学書を中心に考察してみようと思う。文字教育は、初期には『伊路波』を使用して実施された。この教材は、おそらく日本の室町時代の訓蒙教科書である同じ書名の教材を持ってきて、諺文にその発音を注音し、仮名文字教育に使用したものと思われる。

朝鮮の司訳院で編纂した『伊路波』は、壬辰倭乱の後にも継続して使用された。朝鮮中期に壬辰倭乱と丙子胡乱を経て初期の訳学書がほぼすべて変更され、倭学書も『捷解新語』に一本化されたが、この教材だけは継続して使用されたものと思われる。一九八〇年代末に世に知られたパリ東洋語学校所蔵の『捷解新語』は、第一次改修である戊辰改修本の覆刻木版本と思われるが、ここで使用されている倭諺大字（倭学書に見られる仮名文字）は、『伊路波』のものと同じである。

仮名文字は、『捷解新語』の第二次改修で新たに生まれ変わった。倭学訳官の崔鶴齢が主導して改訂した第二次改修本が活字本で刊行されたという記事があるが、まだ見つかっていない。ただ、この時、初期の仮名学習教材であった『伊路波』を変更して、『伊呂波』という名前の単行本が刊行されたようである。これは、ローマのバチカン図書館に所蔵されている『伊呂波』の単行本で確認することができる。その後、第二次改修本のいくつかの木版を校正して重刊されたのが『重刊捷解新語』であるが、ここには日本語の仮名文字の学習のために、五十音図を含む『伊呂波』のすべてが一緒に束ねられている。

仮名文字の学習のための五十音図は、『捷解新語』の重刊本に「伊呂波半字竪相通」と「伊呂波半字横相通」という名前で提示されている。[2] 特に、五十音図には、アカサタナハマヤラワが調音位置に基づいて牙舌脣歯喉で分けて示されており、順序は「喉音→牙音→歯音→舌音→脣音」の順になっている。訓民正音の順序とは違う点が目に付く。ただ、調音方式による全清、次清、全濁、不清不濁はほとんど利用されていない。[3] 日本語音が清音と濁音に分けられてはいるが、正しく理解して適用したようには思われない。

この章では、まず、日本語の変遷に伴う倭学書の改編を解説し、朝鮮時代の日本語教育の流れと、最近発見されて筆者が紹介したバチカン図書館所蔵の『伊呂波』を中心に、朝鮮時代の司訳院の仮名文字教育について考察しようと思う。

倭学書の変遷

日本語学習教材である倭学書は、他の訳学書のように幾度か変遷を重ねた。第二章でも述べたように、筆者は訳学書の変遷を『経国大典』の刊行とその後の壬辰倭乱・丙子胡乱を起点にして、①初期の訳学書（建国初期から『経国大典』まで）、②定着期の訳学書（『経国大典』以降『続大典』まで）、③改訂、増補期の訳学書（『続大典』以降から甲午改革まで）に分け、初期、中期、後期の三つの時期に分けている。

初期の訳学書は、主に該当国の訓蒙教科書を輸入して使用していた。中期には壬辰倭乱・丙子胡乱を経ることにより、これらの言語との直接的な接触を通じて、より実用的な会話中心のオリジナル教科書を司訳院で編纂して使用し始めた。後期は、中期に編纂されたものを改修・修訂・増補・重刊して使用した（拙著、一九八八：二〇五～二〇六）。

ここでは、このような分類に基づき、朝鮮の司訳院で使用された倭学書、すなわち日本語教材を三期に分けて概観し、その後、英祖丁卯式年試の訳科倭学玄啓根の試券を考察して、日本語の教材である倭学書が、このような変遷過程でいかなる位置を占めていたのかについて明らかにしようと思う。

初期の倭学書

初期の倭学書は、詳定所の啓文から見つけることができる。すなわち、『世宗実録』巻四七、世宗一二年庚戌三月戊午条に、太宗王の時に設置された十学の取才で使用する経書と諸芸の項目を決定しようとする詳定所の啓文が掲載されたが、その中に倭学書の書名が見られる。

この啓文は、訳学漢訓と訳学蒙訓、訳学倭訓として、それぞれ中国語学習とモンゴル語学習そして日本語学習について言及している。これを移してみれば、訳学倭訓に「消息・書格・伊路波・本草・童子教・老乞大・議論・通信・庭訓往来・鳩養勿語・雑語」とあり、一一種の日本語教材が一覧表示されている。

一方、『経国大典』巻三、礼典、諸科、訳科初試、倭学条には、写字の試験書として、「伊路波・消息・書格・老乞大・童子教・雑語・本草・議論・通信・鳩養勿語・庭訓往来・応永記・雑筆・富士」等、一四個の倭学書が掲載されている。これは、前述した『世宗実録』（巻四七）世宗一二年（一四三〇）の訳学取才の倭訓に見られる一一種の倭学書に比べると、「応永記・雑筆・富士」の三種が追加されていることになる。
『経国大典』に規定された訳科は、初試と覆試に分けられて三年に一度の試験が行われる式年制であり、中人階級が官職に就くことができる唯一の道であったので、朝鮮王朝で外国語学習者を誘致し、奨励する手段として設置された。
しかし、実際の訳官の任命と補職は取才に基づいていた。『経国大典』巻三、礼典、取才条には、四孟月（各季節の最初の月、一、四、七、一〇月）に礼曹と各司の提調が施行する取才の方法が規定されている。この時の諸学取才倭学の方法と倭学書を見れば、次のとおりである。

取才：諸學四孟月、本曹同提調取才。無提調處、則同該曹堂上官取才。〔中略〕倭學：應永記・本草・伊路波・消息・議論・通信・鳩養物語・富士・老乞大・童子教・書格・庭訓往來・雜語・雜筆。已上寫字。

取才は諸学が四季の最初の月に礼曹が提調とともに取才する。提調がいないところは、該当官署の堂上官が取才を行う。〔中略〕倭学：『応永記』・『本草』・『伊路波』・『消息』・『議論』・『通信』・『鳩養物語』・『富士』・『老乞大』・『童子教』・『書格』・『庭訓往来』・『雑語』・『雑筆』（を出題書とする）。以上は、写字（すなわち筆記）試験で行う。

これは、同じ場所に記録された訳科倭学初試の写字で行われる倭学出題書と同じであり、順序が変わっただけである。
これら倭学書は、今日『伊路波』を除いてすべてなくなり、いかなる本であったか知ることができないが、小倉進平（一九四〇）、精文研（一九八六）等で部分的に考察され、拙著（一九八八）でその全貌が明らかにされている。

松下見林の『異称日本伝』では、『経国大典』所載の『伊路波』・『消息』以下の倭学書が、ほとんど「国俗兎園之冊」（低俗で大衆的な本）に過ぎず、そのうちの『老乞大』は野蛮人の言葉（胡語）が混じっていると言った。そして、なぜ高麗人たちは日本の国史の本を使って学ばないのかと、嘆いている。[4]

このような内容と同様の記録が『通航一覧』にも伝わっている。すなわち、『通航一覧』巻一一一、朝鮮国部八七、筆談唱和条に、英祖二四年（一七四八）に渡日した通信使行の製述官である朴敬行との筆談で、太医令であった朝散大夫の橘元勲は、

經國大典和學部載、庭訓往來、童子教等書目、此皆兎園冊而已。如六國史・懷風藻・經國集及諸實錄・律令等、皆未傳貴國耶。吾國水戸義公、以一代雄才、撰大日本史二百四十卷。但以未刊行、不廣敷人間。貴邦東國通鑑亦嘗、以義公校刊行于世。云云。

『経国大典』和学部（倭学の部分をいう）に載っている『庭訓往来』や『童子教』等の本は、すべて大衆的な本ばかりです。『六国史』・『懐風藻』・『経国集』および諸々の『実録』・『律令』等は、貴国に伝わっていないのでしょうか。わが国の水戸義公は、まれに見る雄才であり、『大日本史』二四〇巻を編纂しました。ただ、刊行されていないため、広く行き渡っていません。貴国でも『東国通鑑』を作られましたが、義公が校刊して世で読まれています。云々。

といい、『庭訓往来』や『童子教』等の『経国大典』倭学所載の本に対して、兎園冊（大衆的な興味中心の本）と見ている。

筆者の立場としては、鄭光・韓相権（一九八五）で、司訳院の外国語の教科書が、初期にはその国の訓蒙教科書

を輸入して使用していたことを主張しているが、拙稿（一九八七c）でもこれに対して敷衍している。『世宗実録』の世宗一二年（一四三〇）の記録や『経国大典』（一四六九）の編纂年代から見て、ここに掲載された倭学書は、少なくとも日本の室町時代の中頃かそれ以前に使用されていた日本の訓蒙教科書であると推測される。中国語・モンゴル語・日本語・女真語を教育していた初期の司訳院四学は、教科書として『老乞大』・『朴通事』のように司訳院の中で編纂されたものもあるが、[5]ほとんどは、当該国の童蒙教科書を取り寄せて使用していた。

司訳院漢学の教科書である四書や『直解小学』、蒙学の教材である『待漏院記』・『貞観政要』・『孔夫子』と『速八実』・『伯顔波豆』・『土高安』・『章記』・『巨里羅』・『何赤厚羅』・『王可汗』・『高難加屯』は、書名からして元代に広く使用されていたモンゴル人の訓蒙教科書であったものと思われる（李基文、一九六四、一九六七、および拙著、二〇〇二b）。また、女真学の『千字』・『天兵書』[6]・『小児論』・『三歳児』・『自侍衛』・『八歳児』・『去化』・『七歳児』・『仇難』・『十二諸国』・『貴愁』・『呉子』・『孫子』・『太公』・『尚書』等もまた、金代女真族の訓蒙教科書であったものと思われる。[7]

三浦の日本人

『世宗実録』世宗一二年三月戊午条にある諸学取才の訳学倭訓に見られる倭学書と、『経国大典』訳科倭学に所載された倭学書は、朝鮮王朝初期に三浦に居住する日本人によって伝授されたものであるという記録が日本に残っている。すなわち、伊藤東涯の『紹述雑抄』に掲載された「東涯談叢」巻下[8]の庭訓、童子教条に、

近世授童子、以蒙求千字文。其下者止於庭訓・童子教、闔國通習、延播三韓。朝鮮世祖莊王時、命崔恒・姜希孟・徐居正等、修經國大典六巻、成化五年徐居正序。禮曹譯科初試寫字、倭學、有伊路波・消息・書格・老

乞大・童子教・雜筆・富士等、皆以書題號、而今不可曉。朝鮮慵參叢話［成文公撰、有二十整］、其時倭人在三浦、耕土爲田、斑衣絡繹於遍圍、有蔓延離圖之弊。又海東諸國記、［申叔舟著］對馬島之人、初請來寓三浦。熊川之乃而浦、東萊之富山浦、[9]蔚山之鹽浦號爲三浦、互市釣魚。其居土及通行皆有定處、不得違越事、事畢則還回、緣留民漸至繁滋云云。元明之間、吾民寓三韓可見、豈其時携往吾邦文字耶。然其書今不可悉知。

最近は子供たちに『蒙求』と『千字文』を教えている。その以下は、『庭訓往来』や『童子教』にとどまり、これだけ習得して三韓（朝鮮をいう）にまで広がっていった。世宗（世祖は誤記と思われる）荘憲大王（世宗をいう）の時に、崔恒・姜希孟・徐居正等に命じて『経国大典』六巻を作らせ、成化五年（一四六九）に徐居正が序文を書いた。礼曹の訳科初試の筆記試験には、倭学書として『伊路波』・『消息』・『書格』・『老乞大』・『童子教』・『雑筆』・『富士』等があるが、その本の名前からでは現在その内容を知ることができない。朝鮮の『慵参叢話』[10]に［成文公の編纂］[11]「その時倭人たちが三浦にいて、土地を耕して畑を作り暮らしており、［日本人の］斑点模様の服が周囲に絶え間なく続き、蔓延して破れたりしていた」と言った。また、『海東諸国記』に［申叔舟著］「対馬の人々は初め三浦に来て寓居することを願った。熊川の乃而浦、東莱の釜山浦、蔚山の塩浦を三浦と言び、ここで市場を開き魚を捕った。住む所と通行するところがすべて決まっていたが、やむを得ず違反した場合には、必ず仕事が終わった後に返さなければならなかった。こうして滞在する人が増えるのを防いだ」とある。元と明の交代期に我が国民（日本人）が三韓に住みつくことがあったが、その時、日本の文字を持って行かないことがあろうか。しかし、その本については今はよくわからない。

という記録があり、この倭学書を元明之間、すなわち高麗末から朝鮮初期に三浦に住んでいた日本人が持ってきたものと見ているが、いかなる本かはわからないとしている。それでは、日本には歴史的にどのような訓蒙教科書があったのであろうか。

学校教育と訓蒙教科書

日本における学校教育の始まりは、中国の儒学とともに漢字が伝来した時まで遡ることができる。日本の応神一六年（二八五）に、百済の阿直岐と王仁によって、漢字の初歩学習書である『千字文』と儒学の基本書である『論語』が伝わり（『古事記』中巻四八および『日本書紀』巻一〇）、その後継続して朝鮮半島と中国から多くの文人が日本に渡り、漢字の使用を促進し、儒学を興隆させた。[12]

そして、履中四年（四〇三）には、諸国に国史（ふみひと）を置いて言事を文で書き、四方に伝えたという記録があるので、[13]この時漢字が広く使用されていたことがわかる。また、欽明一三年（五五二）に仏教が伝来し、土着信仰の神道と結合して急速に発展したが、[14]日本の学校教育は、本来の神道と伝来した儒教・仏教によって始まった（文部省、一九一〇：三七）。

日本の史料に見られる最も古い学校は、法隆学問寺であり、推古一五年（六七四）に聖徳太子が創建したものである。しかし、これは仏家の教育のためのものだったので、一般人の教育機関として最も古いのは、天智代（六六二～六七二）に百済から来た鬼室集斯が学職頭（教育機関の責任者）となった官学で、天武代（六七三～六八五）に大学寮と呼ばれていたものを挙げざるを得ない。また、この時、地方には府学と国学を置いて、学問が非常に奨励されるようになり、[15]大宝元年（七〇一）には大宝令が制定されて、教育に関する制度が整備された。

大宝令で学制が整備された大学は、明・経・書・算のようにいくつかの科目に分けて教育していたが、後に明経、紀伝、明法、明算の四道が完成した。[16]

明経道は、経典を研修することであり、主に扱っていたのは「周易・尚書・毛詩・周礼・儀礼・礼記・孝経・論語・春秋左氏伝」の九種であった。後に『公羊伝』と『穀梁伝』の二伝が追加された。[17]

紀伝道は、歴史と文章を学習していた科目で、三史（史記・漢書・後漢書）と『三国志』・『晋史』をそれぞれ一史とし、『爾雅』・『文選』もやはり一科の教材とするが、三史と『文選』は、大経とみなされた。

明法道は、法律と制度の学習を中心に、主に日本の律令を専攻し、律を大経、令を小経とみなしていた。

明算道は、数学と天文暦術を学ぶことで、算術は「孫子・五曹・九章・海島・六章・綴術・三開重差・周髀・九司」の九経を学習するが、すべて小経とみなされた。

天文書は、「天官書・天文志・五行大義・律暦志・大衍暦」等を一経とみなして学習した。[18] 特に、興味深いのは、音道（漢音を学習する課程）が共通必修科目であるという点である。これにより、大学の学生たちは、唐代の発音の中国語を共通に学習していたことがわかる。

地方の府学と国学も、おおよそ大学と同じような教育課程が用意されていた。また、大学や国学で試験を実施し、合格した者を挙人または貢人と呼び、太政官に送って人材として登用したという。[19] これは、日本が中国、韓国とともにみな隋・唐の科挙試験制度と教育制度の影響を受けたことを物語っている。

日本の学校

中国の唐代の学校は、科挙試験の準備をする機関であった。当時、唐の京師には、崇文・弘文の二館があり、皇親・外戚の子弟を受け入れた。また、長安に国子学と太学があり、それぞれ文武官三品以上または五品以上の子弟を入学させた。その他に四文学があり、六品以下の庶人を教育した。さらに律学・書学・算学があり、八品以下の子弟および庶人に特殊教育をしたが、地方の州県にも学校があり、成績優秀な者は科挙に応試できるようにした（宮崎市定、一九八七：三四）。このような唐の学校制度は、新羅・高麗の学校制度に大きな影響を与えたが、日本の平安朝にも影響を与えていた。

大学と国学、府学のような官学以外にも、平安時代に入り、私立学校が貴族たちによって設置され、非常に繁栄するに至る。[20] 特に、仮名文学の発達とともに、これによる日本文学の学習と鑑賞、そして自分の作品を書くための仮名遣いの学習が、一般庶民の教育にも芽生え始めた。

鎌倉時代に入り、前代の大学と国学は有名無実化し、公家・武家の子弟の教育は完全に家庭教育に依存するようになった。したがって、前代の儒学中心の官学は急速に衰退し、実用的な武学・法律学等と、日本文学、美術等の教育が新たに重要科目として登場した。特にこの時代には、鎌倉幕府の武断政治によって官学と私学の学校が衰退した代わりに、寺院で行われていたような庶民の教育が盛んになった。

日本の中世時代は、貴族と武士とともに、もう一つの重要な権力集団に寺院があった。日本において仏教寺院は、治外法権の別世界として、独自の文化を享有することができた。中世には天台・真言等の旧仏教から禅・浄土・法華等の新仏教まで、様々な宗派に分かれたが、すべての寺院に共通する社会的役割の一つは、初歩的な文字教育、すなわち漢字や仮名文字で読み書きを教える教育機関であるという点であった。

これを寺院の世俗教育と名前を付けるなら、この教育は、出家した僧侶の教育と出家していない世俗人（武士、庶民の子弟）を引き受けて教育する教育の二つに分かれていたといえる。後者を垂髪教育と呼ぶが、寺院に留まりながら教育を受ける俗人を垂髪または童形等と呼ぶ。[21]

垂髪を寺院に留まらせる風習は、平安初期から記録に表れるが、彼らに教育を実施したという記録と、垂髪教育の方法および規定については、鎌倉初期から多くの文献に詳しく示されている。[22]

このように、鎌倉時代に入って繁栄し始めた寺子屋の教育は、実用本位の学習ニーズにより自然発生的に生まれた。このような教育観の進展に応じて作られた教材が「往来物」という名前の訓蒙教科書であるといえる。この古往来類（日本で伝統的に使用していた往来類の教材）の教科書は、平安後期から使用され始められていた。石川謙・石川松太郎（一九六七~七四）によれば、一一世紀後半、平安時代に藤原明衡が編纂したとして知られる『明衡往来』をはじめ、鎌倉・吉野・室町・安土・桃山の五代にわたって初等教科書として愛用されていた。[23]

近世に至っては、非常に広い意味での往来類の教科書が多くの分野で刊行され、「往来」という名前は教材という意味に変わっていた。近世のこのような往来と区別するために、平安後期から安土・桃山時代までの往来を古往来と呼ぶ。

古往来

古往来は、編纂者も学習者も官学ではなく、一般家庭や寺院の寺子屋等のような私学の教師や学生であった。したがって、この古往来の訓蒙教科書は、政治制度の変化とは関係なしに、江戸末期までほぼ八〇〇年にわたって初歩者の教科書の王座を守ってきた。

往来類教科書で学習していた人々の身分を見ると、平安時代には中流社会、すなわち下級貴族の子弟が大部分であったが、鎌倉時代や吉野時代になると、貴族の子弟と上流武家の子弟が寺院に寄宿しながら一緒に学ぶ習慣があった。しかし、室町時代から安土・桃山時代になると、寺に宿泊しながら学ぶ習慣は徐々になくなり、中流以上の武士の子弟が自分の家や先生の家で勉強する習慣が生まれた。

したがってこの時代の教育は、一日の学習時間も学習に費やす年限も短くなり、この時期に編纂された往来類の教科書は、貴族的な教養教材がかなり削除され、武士の日常生活にとって緊要な知識（主に文字）だけをできるだけ省略して編纂したり、単語本位で編集した短編の往来類が多くなった。編纂者も鎌倉・吉野時代には名のある僧侶の著作が多かったが、室町、安土・桃山時代になると無名の僧侶や庶民の書家の著作が多くなった。

『経国大典』に見られる初期の倭学書は、室町時代に編纂された往来類と同じか、または類似した書名である。したがって、この時期に日本で使用された往来類の教科書に対するより詳細な研究が必要である。

日本の教育史において、往来物が訓蒙教科書として発達してきた過程については、平泉澄（一九二六）と高橋俊乗（一九二三、一九四三）の研究があり、岡村金太郎（一九二二、一九二五）の往来物の分類とその目録の作成を見ることができる。特に石川謙（一九四九、一九六〇）の研究が精密になされており、この研究結果が石川謙・石川松太郎の『日本教科書大系』（全一五巻、別巻二）によく整理されている。

日本の教科書の変遷過程と司訳院の倭学書は、拙著（一九八八b、二〇〇四b）を参考にすることとし、ここでは、玉木吉得の自伝である『身自鏡』に見られる、当時の初等教育の実際の姿と、それに使用された童蒙教科書を紹介し、司訳院の倭学書がこの時代の童蒙教科書といかに密接な関係であったかを考察することにする。

室町時代に毛利元就に登用されて三〇〇石の俸禄を受けた玉木吉得は、永禄七年（一五六四）の彼が一三歳になった年に、学問のために勝楽寺に入山し、一六歳になった年に、すなわち永禄一六年（一五六七）春に下山したが、二、三年間の学習課程を『身自鏡』で要約し整理すれば、次のとおりである。[24]

学習時間は、次の［表五-二］玉木吉得の学習書に見えるように、筆で書く練習である習字を初年度に一日中行い、読書は早朝に仏経を、夕方には『庭訓往来』等を読み、第二年度には読書を一日中行った（石川謙、一九六〇）。

［表五-二］玉木吉得の学習書

年次	科目	学習書
初年度（一三歳）	習字	いろは（最初の五日間）、仮名の真字
	読書	洗心経、観音経—仏経

		庭訓往来、式条、童子教、実語教、往来物―日本の伝統的な訓蒙教材
第二年度（一四歳）	習字	草書と行書の二つの字体
	読書	論語、朗詠、四書五経、六韜三略、その他
第三年度（一五歳）	習字	真字体のうちの一つ（若干）
	読書	古今集、万葉集、伊勢物語、源氏物語の一部、八代集、九代集―日本伝統の文学集
	その他	和歌、連歌の習作

以上の日本童蒙教科書の変遷を概観すれば、『世宗実録』と『経国大典』の倭学書は、前記のような寺院での童蒙教科書が大部分である。ただ、『老乞大』の漢語またはモンゴル語を日本語に翻訳して会話の教科書に用いた『倭語老乞大』も使用されたものと思われる。

初期の倭学書の中で唯一現伝する『伊路波』は、すでに神原甚造（一九二五）によって世に知られており、後に浜田敦（一九五二）と河野六郎（一九五二）で綿密に考察された。

二、倭学書『捷解新語』の登場

『経国大典』に訳科倭学の書写教科書として規定されていた一四種の倭学書は、壬辰倭乱（一五九二）まで司訳院でずっと日本語教育に使用されてきたものと思われる。刊行以来『経国大典』は、壬辰倭乱まで二回修訂・補完され、『大典続録』（一四九二）、『大典後続録』（一五四三）が刊行されたが、倭学書の変動に関する記録は見られず、実録やその他の史料にもそのような記事は見られないからである。

壬辰倭乱を基点に、朝鮮朝は日本を交隣国とみなして外交関係を成立しており、七年間の戦争を通じて日本語の必要性がそれまで以上に高くなったことを推測するに難くない。したがって、司訳院の日本語教育も旧態依然の日本の往来物や教訓用の訓蒙教科書に依存するのではなく、より実用的な会話中心の学習書が必要になっていた。特に、壬辰倭乱で拉致されて、日本に捕虜として抑留されていて後で戻ってきた人の中には、かなりの期間日本に滞在し、日本語が堪能になった刷還被虜人が多く[25]、彼らによって、より生き生きとした日本語教育が行われたことも、容易に推測することができる。

その中で重要な人物として晋州人の康遇聖を挙げることができる。彼は、壬辰年（一五九二）に晋州で捕虜となり、一〇年間日本に抑留された後戻ってきたが、光海君元年（一六〇九）に訳科に合格し、東莱釜山浦で倭学訓導として館倭（倭館に住んでいる日本人）の接待と倭学訳生の教育に従事した[26]。光海君九年（一六一七）に回答使兼捕虜刷還使の呉允謙に随行して渡日したのをはじめ、仁祖二～三年（一六二四～一六二五）、仁祖一四～一五年（一六三六～一六三七）等三回にわたって通信使行に随行した[27]。このような倭学訳官の経験をもとに、館倭の接待と通信使行の随行に必要な日本語会話を集めて編纂した日本語会話の教科書が、『捷解新語』であった。

『捷解新語』の編纂に関しては多くの研究があるが[28]、拙稿（一九八四）によれば、康遇聖が釜山浦の倭学訓導であったとき（一六一三～一六一五）、館倭を相手に応対した際の対話を会話体にして作成し、釜山浦の倭学生徒たちに日本語学習教材として使用したのが、その始まりではないかと思われる[29]。

原刊本と覆刻本

この本の原本は、万暦戊午に完成し、その後三回の通信使行に随行しながら日本を旅行した時に起こったことと日本で見聞きしたことを、やはり会話体で編集し、前述した藍本と合編して『捷解新語』の草稿を完成した[30]。この草稿は筆写され、康遇聖が釜山浦の倭学訓導として二度目にいた時、そこの訳生たちの日本語教材として使用された。外任が終わり内職である司訳院の訓上堂上に職位が上がり、司訳院の日本語教育をつかさどっていた時も、司訳院でこの教材を使用したものと思われる。[31]

このように、非公式に使用されていた『捷解新語』は、康熙庚戌（一六七〇）に、当時の領議政で司訳院都提調を兼任していた陽坡鄭太和の要請により、倭学堂上の安愼徽が浄書し、粛宗二年（康熙丙辰、一六七六）に校書館から活字で刊行された。芸閣（校書館の別称）によって刊行された活字本『捷解新語』は、現在ソウル大学奎章閣に貴重本として所蔵されており、今日までこれを原刊本と呼んできた。[32]

司訳院の訳書が活字本で校書館から刊行されたという事実は、訳科の出題書として認められたものと見ることができる。すなわち、『通文館志』巻二、勧奨、科挙、倭学八冊条には、

捷解新語、飜經國大典〔中略〕初用伊路波・消息・書格・老乞大・童子敎・雜語・本草・議論・通信・鳩養物語・庭訓往來・應永記・雜筆・富士、幷十四冊。語多疎略、不適時用。故康熙戊午專以此冊行用、悉去前書。見啓辭謄錄。

『捷解新語』、「翻経国大典」、〔中略〕初めは『伊路波』・『消息』・『書格』・『老乞大』・『童子教』・『雑語』・『本草』・『議論』・『通信』・『鳩養物語』・『庭訓往来』・『応永記』・『雑筆』・『富士』等の全部で一四冊を用いた。言葉が非常に疎略で、現在使用するには適切ではない。したがって、康熙戊午年に専らこの本を利用させ、以前の本はすべて廃止した。『啓辞謄録』を見よ。

とあり、康熙戊午（一六七八）に初期の一四種の倭学書をみな廃止し、『捷解新語』だけを訳科倭学の科挙の出題

書として使用し始めたことがわかる。これは、康熙丙辰（一六七六）に校書館でこの本が刊行されてから、二年後のことである。

しかし、実際に訳官が日本語学習に使用したのは、丙辰年に活字で刊行された鋳字本ではなく、これを校訂した整版本で、現在対馬の宗家文庫に所蔵されている。それだけでなく、康熙庚辰（一七〇〇）には、この活字本の覆刻木版本が刊行されている。『通文館志』巻八、什物、捷解新語板条に、「安同樞愼徽書。康熙丙辰、陽坡鄭相國啓令芸閣鑄字印行、庚辰濟州軍官朴世英刊板干濟州。（同枢の安慎徽が書く。康熙丙辰に、陽坡鄭相国が啓して校書館で鋳字で印刷させ、庚辰年に済州軍官の朴世英が済州で木版を刊板として作成した。）」という記録があり、康熙庚辰年に倭学の兼軍官であった朴世英が済州で木版本で覆刻本を刊行したことがわかる。

この覆刻本（以下庚辰覆刻本）は、原刊本を修訂して刊行されたので、単純な覆刻本ではない（安田章、一九八六を参照）。また、この庚辰覆刻本は、司訳院倭学で実際に日本語学習書として使用されたのであるが、高麗大学図書館の晩松文庫に一冊（巻一〜三）が所蔵されており、故李謙魯氏の山気文庫に二冊（巻四〜七、巻八〜一〇）が所蔵されている[33]。これらは元々同じ帙であり（全三冊）、第一冊が高麗大に、第二、三冊が山気文庫に分けられたものと思われる。

しかし、『捷解新語』は訳科倭学の試験書として、『受教輯録』（一六九八）と『典録通考』（一七〇六）には、掲載されていない[34]。『続大典』（一七四四）においてはじめて、「寫字倭学：捷解新語新增、〔中略〕其餘諸書並今廢。譯語同大典―写字試験の倭学出題書は『捷解新語』を新たに追加し、〔中略〕それ以外の残りの本は、すべて今回廃止する。訳語試験は大典と同じである」（同書、巻三礼典、諸科訳科）という記事により、法典に正式に訳科倭学試験書の一つとして名前が上がるようになる。

そして『続大典』の取才条には、「倭學、捷解新語［寫字］、文語［飜答］、以上新增、大典所載諸書今並廢（倭学〔の出題書〕は、『捷解新語』〔書き写し〕、文語〔翻訳して答える〕を新たに追加し、大典所載の書籍は今回すべて廃止する)」とあり、『捷解新語』の写字以外に、文語を翻訳して答える試験があったことがわかる。この時の「文語」は、後代に編纂された『捷解新語文釈』に見られる真仮名の草書体で書かれた文章の翻訳を言っていると思われるが、文釈本は『続大典』の後に刊行されたので、この時の「文語」は文釈本の草稿本のことであろう。

改修本

『続大典』以降の倭学書も、中期に編纂された『捷解新語』を改修または重刊して使用した。またこの文釈本も刊行し、語彙集として『倭語類解』を編纂してこれを後に刊行した。日本語の仮名文字とその一字一字の発音転写のために編纂された初期の『伊路波』も大幅に変更し、『捷解新語』の末尾に添付することにより、『捷解新語』だけで日本語教育が行われるようになった。ただし、『倭語類解』は語彙学習と難解語解読の辞書的役割をしていた。

『捷解新語』の改修[35]は二回にわたって行われた。第一回目の改修は、英祖二三年丁卯(一七四七)に朝廷で洪啓禧を正使とする通信使を送り、すでに年月が経ち語音に違いが生じ、親交と対話に間隔と矛盾が生じた[36]『捷解新語』を、倭学教誨をして修訂するように命じたことに起因している[37]。

この丁卯通信使[38]の正使洪啓禧が、その翌年の戊辰(一七四八)に日本から帰ってきて、英祖の啓文に答える記事に、次のような記録がある。

戊辰八月初五日、通信三使臣入侍時、通信正使洪啓禧所啓、交隣惟在譯舌、而近來倭譯、全不通話、以今番使行言之、苟簡特甚。蓋以倭譯所習捷解新語、與即今倭語全不相似。故雖萬讀爛誦、無益於通話。臣於辭朝時、以釐正仰請矣。今行使行中、譯官逐一釐改今成全書、以此刊行何如。〔中略〕上曰、此則正使之勸也。行中己持來耶。啓禧曰、押物通事崔鶴齡主其事、而以禮單輸運事落後、故其書未及持來。待其上來、使寫字官繕寫、使崔壽仁、崔鶴齡更爲校正、自芸閣開刊。自明年大比初試始用、而明年則先用三卷以上、似宜矣。上曰、依爲之。

戊辰八月五日に通信使行で行ってきた三人の使臣が入侍した時、通信使行の正使洪啓禧が啓上するに、「交隣の任務はひたすら訳官にたよっていますが、近年の日本語訳官は、（日本人と）全く話が通じず、今回の使行では、特にいい加減なことが甚だしかったです。思いますに日本語訳官が学んでいる『捷解新語』ですが、（これは）今の日本語とは全く異なります。したがって、たとえ万回読んで倦むほど読み上げても、会話するには役立ちません。臣が朝廷を発つ時、これを改正してもらうよう仰ぎ請いました。今回の使行中、訳官たちが一つずつ改めて全巻を完成したので、これを刊行してはいかがでしょうか」〔中略〕王曰く、「これは正使（洪啓禧をいう）が諭し勧めた功労である。使行中に（直したものを）持ってきたか」洪啓禧が申し上げるに、「押物通事の崔鶴齢がその任務を主管していましたが、進物の目録を運ぶ任務のため遅れたので、持って来ることができませんでした。彼が来るのを待ち、写字官にきちんと写させて、崔寿仁・崔鶴齢をして再び校正させた後、校書館から刊行しようと思います。来年の大比の初試から使用しはじめ、来年は、まず三巻以上を使用するのがいいと思われます」と。王曰く、「そうしなさい」と。[39]

丁卯通信使行に随行した崔寿仁と崔鶴齢[40]が『捷解新語』の改訂を引き受けて完成し、これを写字官に再び書き写させてから、前記の二人に再度校正させて、校書館から刊行させたことがわかる。

この改修本は、まず訳科初試に使ってみて、翌年にまず三巻以上を訳科覆試に使用してみるのはどうかと尋ねたわけであるが、英祖の許可がおり、その後英祖二四年（戊辰、一七四八）に校書館から活字で刊行された。[41]これがいわゆる『捷解新語』の第一次改修本であり、従来戊辰本と呼ばれていたものである。フランスのパリ東洋語学校（現在パリ第三大学に併設されている）に所蔵されているものが、安田章（一九八七）によってはじめて学界に紹介され、京都大学文学部国語国文学研究室で影印して、解題と日本語索引を付けて刊行された[42]。

『捷解新語』の第二次改修も、崔鶴齢によって行われた。すなわち、『重刊捷解新語』の巻頭にある李湛の序文に次のような記事がある。

〔前略〕逮至丁卯通信之行、使臣承朝命往質之、崔知樞鶴齢、崔同樞壽仁在行中寔主其事。與倭人護行者互相質難、逐段釐改、歸告于朝、令芸閣印布。而語音雖盡讐正、倭語大字猶仍旧本、而未及改。其後崔知樞以公幹在萊州、又從通詞倭人、博求大坂江戸間文字、參互而攷證、凡點畫偏傍之不合其字法者、一皆正之。斯編始爲完書、仍以私力活字印行。其前後用心之勸、於是乎益著。〔後略〕

〔前略〕丁卯通信使行の時にいたり、使臣が朝廷の命を受けて（日本に）行って直したが、中枢府知事の崔鶴齢と中枢府同知の崔寿仁が使行中の任務を主管した。使行を護衛する日本人たちと互いに質問し、一段ずつ直して、朝廷に戻り、校書館に命じて印刷して頒布した。しかし、言葉の音は直したが、日本語の仮名文字は旧本と同じままにして、直すことができなかった。後に、崔鶴齢が東萊にいた時、日本人通詞を通じて広く大坂と江戸での文字を求め、参考にして考証し、仮名文字の正書法に合わない点画と偏傍を一度に全部書き換えた。このように編集してやっと校正本を完成し、これを個人費用で活字印刷して刊行した。その前後の神経を使って励むことは、ここにおいてますます顕著であった。〔後略〕

第一次改修本が校書館で刊行された後、これを再び崔鶴齢が倭諺大字（倭学書に見られる仮名文字）まで、当時の日本の大坂と江戸で使用されていた仮名の字法に合わせて修訂し、個人の力で活字で刊行したことがわかる。この第二次改修の活字本は今日発見されていないが、それを原本とした重刊本が数多く伝わっている。[43]

崔鶴齢の第二次改修本には、巻末に日本仮名文字の学習のための『伊路波』の真字（漢字をいう）、半字（仮名）、吐字（語尾と助詞）、草字（草書体）、簡格語録（手紙に登場する単語帳）等を掲載していたものと思われる。[44] これは、日本の貝原篤信の『倭漢名数』（江戸時代に編纂された一種の百科事典）に載っていた『伊呂波』を移したもので、李湛の重刊序にある「又従通詞倭人、博求大坂江戸間文字、参互而攷證、（また、通詞に従う日本人から大坂と江戸の様々な書体の文字を広く求め、互いに参照して考証し）」というくだりから窺えるように、『倭漢名数』とその他の仮名遣いに関する日本の書籍を参考にしたと思われる（拙稿、一九八五）。こうして『捷解新語』の第二次改修本を通じて「伊呂波」や「五十音図」のような初歩的な仮名使用から館倭の接待や通信使行の随行時に行われる会話まで、そして各種書契の作成と日本の地方の名称まで、司訳院倭学訳官の任務遂行に必要な日本語をすべて『捷解新語』だけで学習できるようになった。しかし、この第二次改修本と、これを原本にした重刊本でも学ぶことができないことがあった。それは、真字の草書体の表記方法と解読であった。[45]

日本の仮名遣いによれば、仮名表記が男性用と女性用に分かれ、男性は主に真字を草書体で書き、女性は平仮名を使用した。松屋高田の『松屋筆記』巻一〇七に収録されたいろは文字条を見れば、日本の仮名が次のように分類されている。

- 仮名
  - 真仮名
  - 草仮名
    - 男手
    - 女手
      - 草仮名（一名男手離書、一名草道風、秋萩帖俊頼十五番歌合等之體也）
      - 片仮名
      - 略草仮名（草仮名之略體 貴之古今集 堤中納言等之體）
      - 平仮名（所謂伊路波仮名也）
  - 略草仮名[46]

この分類によれば、男性は草仮名（草書体の万葉仮名）と片仮名を、女性は略草仮名（草仮名をさらに簡略化したもの）と平仮名を使用していた。朝鮮王朝に送る日本の各種書契や往復文書は、真字の草書体、すなわち草仮名で作成されたので、『捷解新語』の倭諺大字である平仮名の学習だけでは解読できなかった。したがって、これに対する教育が必要となり、嘉慶元年（一七九六）に倭学訳官の金健瑞により、『捷解新語』の文釈本が編纂された。『捷解新語文釈』の編纂過程は、同じ本の凡例に「〔前略〕此書與倭人之有文識者、反覆問難、逐句證釋、積年歳而成之。彼人言語物情皆可類推、而黙諳、其於交隣往復之際、鉤情覘俗之方、不能無小補之爾。〔後略〕（この本は、日本人の中で文識の有る者に繰り返し質問し、一句ずつ解釈したものであり、数年がかりで完成されたものである。（この本で）彼らの言語と事情を十分に類推することができると思われ、よく覚えれば、交隣で往来するとき、彼らの事情を窺うことができ、多少の助けになるであろう）」とあり、『捷解新語文釈』が司訳院倭学で長年にわたって日本人との修訂を経てやっと完成したことがわかる。

この文釈本は、ソウル大学図書館の奎章閣等に数帙あり、巻末に重刊本『捷解新語』のように「伊呂波真字半字並録、伊呂波吐字[47]、伊呂波合字、伊呂波真字草字並録」が附録として載っている[48]。

倭語類解

このほか、中国の漢学書『訳語類解』(一六九〇)のような形式の『倭語類解』があり、司訳院の日本語学習で語彙集として使用された。今日伝わる『倭語類解』は、一八〇〇年代初めに刊行されたと思われる韓廷修の修訂本である。これは一七〇〇年代初頭に洪舜明が編纂したとして知られる類解を原本として修訂したもので、『通文館志』巻七、人物、洪舜明条に、「〔前略〕公質于日本人雨森東。作長語及類解等書、用於課試〔後略〕(公が日本人の雨森東(雨森芳洲)に尋ねた。『長語』および『類解』等の書を著して試験の出題書に使用された)」との記事があり、『長語』と『類解』等の倭学書を彼が作成していたものと思われる。

洪舜明が一八世紀初頭または一七世紀末に編纂された『類解』を、現伝する『倭語類解』と同じものと見ようとする仮説が、M. Courant(一八九四〜六)と金沢庄三郎(一九一一、一九三三)、小倉進平(一九四〇)、浜田敦(一九五八)等で主張された。しかし、洪舜明が編纂した『類解』は刊行されていない。ただ、司訳院に伝わっていた『倭語物名』を、英祖癸未(一七六三)に通信使行の堂上訳官として行った崔鶴齢・李命尹・玄泰翼とともに、同じ使行の堂下訳官として行った玄啓根・劉道弘がこれを校正したことはある。[49]

その後、英祖丙戌(一七六六)に対馬に致賀兼致慰使として行った堂上訳官の玄泰翼・李命尹と堂下訳官の玄泰衡がこれを再度修訂し、『同文類解』(一七四八)と『蒙語類解』(一七六八)が刊行された際に一緒に刊行しようとしたが、彼らが行く途中で船が破壊し沈没したため、ふいになった。そのため類解類の中で『倭語類解』だけが抜けることとなり、後代に刊行されたのである(安田章、一九七七、拙稿、一九八七d)。ただし、洪舜明の『倭語物名』、すなわち『類解』は、現伝する『倭語類解』の原本であり、洪命福が編纂した『方言集釈』(一七七八)の日本語にその痕跡を残していると見る学説が有力である(中村栄孝、一九六一、宋敏、一九六八、安田章、一九七七b)。

現伝する『倭語類解』は、これまでCourant(一八九四〜六)と金沢庄三郎(一九四八)をはじめとする日本の学者たちの推定とは異なり、その編纂時期を一七八〇年代初頭と見るべきである（拙著、一九八八bおよび二〇〇四b）。また、洪舜明の著述として知られているのは、この『倭語類解』の祖本に過ぎないと思われる。

日本に伝わる、金沢庄三郎旧蔵本は、現在東京の駒沢大学に収蔵されているが、ここにあるものと、韓国国立中央図書館に所蔵されている二帙の『倭語類解』は、すべて倭学訳官の韓廷修等が正祖五年（一七八一）頃に修訂し、木版本で刊行されたものである。拙稿（一九八七d）によれば、これら二帙の『倭語類解』は、同じ版本であるが、金沢の旧蔵本は後代に印刷されたものであり、すでに木版に多くの毀損があった。すなわち、金沢本は、六葉の木板がなくなっているため、この部分を筆写して補完しており、多くの脱画・脱字・誤校正があった[50]。

『倭語類解』のような語彙集として、中国語・満州語・モンゴル語とともに日本語も記録した『方言集釈』や李義鳳の『古今釈林』（一七八九）に収録された『三学訳語』があったが、司訳院で日本語学習に実際に使用されたようには思われないため、厳密な意味での倭学書に入れることができない[51]。ただ、この本に引用された『倭語類解』の語彙は、祖本のものを収録しているので、現伝本とは違いがある。

この他にも、日本の対馬の訳官が、朝鮮語の学習用に編纂した『隣語大方』を崔鶴齢が正祖一四年（一七九〇）に購入して刊行したことがあり、この本が司訳院の日本語教育で実際に使用されたものと思われるが、訳科倭学やその他の取才、院試、考講等で科試書として使用されたという記録を見出すことはできない。

三、倭学における仮名文字教育

司訳院の外国語教育では、言語教育と文字教育が同時に行われていた。漢字で書かれた漢語の教材を使用する漢学、すなわち中国語教育では、使用文字が漢字なので、特別な文字教育を必要としなかったが、残りの蒙学・倭学・清学の三学は、その言語の文字を一緒に教育する教材が作成されていた。また、訳科をはじめとする各種試験において、漢学では『老乞大』や『朴通事』等の本業書の教材を口述で講読していたが、残りの三学では本業書の写字、すなわち筆記試験によって人才を選抜していた。

司訳院三学では、写字試験による文字の使用に対して、その理解を助けるための教材が用意されていた。壬辰倭乱および丙子胡乱以後、蒙学においてはモンゴル語のモンゴル・ウイグル文字（蒙古畏兀字）で書かれた蒙学三書、すなわち『蒙語老乞大』・『捷解蒙語』・『蒙語類解』を本業書とし、清学でもやはり満州文字で書かれた『清語老乞大』・『三訳総解』・『八歳児』・『小児論』等の清学四書と『同文類解』を本業書としていた。そして倭学においては、平仮名で書かれた『捷解新語』を主教材とし、また倭字の草書体で書かれた『捷解新語文釈』を副教材として使用していた。

仮名学習教材の変遷

初期の仮名文字学習は、司訳院で自ら編纂し、弘治五年（一四九二）に刊行された『伊路波』で行われたものと思われる。この仮名文字の学習教材は、同名の日本の訓蒙書を輸入して作られたものである。第一部では、その文字を正音で表音して文字学習の教材としており、続いて仮名文字の四つの字体、すなわち、二種類の真字と片仮名、平仮名の字体が示されている。そして第二部では、日本の伝統的な書簡文である平仮名のみで書かれた候体書簡文が載せられており、この文字が練習できるようになっている。

初期には、追って考察する室町時代の寺院で使われていた訓蒙教科書を輸入して使用していた。このとき、最も初歩的な教育内容として「いろは」が用いられたが、これを基に司訳院倭学で倭学訳官の教材として改めて編纂したのが、『伊路波』であった。この倭学書は、壬辰倭乱の時日本に搬出され、現在は日本の香川大学図書館に貴重本として伝わっているが、漢学の『（原本）老乞大』とともに、今日伝わる貴重な初期の訳学書として知られている。

壬辰倭乱以降、新しい日本語教材として『捷解新語』が編纂されて、使用され始めた。『捷解新語』は、倭乱の渦中に拉致され、長期の日本滞在を経て母国に戻った康遇聖によって編纂されたものである。おそらく彼の死後と思われるが、校書館で活字で刊行されてから、校正を経て木版本で刊行されたようである。この新しい倭学書の登場により、司訳院の倭学では、他のすべての初期の倭学書が廃止され、倭学の各種試験に唯一の出題書として使用されるようになった。

ただ、『捷解新語』を主教材とした当時の日本語教育においても、前代の『伊路波』がそのまま使用されていたようなので、仮名文字教育は依然としてこの教材でなされていたのではないかと思われる。しかし、歳月が流れ、日本語と朝鮮語も変化すると、『捷解新語』の第一次改修が行われることとなった。この第一次改修では主に語音の変化を反映して正しく直しており、続いて行われた第二次改修では、日本で新たに流行していた仮名文字を取り入れて修訂するようになった。こうして新しい仮名文字の教材として『伊呂波』が編纂され、使用されたものと推定される。

第二次改修本が編纂される前までは、日本の仮名文字は原本と同じ壬辰倭乱以前のものをそのまま使用していたものと見るしかない。『伊路波』という朝鮮初期の倭学書を、壬辰倭乱の後も仮名文字学習のために使用していた痕跡があるためである。しかし、第二次改修本の後は、新しい仮名文字の字体をまとめた『伊呂波』を編纂し、教育していたものと思われる。

また、辛丑重刊本からは、日本の仮名文字学習のために、「五十音図」による「伊呂波半字竪相通・横相通」が追加された「伊呂波」を巻末に附載し、「いろは」の四八字ではなく、「五十音図」の五〇字に合わせて教育がなされたようである。しかし、その後の文釈本においては、これが再び削除され、仮名文字教育は「いろは」だけで行われるようになった。

ここでは、司訳院倭学のこのような仮名文字教育の変遷を考察しながら、日本語の仮名文字教材である『伊路波』と『伊呂波』、そして「五十音図」の導入と削除について探ってみることにしたい。

『伊路波』

日本の香川大学に所蔵されている『伊路波』については、拙稿（一九九一）と拙著（二〇〇二b：三九六〜四一二）で詳細に言及されている。この本は、弘治五年（成宗二三年、一四九二）に司訳院で刊行された倭字、すなわち日本語の仮名文字学習書であり、壬辰倭乱の時、朝鮮半島侵略の先鋒に立っていた小西行長によって日本に搬出されたものとして知られている。これは、日本のいろはは文字の形成過程を示す非常に貴重な資料である。日本では、一九五九年香川大学一〇周年記念として影印刊行されており（黎明社、東京）、一九六五年には、日本の京都大学国語国文学研究室によって本文と釈文、そして解題が付けられ刊行されている。また、一九七二年にも古典刊行会により古典叢書の一つとして影印本が刊行されている（洛文社、京都）。

拙著（一九八八a）によれば、訳学書の発達に照らしてみたとき、朝鮮前期の訳学書が初期のものであり、壬辰倭乱と丙子胡乱以降の定着期を経て、朝鮮後期にはこれを改訂・増補する修訂期があったと見ることができる（第二章参照）。すなわち、『世宗実録』（巻四七）の詳定所の啓文と『経国大典』（一四八五）礼典、訳科条に科試書として登載された訳学書を初期のものと見て、壬辰倭乱と丙子胡乱を経た後に、朝鮮王朝の制度を再整備した『続大典』（一七四四）の訳科科試書を定着期の訳学書とし、その後『大典通編』等の変遷を経て、『大典会通』（一八六五）に登載された訳科出題書を修訂期の訳学書として分けることができる。

拙著（一九八八a）では、『経国大典』に紹介されている一四種の倭学書について具体的に考察しながら、この教材が日本の室町時代に商人によって設立された私学や寺院等で、実際に児童の教育に使用されていた訓蒙教科書であることを明らかにしている。すなわち、『老乞大』を除いた残りの倭学書は、実際に同じ書名の訓蒙教科書が日本の教育機関で使用されていた例があるので、これらは日本から輸入して使用されていたものと見たのである。

平仮名

朝鮮王朝の司訳院で刊行されたものと思われる『伊路波』の文字は、その平仮名と数字の字形から見て、『以呂波字考録』に紹介されている数十種の仮名文字の手習詞歌（文字を学ぶための歌）の中で、「空海真筆以呂波文字」と類似している（拙稿、一九八五）[52]。また、明代の候継高の所撰である『全浙兵制考』（一五九二）巻三に「日本風土記」が附録として載せられているが、その中に収録された文字も注目に値するものである。つまり、「日本風土記」の「字書」に「いろは」についての言及があり、その続きに「以路法四十八字様」が載せられているが、これは「いろは」四十七字と末尾の「京」の字を合わせた四十八字のことを指している。

司訳院の倭学の『伊路波』は、日本以外の国で刊行された仮名文字の教科書として、しかも「京」の字が書かれていたためこれまで世間の関心を集めてきた。しかし、『伊路波』では、空海によってその字形が統一された標準型の平仮名の字体が選ばれている。この字体は、『捷解新語』の原刊本の倭諺大字（仮名文字）においてもそのまま踏襲されている。つまり、『伊路波』にある平仮名四十七字のうちの十番目の「ぬ」は、その字形が「ね」と非常に似ているが、この「ぬ」の字形は、『捷解新語』の原刊本にも同じく「ね」に近いものとして表されている。これが校正されるのは、第二次改修本でのことであって、崔鶴齢が倭諺大字を直して新しい活字本を刊行した時にはじめて校正が行われるようになったのである。

「いろは」の学習

日本の仮名文字「いろは」は、日本室町時代の私学であった寺院等の訓蒙教育機関で一番最初に学ぶ科目でもあった。日本の戦国時代の武将である毛利元就に登用されて三〇〇石の俸禄を受けていた玉木吉得は、永禄七年（一五六四）、彼が一三歳になった年に、修学のために勝楽寺に入山し、一六歳になった永禄一〇年（一五六七）の春に下山したが、彼がそこで教育を受けた三年間の教育課程は前述したとおりである（拙著、二〇〇二b：三四三）。これを見ると、初年度は最初の五日間「いろは」を学習しており、仮名と真字を習字で習っていたことが書き記されている。

この「いろは」の学習に使われた教材が実際にあったかどうかは、不明である。しかし、朝鮮司訳院で編纂された『伊路波』は、仮名文字学習のための教材であり、訓民正音によって仮名文字のそれぞれの発音が表音されている。[53] 拙著（二〇〇二b：三九七~三九八）によれば、香川大学所蔵本『伊路波』は、「伊路波四體字母 各四十七字」の四葉と「伊路波合用言語格」の一八葉の計二二葉であるが、おそらく別々の二冊を合綴したものと思われる。

前の四葉には、仮名文字の四つの字体が記されており、残りの一八葉は候体書簡文が漢字なしに平仮名のみで書かれている。よって、仮名文字の練習のためのものであったことがわかる。[54] この資料の内容については、拙稿（二〇〇二b：三九九~四〇一）で、次のように紹介したことがある。少し長いがここに引用する。

この資料は、第一部の四葉と第二部の一八葉に分けられている。第一部には「伊路波［四體字母各四十七字］（伊路波［四つの字体の字母、それぞれ四七字］）」という題目で、第一葉の表と裏の四行目まで、平仮名の字体の「いろは」四七字とその発音が「い이音、ろ로音、は바音…」の順に訓民正音によって注音されている。

四七が終わるところで「京교音、上샤音」があり、続いて「一피도、二후다、三미、四요、五이두、六무、七나나、八야、九고고노、十도우、百과구、千션、萬만、億오구」の順序で数字の読みが書かれている。

第一葉の裏の五行目からは、「まな〔四十七〕」という見出しの後に、「以、呂、波、仁、保…」のように真字四七字が、第二葉の表まで記されている。ここには訓民正音による注音は付けられていない。第二葉の裏の一行目から再び「まな（四十七）」という題の下に、「伊、路、葉、尓…」と、仮字の他の起源の漢字四十七字が第三葉の二行目まで載っている。第三葉の四行目からは「片仮名（四七字）」という題の下に、「イ、ロ、ハ、ニ、ホ…」と、片仮名四十七字が書き記されている。このように『伊路波』では平仮名、真字、他の真字、片仮名等、日本の仮名文字の「四体字母各四七字」の字形が見られるが、その中で最初の字体である平仮名の四七字とそれに続く「京、上」、そして「一」から「十」、「百」から「億」までの数字に対する日本語の発音をそれぞれ訓民正音で転写しているのである。

第三葉の五行目からは、「右各字母外同音三十三字類」という題の下に、上記の四七字の四体字母の他に、音は同じであるが、異なる字形を見せる異体字三三字が第四葉の表まで記されているが、これらにもやはり訓民正音による注音が付けられている。文字の例示は三三字であるが、実際の発音の転写は二一音だけである。つまり、同じ音で二文字から四文字までの違う文字をまとめて表しているのである。第四葉の裏の最初の行には、「別作十三字類」という題の下に、「御、申、…」と、日本語の文語体で特別に使われる文字の十三種の字形が取り上げられ、その発音が注音されている。

第一部の最終葉である第四葉の五行から六行にかけては、「右四体字母、各四十七字、合一百八十八字。皆有音而無意如諺文。数外音同体異字母、四十六字、或一二声、或四五声則言語助辞字。」と記されている。つまり、日本語の仮名文字四七字はそれぞれ四つの字体があって、合わせて一八八字の字形が生じていることと、「皆音のみあって、意味のないのは諺文と同じである」と、これらの文字が表音的であることを示しているのである。また、四七字以外のものとして、発音は同じであるが、字体が異なるものが四六個（同音三三字＋別作一三字）あり、これらは一・二声、あるいは四・五声が一字で表示されるもので、言語（日本語）の助辞に使われる字であると指摘している。ここまでが第一部の四葉までの内容である。この第一部は仮名文字の学習の基礎篇として「伊路波（四体字母各四七字）」という題目が付けられている。

第二部の一八葉は、第一部の応用篇に当たるもので、「伊路波（合用言語格）」という題の下に、第一葉から一八葉まで版心葉数が新たに付けられている。ここには平仮名と別作の仮名字体で書かれた二種の書簡文が載せられている。後のものは前半の手紙に対する返信と思われる。これらは朝鮮王朝の訳官たちとは関係のない、日本の貴族たちの安否と消息を伝える内容の手紙である。したがって、この第二部のものは、前で述べたように、日本から輸入した初期の倭学書の中の一つであったことがわかる。

また、「合用言語格」という言葉も、前述した通り、日本の文字である平仮名を一つの字母と見なし、これらを組み合わせて言語、すなわち日本語を記録する格（法）、という意味のものと理解すべきであろう。『伊路波』は、その基礎篇である第一部の「四体字母各四七字」の中で、訓民正音で注音された平仮名四七字と別作一三字などに対し、その読法や書法を練習させるために二つの部、または二つの巻を合綴したものと思われる。また、応用篇に当たる第二部の書簡文は、その内容から見て、仮名文字を学習する初心者向けの日本語の手引書にしては非常に難しい候文による書簡文なので、文の内容よりは文字の練習のために用いられた教材と見るべきであろう。

このように、この本は、初期の倭学書のうち『伊路波』と『書格』を合綴したものであり、日本語の仮名文字を学習するための教材であったことがわかる。すなわち、仮名文字四七字の四つの字体の字形を紹介し、これを学習させる目的で作られた教材であり、その学習を助けるために、第一葉の表と裏の四行までの平仮名字体の「いろは」四七字に対して訓民正音による発音が付けられていたのである。[55]

阿女都千ノ詞

日本での文字教育は、漢字よりも、これを草体化させて日本語表記に使用した四八字の仮名文字を教育することから始められている。その最初の教材は、『千字文』に由来するとも言われる「阿女都千ノ詞」という手習詞歌のようである。大矢透（一九一八）によれば、これは「上代に常用された仮名を幼童に教える歌」である。「阿女都千（いろはのような古代の仮名文字の名称）」以前の仮名文字は、最初は何らの規範もなく、一つの音に多数の異なる漢字が当てられ、一音が数十種の異なる文字で表記される例もあった。しかし、「阿女都千ノ詞」以降は一音一字の対応が可能となり、また、仮名文字が漢字から独立して一つの文字として確立されたと見ることができる。

この「阿女都千ノ詞」が初めて文献に現われた『宇津保物語』では、すでに男文字である「男手（草仮名・楷書体）」と女文字である「女手（略草仮名・つづけ書き）」に分けられ、その正書法が説明されている。これにより、大矢透（一九一八）は、奈良末期（八世紀末）に「阿女都千ノ詞」が創作されたと見ているが、橋本進吉（一九四九）では、平安初期（九世紀初め）に始まって平安中期（九世紀末～一〇世紀中頃）に盛況を成したと見ている。したがって、時期から見て、この手習詞歌が朝鮮時代初期の司訳院倭学書において日本の仮名文字学習に使用されることはなかったと見るべきであろう。

「阿女都千ノ詞」の後、仮名学習は「いろは歌」に依存するようになる。拙著（二〇〇二）によれば、高田与清は『松屋筆記』（一九〇八、巻一〇七）の「手習」条で、「なにはづ（難波津）」、「アサカヤマ（浅香山）」より先に

「いろは歌」が存在しており、四八字の仮名をもって歌ったこの「いろは歌」に「一、十、百、千」などの数字を付けて子供たちに教えたのは嵯峨時代（八〇九～八二三）のことであろうと推測している。

それに対して大矢透（一九一八）では、「いろは歌」の成立時期を八七〇～九八四年頃と見ていたが、現在は一般的に平安時代の末頃（一一〇八）と見られている。さらに、「いろは」仮名に一、十、百、千、万などの数字を付けて教育する習慣は、「難波津」に数字を付けて学習させたことよりずっと後代のこと、すなわち、室町時代の初期（一四世紀末～一五世紀初）に行われていたと見られている。また、「いろは」の最後の部分に「京」の字を付ける習慣は、弘安一〇年（一二八七）、了尊の『悉曇輪略抄』に初めて現れたと言う（大矢透 一九一八：七〇）。

前述したように、朝鮮時代の司訳院で刊行された『伊路波』にも、数字はもちろん、平仮名四七字の末尾に「京、上」の「京」が付けられており、我々の関心を引いている。「いろは」の最後に「京」を付ける習慣は、契沖[56]をはじめとして僧籍を有する人たちの手習詞歌に多く見られるが、だからといってこのような習慣が仏教または悉曇（梵字）との関係であると断定するのは難しい。その中で、契沖の『伊路波略注』には、「京」について、「〔前略〕終に京の字をおかれたるは字母の終に。〔中略〕韻書山絶高曰京。一曰大也。又京師天子之居。又十萬曰億 十億曰兆 十兆曰京。といへり。梵語の摩訶に大多勝の三義あり。大はいふに及ばす。十兆は多の義に当たる。絶高と天子之居とは勝の義あり〔中略〕又京はもと和語にあらぬはなるべし。〔後略〕」とあり、「京」の字を付ける習慣が始まったのは仮名文字で書かれた手習詞歌を称えて付けたものと見ている。[57]

司訳院の『伊路波』においても、ひらがな四七字の最後の部分に「京、上」があり、前記の「京」の他に「上」まで書き記されている。「京」以外に「上」が付いているのは、今のところ未解決の問題としてさておき、今後の日本での新たな資料の発掘を待つことにしたい。ただ、「いろは」文字の末尾に「京」を付ける習慣や、続いて「一、二、…、十、百、千、万、億」の数を付ける方法は、すべて室町時代に流行したものと思われる。したがって、朝鮮時代の司訳院の倭学書が、『倭語老乞大』等の一部を除いて、すべて室町時代初期に寺院等で常用していた訓蒙教科書を輸入したものであるという拙著（一九八八ａ）の主張が、『伊路波』にも適用されている。輸入された『伊路波』を司訳院で直接再編成したのは、その後のことであったと考えられる。[58]

『捷解新語』の登場

壬辰倭乱以降、他の訳学書とともに倭学書も全面的に改編された。七年間にわたる戦争で日本人とぶつかり合いながら接する間に、倭学訳官が教材として使っていた草創期の倭学書のほとんどがなくなった。また、その教材ではもはや日本語の口語を学習することができなくなっており、当時の日本軍との交渉における訳官たちの日本語の通訳には多くの問題が生じていたと思われる。

漢語を学習する漢学の訳官は、自らが燕行使に伴って中国を行き来しながら実際に起きた出来事を素材としつつ編纂した『老乞大』や『朴通事』を学習教材として利用していたが、このような口語の学習教材が大きく役立っていることに気がついた倭学訳官も、自分たちの業務と係わりのある言葉を素材にして『捷解新語』を編纂するようになった。実際に『捷解新語』は、壬辰倭乱時に日本に連行され、一〇年以上を日本で暮らしながらその言語を習得した康遇聖が、朝鮮に刷還され、後に倭学の訳官として働くようになってから編纂したものである。この本は、草創期の倭学書の教材に比べると、次のような三つの側面から優れた日本語の学習書であったと言える。

第一に、以前の倭学書とは異なり、生き生きとした口語の日本語を学習する教材であるという点、第二には、実際に訳官の任務と関係のある会話を内容としたという点、第三は、全体の内容を、場面別に分け、課を分けて教育課程に合わせたという点である。この分課方法は『老乞大』と『朴通事』から影響を受けたものであると言えるが、これらの漢学書では司訳院の教育課程に合わせて一〇七話と一〇六課に分けられていた。

この原本は、万暦戊午（一六一八）に完成し、その後三回の通信使行を随行しながら使行が日本を旅行する時に起こったことと、日本で見聞きしたことをやはり口語で編纂し、前記の原本と合編して仁祖一五年（一六三六）に『捷解新語』の草稿を完成したものである（中村榮孝、一九六一）。この草稿は、筆写され、彼が釜山浦の倭学訓導として再び赴任した時に編纂したもので、漢陽に官職が移った時に司訳院で刊行されたものである。

しかし、『(原本) 捷解新語』における仮名文字教育は、依然として『伊路波』に依存していたものと思われる。というのは、この二つ倭学書の仮名文字は同じで、[写真五－一]と[写真五－二]を比較すると、この事実が明確に表れてくるからである。

『捷解新語』の重刊は、第二次改修本を部分的に修訂し、木版で刊行されたことを言う。拙著（二〇〇二b）で、この本の重刊に関する過程を詳しく考察しているが、それによれば『捷解新語』の重刊本は正祖五年（一七八一）辛丑年に刊行されたため、これは通常辛丑重刊本と呼ばれている。巻頭に附載された李湛の「重刊序」に、次のような記事がある。

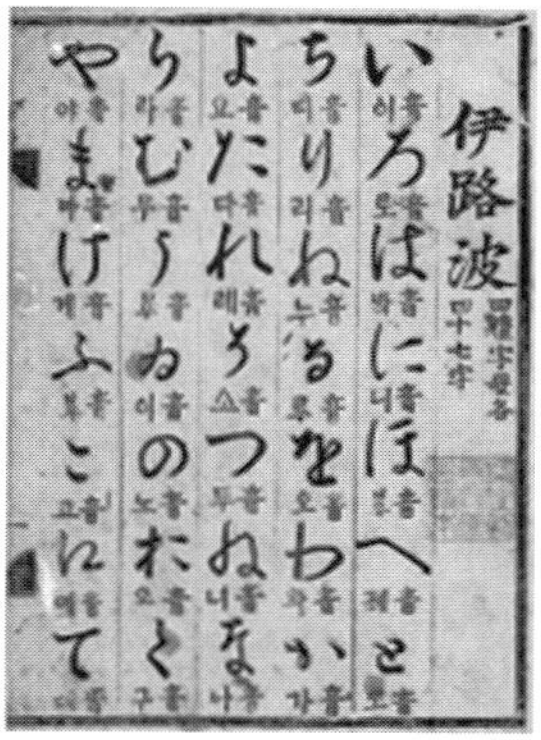

[写真五－一]『伊路波』の仮名文字

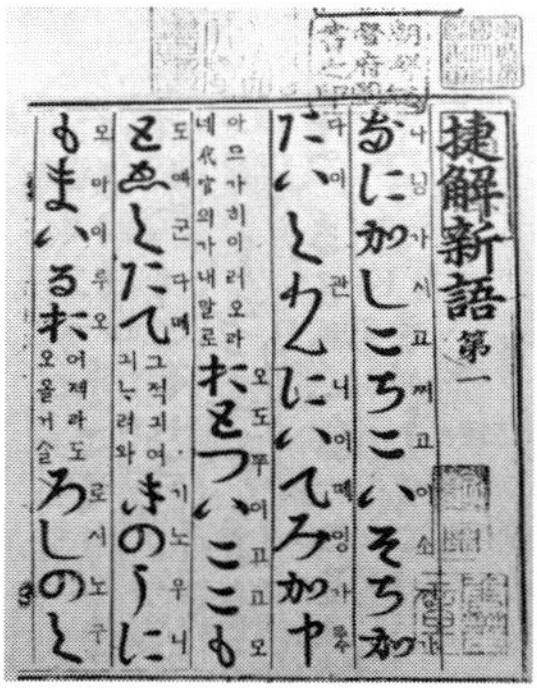

[写真五－二]『捷解新語』の倭諺大字[59]

〔前略〕而但書成既久、印本散逸、新学未免撤業、講試以患苟簡乃者。栢谷金相国十年提挙、勧課有方爰採衆論、啚所以広布而久伝。適金君亨禹願捐財鳩工摹活字、而刊諸板、蔵之院閣、用備後学印読之資、相国之嘉恵是学以豈偶然也哉。〔後略〕

〔前略〕しかし、本が作られてからすでに長い年月が経ており、印刷されたものも散逸しているため、新たに勉強する者たちが学業を放棄して、試験に応じようとする者が非常に少なくなったことを心配していた。栢谷金相国が十年間、司訳院の提挙除として勤めながら、課業を広く奨励するために多くの人々の意見を受け入れ、（この本を）大量に配布して長らく伝わるようにした。訳官金亨禹が自分の財物を出して工匠を集め活字でこれを書き写し、版本の刊行を行い、（この版木を）司訳院の院閣に備え付けた。後学が必要な時に印刷して使えるように用意しておいたのであるが、相国の美しい学問的恩恵がどうして偶然だと言えようか。

これにより、栢谷金相国[60]が『捷解新語』の重刊を企図し、金亨禹が財を投資して刊行するに至ったことがわかる。

このように、この重刊本は木版本で刊行されたものである。その冊板が高麗大学博物館に一部所蔵されていることは、鄭光外（一九九二）で学界に報告されており、また多くの刊行本が今日残っている。たとえば、奎章閣所蔵本（奎定三九五二、一二巻一二本の木版本）をはじめ、国立図書館所蔵本、ソウル大学中央図書館古図書本と日本の東洋文庫本（これは京都大学文学部国語学国文学研究室で「重刊改修捷解新語」という名前で影印された）等は、すべて重刊本である。

すでに触れたように、前記の重刊本の版木が現在高麗大学に伝わっているが、実際に同大学博物館に収蔵されている『重刊捷解新語』の冊板は、全部で六〇枚の一二〇葉（一冊板の表裏に二葉彫られているため）なので、重刊本冊板の全体が三一六葉であるとすると、その三八％に相当する板木が残っていることになる。ところで、このうち李湛の「重刊序」の二葉だけが版心を「重刊捷解新語」としており、残りはすべて「改修捷解新語」であることが注目される。これは、第二次改修本の冊板を生かして部分的に修訂したのが重刊であったことを物語っている。すなわち、崔鶴齢が個人的に刊行した活字本を原本にして覆刻し、木版本を刊行して、これを訳生の倭学教材として使用したのである。後に、この冊板を卞世謙等が大々的に修訂し、再度刊行したのが重刊本であったと思われる。[61]

『捷解新語文釈』は、嘉慶元年（一七九六）に倭学訳官の金健瑞によって刊行された。文釈本の巻頭に掲載された凡例に、

倭学講習、以捷解新語爲津筏。而倭書亦如我國之有眞諺、有眞無諺、偶語不通。有諺無眞、書契莫解。故講習之艱視、諸學倍之。今此所編以文字釋倭語、以倭書寫文字、務便講習。俾有先難後易之効。

日本語を学ぶには『捷解新語』が手引きとなる。しかし、日本語の表記にも、朝鮮の真書と諺文のような区別があり、真書だけあって諺文がなければ、言葉が通じない。仮名文字だけあって真書がなければ、書契（書簡や文書）は読むことができない。そのため、［日本語を］学習するのは他の言語より倍難しい。今回編纂したのは、文字［漢字のこと］で日本語を解釈したものであり、日本の文字で漢字を書いたものなので、学びやすい。最初は難しいかもしれないが、次第に効果が出て易しくなるであろう。

という記事があり、文釈本の編纂が、日本の仮名の真字草書（草書体の漢字仮名）を学ぶことによって、日本から送られてくる書契を解読するためのものであったことがわかる。また、そのために、漢字を日本語で解釈し、倭書を漢字で記録するのであるが、学びやすいようにしたことが示されている。

四、『捷解新語』の改修と重刊

第一次改修

前述したように、『捷解新語』はその後二度にわたる改修を経て重刊された。李湛の「重刊捷解新語序」によれば、丁卯通信使の時、『捷解新語』を是正するよう命を受け、知枢崔鶴齢、同枢崔寿仁等が使行中にその任務を主管して、案内しながら随行していた対馬の藩士たちと論じて訂正し、戻ってきてから、校書館で改修本を刊行したという記録が見られる。これは『通文館志』巻八、書籍、続条に「改修捷解新語［十二本、倭學書。乾隆戊辰、倭語訓長崔鶴齢等、修整鑄字印行］（『改修捷解新語』［一二本、倭学書。乾隆戊辰年に、日本語の訓長崔鶴齢等が修訂して鋳字で印行したものである］）」という記事と一致するものであり、乾隆丁卯（一七四七）に日本に行ってきた崔鶴齢等の改修本がその翌年の乾隆戊辰（一七四八）に一二巻で刊行されており、これが『捷解新語』の第一次改修本であったことがわかる。

この一次改修本は、長い間世に知られていなかったが、フランスのパリにある東洋語学校図書館（Bibliothèque de l'Ecole des Langue Orientales Vivantes, à Paris）所蔵本が、安田章（一九八八）によって学界に紹介され、また鄭光・安田章（一九九二）で影印本が刊行され、この本の故郷であるソウルでもその姿を見ることができようになった。この本が発見される時までは、実際に第一次改修本が存在するという事実を誰も知らなかったのである。[62]

第一次改修の時は、『捷解新語』の倭語の語音だけが修訂された。実際にパリ東洋語学校図書館所蔵本には、第一二巻の後尾に「伊路波」または「伊呂波」等の附録のようなものが何も付けられていない。ただ、巻頭に洪啓禧の「改修捷解新語序」と「凡例」、そして「筵説」があり、『捷解新語』の戊辰本の改修経緯を詳細に知ることができるだけである。

戊辰改修本に掲載された洪啓禧の序文、筵説、考校諸訳を写真で示せば次のとおりである。これは、すべて鄭光・安田章（一九九一）から引用したものである。

この時の改修に当たった人については、『重刊本』の「戊辰改修時考校官（戊辰年の修訂時に参加した訳官たち）」という見出しの下に「朴尚淳・玄徳淵・洪聖亀」等の堂上訳官と「鄭道行・黄大中・玄泰衡」等の堂下訳官、そして末職に「禦侮将軍行忠武衛副司猛 崔鶴齢、朝散大夫前行司譯院奉事 崔壽仁」等の実務訳官の名前が見える。崔

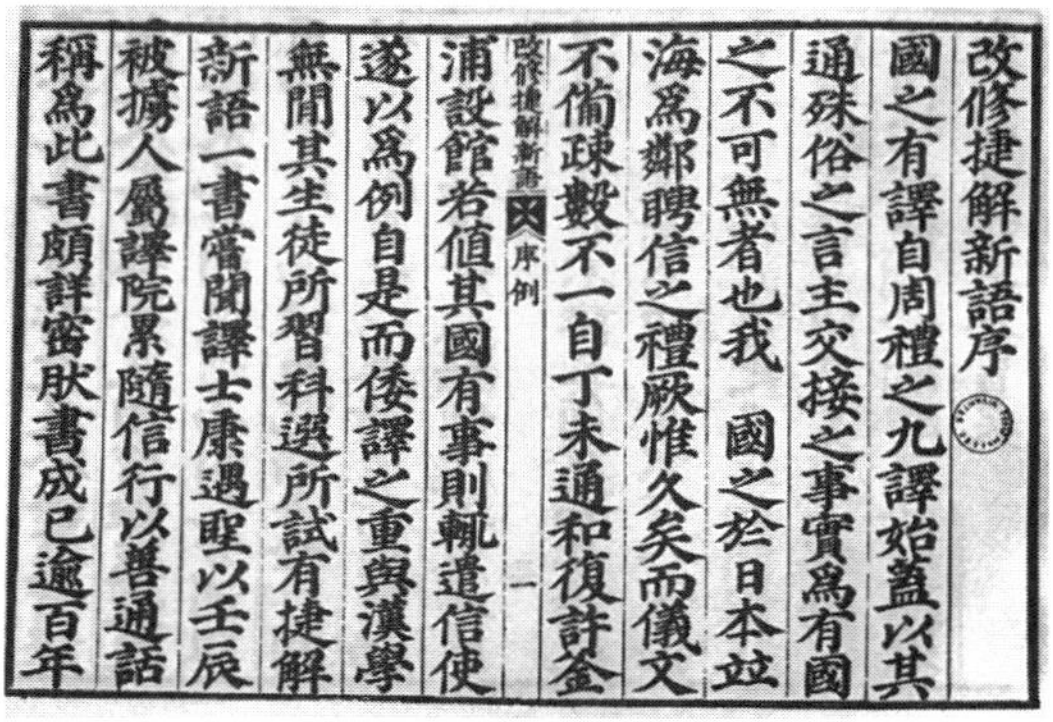
改修捷解新語序
國之有譯自周禮之九譯始蓋以其
通殊俗之言主交接之事實爲有國
之不可無者也我　國之於日本竝
海爲鄰聘信之禮厥惟久矣而儀文
不備疎數不一自丁未通和復許釜
改修捷解新語 序例 一
浦設館若値其國有事則輒遣信使
遂以爲例自是而倭譯之重與漢學
無間其生徒所習科選所試有捷解
新語一書嘗聞譯士康遇聖以壬辰
被擄人屬譯院累隨信行以善通話
稱爲此書頗詳密肰書成已逾百年

［写真五－三］戊辰改修本の序文

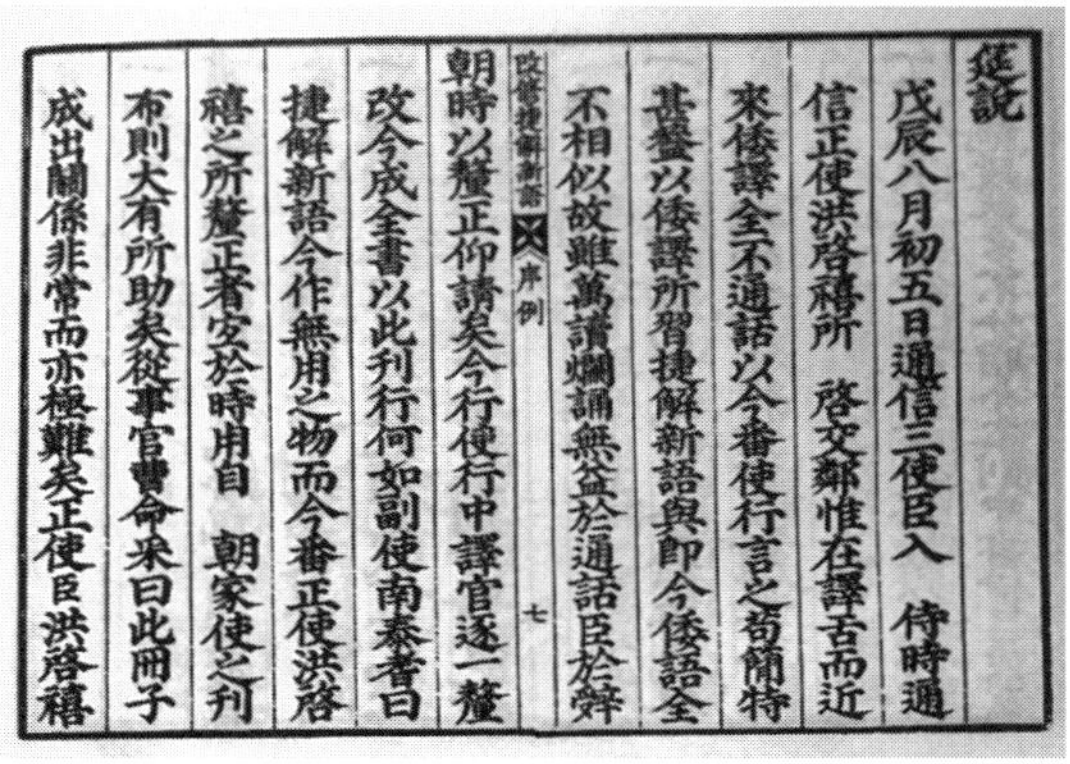
筵説
戊辰八月初五日通信三使臣入　侍時通
信正使洪啓禧所　啓文鄭惟在譯舌而近
來倭譯全不通語以今番使行言之苟簡特
甚蓋以倭譯所習捷解新語與卽今倭語全
不相似故雖萬讀爛誦無益於通語臣於辭
改修捷解新語 序例 七
朝時以釐正仰請矣今行使行中譯官逐一釐
改今成全書以此刊行何如副使南泰耆曰
捷解新語今作無用之物而今番正使洪啓
禧之所釐正者安於時用自　朝家使之刊
布則大有所助矣從事官曺命采曰此冊子
成出關係非常而亦極難矣正使臣洪啓禧

［写真五－四］戊辰改修本の筵説

考校諸人
折衝將軍行龍驤衛副護軍朴尚淳
折衝將軍行龍驤衛副護軍玄德淵
折衝將軍行龍驤衛副護軍洪聖龜
通訓大夫行司譯院訓導李昌基
通訓大夫前行司譯院僉正鄭道行
改修捷解新語 序例 九
朝散大夫前行司譯院奉事黃大中
禦侮將軍行忠武衛副司猛玄泰衡
禦侮將軍行忠武衛副司猛崔鶴齡
朝散大夫前行司譯院奉事崔壽仁

［写真五－五］戊辰改修本の考校諸訳

鶴齢と崔寿仁については、「修正入梓」とあるので、彼らが実際に訂正の内容をを記入する任務を引き受けていたことを示している。洪啓禧の序文と筵説によれば、旧本の『捷解新語』が、歳月が経って、本文の語音に違いが生じ、また対話にも隔たりや矛盾が生じていたため、丁卯通信之行の使臣が朝廷の命を受けて、これを倭学訳官に修訂させたことがわかる。

この任務は、丁卯使行の一員として参加した倭学訳官の崔鶴齢と崔寿仁が主管し、使行に随行していた倭人たちに質問して直したものを、帰国してから朝廷に報告し、校書館で鋳字で刊行したのである。すなわち、洪啓禧の序文に「〔前略〕及登途使諸譯與彼人之護行者互相質難、逐段更改。往來凡七朔、還到馬州之芳浦、阻風滯十餘日。而後乃訖、歸告於朝、付之剞劂。〔後略〕（〔前略〕（丁卯使行が）出発する時に、訳官たちに使行を保護する日本人たちと（捷解新語の）難解なところを互いに質問して段落ごとに修訂させた。（丁卯使行の）往来におよそ七ヶ月かかり、対馬の芳浦に戻った時、暴風で一〇日余り留まった。それからすべての日程が終わって朝廷に帰り、これを報告して印刷に送った。〔後略〕）」という記事があり、この事実を知ることができる。[63]

また、［写真五-四］の第一次改修本に附載された「筵説」に、

〔前略〕副使南泰耆曰、捷解新語今作無用之物、而今番正使洪啓禧之所釐正者宜於時用、自朝家使之刊布則大有所助矣。從事官曹命采曰、此冊子成出關係非常而亦極難矣。正使臣洪啓禧殫竭心力終能訖工、而譯官中崔壽仁及故首譯崔尙嶫之孫崔鶴齡兩人、年少譯官中最有自中之望、而可任將來者也。此兩譯處亦全委此事而今爲成書、誠可幸矣。

〔前略〕（丁卯使行の）副使南泰耆は、「『捷解新語』は、（日本語が変化して）今や無用のものになっているが、今回正使洪啓禧が正しく直したものは今の用法に合っており、朝廷でこれを刊行して配布すれば、大いに役に立

つ」と言った。従事官曹命采は、「この冊子は非常によくできているが、やはり非常に難しい。正使洪啓禧が心を尽くして、やっと作業が完了し、訳官の中で崔寿仁と今は亡き首訳崔尚嶫の孫である崔鶴齢の二人が年少訳官の中で最も有望で、将来を任せるに値する人物であった。この二人の訳官が完全にこの任務を引き受け、今回本を完成したことは、誠に幸いなことである。」と言った。

とあり、前記の事実とともに、崔寿仁と崔鶴齢の二人の年少訳官が、この仕事を担当して完成させたことが述べられている。

ただし、拙著（二〇〇二b：四六一）では、崔鶴齢の場合は、当時最年少の訳官として押物通事の仕事を受け持っていたので、彼らだけではこの膨大な任務を果たすことができるはずがなく、使行に参加した一〇人の訳官たちがこの任務に関与していたものと見ている。[64]

第二次改修と重刊

崔鶴齢は、丁卯通信使行の後、再び英祖三九年（一七六三）の癸未通信使行で、『捷解新語』の倭諺大字までも修訂するようになる。彼は東莱の訳官として、日本人通詞から日本の大坂と江戸の文字を求めて参考にし、点画や偏傍が字法に不適切なことを考証し、すべて正しく直すという大々的な修訂を完成した。そして、このような校正を癸未通信使行で確認した。[65] こうして作られた第二次改修本は、彼が個人的に鋳字刊行したという記録があり、この時初めて倭諺大字、すなわち日本の文字までも修訂され、再刊行されたことがわかる。[66]

『捷解新語』は、嘉慶元年（一七九六）に訳官金健瑞によって『捷解新語文釈』が編纂され、「以文字釋倭語、以倭書寫文字（漢文で日本語を解釈し、日本の文字で漢字の発音を書く）」の例を示している。文釈本の凡例によれば、真字と仮名を混ぜて書く日本語の文章を示すために『捷解新語文釈』を作ったとしているが、日本語の読音や注がハングルではなく、ひらがなと真字を混ぜて行書体（漢字書体の一つ、通常書かれる漢字の字体）で書かれている。したがって、『捷解新語』という名前の倭学書は、康熙丙辰（一六七六）に鋳字で刊行された原刊本以来、二回の改修と一回の重刊があり、それとは別の「文釈」という名前の倭学書を含め、少なくとも五種類の異本があることがわかる。これらを表にまとめれば、次のとおりである。

日本の仮名文字学習のために、仮名の様々な字体とそれに対するハングルの対訳音が付けられている「伊呂波」は、現存する『捷解新語』の重刊本と文釈本の巻末に附載されている。また、重刊本は、第二次改修本に「序」のみを付け、そのまま覆刻したものであり、前述した五種の『捷解新語』のうち、原刊本と第一次改修本を除けば、すべて『伊呂波』を附載しているわけであるが、これはもちろん日本語学習における仮名文字を教育するためで

［表五-二］『捷解新語』の諸異本

書名	刊行年	略称	所蔵場所	備考
『（原本）捷解新語』	一六七六	原刊本	奎章閣	活字本、木版本（一七〇〇）が別々にある
『（第一次）改修捷解新語』	一七四七	戊辰改修本	パリの東洋語学校	木版本だけがあり、活字本は伝わっていない
『（第二次）改修捷解新語』	？	第二次改修本	伝本なし	活字本で刊行されたという記事がある
『重刊捷解新語』	一七八一	辛丑重刊本	奎章閣等	序文の版心書名は「重刊捷解新語」で、本文の場合は「改修捷解新語」である
『捷解新語文釈』	一七九六	文釈本	奎章閣等	各所に多数所蔵されている

あったのであろう。

前記の［写真五‐二］の『（原本）捷解新語』（第一巻第一葉表）と、次の第一次改修本に見られる倭諺大字（［写真五‐六］）を比較すると、それほど違いがないことが見て取れるはずである。

しかし、次の［写真五‐七］の『捷解新語』辛丑重刊本は、その版心書名が「改修捷解新語」となっているが、前記の第一次改修本とは異なる仮名が示されている。そして『捷解新語』の最後の版本である文釈本の［写真五‐八］では、全く異なる仮名文字の草書体を見ることができる。

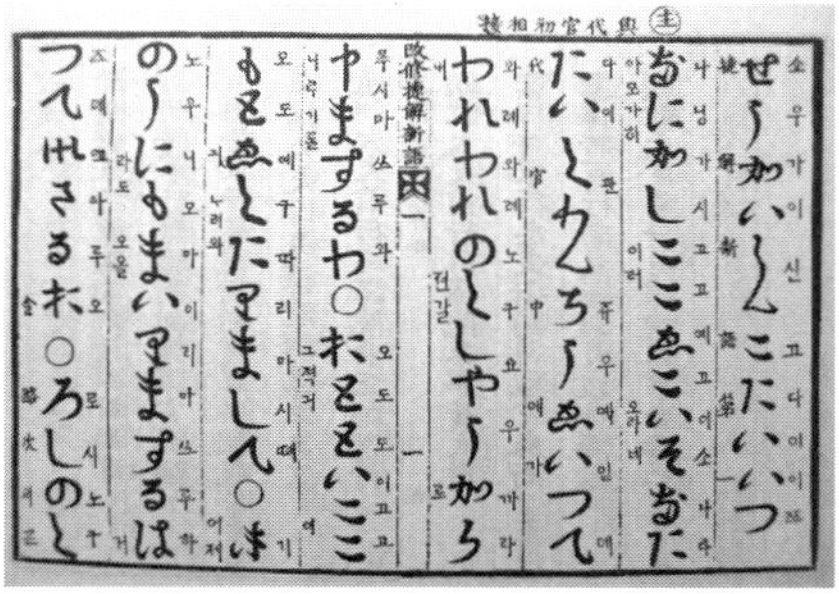

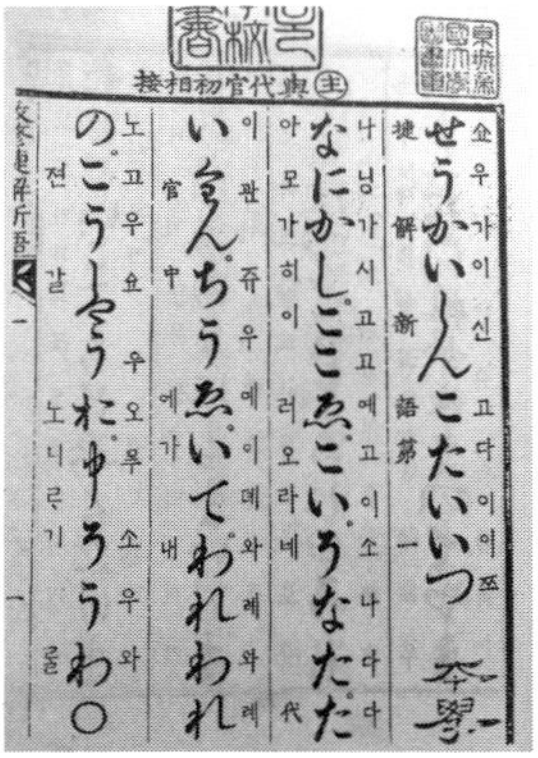

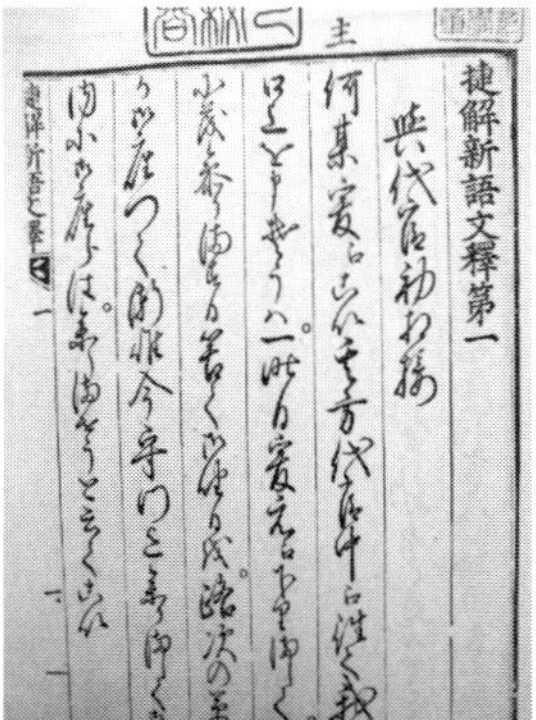

上から［写真五‐六］『捷解新語』の第一次改修本（第一巻第一葉）、［写真五‐七］『捷解新語』辛丑重刊本（第一巻一表）、［写真五‐八］『捷解新語』文釈本（第一巻一表）

五、『伊呂波』の内容と単行本

『伊呂波』は、文釈本の凡例に記載されているように、巻末に「伊呂波真字半字、吐字、合字、草字及簡格語録」の六葉が附載されており、重刊本には、これに加えて「伊呂波半字竪相通・横相通」が追加された八葉で構成された『伊呂波』が添付されている。前述した重刊本の伊呂波と文釈本のものを比較して要約すれば、次のとおりである。

伊呂波真字半字並録 ― ①		
伊呂波吐字 ― ②		
伊呂波合字 ― ③	①〜⑤	重刊本と文釈本
伊呂波真字草字並録 ― ④		
簡格語録 ― ⑤		
伊呂波半字竪相通 ― ⑥	⑥⑦	重刊本
伊呂波半字横相通 ― ⑦		

重刊本の巻十の巻末にはこのような「伊呂波」の八葉が附載されているが、これらには版心書名は記されておらず、「一」から「八」という葉数が別途に書かれている。そして、⑥と⑦が抜けた文釈本の場合は、重刊本と同じく版心書名は書かれておらず、葉数が「一」から「六」となっている。つまり、文釈本の「伊呂波」は、重刊本の「伊呂波」から五十音図の二葉を削除したものであることがわかる。

拙稿（二〇一四）によれば、重刊本の八葉は別個の単行本と考えられており、ローマ教皇庁のバチカン図書館に所蔵されたステファノ・ボルジア（Stefano Borgia, 1731～1804）の旧蔵本のうち、「伊呂波」という名前の漢籍（整理番号 Borg.cin.400）が、まさにそれとみなされる。ポール・ペリオ（Paul Pelliot）のバチカン図書館漢籍目録には、次のように紹介されている。

400 Syllabaire japono-coréen, par ordre de l'iroha. 8ff. in folio. [Iroha 伊呂波、célèbre manuel de japonais pour les Coréens. Porte des notes manuscrites en marge.]

番号四〇〇、いろは順の日朝音節文字表。八葉（一葉二頁）。［『いろは（伊呂波）』は、朝鮮の人のための有名な日本の仮名文字の教材。欄外に書き込みがある］[67]

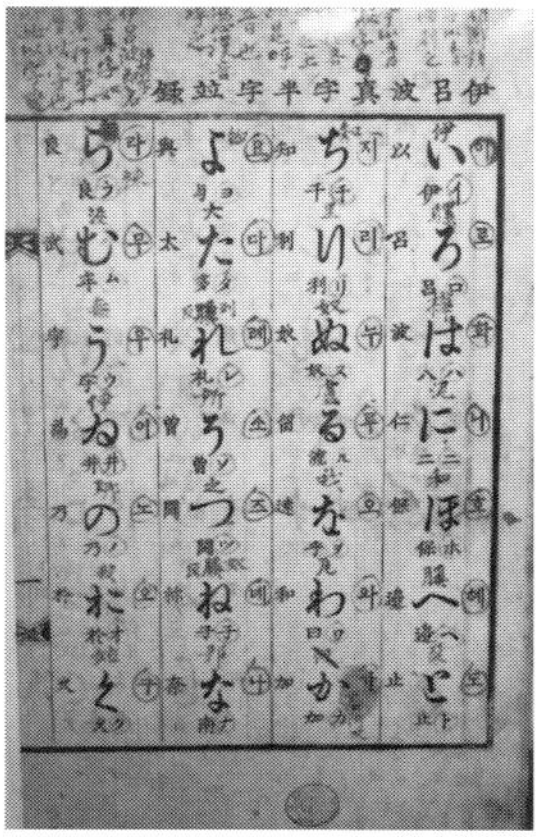

［写真五-九］バチカン図書館の『伊呂波』第一葉表

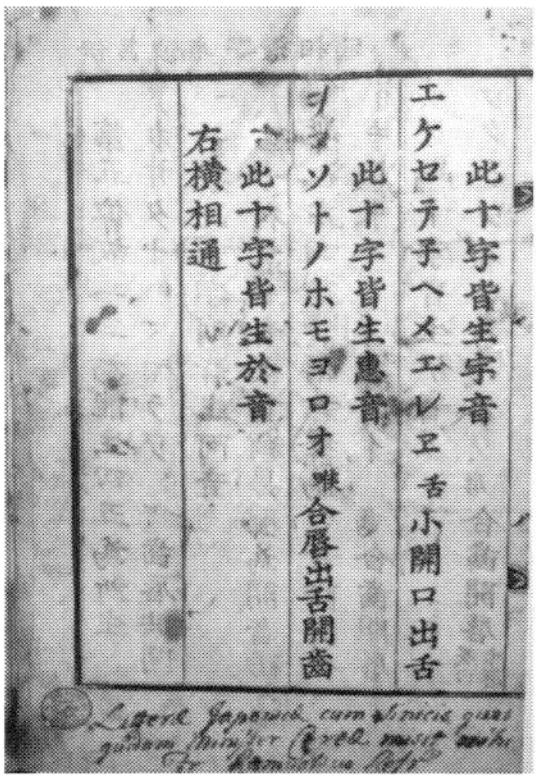

［写真五-十］『伊呂波』の最終葉裏

この説明によれば、『伊呂波』が単行本として訳官の仮名文字教育に使用された教材であったことがわかる。辛丑重刊本が刊行された時、これを『捷解新語』の末尾に追加したのである。

ボルジアは一八〇四年に逝去したので、この本を北京で手に入れたロマルドは遅くとも一七九八年には、ローマに戻っていたと思われる。修道士の彼が東洋で手に入れてボルジアに寄贈した蔵書は、死後二年が過ぎた後の一八〇六年に、バチカンの布教聖省（Sacra Congregatio de Propaganda Fide）に所蔵されたことを示す蔵書印（SAC. Cong. De. Prop. Fide）が押されている。『伊呂波』の最後の葉（八葉裏）には、次のような内容のラテン語が書かれており、この本が誰を経由して来たかがわかる。[写真五―十二] に見られるラテンの注記を引用すれば、次のとおりである。

Litteræ Japonicæ cum Sinicis, quas quidam Minister Coreæ misit mihi Fr. Romualdus Refr.

漢字が含まれている日本語の文献を、ある朝鮮の使者が私にくれたものである。修道士ロマルド兄弟。

この注記によれば、これは修道士ロマルド（Romuald）が北京で朝鮮燕行使から手に入れたものであることがわかる。[68] ロマルドは、一七八〇～一七九〇年に北京で活動していたので、この資料は、少なくとも一八〇〇年代初頭にボルジアの蔵書となっていたと思われる。

このように単行本として刊行された『伊呂波』の存在を勘案すれば、これは当初『捷解新語』の附録として作成されたものではなく、個別の倭学教材であった可能性が高い。[69] なお、浜田敦（一九七〇：八九）は、これが弘治五年版『伊路波』の改訂版として見ることができると推定している。もし『伊呂波』が単行本として刊行されたものだとすれば、果たしていつ誰が編纂したかという問題が提起される。

安田章（一九八〇：一七六）は、このような主張を受け入れるしかないと見ており、重刊本の八枚と文釈本の六枚について、次のように述べている。

かくて重刊改修本について、「伊呂波」を抜く版、①から⑥まで［＝六丁版］をもつ版、①から⑦まで［＝八丁版］を完備する版の、少なくとも三段階は考えなければならない。尤も今日見られるのは第一、第三段階のそれであるが、文釈本から第二段階のそれもあったことが推察し得ないかと思う。そして第三段階のそれは、文釈本以後の増補でなければならない。

このような主張は、『捷解新語』の辛丑重刊本（一七八一）と文釈本（一七九六）の刊行年度からすれば、その可能性はあると言えるであろう。しかし、カトリックのフランシスコ会ロマルド修士が朝鮮燕行使からこの資料を受け取ったのが、一七九〇年代初頭であるので、既にこの資料は完成されていたことになる。したがって、第二次改修が終わった後のある時期に、初期の『伊路波』の代わりに『伊呂波』という仮名教材が作られ、それを辛丑重刊本と文釈本に合綴したものと見るべきであろう。

［写真五―十二］

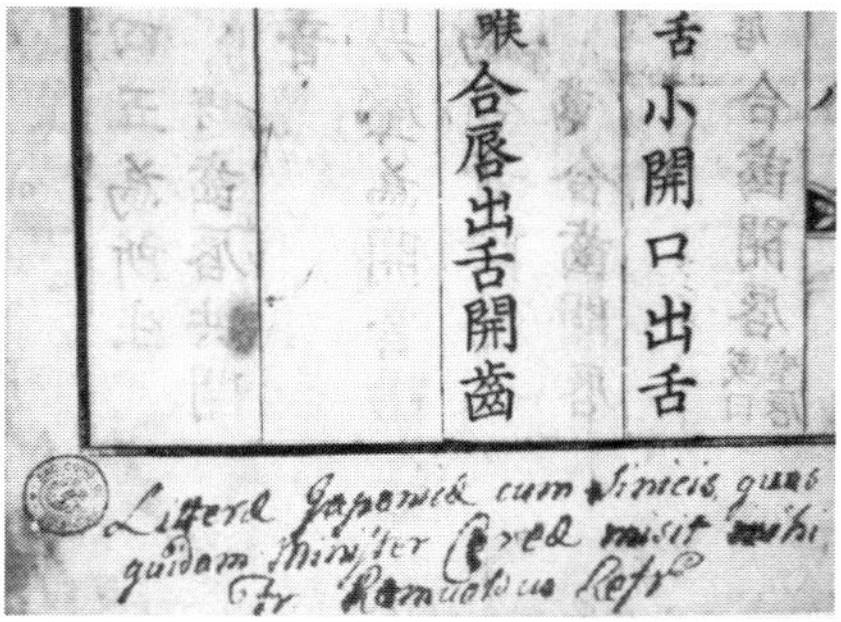

『伊呂波』最終葉裏の余白に書かれたラテン語の奥書

① 伊呂波真字半字並録

前述した『伊呂波』の①では、平仮名の「いろは」が大字で書かれ、その下に真字と片仮名が左右に書かれている。大字の左側に別の字体の真字が書かれ、右側にはハングルで読音が付けられている。例

えば、「い」の字は、その大字の下に左右に小字で「伊、イ」が書かれ、左側にやはり小字で「以」、右側にはこの文字の読音「이」が書かれている。成宗王の時の『伊路波』の四体字母と読音を一文字ずつ一目で確認できるように集められている。

この①は、②、③、④、⑤とともに、重刊本と文釈本の末尾に附録として載っているが、この①の伊呂波半字と真字は、貝原篤信の『倭漢名数』のそれを参考に編成されたものと思われる（安田章、一九六一）。『倭漢名数』の倭音五十字と「伊呂波真字［称之真字仮字］、片仮字伊呂八本字」は、『捷解新語』の①の部分で、小字で書かれた片仮名と真字に該当するものである。『捷解新語』の「伊呂波」における「いろは」の大文字とその左側の真名は、『倭漢名数』の「伊呂波真字」に挙げられている幾つかの字源のうち、一番最初にくる文字に当たるものと思われる。つまり、真名の字源が一つである場合は、『捷解新語』の「伊呂波」と一致するが、「へ辺或日反字又日閉字」のように三つの場合は、一番最初の「辺」が選ばれている。このように『捷解新語』の「伊呂波」の①は『倭漢名数』の「伊呂波真字」と「片仮字伊呂八本字」のものを参照して作成されたものと見られる。これは、成宗王の時の『伊路波』の四体字母と関連が全くないとは言い切れないが、[70]字形がかなり異なっており、また『伊路波』が四種の仮名を別々に紹介しているのに対して、「伊呂波」の①は、この四体字母を一箇所にまとめて置くことにより、四種の仮名を一目で学習できるようにしている。

特に、五十音図を司訳院倭学書に初めて紹介した、重刊本の⑥伊呂波半字竪相通と⑦伊呂波半字横相通の文字は、完全に『倭漢名数』から引用したものである。[71]もちろん『捷解新語』の重刊本や文釈本の刊行年代からすれば、『以呂波字考録』のものが引用されたと見ることも可能である。[72]しかし、①の「伊呂波真字半字並録」と『倭漢名数』の伊呂八本字との関係から見れば、この『倭漢名数』から引用されたものと見るべきであろう。

これに関連して、『倭漢名数』の「経籍類」第一一に、次のような記事がある。

倭音五十字、本邦一切言語音聲反切、無不出此者。竪横並相通用、苟辱通我國音語、須習曉之。小兒、初學和學者、宜先習之、不要學伊呂波。

アイウエヲ喉音 清

右此五者爲字母、其餘四十五字、永之則、生此五字。（傍線筆者）

倭音五〇字は、我が国（日本）のすべての言葉の音を書く反切であり、ここに出てこないものはない。縦と横にそれぞれ通用し、我が国の語音に通じようとすれば、必ずよく学ばなければならない。小さな子供と初めて和学を学ぶ者は、これを最初に学んだほうがよく、伊呂波を学ぶ必要はない。

「あ、い、う、え、お」は、喉音であり、かつ清音であり、これら五つの文字が字母になり、その他の四五字は、この音を長くのばせば、この五字の字母を生む。

この引用部分の続きに、「倭音五十音」が喉、牙、歯、舌順に並べられている。⑥の「伊呂波半字竪相通」では、前記の文を引用する際に、傍線部分を削除し、「初学和学者」の「和」を「倭」に変えて、次のように記している。[73]

倭音五十字、本邦一切言語音聲反切、無不出此者。竪横竝相通用、初學倭學者、宜先習之。

アイウエヲ喉音 清、

右此五者爲字母、其餘四十五字永之則、生此五字。

他の部分は、『倭漢名数』のそれと完全に一致している。「本邦」のような日本人がよく使う表現もそのまま記されている。日本では、「いろは」より『倭音五十字』の方が広く知られており、『倭漢名数』においても、「倭音五十字」が最初に説明され、「いろは」はその後に紹介されている。しかし、司訳院倭学では、日本語の仮名学習は「いろは」に依存していた。「五十音図」は重刊本に収録されただけで、文釈本に至ると再び削除されることになる。

仮名文字を学習する二つの方法、すなわち「いろは」と「五十音図」のうち、司訳院倭学が「いろは」の方を重視していたのには、様々な理由があったであろうが、成宗王の時に司訳院で刊行された『伊路波』の影響が大きく作用していたと思われる。また、当時、訓民正音の創製と共に中国の声韻学、反切法、八思巴文字の使い方などをよく理解していた朝鮮の司訳院の訳官にとって「五十音図」は受け入れにくいものだったのであろう。

④　伊呂波真字草字並録・⑤　簡格語録

④の「伊呂波真字草字並録」では、「伊呂波」の草字が多数の異字とともに紹介され、その左側に草字の字源である真字が記されており、右側にはハングルによる読音が付けられている。また、末尾には成宗王の時の『伊路波』に附載されている「別作十三字類[74]」という見出しの下に集められた「御、申、內、候、元」等の特殊仮名が例として挙げられている。つまり、これは、倭語草字で書かれた各種書簡文や書契を読む際に必要な字典の役割をしていたのである。

次の⑤の「簡格語録」も、④の草字とともに仮字書簡文を解読する際に必要なものであった。日本の仮字書簡文は一応漢文でできているが、その字画や正書法が非常に異なっている。そのうちの、特殊な用法を持つ語彙の字体について参照するために作成されたのであろう。

パリの東洋語学校所蔵本『改修捷解新語』の凡例（重刊本にも収録されている）に次のような記事がある。

第十巻則是往復文字、文字亦與我國有異。而不書其字樣只書伊呂波、旁書彼語註以我語如他卷之例。故只誦其語莫辨其本意何在、而若見彼書口不能讀、此如不習何異？　今本則中書伊呂波、左我音右彼語如他卷之例。

第一〇巻は往復文字であるが、文字はやはり朝鮮と異なる点がある。しかし、その文字は書かず、単に伊呂波だけを書き、その言葉の横に他の本の例のように朝鮮語で注を付けている。そのため、その言葉を暗唱しても、その本来の意味がどこにあるかを知らず、その字を見ても口は音読することができず、このようであれば学ばないのと同じである。今回の本では、伊呂波を中央に書き、左側に朝鮮語の発音、右側に日本語を書いたのは、他の巻の例と同じである。

すなわち、『捷解新語』原刊本巻一〇の往復文書は、巻九までの会話体とは違って「伊呂波」だけで書かれたため、理解するのが難しかったということと、今回の本（改修本）で中央に伊呂波で書き、左側に（実際は右側である）その読音を記し、右側（実際は左側）に日本式の漢字（真字）を書くという内容である。しかし、このような方法によっても不十分だったため、⑤の簡格語録では、書簡文に頻繁に使用される慣用句のうち、字体が普通の「伊呂波」の平仮名と異なるものを集め、その右側に読音が、左側に意味がハングルで記録されている。

② 伊呂波吐字・③ 伊呂波合字

⑤の「簡格語録」の次に興味深いのは、②の「伊呂波吐字」と③の「伊呂波合字」である。②は、「伊呂波」という平仮名四十七字と「ん」の字の結合の例を見せているが、「伊呂波」の他に「란、관、슌、윤」の四例がさらに加えられ示されている。日本では、このような仮名遣いの例は稀であるが、あえて例を挙げれば、『仮名遣研究史』の「行能卿仮名遣」に、「いん」以下の「伊呂波」の読音三五字（「おん」を除く）の二字仮名があるだけで

ある。[75]

これは成宗王の時の『伊路波』の「別作三十字類」の末尾に書かれている「ん音은遂字下、如諺文終聲例合用（んの発音は文字につけて下に書いたものであるが、諺文の終声（パッチム）を合用するのと似ている）」という撥字に関する説明のように、訓民正音の終声と同様に使われている例を示したものと思われる。

③の伊呂波合字は、二つ以上の仮名が結合して一音節の長音を表示する方法を示したものである。サ行拗音とウ段拗音の長音、そして開合拗音の表記法を紹介している（安田章、一九七〇）。

②の吐字と③の合字の例は、司訳院において、日本の音節文字を諺文字母のように、初中終声の合用によるものとして捉えようとしたために作成されたものである。このように、日本の仮名を諺文字母の構造によって捉えようとする態度は、『伊路波』の時からあったものである。

『伊路波』の中で、四体字母各四十七字（平仮字・真字・真字・片仮字の四体）と右各字母外同音三十字類、別作十三類の例が示されているが、その末尾に次のような記録がある。

> 右四體字母、各四十七字、合一百八十八字、皆有音而無意如諺文。數外音同體異。字母四十六字、或一二聲、或三四五聲、字則言語助詞字。
>
> 右の四つの字体の字母は、それぞれ四七字で合わせれば一八八字である。すべて音はあるが意味はないので、（朝鮮の）諺文と同じである。そのうちいくつかは発音は同じであるが文字は異なっている。四六字母は、一、二音、あるいは三、四音で発音され、これらの文字は言葉の助詞として使われる文字である。

これを見ると、仮名の四体字母一八八字が諺文字母の「가갸거겨…」のような字母数を持つものとして理解さ

れ、音同体異字母四六字が別に紹介されており、また、『捷解新語』の文釈本の凡例には、「捷解新語中行伊呂波、即倭諺也。右彼語左我言、以資誦読、其功大矣。（捷解新語の中央の伊呂波は日本の諺文である。右側に日本語、左側に我々の言葉を記して読んでいたが、その功は大きい）」とあり、「伊呂波」が「倭諺」として表現されている例を見ることができる。日本の仮名が大体、一字一音節であるにもかかわらず、諺文字母のように二字一音節（初中声合字）、三字一音節（初中終声合字）の例として理解しようとしたところに、②と③の作成意図があったと考えられる。

日本では「吐字」や「合字」という用語は一般的ではない。もちろん、仮名表記に悉曇合字[76]の方法を導入した文雄の『和字大観鈔』が存在するとは言っても、[77]③の合字は②の吐字のように、訓民正音または諺文字母で説明した合字の概念から、その本来の意味を見出す必要がある（拙稿、一九八五）。すなわち、伊呂波の吐字は、「伊呂波半字」で示されたように、「ん」を連字（仮名文字に連結させて書く方法）させて二字仮名を作ったものである。二字仮名の例として促音「つ」を連結させた例を見出すことができないのは、諺文字母の終声に「ㅈ」または「ㅊ」のような破擦音が来ることができないことに起因する。[78]また、伊呂波合字における開合拗音（拗音の開音と合音）の表記「갹、약、뇩」等は、諺文字母の終声「役ㄱ」の表記に影響を受けたものと思われる。

⑥ 伊呂波半字竪相通・⑦伊呂波半字横相通

最後に、重刊本だけに収録されている⑥と⑦は、『捷解新語』の「伊呂波」を理解し、その性格を把握するために重要なもの、すなわち「伊呂波」とともに日本で仮名学習に広く使用された「五十音図」が紹介されている。「伊呂波」は日本の仮名文字を学びやすくするために作られた歌の名前に由来するもので、後日に日本文字の名称となり、伊呂波（以呂波、伊呂八、伊路波なども言う）真字、半字などの名で呼ばれていた。伊呂波真字が仮名文字の字源を示したものであるとすれば、伊呂波半字は真名（漢字）を簡略化して作られた平仮名と片仮名を指す言葉で、仮名四七字は一つ以上の真名（これは字源が互いに違うからである）と平仮名、そして片仮名を持っている。また、『伊路波』でいう「四字体母」とは、二種の真名と平仮名、片仮名のことを意味する。

こうして、『捷解新語』の第二次改修本を通じて、「伊呂波」や「五十音図」のような初心者向けの仮名遣いから、館倭の接待や通信使行の随行時になされる会話、また各種書契の作成と日本の地域名に至るまで、司訳院倭学訳官の任務の遂行に必要な日本語のすべてが、この『捷解新語』だけで学習できるようになったのである。

前述したように、『捷解新語』の辛丑重刊本には、「⑥伊呂波半字竪相通、⑦伊呂波半字横相通」という名で仮名文字五十音図が紹介されている。そして、これらは日本の貝原篤信の『倭漢名数』から引用されたものであった。この重刊本には「伊呂波半字竪相通・横相通」について、「倭音五十字、本邦一切言語音声反切、無不出此者。竪横並相通用、初学倭学者、宜先習之。アイウエヲ喉音清。右此五者為字母。其余四十五字永之則、生此五字。（日本語の五〇字、我が国（ここでは日本を指す）のすべての言語と音声、そして反切（漢字音を指す）は、皆ここから出たものである。縦と横が互いに通ずるので、初めて倭学を学ぶ人は必ずこれを先に学んだほうがよい。「アイウエヲ」は喉音で、（清濁の）清音である。この五つの文字は字母である。その他の四五字は、この音を長くのばせばこの五字の字母を生む）」とあり、その後に四五字が紹介されている。これを表にまとめれば、［表五-三］のとおりである。

これによれば、日本語は /a, i, u, e, o/ の五つの母音で構成され、これは結局「ウ、イユ、ウ」を前舌母音の /ü/ と後舌母音の /u/ の複母音として捉えれば、日本語は前舌母音の /i, e, (ü) / と後舌母音の /a, o, u/ の五母音体系であることがわかる。これら五母音に、「牙舌唇歯喉」の位置で調音される子音との結合によってできた文字が「カ、サ、タ、ナ、ハ、マ、ヤ、ラ、ワ」行音の九つの子音を結合させた四五字の音節文字であり、ここに「ア」行音の /a, i, u, e, o/ が加わって、日本の仮名文字五〇字になる。

中国語の韻図または声韻図では、漢字音が調節位置により「牙（軟口蓋音）、舌（歯音または歯茎音）、唇（両唇

〔表五－三〕仮名四五字の分類表

片仮名	上同	上同	上同	上同	五音	清濁
ア イヤ、ウワ	イ イ井、ウイ	ウ イユ、ウ、	ヱ イエ、ウヱ	ヲ イヨ、ウオ	喉音	清
カ キヤ、クワ	キ キ井、クイ	ク キユ、クワ	ケ キエ、クヱ	コ キヨ、クオ	牙音	濁
サ シヤ、スワ	シ シ井、スイ	ス シユ、スウ	セ シエ、スヱ	ソ シヨ、スオ	歯音	濁
タ チヤ、ツワ	チ チ井、ツイ	ツ チユ、ツウ	テ チエ、ツヱ	ト チヨ、ツオ	舌音	濁
ナ ニヤ、ヌワ	ニ ニ井、ヌイ	ヌ ニユ、ヌウ	子[80] ニエ、ヌヱ	ノ ニヨ、ヌオ	舌音	清
ハ ヒヤ、フワ	ヒ ヒ井、フイ	フ ヒユ、フウ	ヘ ヒエ、フヱ	ホ ヒヨ、フオ	唇音（軽）	濁
マ ミヤ、ムウ	ミ ミ井、ムイ	ム ミユ、ムウ	メ ミエ、ムヱ	モ ミヨ、ムオ	唇音（重）	清
ヤ イヤ、ユワ	井[79] イ井、ユイ	ユ イユ、ユヱ	エ イエ、ユウ	ヨ イヨ、ユオ	喉音	清
ラ リヤ、ルワ	リ リヤ、ルイ	ル リユ、ルウ	レ リユ、ルヱ	ロ リヨ、ルオ	舌音	清
ワ イヤ、ウワ	イ イヽ、ウイ	ウ イユ、ウ、	ヱ イエ、ウヱ	オ イヨ、ウオ	喉音	清

音）、歯（硬口蓋音）、喉（咽頭音）」に分けられ、調節方法により「全清（無標系列）、次清（有気音系列）、不清不濁（有声音または鼻音系列）、全濁（有声音系列）」に分けられる。[81] 訓民正音の牙音が全清字/ㄱ/をその最初の文字にしたのはすでに広く知られた事実であり、続いて「舌音、唇音、歯音、喉音」の順に「ㄷ、ㅂ、ㅅ、ㅈ、ㆆ、ㅎ」が配列されている。

しかし、『捷解新語』の伊呂波半字竪相通では、喉音のア行音、すなわち「ア、イ、ウ、エ、オ」を「五十音図」の最初の行にしており、その後に牙音（カ行音）、歯音（サ行音）、舌音（タ、ナ行音）、唇音（ハ、マ行音）が続き、再び喉音（ヤ行音）、舌音（ラ行音）、喉音（ワ行音）の順になっている。これは、発声器官の中で最も深い位置の喉音（咽頭音）を最初の音系列にし、その次に牙音（軟口蓋音）、歯音（硬口蓋音）、舌音（歯音または歯茎音）、唇音（両唇音）の順にする方法を選んだものと思われる。

『訓民正音』の「制字解」の説明にも、字母の制字原理を説明する際に、牙音より調音位置が最も深い喉音から取り上げるべきであるが、五行に合わせて牙舌唇歯喉の順にしたことが明らかにされている。すなわち、『訓民正音』解例の制字解に、

〔前略〕

喉邃而潤、水也。声虚而通、如水之虚明而流通也。於時為冬、於音為羽。牙錯而長、木也。声似喉而実、如木之生於水而有形也。於時為春、於音為角。舌鋭而動、火也。声転而颺、如火之転展而揚揚也。於時為夏、音為徴。歯剛而断、金也。声屑而滞、如金之屑瑣而鍛成也。於時為秋、於音商。脣方而合土也。声含而広、土之含蓄万物而広大也。於時為季夏、於音為宮。然水乃生物之源、火乃成物之用、故五行之中、水火為大。喉乃出声之門、舌乃弁声之管、故五音之中、喉舌為主也。喉居後而牙次之、北東之位也。舌歯又次之、南西之位也。脣居末、土無定位而寄旺四季之義也。是則初声之中、自有陰陽五行方位之数也。

喉は奥深い所にあり、湿っているので、（五行から見れば）水である。声は空っぽで通じるので、まるで水が空ろで澄んでおり満遍なく流れているかのようだ。時節で言えば冬であり、（五）音では（宮商角徴羽）の羽である。

牙（奥歯）は互いにずれていて長いので、（五行の）木である。声は喉音に似ているが実体があって、まるで木が水から出てその形を整えるかのようだ。時節で言えば、春であり、（五音では）角である。

舌は鋭くて動いているので、（五行の）火である。声は転がり、飛ばされるので、まるで花火が転がりながら広がりつつ、飛びあがるかのようだ。時節で言えば、夏であり、（五音では）徴である。

歯は堅くて切れているので（五行の）金である。声は砕かれ、詰まっているので、まるで金の屑が集まり、鍛えて作られるもののようだ。時節で言えば、秋であり、（五音では）商である。

唇は、角張っていて（五行の）土に符合するものである。声は含み、広いので、土が万物を含み、広大なもののようだ。時節で言えば、季夏であり、（五音では）宮である。

しかし、水は生物の根源であり、火は物を作る際に使われるものであるから、五行の中で、水と火は大きいものである。喉は声を出す門であり、舌は声を口弁する管であるから、五音の中で、喉と舌が中心になる。喉音は一番後から出ており、牙音がその次であり、（方位の數で喉音と牙音は）北東の位置である。舌音と歯音がその次で、南西の位置である。唇音は最後にあり、（五行で）土の方位が決まらず、四季に合わせて旺盛だという意味である。だとすれば、初声の中に自ずと陰陽と五行、方位の理があるわけである。

とあり、発音器管の位置が深い所から「喉→牙→舌→歯→唇」の順で捉えていたことがわかる。

日本の仮名の「五十音図」で、ア行音が一番最初に来ているのは、このような順序に従おうとしたからだと思われる。このような事実が、『捷解新語』の重刊本の末尾に附載された⑥の「伊呂波半字竪相通」にまとめられているのである。[82]

ただ、「伊呂波半字竪相通」の分類において、調音方法による音韻の清濁が無視されているのは、日本語の特徴のためであったと思われる。すなわち、「伊呂波半字竪相通」では全清、次清、不清不濁、全濁のような四つの調音方法に従わず、清と濁の二つに分けて障碍音を濁とし、共鳴音や有声音を清としているのである。有気音である次清音や有声音である全濁音が区別されておらず、鼻音の不清不濁も区別されていない。有気音の音韻を持たず、鼻音が弁別的ではない日本語の音韻の特性に合わせた子音の区別方法だったのであろう。

次に、⑦の「伊呂波半字横相通」で興味深いのは、/a, i, u, e, o/ の母音の陰陽と唇、歯の開合である。「ア、カ、サ、タ、ナ、ハ、マ、ヤ、ラ、ワ」のように /a/ を母音として持つ音韻は陽声であり、「イ、キ、シ、チ、ニ、ヒ、ミ、ヰ、リ、イ」のように /i/ や残りの /u/、/e/、/o/ を母音として持つ音韻は陰声であるといい、後舌開母音の /a/ と前舌閉母音の /i/、後舌円唇母音の /u/、前舌半閉母音の /e/、後舌半閉母音の /o/ を区別している。

すなわち、「伊呂波半字横相通」に、「アカサタナハマヤラワ牙、歯脣共開、永此十字則皆生阿音。右一行為五音之首、称男声為開音陽声也。（アカサタナハマヤラワは牙音なので、歯と唇がともに開き、この一〇字の発音がすべてア音 /a/ から出ている。このア段音は五音の基本として男声と称されるものであり、開音かつ陽声である）」とあり、後舌開母音 /a/ を持つ発音としてア段音が基本字であることが説明されている。

また、残りの四段音、すなわち、「イ、ウ、エ、オ」段音は女声で、合音であり、陰声であると述べられている。すなわち、「伊呂波半字横相通」には、前記に引用した文に引き続き、「左四行皆称女声、為合音陰声也。（残りのイ、ウ、エ、オ段音の）四段は皆、女声と称され、（唇歯が）合わされて陰声である）」とあり、ア段音以外のイ、ウ、エ、オ段音が女声であること、唇歯の合音であり、陰声であることが主張されている。この残りの四段音については、さらに次のように説明している。

イキシチニヒミ井リイ歯、合歯開唇。此十字皆生伊音。

/イキシチニヒミ井リイ/は歯音で、歯は閉め、唇は開ける。この十字は皆/i/音から出たものである。

ウクスツヌフムユルウ唇、合歯開唇（或日窄唇）。此十字皆生宇音。

/ウクスツヌフムユルウ/は唇音で、歯は閉め、唇は開ける。この十字は皆/u/音から出たものである。

エケセテネヘメエレヱ舌、小開口出舌。此十字皆生恵音。

/エケセテネヘメエレヱ/は舌音で、口を少し開けて舌から発音する。この十字は皆/e/音から出たものである。

ヲコソトノホモヨロオ喉、合唇出舌開歯。此十字皆生於音。

/ヲコソトノホモヨロオ/は喉音で、唇は閉め、歯を開けて舌で発音する。この十字は皆/o/音から出たものである。

これらが何を説明しているのかは正確には分からない。ただ、このようにア段音が牙音、イ段音が歯音、ウ段音が唇音、エ段音が舌音、ヲ段音が喉音として捉えられていることには、その母音の特徴が反映されているのではないかと思われる。すなわち、これは、後舌開母音の「ア」/a/を牙音、前舌閉母音の「イ」/i/を歯音、後舌円唇高母音の「ウ」/u/を唇音、前舌半閉母音の「エ」/e/を舌音、後舌半閉母音の「オ」/o/を喉音として説明したものと推測される。

以上、司訳院の倭学で日本語の仮名文字をどのように教育していたかについて、倭学の教材を中心に検討してみた。草創期においては『伊路波』によって仮名文字を学習させていた。この教材は、おそらく日本の室町時代の訓蒙教科書として使われていた同名の教材が取り入れられ、訓民正音によってその発音が付けられ、仮名文字の教育に使用されたもので、現在は日本に搬出され、香川大学図書館に所蔵されている。

朝鮮の司訳院によって編纂された『伊路波』は、壬辰倭乱以降にも引き続き使われていた。朝鮮中期、倭乱と胡乱を経て草創期の訳学書のほとんどが入れ替わっており、倭学書においても『捷解新語』が単一の教材として使われるようになったが、この教材だけはその後もずっと用いられていたようである。一九八〇年代末になってようやく世に知られるようになったパリの東洋語学校所蔵の『捷解新語』は、第一次改修である「戊辰改修本」の木版本であったが、ここに使われた倭諺大字は『伊路波』のそれと同じものであった。

仮名文字は『捷解新語』の第二次改修本から新しく変えられることになった。倭学の訳官である崔鶴齢の主導によって改訂された第二次改修本は、活字で刊行されたという記事はあるものの、まだ見つかっていない。ただ、この時期に草創期の仮名文字の教材であった『伊路波』を修訂して「伊呂波」という書名の単行本を刊行したものと推定される。バチカン図書館に所蔵されている「伊呂波」の単行本を通してこの事実を確認することができる。第二次改修本の一部の版木を校正して重刊されたものが『重刊捷解新語』であり、これに仮名文字の学習のため、「五十音図」が付け加えられた「伊呂波」の全部を合綴したのである。

すなわち、「辛丑重刊本」という名で知られている『重刊捷解新語』の巻末には、「伊呂波真字半字並録」が添付されており、また「ん」を語末に重ねて書く「伊呂波吐字」、二重母音や語末子音を合わせて書く「伊呂波合字」、仮名文字の多数の異体字が紹介されている「伊呂波真字草字並録」、略字が紹介されている「簡格語録」が附載されている等、仮名の学習に必要な「伊呂波」の教材がすべて提示されているのである。しかし、文釈本では「五十音図」に当たる部分が削除されることになる。

仮名文字の学習に利用される「五十音図」は、重刊本の最後に「伊呂波半字竪相通」と「伊呂波半字横相通」という見出し語で紹介されている。特に、この「五十音図」では、「アカサタナハマヤラワ」が調音位置によって牙・舌・唇・歯・喉に分けられ、喉音→牙音→歯音→舌音→唇音の順で並べられている。訓民正音の順序とは異なる点が目につく。調音方法である全清、次清、全濁、不清不濁は活用されていない。ただ、日本語の語音を清音と濁音に分けているが、これは十分な理解による適用とは思えない。

特に、「伊呂波半字横相通」では、五十字の仮名を唇歯の開合によって分け、ア段音を男声、陽、開音と見なし、また残りのイ、ウ、エ、オの四段音を女声、陰と捉え、それぞれの音韻の特徴を合歯開唇（イ、ウ段音）、小開口出舌（エ段音）、合唇出舌開歯（オ段音）と考えていたことから見て、古代インドの調音音声学が日本の仮名文字にも応用されたのではないかと思われる。但し、これについてはさらなる研究が必要になるであろう。

六、訳科倭学と日本語試験

前述したように、朝鮮建国初期の訳科は、漢語とモンゴル語しかなかった。倭学訳官の選抜についての史料が初めて見られるのは、『世宗実録』からである。すなわち、『世宗実録』巻七、世宗一二年三月戊午条に記録されている詳定所の記事には、諸学取才経書諸芸の科目が指定され、「訳学倭訓」条に倭学訳官を取才する倭学書として『消息』等の倭学書一一種が記録されている。

その後、『経国大典』巻三、礼典、諸科の訳科写字条に、訳科倭学の試験方法が規定されるようになるが、これを整理すると、次のとおりである。

訳科初試

額数：漢学二三人、蒙学・倭学・女真学はそれぞれ四人。司訳院で名前を書いて試験を実施する。

漢学の郷試は、黄海道七人、平安道一五人を観察使が試験官を定めて送り、名前を書いて試験を実施する。

講書：漢学四書〔本を見て試験〕『老乞大』・『朴通事』・『直解小学』〔暗誦〕

写字：蒙学『王可汗』〔中略〕、倭学『伊路波』〔中略〕、女真学『千字』〔中略〕

訳語：漢学・蒙学・倭学・女真学すべて『経国大典』の翻訳〔本を見て行う〕

訳科覆試

額数：漢学一三人、蒙学・倭学・女真学それぞれ二人。

本曹（礼曹をいう）本院（司訳院をいう）の提調が名前を書いて試験を実施する。

講書：初試と同じ〔中略〕

写字・訳語：初試と同じ。

この記事によれば、訳科倭学は、蒙・清学とともに郷試がなく、初試に四人、覆試に二人の合格者を出すことができた。試験方法は、写字（筆記試験）・訳語（外国語を通訳・翻訳する試験）の方法で出題され、写字は『伊路波』等一四種の倭学書から出題されたことがわかる。また、訳語は、司訳院の四学すべてが『経国大典』の翻訳であり、これは覆試でも同じであった。初試は司訳院で名前を記入して試験を受け、覆試は礼曹と司訳院の提調が名前を記入して試験を受けた。

科挙試験は、三年に一度実施され、該当年度の前年の秋、すなわち上式年の秋に初試が、その年の春先に覆試と殿試（覆試で選抜された者に王が行った科挙）が実施された（『経国大典』巻三、礼典、諸科を参照）。訳科は、初試と覆試だけで、これに関する試験方法が『通文館志』に詳細に記録されている。

『通文館志』によれば、訳科は式年試（三年に一度実施された科挙）や増広試（国に慶事があった場合、一時的に実施された科挙）、大増広試（国に大きな慶事が重なった場合に、特別に実施された科挙）に実施された。初試は、開場前に司訳院で入門官四人を定め、彼らが主導して榜をつけて発表した。応試者たちは、儒巾（儒生たちが使う帽子）と紅団領（官服のうちの執務服）を身に着けて、四祖単子（四祖が書かれた紙）と保挙単子（推薦した人の名簿が書かれた紙）を入門所（科挙試験場の門で検閲していたところ）に提出して名前を記入し、科挙を受けに行くことが許可される。試験官は都提調、提調であり、参試官は兼教授と訓上堂上たちである。[83]

規定と方式

訳科倭学の出題は、倭学八冊から七箇所を選んで暗誦して書き、『経国大典』から一箇所を翻訳するという問題であった。倭学八冊とは、『経国大典』に訳科倭学の写字の科試書として掲載されている『伊呂波』等一四種の倭学書を、漢学八冊に準じて七箇所を選んで写字するものである。漢学八冊は、「四書と老乞大・朴通事・直解小学、飜経国大典」を言う。また、一四種の倭学書は、小帙の二冊を漢学書の一冊と見なしたりもした（拙稿、一九八七cを参照）。倭学だけでなく、蒙学と女真学と後の清学でも、写字と訳語の出題は、この漢学八冊を基準にしていた。

『経国大典』に掲載されている倭学書は、壬辰倭乱を経て日本語学習に適していないことが明らかになった。それで、壬辰倭乱以降は、康遇聖が編纂した『捷解新語』が東莱釜山浦の倭学や司訳院の倭学で重要な日本語学習書として登場することとなった。康熙丙辰（一六七六）には、これを校書館で鋳字で刊行しており、康熙戊午（一六七八）には、その他の初期の倭学書をすべて廃止し、『捷解新語』だけを訳科倭学で広く使用するようになったことは、すでに前述したとおりである。実際に、『通文館志』の「倭学八冊」条には、「倭學八冊：捷解新語、飜経國大典。捷解新語十巻中、抽七處寫字。大典飜語同漢學。〔倭学出題書八冊：『捷解新語』と『経国大典』の翻訳である。『捷解新語』の一〇巻の中から七箇所を選んで筆記試験を実施し、『経国大典』を翻訳するのは漢学と同じである〕」とあり、『経国大典』の規定とは異なり、『捷解新語』だけから七箇所を選んで写字し、『経国大典』を翻訳して漢学八冊の出題に準ずるようにしたことがわかる。

『通文館志』のこのような訳科倭学の試験方法は、『続大典』にて定着するようになる。すなわち、『続大典』巻三、礼典、諸科の訳科条を見ると、次のように『経国大典』のものと大同小異である。

訳科初試

試験官：司訳院の提調二人、あるいは兼教授一人が、他の業務がなければ参加する。司訳院四学の訳官それぞれ二人〔司訳院で定める〕が試験を実施する。

額数：式年〔大典を見よ〕、増広・大増広であれば、漢学・蒙学・倭学にそれぞれ四人を加える。

講書：漢学は四書〔本を見て行う〕、老乞大・朴通事〔大典を見よ〕・伍倫全備〔新しく増設〕〔以上は　本を見ずに暗誦〕

写字：蒙学〔中略〕、倭学捷解新語〔新しく増設〕、清学〔中略〕、残りのすべての本は今後すべて　廃止する。

訳科覆試

試験官：司訳院の提調一人〔二人のうち一人を選ぶ〕、司訳院四学の訳官それぞれ二人が試験を実施する。

礼曹の堂上官・郎官各一人と両司官（司憲府、司諫院の官吏をいう）一人が参加する。以下三科の覆試も同様である。

額数：式年［大典を見よ］、増広・大増広であれば、漢学・蒙学・倭学・清学にそれぞれ二人を加える。

講書：初試と同じ。

写字・訳語：すべて初試と同じ。

これによれば、訳科初試の試験官は、司訳院の提調二人が担当し、兼教授一人が参加することができ、彼らの監督の下に漢・蒙・倭・清学の四学官各二人が試験を実施したことがわかる。この時の四学官二人は司訳院で定められたが、漢学は訓上堂上（正三品以上）の中から、他の三学は訓導の中から決められた。

訳科覆試の試験官は、司訳院の提調一人と四学官各二人が試験を実施し、礼曹の堂上官と郎官が各一人、そして司憲府と司諫院の両司から各一人が参加するものとした。覆試の試験官について、『通文館志』には、「試官・都提調・提調・参試官・兼教授・訓上堂上」とあり、都提調と提調が試験官になって、兼教授と訓上堂上が参試官になるとしているが、前記の『続大典』の記録を見ると、都提調ではなく、提調二人のうち一人と四学官各二人が試験を実施するが、礼曹の堂上官一人と提調一人、そして両司から各一人が試験に参加するとしている。

しかし、『通文館志』巻二、勧奨第二、科挙、続条に、

試官：禮曹堂上、本院提調［一員］。參試官：禮曹郎官［一員］、本院漢學參上官［二員］。［提調及參上官皆自本院備擬、開場前一日送禮曹、入啓受點。三學訓導各二員、亦以參試官擬送受點、而實察該學訓導之任。］

監試官二員［司憲府、司諫院］〔後略〕

試験官：礼曹堂上の本院の提調［一員］。参試官：礼曹の郎官［一員］、司訳院の漢学参上官［二員］。［提調

および参上官はすべて司訳院で準備し、［訳科の］開場一日前に礼曹に送り、状啓を捧げて指名を受ける。（蒙、倭、清学の）三学訓導はそれぞれ二人ずつ参試官に推薦して指名を受け、実際に該当訳学の訓導が任務を引き受ける。］監試官二員［司憲府・司諫院（から来る。）］

という記録があり、試験官と参試官、監視官の選定について知ることができる。すなわち、礼曹の郎官と司訳院の漢学参上官、そして三学の訓導各二人が参試官になり、試験官は礼曹堂上の司訳院提調（一人）とするが、司訳院で推薦して開場前日に礼曹に送り、王に啓上したり、礼曹で王の指名を受けて選抜したことがわかる。監視官は司憲府と司諫院で各一人ずつを選出した。

採点

採点は、前述したように、『経国大典』に規定された「通・略・粗」の基準に基づいて分数（点数）を定め、漢学を首席とし、残りは点数に基づいて順位を定めて合格者を掲示した。合格した者には礼曹で白牌（合格証書）を授けて酒を送り、翌日出廷して謝恩させるが、一等は従七品を授与して司訳院に登用し、二等は従八品、三等は従九品階を授ける（『通文館志』巻三、勧奨、科挙、［続］条参照）。

首席合格者は、榜を掲示した後、禄官を推薦する時、直長（従七品）に特別に任命されるが、これを新恩逓児という。これは、四学が順番に官職を受け持つのであるが、もしすでに取才で直長を経ていた場合は、主簿（従六品）に上がる。

『続大典』以降の訳科試験方法は、特別な変化を見せていない。すなわち、『大典通編』（一七八五）巻三、礼、諸科、訳科試式の倭学条に、「【續】捷解新語新增、其餘諸書今廢。（【続】『捷解新語』を新たに増設し、残りの諸書は今後すべて廃止する）」とあり、『続大典』のものをそのまま移して掲載し、『大典会通』（一八六五）と『六典条例』（一八六五）でも同様であった。すなわち、『大典会通』巻三、礼曹、訳科初試条に

倭學寫字：【原】伊路波・消息・書格・老乞大・童子教・雜語・本草・議論・通信・鳩養物語・庭訓往來・應永記・雜筆・富士。【續】捷解新語新增、其餘諸書今廢。

倭学写字試験：【『経国大典』において】『伊呂波』・『消息』・『書格』・『老乞大』・『童子教』・『雑語』・『本草』・『議論』・『通信』・『鳩養物語』・『庭訓往来』・『応永記』・『雑筆』・『富士』。【『続大典』】『捷解新語』を新たに加え、残りの諸本は今後廃止する。

とあり、変わっていない。

『六典条例』の場合は、同書巻六、司訳院、科試条に、「式年、增廣初試、提調與本院官二員試取。漢學二十三人清學、蒙學、倭學、各四人。〔中略〕講書、〔中略〕倭學：捷解新語〔寫字〕、飜大典會通、〔臨文〕、初會試並同（式年試と増広試の初試は、提調と司訳院の院官二人が試験を実施する。漢学は二三人を選び、清・蒙・倭学はそれぞれ四人を選ぶ。〔中略〕講書試験は〔中略〕倭学：『捷解新語』〔写字〕、『大典会通』の翻訳〔本を見て試験を行う〕、初試と会試（覆試をいう）は、すべて同じである）」とあり、『続大典』のものと少し異なっている。

このような朝鮮王朝の法典に示された訳科倭学試験方法を見れば、写字の方法で行われた『捷解新語』が唯一の出題倭学書であった。前述したように、『捷解新語』は、二度にわたる改修が行われてから重刊本と文釈本が作られた。修訂・改修・重刊されるときには、その改修本と重刊本が訳科倭学出題書となった。

玄氏家の古文書

国史編纂委員会で収集した川寧玄氏家の古文書の中に、訳科倭学試券が含まれている。すなわち、英祖二三年（一七四七）に施行された丁卯式年訳科倭学覆試に応試した玄敬躋の試券が、この古文書の中に含まれている。これは『捷解新語』の改修と『倭語類解』の刊行に関与していた倭学訳官である玄啓根の試券であり、玄敬躋は、彼が改名する前の名前である。この訳科倭学覆試試券は、これまで筆者が見てきた訳科試券の中で最も古いものであり、今日伝わる訳科倭学の唯一の試券である。この試券を通じて、この時代の訳科倭学について実証的な考察をすることができるのである。

韓国国史編纂委員会は、玄氏家の古文書三六点を含めた多くの古文書を整理し、国史館開館記念史料展示会に展示したことがある（一九八七年三月二三日～四月四日）。このうち訳科漢学と倭学の試券をはじめ、訳科白牌（訳科合格証書）、禄牌（俸禄を受ける者に与えた証書）、差帖（官職任命状）、所志（官府に提出された請願書や陳情書）、関文（公文書または官庁発行許可書）等が含まれている。ここでは、川寧玄氏家の訳官輩出とそこに所蔵された古文書を考察してみよう。

川寧玄氏家は、朝鮮朝中期以降、訳官を多く輩出した中人の家門であり、子孫が龍・虎・武の三つの字系列に分けられ、龍系は主に漢学、虎系は倭学、武系は医学を世襲していた。[84] 国史館に所蔵された川寧玄氏家の古文書は、玄頊・玄徳宇・玄啓根・玄㷜・玄在明・玄鎰等の龍系の九代にわたる六人に関連した古文書である。これらの文書は、金炫栄（一九八七）で年度別に整理されているが、これによると、玄啓根のものは、次のとおりである。[85]

英祖六年（一七三〇、五歳）　童蒙玄殷瑞を司訳院の生徒として倭学生徒の部屋に入学させよ、という差帖

英祖一八年（一七四二、一七歳）　前銜に昇進（漢学前銜所）するという関文

英祖二〇年（一七四四、一九歳）　通善郎から通徳郎に昇進するという教旨、父の死により応試を延期するという所志
英祖二二年（一七四六、二一歳）　漢学前銜から倭学前銜所に移管する関文
英祖二三年（一七四七、二二歳）　朝散大夫行副奉事の教旨、訳科三等の第七人で合格した白牌、朝散大夫前司訳院奉事玄敬躋の訳科倭学覆試試券
英祖二四年（一七四八、二三歳）　通訓大夫司訳院僉正の教旨
英祖二五年（一七四九、二四歳）　禦侮将軍行忠武衛副司猛（倭学通事の品階はそのまま）の教旨
英祖二六年（一七五〇、二五歳）　禦侮将軍行忠武衛副司猛（倭学通事の品階はそのまま）の教旨
英祖二九年（一七五三、二八歳）　禦侮将軍行忠武衛副司猛（倭学通事の品階はそのまま）の教旨
英祖三四年（一七五八、三三歳）　改名の所志（敬躋から啓根）
英祖三六年（一七六〇、三五歳）　禦侮将軍行忠武衛副司猛（倭学聡敏の品階はそのまま）の教旨、一七六三年八月～一七六四年七月、正使趙曮の通信使行に押物通事掌務訳官として随行（南玉の『日観記』）
英祖四七年（一七七一、四六歳）　禦侮将軍行忠武衛副司猛（倭学通事の品階はそのまま）の教旨
英祖四八年（一七七二、四七歳）　通政大夫折衝将軍行龍驤衛副護軍の教旨（五月）、折衝将軍行忠武衛副司勇（倭学訓上堂上の品階はそのまま）の教旨（一二月）
英祖四九年（一七七三、四八歳）　通政大夫行釜山訓導の教旨（一二月二九日）
英祖五〇年（一七七四年、四九歳）　嘉善大夫（倭学加資事、承旨伝）の教旨（一二月二〇日）
英祖五一年（一七七五、五〇歳）　嘉義大夫（倭館監董の任務により昇進）の教旨（一〇月）、嘉善大夫知中枢府事景福宮衛将の教旨（一一月）

英祖五二年（一七七六、五一歳）　嘉義大夫行釜山訓導の教旨（一月五日）
正祖一年（一七七七、五二歳）　嘉義大夫同知中枢府事玄啓根の妻（黄氏：淑人→贈夫人）、追贈等の教旨
正祖三年（一七七九、五四歳）　嘉義大夫行忠武衛副司勇（倭学御前通事の品階はそのまま）の教旨
正祖四年（一七八〇、五五歳）　嘉義大夫行忠武衛副司勇（倭学御前通事の品階はそのまま）の教旨
正祖五年（一七八一、五六歳）　嘉義大夫行忠武衛副司勇（倭学御前通事の品階はそのまま）、嘉善大夫行忠武衛副司勇（倭学訓上堂上の品階はそのまま）の教旨（一二月）
正祖七年（一七八三、五八歳）　嘉善大夫行忠武衛副司勇（倭学御前通事の品階はそのまま）、嘉義大夫行忠武衛副司勇（倭学訓上堂上の品階はそのまま）（六月）、嘉義大夫行忠武衛副司勇（倭学御前通事の品階はそのまま）（一二月）等の教旨
正祖八年（一七八四、五九歳）　嘉義大夫行忠武衛副司勇（倭学訓上別遞児の品階はそのまま）（八月）、資憲大夫〔加資事上言判下〕（一〇月八日）、資憲大夫行龍驤衛副護軍（一〇月）、資憲大夫行忠武衛副司勇（倭学訓上堂上の品階はそのまま）（一二月）等の教旨
正祖九年（一七八五、六〇歳）　折衝将軍行忠武衛副司勇の教旨、折衝将軍行忠武衛副司勇、乙巳諸科禄資の禄牌、資憲大夫行忠武衛副司勇（倭学御前通事の品階はそのまま）の教旨（六月）、資憲大夫行忠武衛副司勇（倭学御前通事の品階はそのまま）の教旨（一二月）
正祖一〇年（一七八六、六一歳）　資憲大夫行忠武衛副司直（漢学常仕堂上の品階はそのまま）、資憲大夫知中枢府事の教旨（一二月）、資憲大夫知中枢府事、丙辰年禄の禄牌
正祖二〇年（一七九六、七一歳）　丙辰四月二六日正二品五月課米二石二斗、太一石五斗（四月）の禄牌、資憲大夫知中枢府事玄啓根の妻（黄氏：贈淑夫人→贈淑夫人）

〔中略〕追贈の教旨（四月一〇日）

これらの古文書により、玄啓根の生涯を知ることができるだけでなく、この中には、玄敬躋（玄啓根の初名）の倭学試券二種が含まれており、この時代の訳科施行に関する貴重な情報を提供している。彼の訳科試券は倭学初試の代わりと見るしかないもの（[写真五-十二]）と、もう一つは、丁卯式年訳科覆試（英祖丁卯一七四七年施行）と明記された訳科倭学覆試の試券（[写真五-十五]）がある。

玄敬躋の初試試券

[写真五-十二]に見られる玄敬躋の倭学試券は、何の題簽もないため、いつのいかなる訳科倭学で作成されたものかがわからない。横六一、縦六一センチメートルの大きさの厚い紙に書かれており、秘封は右下に応試者の身分と姓名が記入され、切って巻き上げ、謹封した跡が残っている。身分は消えているが、姓名だけは残っている。秘封のすぐ左側に「八天」という千字文の一連番号が見え、中央右下に「三下」という評価の結果が見られる。写字は、いわゆる『(原刊本)捷解新語』第五巻の二六裏二行目から同二七表一行目までの五行を書く書字試験が行われている。

[写真五-十二]の初試答案用紙と比較するために、『捷解新語』の庚辰覆刻本からこの部分を引用してみる。

ねんころに申て　みまるせう
녕고로니몯시뎨 미마루쇼유（극진히 엳ᄌᆞ와 보오리）
そなたしゆのこたいか　かねておくしたやうすちや

【写真五―十二】

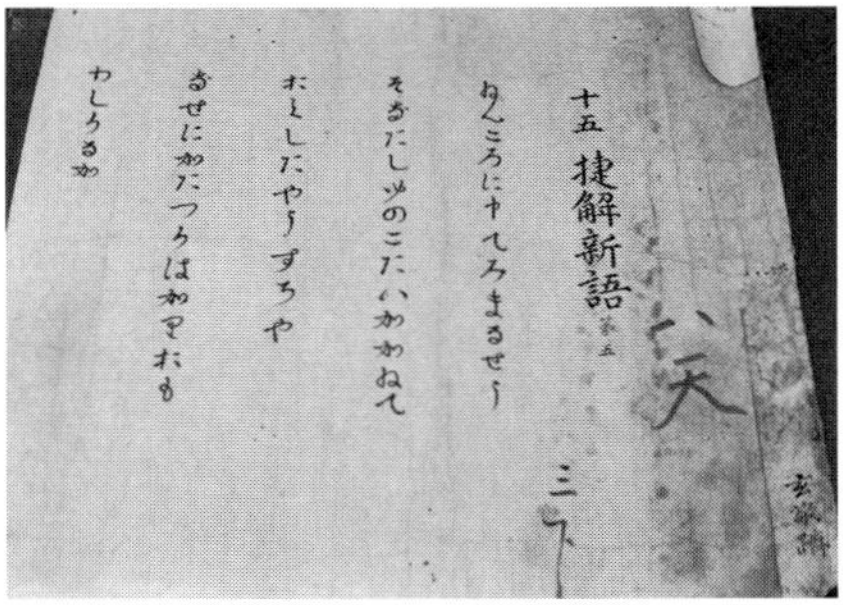

玄敬躋（啓根）の初試と思われる答案用紙

소나다 슈 노고다잉가　가녀데오구시따요우숀쟈（자ᄂᆡ ᄃᆡ답이 블셔 겁ᄒᆞᄂᆞᆫ 양이로ᄃᆡ）

なせにかたつら はかりおもわしらるか

나셰니가다주라 바가리오모와시라루까（엇디 ᄒᆞᆫ 편만 ᄉᆡᆼ각ᄒᆞ시ᄂᆞᆫ고）

しかし、この日本語の解答用紙は、前述したように試券の右側にあるべき題簽、すなわち何年のいかなる訳科であるかを明らかにしておらず、一般的な訳科試券とは非常に異なっている。この試験の答案用紙は何を意味しているのであろうか。

前記の川寧玄氏家の古文書には、玄啓根に関する初期のものとして、次の四つの文書がある。

①英祖六年（一七三〇、五歳）：童蒙玄殷瑞を司訳院生徒として倭学生徒の部屋に入学させる差帖

②英祖一八年（一七四二、一七歳）：前銜に昇進（漢学前銜所）する関文

③英祖二〇年（一七四四、一九歳）：通善郎から通徳郎に昇進するという教旨、父の死により応試を延期するという所志（父司訳院判官 深）

④英祖二二年（一七四六、二一歳）：漢学前銜から倭学前銜所に移管するための関文

①の文書は、童蒙玄殷瑞（玄啓根の幼名）を司訳院の生徒として倭学生の部屋に入学させる任命状（差帖）であり、②は前銜に昇進して漢学に変わったというものであり、③は初試に合格した後に、父の喪により陳試（試験を

延期すること）をしてほしいという所志（請願書）である。そして最後④の関文は漢学の前銜からで再び倭学に移管するという文書である。

この四つの古文書を見れば、玄啓根は、最初に倭学生徒として司訳院に入学したが、後に漢学に転じた（②番の文書）。一九歳で訳科漢学初試に合格したが、父親の死により試験を延期し（③番の文書）、再び倭学前銜として移籍（④番の文書）したことを示している。

そして英祖二三年（丁卯、一七四七）に施行された式年試訳科で、倭学に応試して合格したことがわかる（〔写真五―十五〕）。彼が二二歳の時である。

問題は、漢学初試に合格し、試験を延長してから、倭学覆試を受けることができるのか、ということである。ここで、〔写真五―十二〕に見られる玄啓根の日本語解答用紙の存在が思い出される。おそらくこれで倭学初試の代わりとしたではないか、ということである。延期が許可されたが、玄啓根はすでにこの時倭学に戻ることを決心し、丁卯式年試に再び応科したのではないだろうか。しかし、彼は三年前に甲子年式年試の初試に既に入格していたため、正式に初試を行わず、別の写字試験を受けたものと思われ、その試券が〔写真五―十二〕のような形となったのである。そのため、丁卯式年訳科初試という題簽が抜けたのではないかと推測される。[86]

玄敬躋の覆試試券

次の〔写真五―十五〕に見られる玄敬躋の訳科覆試試券は、横一〇九・五、縦七四・五センチメートルで、厚い楮紙でできている。右上に秘封があり、続いて「丁卯式年訳科覆試」という題簽があり、そのすぐ上に千字文の順序による「律」という一連番号と官印が押されている。この官印は、中段と下段にも押されており、試券を変えたり、中間を切り取って別のものを付けることができないように押印したのである。

[写真五―十三] の試券秘封の内容を以下に引用する。

朝散大夫行司訳院副奉事　玄敬躋　年二二　本貫は川寧ソウル
父　通訓大夫行司訳院判官　深
祖　禦侮将軍行釜山鎮管包伊浦水軍万戸　尚夏
曽祖　朝散大夫行司訳院副奉事　珏
外祖　崇禄大夫行知中枢府事　李枢　本貫は金山[87]

これを見ると、この試券の作成者は、朝散大夫（従四品）司訳院副奉事で、名前は玄敬躋、年齢は二二歳、本貫は川寧で、ソウルに住んでいることがわかる。

科挙の挙子の父親は、玄深で、通訓大夫（正三品堂下）に司訳院判官（従五品）を務め、祖父は武官で禦侮将軍（正三品堂下）に包伊浦水軍万戸を務めた玄尚夏であり、曽祖父は康熙壬寅（一七二二）に設科された増広別試訳科漢学に合格した玄珏で、朝散大夫に司訳院副奉事（正九品）を務めた。本人は玄敬躋という名前で、二二歳になった英祖丁卯（一七四七）の式年試に科挙を受けたことも併せて示されている。[88]

川寧玄氏の武系の行列字（一族内の世代の序列を明らかにするための名前の共有字）を龍系と比較すると、「祥（下の字）、一字名（玉偏）（以上一致）、萬（上の字、龍系の德）、夏（上の字、一字名）、文（上の字、夏）、載（上の字、一字名）、啓（上の字、龍系と一致）、瑞（下の字、一字名）、光（上の字、在）、健（下の字、一字名）」の順に変わっていった。したがって、殷瑞の「瑞」の行列字は、玄敬躋よりも一つ下の行列となるので、冠名を敬躋と直したのである。しかし、敬躋も川寧玄氏の行列字に合わないため、後日啓根（行列字が啓）に変えた。この時の所志が玄氏家の古文書に残っている。ここには次のように書かれている。

前僉正玄敬躋
右謹言所志矣段矣　身名字有應避之嫌　改名啓根足如手　公座簿良中改塡事行以爲只爲行向敎是耳
提調　處分　手決　戊寅八月　日　所志[89]

前僉正の官職の玄敬躋が、次の所志に謹んで申し上げたいことは、自分の名前に避けるべき内容があり、啓根に名前を変えようと思いますので、公座簿に変更して書き改めてくださることを願います。提調処分手決、戊寅八月　日　所志。（筆者意訳）

すなわち、玄敬躋の名前に当然避けるべき字があり、啓根に改名するので、公座簿に直して記入してほしいという所志である。

この戊寅（一七五八）八月に提出された所志は、『続大典』巻一、吏曹、改名条に、「大小人員改名者、其祖先或宗宰、或罪人明白同名者外勿聽（大小の官員で改名する者は、先祖や氏族に、あるいは罪人と明らかに同じ名前である場合を除いては、聞き入れることができない）」という厳格な規定があるにもかかわらず、この請願書に提調の処分手決があり、許可されたことがわかる。[90]

玄啓根については、『訳科榜目』巻一に、乾隆丁卯（一七四七）の式年試の入格者のうち、三等七人として次のように記載されている。

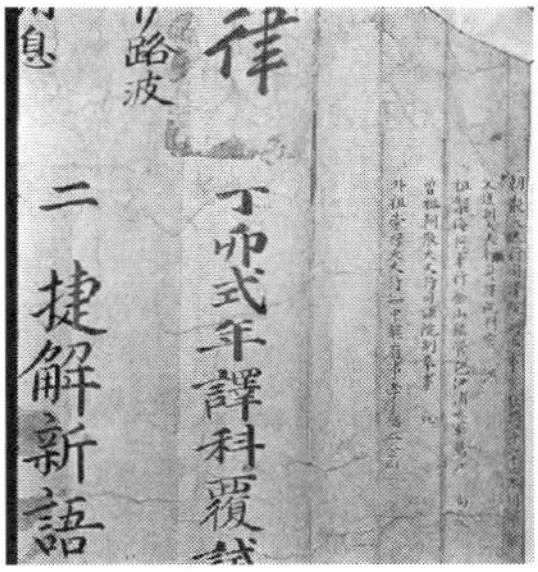

［写真五－十三］玄敬躋（啓根）の試券の秘封部分

玄啓根、字晦伯、丙午生。本川寧、倭學教誨、資憲知樞。初名敬躋、父譯判官深。
玄啓根は字が晦伯で、丙午年に生まれる。本貫は川寧、倭学教誨で、資憲大夫知中枢府事であった。最初の名前は敬躋で、父は司訳院の判官であった深である。

この記事によれば、玄啓根は丙午（一七二六）年生まれで、字は晦伯であり、倭学教誨を経て資憲大夫（正二品）や知中枢府事（正二品）まで品階が上ったことがわかる。彼は川寧玄氏家から漢学訳官を多く輩出した龍系出身であったが、五歳の時に司訳院に入学して、倭学生徒になる。[91] 国史館に所蔵されている玄氏家の古文書に

司譯院入屬事。童蒙玄殷瑞、身學生徒有闕本良中、爲先入屬向事。都提調、提調合議定置有等以合下、仰照驗施行、須至帖者。右帖下倭學生徒房 雍正八年十二月日、正手決 僉正 手決 以下 司譯院諸祿官銜名 手決。
司訳院入学に関すること。童蒙玄殷瑞は、身分が学生であるが、空きポストができたら先に入学させること。都提調と提調が合議して定めたこと。これを施行するため、差帖を倭学生徒の部屋に送る。雍正八年一二月、司訳院、正、手決、僉正、手決、以下司訳院禄官がすべて名前を書いて手決する（筆者意訳[92]）。

という差帖がある。内容は司訳院の入学に関するもので、童蒙玄殷瑞を四学の生徒に空きがある場合は、まず入学させよという任命書で、倭学生徒の部屋に下されたものである。これは、雍正庚戌八年（一七三〇）一二月の玄啓根が五歳の時に、玄殷瑞という名前で司訳院に入学し、倭学生徒の部屋に送られたことを物語っている。[93]

これを見れば、すでにこの時代に言語の早期教育が実施されたことがわかる。このような早期教育は、偶語庁の設置のように集中言語教育と連携して、外国語教育の効果を最大化することができたのである。現代において見る

ことができる言語教育の発展した方法が窺われる。

次の［写真五―十五］の玄啓根の試券を見ると、上段に右から左へ「伊路波・消息・書格・老乞大・童子教・雑語・本草・議論・通信・鳩養物語・庭訓往来・応永記・雑筆・富士・捷解新語・飜経国大典」の一六種の倭学書が記載されている。これらは『経国大典』の訳科倭学で提示された写字と訳語の出題書であり、その後『続大典』に新たに追加された写字の倭学書『捷解新語』まで、すべて書かれているのである。

上段に書かれた一六種の倭学書のうち、最後に見える訳語の出題書「翻経国大典」の下に、「自隔等者止下馬相

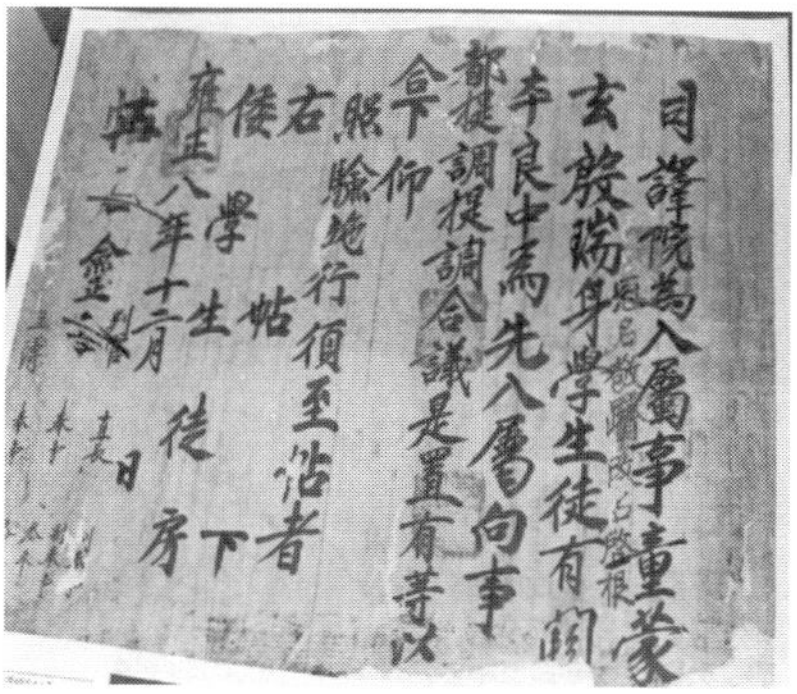

［写真五―十四］玄殷瑞（後の玄敬蹟、啓根に改名）の倭学生徒の入学差帖

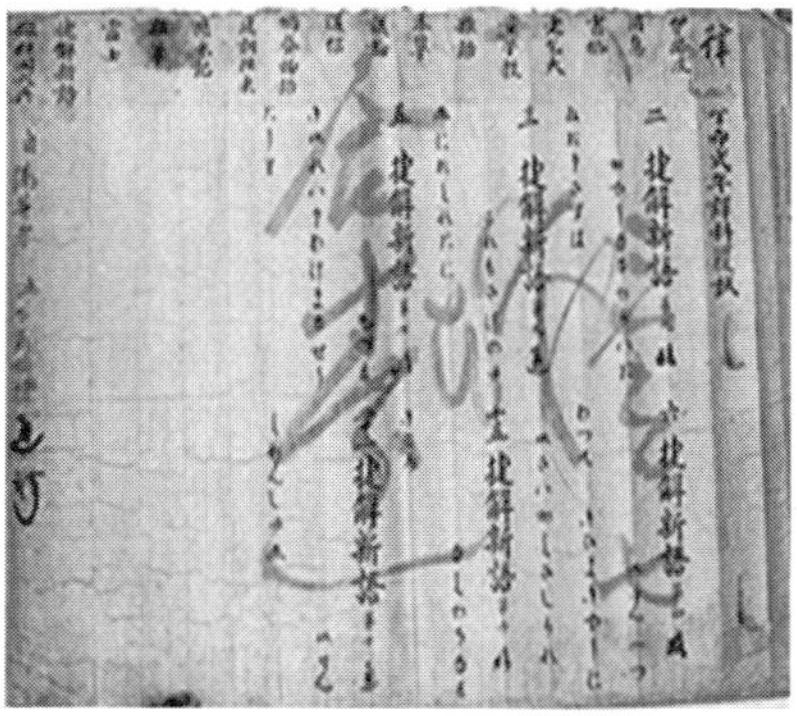

［写真五―十五］玄敬蹟（啓根）の倭学覆試試券

揖（「隔等者」から「下馬相揖」まで）」という科題が確認される。それぞれの写字の出題書名と訳語の問題の下には、「通・略・粗」という採点の結果が書かれている。

ただ、訳語の科題の下にある、採点した「通」の次に、試験官の手決が見られる。採点者が異なることを示しているのである。試券の中央には、朱書で「合」という文字と試験官の手決が見られ、「三之七」という成績が、やはり朱書で表記されている。この試券が三等七人で合格したという意味である。

訳科倭学の科題

玄啓根の倭学試券（［写真五―十二］）は、『捷解新語』のいわゆる原刊本巻五の二六裏二行目から二七表一行目までの六行を暗記して書き写したものである。玄啓根が訳科に応試した英祖丁卯（一七四七）には、まだ『捷解新語』の第一次改修も行われていなかった時である。すなわち、この本の第一次改修は、英祖二三年（一七四七）に洪啓禧を正使とし、江戸幕府の徳川家重の新立賀使（新たに幕府将軍になったことを祝うため送られた使臣）で行った丁卯通信使行に随行した崔寿仁と崔鶴齢が主導しており、これは英祖二四年（戊辰）に刊行されたことは、前述したとおりである。

したがって、玄啓根が応試した訳科倭学の科題は、原刊本『捷解新語』、より正確に言えば、校書館の活字本を原本にして、これを整版して再覆刻した木版本（庚辰覆刻本）から出題されたものと考えられる。前述したように、この版本は、全一〇巻三冊で、一冊は高麗大学晩松文庫に、そして二冊は山気文庫に所蔵されている。

また、丁卯式年試訳科覆試の玄啓根の倭学試券には、『捷解新語』から全部で六題が出題されて出題部分を書き写している。すなわち、『捷解新語』の巻九から二題（問題番号二、三）、巻七（五）、巻四（六）、巻六（一五）、巻一〇（二二）等から一題ずつ、計六題が出題されている（［写真五―一三］を参照）。これは、これまでに発見された他の二学、すなわち清学と蒙学の試券で、全部で七題が出題されて写字されたのとは少し異なる姿を見せている（本書の第四章と第六章および拙稿、一九八七a、b）。

もちろん、これは漢学八冊に準じたものであるが、実際に訳科漢学では、七題が出題されたことがなかった（拙稿、一九八七c）。『通文館志』巻二、勧奨、科挙、倭学八冊条にある、「捷解新語、飜經國大典。捷解新語十巻中、抽七處寫字。大典飜語同漢學。（倭学の出題書八冊は）『捷解新語』と『飜経国大典』である。『捷解新語』一〇巻のうち七箇所を選んで書き写させる。大典を翻訳するのは漢学と同じである）」という記録によれば、『捷解新語』全一〇巻のうち七箇所を選んで写字し、『経国大典』を翻訳するのは漢学と同じであることを言っているが、この規定にも合わない。ただし、訳科漢学では、覆試で概ね六題が出題された。

訳科覆試の倭学における最初の問題は、前述したように『捷解新語』巻九から出題された。これは庚辰覆刻本の『捷解新語』巻九の一一裏四～五行を書いたもので、これを示せば次のとおりである。

二、捷解新語 第九―かやうなるわらいたねお申さすは

これは、次のような『捷解新語』巻九一一裏の四～五行の問題が出題されたものである。

かやうなるわらいたねお申さすは
가요우나루와라이다녀오모산숩바 （이러틋 ᄒᆞᆫ 우음 바탕을 니ᄅᆞ디 아니면）

第二問題も『捷解新語』巻九から出題された。

三、捷解新語 第九—これもさけのゆゑにおくれたに

これもやはり庚辰覆刻本の巻九の七裏二～三行を書いたものである。

これもさけのゆゑにおくれたに

고레모사계노유예니오구례따니（이도 술의 타ᄉᆞ로 ᄠᅥ뎟ᄉᆞᆸ더니）

以上の出題部分を、まず『捷解新語』の該当部分で比較してみると、次のとおりである。

［写真五十六］『捷解新語』巻九の第一、第二問題の出題部分94

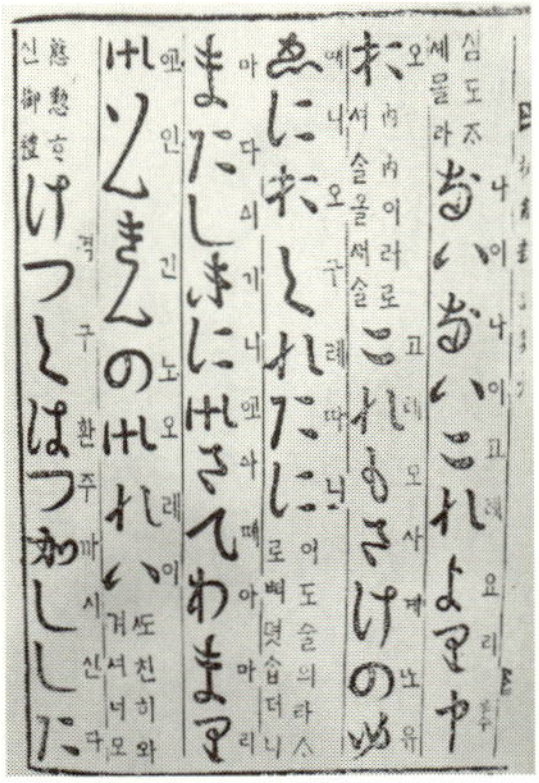

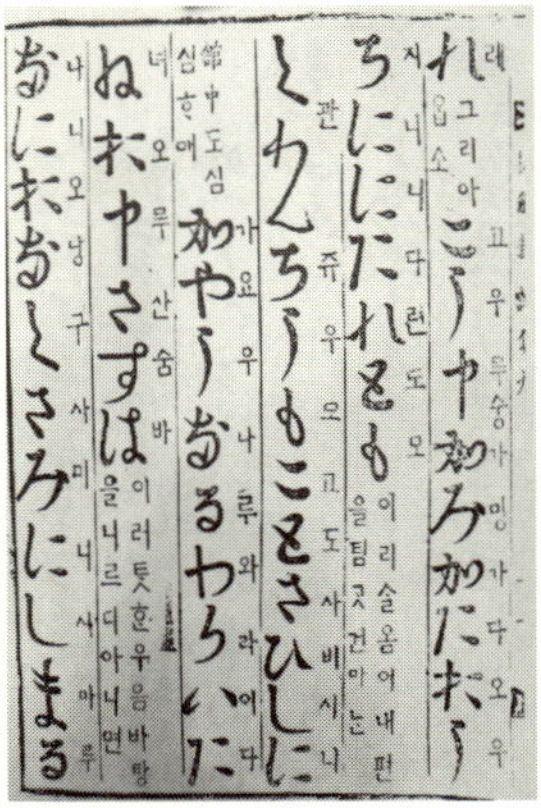

第三問題は、『捷解新語』巻七から出題された。

五、捷解新語 第七―そのときおれい申あけまるせうたうり

これは庚辰覆刻本の巻七の一四裏五行から一五表一行まで書かれている。

そのときおれい申あけまるせうたうり

소노도기오레이모시앙게마루쇼우도우리 （그저긔 御禮 솔올 줄을）

第四問題は、『捷解新語』巻四から出題された。

六、捷解新語 第四―ごぶんへつあってきひよきやうにごさいかくさしられ

これは庚辰覆刻本の巻四の三表三～六行を書いたものである。

ごぶんへつあって　きひよきやうに

ᅌᅩ훔베쭈안데 （분별 두셔）　기비요기요우니 （氣米 됴케）

ごさいかくさしられ

ᅌᅩ사이가구사시라레 （ᄌᆡ간ᄒᆞ옵소）

第五問題は、『捷解新語』の巻六から出題された。

十五、捷解新語 第六—なくわちなときころ

これは庚辰覆刻本の巻六の一二表二~三行を書いたものである。

なくわちなときころ

낭과지난도깅고로（아므 ᄃᆞᆯ 아므 ᄢᅴ）

第六問題は、巻一〇から出題された。

二十三、捷解新語 第十—ごせんくわんしゆゑ

これは庚辰覆刻本の巻一〇の四裏五~六行を書いたものである。

ごせんくわんしゆゑ

ᅁᅩ셤관슈예（御僉官衆에）

以上の六題について、答案と庚辰覆刻本のものを比較してみると、ほぼ間違いなく写字されている。しかし、得

点は非常に厳しく、最初の問題が略、第二問題は通、第三、第四、第五問題はすべて略であり、第六問題は、通である。略が四つ、通が二つで、合計八分の点数を得たことになる。

次に、訳語の出題を見てみよう。前述したように、『通文館志』の訳科「倭学八冊」条によれば、倭学出題は『捷解新語』から七箇所を選んで写字し、訳語は『経国大典』を翻訳するのが漢学と同じである、とされている。訳語の出題は、司訳院四学がすべて『経国大典』を翻訳し、試験官はこの翻訳を判断することができないので、参試官である該当言語の訓導が言葉を伝えて採点した。すなわち、漢学は参試官の二人が試験官になるが、倭学とその他の蒙学・清学は、訓導が参試官になり、大典の翻訳を試験官に伝えて評価するように規定されている。しかし、実際には参試官がこれを採点したものと思われる。なぜなら、とりわけ訳語の出題である「翻経国大典」だけ点数の下に手決が置かれており、このことを物語っていると思われるからである。

この試券の訳語出題は、上段右から左へ書いた一五種の倭学書書名の末尾に「翻経国大典」があり、その下に「自隔等者止下馬相揖（『隔等者』から『下馬相揖』まで）」が書かれているが、これはまさに訳語の問題である。

すなわち、『経国大典』巻三、礼曹、京外官相見条に、

京外官相見：隔等者［如五品於三品之類］、就前再拜、上官不答（差等則答揖）。道遇則下官下馬、上官放鞭過行、［差等則下馬相揖］同等者馬上相揖、堂上官則雖隔等、並下馬相揖（傍線筆者）[95]

という規定があり、これは「隔等者」から「並下馬相揖」まで臨文して翻訳しなさいという意味である。

この部分は、訳科の訳語でよく出題された部分である。すなわち、第三章で言及したように、乾隆己酉（一七八

九）式年試の訳科覆試漢学にも出題された問題である。この時応試した劉運吉の試券にも同じ出題問題が見られる（本書第三章中国語教育および拙稿、一九八七cを参照）。この訳語の評価は、「通」を受け、その下に手決が置かれている。

以上、玄啓根の丁卯式年訳科覆試の倭学試券に見られる出題とその採点を総合すれば、全部で七問題に通が三つ、略が四つの一〇分の点数を得て、一四分満点のうちの七一％の成績であった。これは前述した漢学試券の成績に比べて非常に優れたレベルであったが、この点数でかろうじて三等七人で合格したので、やはり倭学に差別があったことを示している。また、玄啓根の息子の玄熼（烇）が漢学訳科で七分の点数を得て一等一人の首席合格をしたことと比較しても、やはり漢学とその他の三学に差別があったことが確認される。

最後に、各問題に付いている頭番号について簡単に考察してみよう。出題書『捷解新語』の上段に書かれている「二、三、五、六、十五、二十二」等の数字は、問題を選ぶ際に付けられた問題番号と思われる。これは、他の訳科でもみな発見されることである（拙稿、一九八七a、b、cを参照）。すなわち、試験問題群方式の出題方法があったことがわかる。

注

1　弘治五年（一四九二）版倭学書『伊路波』と、そこに所載された倭語書契については、次節の「三倭学の日本仮名文字教育」を参照すること。

2　ここで、「伊呂波半字」とは、日本の仮名文字を言う。韓国で諺文を半切（または反切）と呼ぶのと同じことである。「縦相通」と「横相通」は、日本の仮名文字の五十音図において、横には「あ、か、さ、た、な、は、ま、や、ら、わ、ん」で相通じており、縦には「あ、い、う、え、お」で相通じていることをいう。

3　古代インド音声学では、人が言語に使用する言語音を調音位置と調音方式で分けている。これが、中国と朝鮮に入ってきて、言語音が調音方法に応じて、全清・次清・全濁・不清不濁に分けられたのであるが、ここで全清は無声、無気の音声を、次清は有気音を、全濁は有声音を、不清不濁は鼻音を言った。調音位置は、発音がなされる口腔内での位置により、牙・舌・唇・歯・喉音に分けられ、言語音が分類された。

4　松下見林の『異称日本伝』巻下四に、「經國大典、〔中略〕巻之三、禮曹〔中略〕寫字倭學、伊路波・消息・書格・老乞大・童子教・雑語・本草・議論・通信・鳩養物語・庭訓往來・應永記・雑筆・富士・今按伊路波・消息以下、多皆國俗兎園之冊、老乞大胡語混訛。惜哉、不令高麗人知國史諸書矣。譯語漢學・蒙學・女眞學・倭學並飜經國大典〔臨文〕。譯科覆試額數、漢學十三人、蒙學・女眞學・倭學各二人〔本曹同本院提調、錄名試取〕。」『改定史籍集覧』（明治三四年刊行）第一〇冊、新加通記類第一三、異称日本伝、巻下四（六六二頁）の記録を参照すること。ただ、『改定史籍集覧』の近代活字本は、書名の分かち書きが間違っている所が見られる。

5　『老乞大』と『朴通事』は、元々中国語を学ぶ会話の教科書として編纂されたものであったが、『老乞大』はモンゴル語と日本語の教育のために作られた『蒙語老乞大』、『倭語老乞大』も存在していたものと思われる。後には、『老乞大』の内容を満州語に翻訳した『清語老乞大』も編纂されて、満州語の学習に使用された。この時のモンゴル語の『老乞大』も新たに翻訳され、これらはみな『新翻老乞大』という名前で呼ばれていた（鄭光・韓相權、一九八五を参照）。

6　この『千字』・『天兵書』を『千字文』と『兵書』と見るという主張もある（拙稿、一九八七a、一九九五b）。

7　これらのうち『小児論』と『八歳児』が清学書（満州語の教科書）に変わって現伝しているが、これらはすべて小児の知恵を誇る内容である（拙稿、一九八七a、二〇〇一）。

8　伊藤東涯の『紹述雑抄』は、大阪府立図書館の所蔵本を参考にしたが、これは文久元年（一八六一）の書写記を有している。元々この本の後記によれば、明和庚寅（一七七〇）に編纂されたものであり、もう一つの書写本が天理大学図書館に所蔵されている。

9　釜山浦の誤字であると思われる。

10　成俔の『慵齋叢話』を言っているようである。

11　ここで「成文公」とは、成俔を指している。

12　文部省（一九一〇）によれば、王仁の子孫を文氏と呼び、王仁より四年後に渡日した阿知使主を漢氏と呼んで区別したという。漢氏は大和で、文氏は河内でそれぞれ代々文筆を管掌してきたので、これらを東西（ヤマトカムチ）の史部（フヒトベ）と呼んだ（文部省、一九一〇：一一～一二）。

13 『日本書紀』巻九、履中天皇条にある、「四年秋八月辛卯朔戊戌、始之於諸國置國史、記言事達四方志。」という記録を参照。

14 仏教が日本に伝来してから半世紀も経たない推古（五九三～六二七）の時に、すでに全国に寺院が四八、僧侶が八一六人、尼が五六九人を数えたという。

15 国学は「大宝令」によって日本の各地に一箇所が設置されたが、これは地方豪族の子弟を教育するための学校であった。国博士一名と郡司子弟の国学生（定員二〇～五〇人）で構成され、儒学専攻科を主体とし、国民に医術を教える課程も併設された。八世紀末から九世紀の初めまでを全盛期とし、それ以降は徐々に衰退した。府学は、筑前太宰府に置かれたものをいう（桃裕行、一九四七：久木幸男、一九六八、および文部省、一九一〇を参照）。

16 日本の初期の大学は、地方の国学に対して中央の官吏養成機関として設置されたものである。その起源は、天智代（六六二～七一）まで遡るが、具体的な制度は大宝令によって作られた。大宝令は、唐の永徽令を藍本にして、文武四年（七〇〇）に刑部の藤原不比等等一九人が編纂をはじめ、養老五年の後半から六年の初め（七二一～七二二）の間に完成されたもので、天平宝字元年（七五七）五月に至って初めて実施された。大学は、八省の一つである文部省に所属し、頭の下に事務官と博士、助博士がいたが、後に養老令によって助教に変わった。学科には、本科の明経と明法・書・算の四科があり、天平年間（七二九～七四八）に文章が追加された。共通必修科目に音図（漢音の発音）があり、学生は大学生以外に算生、書生が若干名いたが、蔭位制により、貴族の子弟は大学を避けており、非常に低調であったという（久木幸男、一九六八を参照）。

17 経典の巻帙の多数に応じて大、中、小の三つに分け、礼記と左伝を大経とし、毛詩・周礼・儀礼を中経とし、周易・尚書と公羊・穀梁伝を小経として、生徒をしてそれぞれ一経を専攻させた。孝経と論語は基礎共通科目で、すべての学生が学習するものであった。

18 明法道と算道の肄業大経（自分が学ぶ必要のある大きな経典）と小経は、『高麗史』の東堂監試雑学の明法業、明算業の教材と大同小異である（第二章参照）。もちろんこれらはみな、中国の雑途出身の科挙制度と関係がある（宮崎市定、一九八七）。

19 国学と大学における試験は、毎年行われるものと毎月行われるものがあった。毎年試に合格したことを及第と呼び、これらは上第、中第、下第の区分があった（桃裕行、一九四七：久木幸男、一九六八参照）。これは、新羅の読書三品出身科の上読、中読、下読の区別と比較したとき、非常に興味深い事実であるといえる。

20 平安時代に設立された私立学校の中で、重要なものだけを挙げてみると、弘文院をはじめとして、勧学院、文章院、綜芸種智院、

21 学館院、奨学院等がある（文部省、一九一〇：七四～七七）。

出家する予定で寺院に留まっているが、依然として俗人の姿をしている少年を、中世以前には、児または稚児・垂髪・少人・童形等、様々な名前で呼んでいた（石川謙、一九六〇：四一）。

22 寺院の教育については、仁和寺の門跡である守覚法親王の記録である『左記』、『右記』が最も古く、精密に記録されている。文治年間（一一八五～一一八九）の著作として知られる『左記』の「童形消息ノ事」条に、垂髪教育の日課、学習科目、礼節、修行生活の心得、その他等について説明されている（石川謙、一九六〇：四一～二）。

23 石川謙（一九四九）には、三九個の往来型教科書が次のように時代別に分類されている。

平安後期―明衡往來・季綱往來・東山往來・續東山往來・西郊往來・菅承相往來・釋氏往來

鎌倉時代―貴嶺問答・十二月往來・新十二月往來・消息詞・垂髪往來・雑筆往來・常途往來・御渡往來・手習覺往來

吉野時代―拾要抄・大乗院雜筆集・異制庭訓往來・新撰遊覺往來・新禮往來・山密往來・南都往來

室町時代―十二月消息・庭訓往來・富士野往來・消息往來・喫茶往來・應仁亂消息・尺素往來教兒往來・風凊往來・快言抄・新撰類聚往來・謙倉往來・手習往來・賢木往來・蒙求臂鷹往來・會席往來―すべて日本の昔の教科書名である（筆者注）。

その後、これらは石川謙・石川松太郎（一九六七～一九七四）で修訂・補完されている。

24 この表は、拙著（一九八八a：八四～八五）で詳細に説明したものを表で示したものである。

25 壬辰倭乱以後、朝鮮王朝と日本は一時的に国交が断絶されたが、対馬の懇願により光海君元年（一六〇九）に己酉約条を結び、国交が再開された。日本との親交は、宣祖四〇年に呂祐吉を正使にして、最初の返答兼捕虜刷還のための使行が日本に行って来てから、数回にわたり壬辰倭乱の捕虜を取り戻すために捕虜刷還使が往来しながら国交が再開された。その後、日本の慶弔時に派遣される通信使に変わり、朝鮮と日本の江戸幕府との外交接触が続いた。

26 『仁祖実録』巻二〇、仁祖七年五月丁酉の記事によれば、康遇聖は光海君五年（一六一三）から同七年（一六一五）まで釜山浦の倭学訓導であった。

27 康遇聖の第一次渡日に関しては、李石門の『扶桑録』（一六一七）と呉允謙の『東槎上日録』に記録されており、第二次渡日は正使鄭岦に随行したもので、副使姜弘重の『東槎録』に記録があり、第三次渡日は正使任絖の『丙子日本日記』に記録されている。

28 『（原刊）捷解新語』の編纂に関する研究としては、小倉進平（一九四〇）、森田武（一九五五および一九五七）、大友信一（一九五一）、亀井孝（一九五八）、中村栄孝（一九六一）、李元植（一九八四）等がある。

29　『改修捷解新語』の重刊本凡例に、「新語之刊行、雖在粛廟丙辰、而編成則在萬暦戊午間。故彼我言語各有異同、不得不筵稟改正。」という記事があり、『捷解新語』は、粛宗丙辰年（一六七六）に刊行されたが、その編成は万暦戊午（一六一八）であったと言っている。しかし、これは『捷解新語』の一部（巻一～四、巻九の前半部）が光海君一〇年（一六一八）に編成されたことを言っているものと思われる（拙稿、一九八四）。

30　中村栄孝（一九六一）では、崇徳初年、すなわち一六三六年頃には、この草稿が完成されたものと見ている。

31　康遇聖の官位は、『通文館志』巻七、人物、康遇聖条にある「凡再赴信使、五任釜山訓導、官至嘉善」という記事と、『訳科榜目』巻一にある「康遇聖辛巳生、本晋州、倭學教誨嘉義」という記事により、嘉義大夫（従二品）にまで昇進していたことがわかる。司訳院の職制によれば、堂上訳官（正三品以上）を訓上堂上と呼び、司訳院の堂下訳官や訳学生徒の教育を担当していた。また堂上訳官は、司訳院の考講、院試の試官になることもあり、訳科でも参試官として参加し、司訳院の中心であった。訓上堂上は元々漢学のみであったが、壬辰倭乱以降に倭学も二席を置くようになった（第二章参照）。

32　この原刊本『捷解新語』第一〇巻末尾に「康熙十五年丙辰孟冬開刊」という刊記がある。

33　これについては、安田章（一九八六）の研究がある。筆者は、安田章教授とともに高麗大学図書館を訪問し、晩松文庫に所蔵されている『捷解新語』の庚辰覆刻本第一冊（巻第一～第三）を閲覧したことがある。山気文庫の第二、三冊も故李謙魯翁の好意により度々訪問して閲覧したことがある。李翁の厚意に感謝申し上げる。

34　『受教輯録』と『典録通考』はすべて壬辰倭乱以降に改定された法規を整理したものであるが、訳科倭学に関しては、『経国大典』のものをそのまま踏襲している。特に、『典録通考』は『捷解新語』だけが訳科倭学の写字として広く使用された後に刊行されたものであるにもかかわらず、これに対する記録がないのは疑問である。

35　その間『捷解新語』の改修については、多くの議論があった。特に、中村栄孝（一九六一）、浜田敦（一九六三）、安田章（一九六五）、森田武（一九五五）の研究は注目に値する。

36　李湛の「重刊捷解新語序」にある、「[前略] 是書用於科試。而歳月寖久、與之酬酢、率多、扞格而矛盾。逮至丁卯通信使行、使臣承朝命往質之」という記事を参照すること。

37　朝鮮王朝では、赴京使行や通信使行を送る場合、必ず該当外国語の訳書を持って行って修訂するようにしており、司訳院ではこのため教誨と呼ばれる赴京通児職まで置いていた。また、『通文館志』巻一、沿革、官制、等第条の教誨条の記録によると、教誨は司訳院の中で最も優れた訳官を選抜したことがわかり、訓上または堂上訳官は必ず教誨を経なければならなかった。

38　丁卯通信使は、英祖二三年丁卯（一七四七）に徳川家重の将軍職の襲職を祝うために、洪啓禧等が正使として行った通信使行を言う。

39　この記事は、『改修捷解新語』の巻頭に、洪啓禧の序文とともに「筵説」という題で添付されている。

40　『承政院日記』の記事によれば、崔学齢は、東莱の倭学訳官であったとき、すでに日本語の漢字音を、倭館に滞在していた倭人たちに尋ねたり、『三韻通考』等を参照して整理していた。この時の能力を高く評価した洪啓禧が、崔学齢に捷解新語の修訂を主管させたのである（拙著、二〇〇二：四六一）。

41　パリ東洋語学校図書館所蔵本の『改修捷解新語』の巻頭に洪啓禧の序文があるが、その末尾に「上之二十四年戊辰八月下澣」という刊記が見られる。

42　安田章教授の配慮により、ソウルでも鄭光・安田章（一九九一）で影印本が刊行された。

43　李湛の「重刊捷解新語序文」に、「〔前略〕而但書成既久、印本散逸、新學未免撤業、講試亦患苟簡。乃者栢谷金相國十年提擧、勸課有方愛採象論、圖所以廣布而久傳。適金君亨禹願捐財、鳩工慕活字而刊諸板、藏之院閣、用備後學印讀之資。相國之嘉惠是學、亦豈偶然也哉。〔後略〕」とあり、金亨禹が活字本を持ってきて木版本に覆刻し、司訳院にその版木を配置して後学がこれを利用できるようにしたことがわかる。小倉進平（一九四〇：四二三～四二五）は、第二次改修本を重刊本と同一のものと見たが、前記の記事によれば、重刊本は木版本であるべきである。しかし、崔学齢の第二次改修本は活字本であるため、同じものとは言えない。

44　やはり李湛の重刊本序文に、「其字法語錄源流之同異、及同音各字通用之凡例、亦崔知樞所纂。而並附于卷端、讀字當自解之、不復贅焉。」という記事がこのことを物語っている（安田章、一九七〇：拙稿、一九八五を参照）。

45　日本の仮名遣いにおける、真字の草書と平仮名の関係は、朝鮮語の真書と諺文に例えることができる。『文釈本』の巻頭に掲載された凡例に、「倭學講習、以捷解新語爲津筏。而倭書亦如我國之有眞諺有無諺、偶語不通、有諺無眞書契莫解、故講習之艱視諸學倍之。今此所編以文字釋倭語、以倭書寫文字、務便講習俾有先難後易之效。」という記事があり、文釈本の編纂が、日本の仮名の真字草書を学び、日本から送られてくる書契を解読するためのものであったことがわかる。このため、漢字を日本語で解釈し、倭書を漢字で記録して講習に便利なようにしたのである。

46　真仮名（まな）は、『古事記』・『日本紀』・『万葉集』・『仏足石碑歌』・『竟宴歌』・『神楽』・『催馬楽』・『風俗』等の古本の仮名であり、真仮名という名前は、円融院の扇合に表れる。略体仮名は草仮名の略体をいう（『松屋筆記』国書刊行会編集本、三八二）。

47　古典刊行会で一九三四年（昭和九年）に奎章閣の『捷解新語文釈』を原刊本とともに刊行したが、どうしたわけか文釈本巻末の

「伊呂波眞字半字並錄、伊呂波吐字」と上段欄外に書かれていた題字が消されていた。また、これを基にした京都大学文学部国語学国文学研究室編の『三本対照捷解新語』の同じ部分にも、このなくなった部分がそのまま移されている（拙稿、一九八五：四七の注を参照）。

48 「伊呂波眞字半字並錄、伊呂波吐字、伊呂波合字、伊呂波眞字草字並錄」で、「伊呂波眞字半字並錄」は伊呂波真字（日本の仮名文字の元々の漢字）と伊呂波半字（仮名文字）をハングルの発音とともにすべて書くことを意味している。例えば、「이、以、い、로、呂、ろ、하、波、は」のとおりである。「伊呂波吐字」はいろは順の仮名文字に「ん」を付けて書く「いん、ろん、はん」のような文字の模範を示したものである。「伊呂波合字」は「しゃ、しゅ、しょ」等の特殊文字の例を示したものである。「伊呂波眞字草字並錄」は、「이、伊、い、로、路、ろ、하、波、は」のようにハングルの発音と漢字、そして日本の仮名文字の草書体を示したものである、

49 趙曮が正使となって英祖癸未（一七六三）に日本に行ってきた通信使行の顚末を書いた『海槎日記』（一七六三年、成大中著）の「英祖癸未一二月一六日」条の記事を参照。

50 『倭語類解』の金沢旧蔵本と一九八〇年代に新たに発掘された韓国国立中央図書館所蔵本の比較研究は、拙著（一九八八b、二〇〇四b）で詳細に取り上げられている。この論著において、その間の金沢本による研究の誤謬がいくつか指摘され、中央図書館所蔵本の価値が再照明されている。他の異本とともに全文が影印されて刊行された。

51 この時代は、北学の影響により、朝鮮王朝の文化遺産を整理して集大成しようとする努力が行われた。実学の影響も大きかったと思われるが、各国の言語を記録した『方言集釈』や『三韓訳語』の編纂は、このような時代思潮によるものと見なければならないであろう。

52 『空海真筆以呂波文字』との部分的な違いについては、拙著（二〇〇二b：四一九）を参照。

53 朝鮮の成宗二四年（一四九二）に刊行された『伊路波』は、日本の香川大学所蔵本（以下香川本と略称する）の最初の丁に巻頭書名「伊路波」があり、その下に「洛住判事 神原甚造本」という蔵書印がある。洛陽（日本の京都の異称）に居住する神原甚造判事の所蔵であることがわかる。そして、この本を紹介した神原甚造（一九二五）によれば、彼は京都で裁判官として務めていた時に、医師であった小西氏から購入したものであり、おそらく小西氏は壬辰倭乱の時日本軍の先鋒であった小西行長の子孫ではないかという推測を書きとめている。この推測が正しければ、成宗王の時に司訳院で刊行されたこの本は、壬辰倭乱の時に日本に搬出されたものと見るべきであろう。

54 拙著（二〇〇二b）では、『世宗実録』と『経国大典』の倭学書として紹介されている『伊路波』と『書格』を合編したものと推

定されている。『書格』は「合用言語格」と同様に仮名文字を組み合わせて書く方法のことを意味するものとして見ることができるので、仮名文字の使い方を表現したものと理解したのである。この候文体書簡文は、『庭訓往来』のような他の書簡文学習書とは異なり、すべてひらがなだけで書かれており、これは書簡文の学習書ではなく、仮名文字を復習するためのものであることがわかる。

55　これより少し後、または朝鮮中宗一二年（一五一七）よりも少し早い時期に、漢学書の『老乞大』と『朴通事』が翻訳されることになる。この中国語教材の漢字一つ一つの左右に、訓民正音で表音が付けられている。ここでいう「翻訳」とは、言葉の意味を朝鮮語に訳すのではなく、漢字の漢語音を表音することを意味する。訳学書の中では、訓民正音が発音記号として使用されている良い例だと言える。

56　契沖（一六四〇～一七〇一）は、江戸前記の歌人で、同時に学僧でもあった。俗姓は下川、契沖は法号である。大坂の曼陀羅院、妙法寺の住持を務めた。漢文・仏典・悉曇に精通し、和歌に長けていた。

57　拙著（二〇〇二b）に紹介されたところによれば、僧侶全長の『以呂波字考録』（一七三六）には、「京 正字篇に云終に京の字を書事古記に傳教大師添玉ひて山家に用ゆといへり［中略］しかはあれど空海真筆のいろはに京の字になし二字三字合声の例といふもいかゞあらん後学これを詳にせよ云云」（高橋愛次、一九七四：六三～六六より再引用）とあり、「京」という漢字を、二字・三字の仮名文字によって表記する方法を見せるための手段として書き込んだものと捉えていた。そのため「京」の他にも、これと同音である「竟」の字が用いられる場合もあったと言う（高橋愛次、一九七四：六六）。すなわち、契沖や全長の説によれば、「京」は「いろは」四十七字の最後に付けられ、前の手習詞歌を称える意味として使われたものであり、また「京」という漢字音に対する仮名の発音表記の例として使われていたものでもあったというのである。

58　拙著（一九八八a）では、『世宗実録』と『経国大典』の倭学取才の科試書に登録された倭学書について、『老乞大』（『倭語老乞大』をいう）を除いては、ほとんどすべて朝鮮前期に三浦に居住する倭人を通じて、当時、すなわち室町時代初期の寺子屋等で使用されていた訓蒙教科書を輸入したものと見ている。このような現象は、倭学だけではなく、蒙学や女真学でも同じであると思われる。

59　この写真は、ソウル大学奎章閣に貴重本として所蔵されている原刊活字本で、第一巻第一葉の表である。

60　「栢谷金相国」は、その間の筆者の努力も空しく、誰であるかはまだ定かでない。乾隆甲午（一七七四）の刊記がある李湛の「重刊三訳総解序」にも「都提挙栢谷金相国」が見られ、また前述した『捷解新語』の辛丑（一七八一）重刊本に巻頭序文として付けられた「重刊捷解新語序」にも「栢谷金相国十年提挙」という記事があり、相当期間司訳院の提挙であった人物であることがわかる。したがって、「栢谷金相国」は、英祖四二年（一七六六）に右議政を務め、英祖五一年（一七七五）に領議政に上がって、正祖五年まで領中枢府事を務めた華西金尚喆（一七一二～一七九一）ではないかと思われる。金尚喆が訳学書の重刊序に出てくる栢谷金相国である可能性が大きい理由は、彼が息子宇鎮の罪に連累して罷職された正祖五年（一七八一）以降は、栢谷金相国の名前が表れないからである。

61　このような推測は、現在伝わる『捷解新語』重刊本の冊板が木版を校正した部分が多いという事実から証明することができる。すなわち、拙著（二〇〇二b：四六八～四六九）で紹介された重刊本冊板の一覧表を見ると、前面と背面が互いに巻を異にしていたり、順序が食い違っている場合がある。例えば、所蔵番号D―一二九〇、D―一二九四、D―一二九八、D―一三一五の冊板は、前面と背面の巻数が異なり、D―一三一三は、同じ巻一〇の中巻であるが、葉数が前側は一葉であるのに反し、背面が一一葉になっており順序が合わない。このように前面と背面の番号が順番どおりになっていないのは、D―一三一七、D―一三二〇の冊板からも発見される。冊板の前面と背面の葉数が巻一の一、二葉または巻二の三、四葉のように順番どおりでなく、一様でないのは、ある面を完全に削り取って修訂されたものを刻印したためであり、冊板の前面と背面の葉が巻数までもが異なっているのも、同様に仮定することができる。すなわちこれは、この冊板が大々的に修訂される木版校正があったことを物語っているのである。重刊本が冊板を新しく作成したのではなく、すでにあった改修本の板木を利用して、校正されたことがわかる。これにより、日本の京都大学の影印本において「重刊改修」と呼ばれる奇妙な書名が付けられたのである。

62　この本の発掘経緯が、安田章（一九八八）の後記と鄭光・安田章（一九九一）の後記で感動的に記述されている。特に、この資料を長い間追跡してきた筆者としては感慨深い。

63　この「與彼人之護行者」は、丁卯通信使行の任務を絵に描いて説明した菊屋七郎兵衛の『朝鮮人大行列記大全』（一七四八年正月刊）で、対馬藩主宗氏の案内者を指すとしている。また、子弟軍官としてこの使行に参加した正使洪啓禧の次男洪景海の『随槎日記』によれば、通信使行に随行した対馬藩主側の人数が全部で一五〇〇人余りであった。そのうち朝鮮語のできる通詞（伝語）が五〇人であると書かれている（鄭光・安田朗、一九九一：三四）。おそらく洪啓禧序文に見られる「彼人」は、この五〇人の対馬通詞を指していると思われる。

64　パリの東洋語学校所蔵の第一次改修本の巻頭に、朴尚淳をはじめとする一〇人の訳官が「考校諸人」という名前で搭載されている。［写真五-五］参照。

65　司訳院では訳学書を作る際、校正が終わると必ず現地での確認作業を行い、それを反映して修訂・刊行していた（拙著、一九八八）。

66 『捷解新語』の改修については、中村栄孝（一九六一）、安田章（一九六五）および拙稿（一九八四）を参照。

67 これはPelliot・Takata（1995:43）から引用したものである。Pelliot・Takata（1995）は、Pelliot（1922）で最初に作成されたバチカン図書館の漢籍目録を高田時雄氏が再び整理したものである。

68 Romualdusはラテン語の語形で、英語ではRomuald Kocielskiと言う。漢字名は羅機洲、または羅機淑と書く。フランシスコ会修道士として天文学を専攻しており、一七八二年に北京へ渡る。生没年は不明であるが、一七五〇年から一七九三年まで、と思われる。彼が北京に滞在していた時に手に入れたこの本は、一七九二年頃にローマのボルジア（Borgia）に送られたものと推定される。

69 これについては、すでに浜田敦（一九六三：四五）で「その柱は魚尾を存するのみで、書名の記載なく、また張付も別になっているところからすれば、本來捷解新語とは別に開板され、その再刷以後のある版より合綴されるに至ったものかと思われる。」と言及されている。

70 成宗王の時の『伊路波』と『捷解新語』の「伊呂波」との関係については、浜田敦（一九五八）を参照。

71 『倭漢名数』、または『和漢名数』が朝鮮に伝わったのは十八世紀半ば頃だと思われる。李瀷の『星湖先生全集』巻一五に収録されている「答洪錫余戊寅」に「聞有和漢名数一書至国。日本人所撰、極有可観。」という記事がある。また、この本のことを李瀷に話した弟子の安鼎福（一七一二～一七九一）の『順菴先生文集』巻二、「上星湖先生書戊寅」には、「〔前略〕倭書有和漢名数為名者二巻、即我粛廟庚午年、貝原篤信之所著也。〔後略〕」という手紙が載っている。これらから見て、順菴安鼎福が自分の師匠である星湖利益に「和漢名数」を紹介したものと思われる。また、この時に紹介されたものは、年代から見て、明和二年（一七六五）に改版された『新編増補和漢名数』だったようである。『倭漢名数』は巻首の具原篤信の序文に、「元禄二年春分日筑前州後学具原篤信書」という刊記があって、元禄二年（一六八九）に完成され、元禄五年（一六九二）に刊行されたものであることがわかる。

72 『以呂波字考録』にも『増補和漢名数』の「倭音五十字」が引用されているが、これについては『増補和漢名数』の六巻六三葉のものを引用したという記録を残している（『以呂波字考録』巻之下三一葉裏参照）。

73 『倭漢名数』の「倭音五十字」の記録が「伊呂波半字竪相通」に引用される際に、削除されたのは「苟辱通我国音語須習尭之」、「小児」、「不要学伊呂波」の三つの部分である。司訳院の倭学の訳官にとっては倭語が「我国音語」ではないので、この部分は削除されたのであり、「小児初学和学者」の「小児」もやはり訳官たちには当てはまらないので、削除されたのである。そして、「不要学伊呂波」は、すでに「伊呂波半字竪相通」の前に「伊呂波」が附載されており、実際に司訳院の倭学では、「五十音図」よりは「伊呂波」を中心に倭語の仮字を学習させていたので、この部分も当然削除されることになったのである。ただ、「本邦一切言語音声反切」の「本邦」も「倭国」に替えられなければならなかったが、そのままになっている。

74 「別作十三字類」は、「いろは」の四八文字に入っておらず、個別に制字した一三個の仮名文字をいう。

75 木枝増一の『仮名遣研究史』の三六葉以下の「行能卿家伝仮名遣」条を参照。

76 悉曇は梵字、すなわちサンスクリット語の文字である。ここで悉曇合字とは、サンスクリット語の文字のように表音的な文字の表記をいう。

77 文雄の『和字大觀鈔』（巻下）附録の「仮字合字」を参照。

78 諺文字母で終声として使われるものは、「役隠（末）乙音邑（衣）凝」のように、「ㄱ、ㄴ、ㄷ、ㄹ、ㅁ、ㅂ、ㅅ、ㅇ」だけである。ここで「（末）、（衣）」は、訓読して「귿」、「옷」と読むべきである。すなわち、「기역、니은、디귿、리을、미음、비읍、시옷、이응」を漢字で書いたものである。

79 「ヰ」のことである。

80 「ヰ」のことである。

81 鄭樵の『通志』に収録されている「七音略序」に「四聲爲經、七音爲緯。江左之儒知縱有平上去入爲四聲、而不知衡有宮商角羽半徵半商爲七音、縱成經衡成緯、經緯不交、所以先立韻之源」という記事がある。すなわち、四声と七音によって漢字音を分析し、この二つの接点から漢字音を定めることができると捉えたのである。このような七音、即ち牙・舌・唇・歯・喉・半舌・半歯の調音位置や資質等は、古代インドの音声学から来たもので、前記の鄭樵の「七音略序」に「七音之源起自西域、流入諸夏。梵僧欲以其教伝之天下、故為此書。」とあることから、仏経とともに古代インドの調音音声学が中国に輸入されていたことがわかる（拙著、二〇〇六：八六）。

82 「伊呂波半字竪相通」では、仮名文字が喉音（ア行音）、牙音（カ行音）、歯音（サ行音）、舌音（タ行音・ナ行音）、唇音（ハ行音・マ行音）、再び喉音（ヤ行音）、舌音（ラ行音）、喉音（ワ行音）の順に並べられている。『倭漢名数』のものを引用したのであるが、このような順序が如何にしてできたのかは未詳である。

83 司訳院の禄職の中で、教授（従六品）四人のうち二人を文臣が兼任するが、彼らを兼教授と呼び、訓上堂上は正三品以上の堂上訳官をいう（『通文館志』巻一、沿革、官制条を参照）。

84 川寧玄氏家は、粛宗王の時の訳科合格者五一四人のうち一三人を輩出し（全体の二・五％）、金海金氏家の一三人と並んで一〇位を占めている。当時の訳科及第者順で見ると、全州李氏二六人（五％）、密陽卞氏二四人（四・七％）、慶州金氏二一人（四・一％）、清州韓氏一九人（三・七％）、河東鄭氏一九人（三・七％）、牛峰金氏一八人（三・五％）、慶州崔氏一八人（三・五％）、密陽朴氏一七人（三・三％）、固城金氏一五人（三・六％）の順である（金良洙、一九八三：四三）。

85 川寧玄氏の龍系で、玄頊の直系の子孫は、頊（漢学教誨、通政）→徳字（漢学教誨、寿義同枢）→珏（漢学奉事）→尚夏（武科）→深（判官）→啓根（倭学教誨、資憲知枢）→焞（漢学教誨、資憲知枢、県監）の九代であり、このうち珏と尚夏（武科）、深の三代だけが訳科に及第できなかった。

86 これより二四年後の英祖辛卯式年試の訳科漢学には、初試の試券に「来辛卯式年訳科初試」という題簽がある。また、道光甲辰（一八四四）の増広別試の清学初試に応試した白完培の試券にも、「今甲辰増広別試訳科初試」という題簽が見られる（第六章および拙稿、一九八七a、c）。

87 原文は、「朝散大夫行司譯院副奉事玄敬躋、年二十二、本川寧居京、父通訓大夫行司譯院判官深、祖禦侮將軍行釜山鎮管包伊浦水軍萬戸尚夏、曾祖朝散大夫行司譯院副奉事珏、外祖崇祿大夫行知中樞府事李樞本金山」である。

88 玄敬躋は、旧名を殷瑞と言ったが、川寧玄氏の名字行列には合わなかった。川寧玄氏の龍系の行列字は「祥（下字）→一字名（玉偏）→徳（上字）→一字名（人偏または双字（偏旁が同じ字）、水偏）→尚または夏（上字または下字）→一字名（水偏）→啓（上字）→一字名（火偏）→在（上字）→一字名（金偏）→濟（上字）→一字名（木偏）」の順に変わっていった。

89 この所志は、他の川寧玄氏古文書とともに国史館に所蔵されている（国編。№一九一二〇）。

90 『経国大典』巻一、吏典、改名条に、「凡改名者本曹啓、移藝文館、置簿給文。」とあり、吏曹で啓請して芸文館に移送され、帳簿に記録した後、文書を作成し支給されることがわかる。

91 『通文館志』巻二、勧奨第二、入属条に、司訳院の入学手続きが明示されている。すなわち、「凡願屬之人、呈狀于都提調坐衙日、完薦試才許屬事。受題後依署經之規、以父母妻四祖具書單子及保擧單子、呈干祿官廳。祿官十五員備位會衙、先見其内外妻四祖、次見其保擧人完薦可否、取其二結以下置簿許試。試講於兼教授坐起、依栍高下、隨闕塡差於四學生徒。粘手決狀帖文成給、而棒甘于該房錄案從仕。」という記録を参照。

92 この差帖の右側中段に「玄殷瑞身學生」と書かれた行間に、「冠名敬躋、改名啓根」と書かれた墨書が見える（［写真五－一四］を参照）。

93 司訳院生徒の定額（定員数）は八〇人で、このうち倭学は一五人であった。一方、例えば、預差生徒は一二四人で、倭学は二五人であった（『通文館志』巻一、沿革、原籍条を参照）。

94 最初の問題である『捷解新語』巻九の七裏四～五行（写真の右）と第二問題である巻九の一一裏二～三行（左）の原文である。

95　訳語の問題に関して、『経国大典』のこの部分を翻訳する問題は、すでに正祖一三年（一七八九）己酉式年訳科覆試漢学に応試した劉運吉の試券で考察している（第三章中国の教育、四、訳科漢学と漢語試験）。この問題に出題された『経国大典』のこの部分は、そこから全文が解釈された。

第六章　女真語と満州語教育――女真学と清学

訳科清学、すなわち満州語の科挙試験は、『経国大典』に掲載されてはおらず、代わりに女真学があった。女真族は、黒水靺鞨の一族で、満州の吉林省黒龍江流域と韓半島の咸鏡北道北東部にいた野人と呼ばれた種族をいう。高麗王朝の初期には、彼らは高麗によく服属しており、自分たちの勢力を育てて金を建国した後も高麗との関係は悪くなかった。

しかし、モンゴル族によって金が敗北した後は、彼らはモンゴルの勢力に押されて頻繁に朝鮮を侵犯したため、朝鮮王朝の初期には女真族との間に大小の多くの争いが起こっていた。光海君八年（一六一五）に清の太祖ヌルハチ（弩爾哈赤、あるいは奴児哈赤）が、後金を建国して満州を統一すると、女真族は後金に吸収され、朝鮮との関係は、後金、すなわち後の清が代わりとなった。

司訳院の清学（満州語教育）は、丙子胡乱の後に正式に行われ始めた。徐々に朝鮮の対清関係が緊密になるにつれ、満州語訳官の位相も少しずつ高まっていった。司訳院四学の配列において、清学が漢学の次を占めていた時期もあった。

しかし、丙子胡乱を通じて、清の満州語が金の女真語と方言以上の違いがあることを悟るようになり、司訳院で女真語教育を満州語教育に変え、朝鮮中期以降には清学のみが実施され、女真語への関心は事実上なくなった。したがって、今日残っている資料も満州語資料である清学書だけであり、女真学書は、書名以外ほとんど残っていない。

このような資料不足のために、女真学の研究はほとんど行われていなかった。中国でも金の女真語の研究が遅々として進まなかったことにより、女真学書の研究も非常に粗末な状態を脱することができなかった。したがって、この章では、このような女真学研究の劣悪な状態を勘案し、清学の満州語教育を中心に考察することにする。

一、女真学と清学

女真学

高麗王朝や朝鮮王朝の初期には、女真族との交流が、歴史的にも地理的近接性からしても、頻繁でなかったはずがない。それにもかかわらず、女真語の学習は、それまで通文館、司訳院等の中央官署で正式に行われていはいなかったものと思われる。すなわち、高麗末に設置された通文館や、その後名前が変更された司訳院、漢文都監は、主に中国とモンゴル語の学習機関であり、朝鮮王朝建国初期に再び設置された司訳院も、漢語学に始まり蒙学、倭学が順に設置されたが、女真学は世宗王の時まで正式には存在していなかったようである。

女真族は、元々独自の文字を持っていなかったが、阿骨打（金の初代皇帝）が女真族の勢力を集めて金を建国し、金の太祖となった後、漢字を変形させた女真大字を作成しており、後日これを補完する女真小字を作った。[1]すなわち、この女真文字は、金の太祖天輔三年（一一一九）に王の命により、完顔希尹が漢字と契丹文字を折衝して作成したもので、これは後に女真大字と呼ばれた。金の熙宗の天眷元年（一一三八）には、再び女真文字が作成され、希尹のものと並行して使用されたが、これを女真小字という。咸鏡北道の慶源に女真文字の碑がある。よって、この文字が、実際に高麗朝でも使用されたことを示している。

この女真文字が高麗朝で学習されていたことは、『高麗史』巻一二一、高宗一二年乙酉条にある、「六月辛卯、王如奉恩寺。東眞人周漢投瑞昌鎭、漢解小字文書、召致于京使人傳習、小字之學始此。（六月辛卯日に王が奉恩寺に行かれた。東真人の周漢が瑞昌鎮に投降したが、周漢が（女真）小字を知っており、彼を漢陽に呼んで、人々に学ばせた。この時から小字の学習が始まった」という記事からそれを窺い知ることができる。

これは、東真人の周漢が、瑞昌鎮に投降し、彼が小字文書（女真文字の文書）を解読できるため、漢陽に呼んで人々に女真文字を教えさせ、この時から小字の学習が始まったという内容である[2]。ここで言う小字が、前述した女真小字を指すとすれば、高麗高宗一二年（一二二五）から女真文字がこの地で学習されていたことになる[3]。しかし、この文字は、現在誰も解読することができない。

朝鮮時代に入り、女真学は、他の三学に比べて遅れて司訳院に設置された。すなわち、朝鮮においては、司訳院は太祖二年（一三九三）に高麗のものが再び建てられ、その時からモンゴル語の蒙学も設置された。太宗一三年（一四一三）には、倭学が設置されたが、女真学は『経国大典』（睿宗元年、一四六九年）が刊行されたときに初めてその名が司訳院に見られるので、少なくとも世宗一二年（一四三〇）までは女真学が司訳院に設置されていなかったと考えられる。『世宗実録』世宗一二年三月庚戌条にある諸学の取才において、漢学・蒙学・倭学だけが記載され、女真学は記載されていなかった。『経国大典』において初めて、司訳院の四学（漢学・蒙学・倭学・女真学）が完備されたのである。

しかし、『経国大典』以前にも、司訳院で女真語を教育したという記録がある。『世宗実録』世宗一六年甲寅六月庚午条に、

庚午禮曹啓、解女眞文字者不過一二人、將爲廢絕。侍朝人及咸吉道女眞子弟中、解女眞文字者選揀四五人、屬於司譯院、定爲訓導兼差通事之任。從之。

庚午の日に礼曹で啓上するに、「女真文字が理解できる者は、わずか一～二人なので、将来は途絶するかもし

れません。朝廷や咸吉道にいる女真人の子弟の中で女真文字がわかる者を四～五人選び、司訳院に所属させ、訓導を任せたり通事として派遣する任務を任せるように定めます」と。これに従う。

という記事がある。これは、朝鮮に来ている女真族の子弟のうち、女真文字が解読できる者を四～五人選んで司訳院に入学させ、訓導や通事の任務を兼ねさせたことを物語っており、この時司訳院で女真語と女真文字の教育が行われたことを示している。[4]

『経国大典』には、漢学・蒙学・倭学とともに女真学があり、司訳院の四学が完備されている。ここには、女真語を学ぶ訳学書として「千字文・兵書・小児論・三歳児・自侍衛・八歳児・去化・七歳児・仇難・十二諸国・貴愁・呉子・孫子・太公・尚書」等の一五種が挙げられており、[5]この中から写字の方法により訳科女真学の初試と覆試が施行されるとしている。

また、女真学の生徒数は、司訳院の女真学に二〇人、義州に五人、昌城に五人、北青に一〇人、理山に五人、碧潼に五人、渭源に五人、満浦に五人を置いたという記事が『通文館志』にあり、他の三学に比べて、地方（主に北方地域）で女真語を教育し、通訳の仕事を任されていたことがわかる。これは、この地域が実際に野人との接触が多かったためである。

清学

女真学が清学に変わったのは、顕宗八年、つまり康熙丁未（一六六七）のことである。『通文館志』巻一、沿革、官制条に、「〔前略〕其屬官有蒙・倭・女眞學通爲四學。康熙丁未女眞學改稱清學。〔後略〕（司訳院に）属しているものに、蒙学、倭学、女真学があり、全部で四学である。康熙丁未年に女真学を清学に変えて呼んだ。〔後略〕）」という記事があり、また同じところの「続」条に、「乾隆乙酉清學序於蒙學之上。出啓辭謄錄。(乾隆乙酉年に清学の序列が蒙学の上に置かれた。啓辞謄録に出る。)」という記事があり、これらによれば、康熙丁未(一六六七)に女真学を清学に改称し、乾隆乙酉(一七六五)に清学の序列が蒙学の上になった。しかし、実際の清学の序列は依然として四学の末席を占めており、『大典通編』(一七八五)や『大典会通』(一八六五)においても、倭学の次に清学が置かれていた。

しかし、序列はともかく、清語、すなわち満州語の教育がずっと以前から行われていたのは事実である。『訳官上言謄録』の崇禎一〇年丁丑一二月初五日条にある、「〔前略〕況臣不解文字、多事之地不可無吏文學官、亦令該曹、從速下送事。據曹粘目內、淸譯在京者、只若干人、似難分送。司譯院女眞學中、稍解淸語者、擇送爲白乎旀、吏文學官定送事段、前例有無、自本曹詳知不得、令本院處置何如。啓依允。(〔前略〕「まして臣らが文字を知るはずもなく、業務の多いところに吏文学官がいないわけにはいかないので、担当の曹に命じて速やかに派遣するべきです。礼曹の粘目(都目——一年間の官員の定員)内に清訳として漢城にいるのは、わずか数人だけなので、分けて送るのが難しいようです。司訳院の女真学の中で、清の言葉を少し知っている者を選別して送り、吏文学官を送るのは前例の有無が、本礼曹ではよくわからないので、司訳院をして処置するようにしてはいかがでしょうか」と啓上するに、「状啓のとおり許可する」とする。)」という記事を見ると、義州府尹の林慶業が清学訳官と吏文学官の必要性を王に啓上した上疏文により、既に崇禎丁丑(一六三七)に女真学で清学、すなわち満州語を教育していたことが言及されている。

したがって、清の太祖ヌルハチ(弩爾哈赤)が、満州族を糾合して後金を建国し(一六一六)、中原を征服してから、清の太宗が後金を清と改称し(一六三六)、明を完全に滅ぼす(一六六二)までの間、二度にわたる侵略を受けた朝鮮王朝では、満州語に対する必要性が急激に増大していた。たとえ司訳院では明が完全に滅びた後の、康熙丁未(一六六七)に初めて女真学を清学に改称したとしても、前記の記録によると、それ以前から女真語に代わって満州語の教育が行われていたことがわかる。

司訳院の女真学で満州語を教育する方法は、すでに『経国大典』に登載されていた女真学書を満州文字に置き換えて作成した満州語学習教材を使用したものと思われる。それでは、『経国大典』に記録された『千字文』をはじめとする一五種の女真学書は、いかなる文字で記録されていたのであろうか。

蒙古女真文字

今日、これらの女真学書は、一つも伝わっていないため明らかではないが、三つの可能性がある。第一は、女真文字（小字または大字）で記録されたというもの、第二は、漢文のみで記録されたというもの、第三は、他の表音文字で女真語を記録したというもの、に分けてみることができる。第一と第二の可能性は、それらの書名から推測してみたとき、大部分が中国の経史類ないしは兵書という点で可能性があるが、司訳院の訳学書の性格を考慮してみると、大多数の訳学書が実用会話のための発音中心の学習という点で、第一と第二よりも、第三の可能性が大きいと思われる。

周知のとおり、この時代の表音文字は、中国・モンゴル・満州および朝鮮半島に広く知られていたものとして、ウイグル文字（畏兀文字）と元代に創製されたパスパ文字（八思巴文字）を挙げることができる。パスパ文字は、モンゴル語以外の言語を表記するために使用された例を見つけるのが難しいが、ウイグル文字は、他の多くの言語の表音文字表記に使用されている。後の満州文字もこのウイグル文字を少し変形させたものである。したがって、女真学書に使用された表音文字が、もしかしたらモンゴル語の表記に使われたウイグル文字ではないかという疑問を捨てることができない。パリの国立図書館に所蔵されている『千字文』は、ウイグル文字で書かれた教材が、朝鮮王朝の司訳院で満州語学習に実際に使用されたことを示している。

満州文字は、清の太祖ヌルハチがエルデニ（額爾徳尼）等をしてモンゴル・ウイグル文字を借用して万暦二七年（一五九九）に作成し、清の太宗が崇禎五年（一六三二）にいくつかの文字を添加して圏点（円と点）を付けて修訂したものである（Ligeti, 一九五二）。ダハイ（達海）博士等に命じて、多くの中国の書籍をこの文字で記録させた。

この文字は、モンゴル・ウイグル文字とは異なるが、満州文字以前の女真学書がモンゴル・ウイグル文字で記録されていたのではないかという仮定が可能なのは、漢字を変改させて作った女真文字（大字・小字）が、時折モンゴル文字と一緒に書かれるという記録があるためである。すなわち、『成宗実録』の成宗二一年庚戌六月戊子条に「兵曹奉旨、下書于建州右衛酋長羅下。〔中略〕〔用女眞字・蒙古字、飜譯書之〕（兵曹で教旨を奉じるに、建州右衛酋長の羅下に書を下す。〔中略〕〔女真文字・モンゴル文字で翻訳して書いた〕）」という記録があり、兵曹で建州右衛の酋長に女真文字とモンゴル文字で翻訳した文書を送っていたことがわかる。

実際に女真語を記録するために使用されたウイグル文字を、蒙古女真文字と呼んでいたという記事がある。『成宗実録』成宗二三年壬子正月条には、「右承旨權景禧啓曰、諭都骨兀狄哈之書、已用蒙古女眞字飜譯、何以處之。（右承旨の権景禧が啓上して言った。「都骨兀狄哈に暁諭する文書をすでにモンゴル女真文字に翻訳しましたが、いかにして処理すべきですか。」と）」という記事があり、蒙古女真文字で翻訳した諭書を女真人に送ろうとしたことがわかる。当時司訳院では元の帖月真（または帖児月真、パスパ文字）だけでなく、蒙古の偉兀真（ウイグル文字）についてもよく知っていたことを推測するのは困難ではない。[6]

これに対するより確実な証拠は、女真学書を清学書、つまり満州語の学習書に変える過程で発見される。丙子胡乱以後急速にその必要性が高まった満州語の学習は、『経国大典』に掲載された一五種の女真学書の中で、壬辰倭乱と丙子胡乱の兵火を経て残っていた五冊の女真語教材、すなわち『仇難』・『去化（あるいは巨化）』・『尚書』・『八歳児』・『小児論』によって実施された。

すなわち、『通文館志』巻二、科挙、清学八冊条に、「初用千字文、〔中略〕並十四册。兵燹之後只有仇難・去化・尙書・八歳兒・小兒論五册。故抽七處寫字、以准漢學册數。（最初は、（女真学書として）『千字文』等の計一四冊を使用した。（丙子胡乱の）兵火以降は、『仇難』・『去化』・『上書』・『八歳児』・『小児論』の五冊だけが残った。それゆえ、（これらの本の中から）七箇所を選んで写字させたのであり、（科挙の試験における出題書は）漢語の出題書の本の数に準じた）」という記事があり、女真学書として丙子胡乱以後に残った五冊によって満州語を教育し、訳科清学の試験に使用したことがわかる。

しかし、これらの五冊は女真語を学習する本であり、その表記は満州文字ではなく、前述したように、蒙古女真文字、つまりウイグル文字で表記されていたのではないかと思われる。女真語と満州語は、互いに独立した言語であり（Grube、一八九六；Benzing、一九五六）、その文字も異なっていたので、これらの五冊の女真学書を満州語学習のために使用するには、語音と文字において、重要な違いが顕になっていた可能性が大きい。

実際にこれに関して『通文館志』巻七、人物、中継黯条に、

> 申繼黯、平山人。女眞學舊有國典所載講書、而與清人行話大不同、清人聽之者莫解。秋灘呉相國允謙 以公善清語、啓送于春秋信使之行。十年往來、專意研究、盡得其語音字劃。就本書中仇難、巨化、八歳兒、小兒論、尙書等五册、釐正訛誤、至今行用於科試。〔出啓辭謄錄〕官至僉樞
>
> 申継黯は平山の人である。女真学は以前は『経国大典』に講読する本が載っていたが、（この教材の言葉は）清の人々の言葉と非常に異なっており、清の人々が聞いてもわからなかった。領議政の秋灘呉允謙が、申継黯が清の言葉に長けているので、春秋の使行に送るように啓上した。一〇年間行き来しながら、ひたすらこれのみに専念して研究させ、その言葉と発音、文字をすべて体得させた。この（女真学書の）教材の中で、『仇難』・

『去化』・『八歳児』・『小児論』・『尚書』等の五冊の誤りを直し、今に至っても訳科試験で使用している。［『啓辞謄録』に出ている］官職は中枢院僉事に至った。

という記事がある。昔の国典に記載されていた女真学書の女真語が、満州語とは非常に異なっており、清の人々が聞いても理解できなかったことがわかる。

そして申継黯が一〇年間清を往来しながら、満州語の語音と満州文字の字画をすべて学び、清の太祖の時にエルデニが考案した満州旧字から、太宗の時にダハイ博士等が制定した有圏点満州新字まですべて熟知し、この文字に精通したものと思われる。彼は、満州文字を導入して満州語教材の女真学書のうち「仇難・去化・八歳児・小児論・尚書」を満州語と満州文字に変え、科挙試験に使用させたのである。

これを見ると、女真語と清語、つまり満州語が互いに異なる言語であることがわかるだけでなく[7]、女真学書に記録された文字と満州文字が互いに字画の違いを見せていたことが推察できる。すなわち、もし女真学書が漢字や女真文字（大字や小字）で書かれていた場合、満州文字と比較したときに、全く異質の二つの文字を単に字画が違うとだけ表現することができるであろうか。これは、前述した蒙古女真文字呼ばれたウイグル文字と満州文字との関係として理解するとき、初めて合理的な説明が可能になるのである。

これについて、『訳官上言謄録』の崇禎一二年己卯（一六三九）五月一一日条の記事は、非常に多くの示唆を投げかけている。

司譯院官員以都提調意啓曰、女眞學傳習之事、其在于今時　他學尤重。自前流來番書、未知出自何代、而淸人見而恠之、全未曉得。彼中方今行用之書、卽前汗所著、而音則淸音、字則與蒙書大略相似、而點劃實異、曉

解者絶無、彼此相接之時、無以通情。都提調吳允謙時、具由入啓、多方勸奬。本學中有才申繼黯、春秋信使之

行、連續差送、俾無與清人來往問難、語音精熟。然後乃學其書、繼黯專意研究、于今十載。方始就緒、傳來册

本中、所謂巨化、仇難、八歲兒、小兒論、尙書等五册、以清語寫出、而清旁註質之。上年勅使時、從行清人、

無不通曉、以此可知其不誤也。〔後略〕

司訳院の官吏が都提調に啓して曰く、「女真語を学ぶことは、今日において、他の言語を学ぶことよりも非

常に重要です。以前から朝鮮に流入していた女真語の本は、いつの時代に作られたのかわからず、清の人々が

見てもいぶかしがり、全く理解できません。彼らの中で、現在使用している字は、前ハーン（ヌルハチ）が著

したもので、発音は清国の音で、文字もモンゴル文字と概ね似ていますが、その点と画が実際に異なってお

り、理解できる者が一人もおらず、互いに接する際に意思の疎通ができません。吳允謙が（司訳院の）都提調

だった時に、上啓して様々な方法で（勉強するように）推奨しました。女真学の中で才能がある申継黯を春と

秋に送る使行に連続して送り、清の人と往来して、言葉と発音に習熟するようになりました。それから、この

（女真学の）教材を学ばせ、ただそのことだけに専念して一〇年になりました。こうしてやっと解決の糸口を

つかみ始め、伝来の教材の中で、いわゆる『巨化』・『仇難』・『八歳児』・『小児論』・『尚書』等の五冊を清の言

葉で書き写し、近くにいた清の人に質問して注をつけて解釈しました。昨年勅使が来た時に、清の人々に付き

従いながら、わからないことがなかったので、この本には間違いがないことがわかります。〔後略〕」と。

この記事は、女真学を学ぶ「以前から使っていた教材（自前流来番書）」が、いつの時代に作られたものであるか

もわからず、清人が見ても全く解読できないという内容である。これは、女真学書と清学書が全く別のものである

ことを示している。そして、その中で広く使用されているのも、前のカーン時代のものであり、発音は清音（満州

語音）、文字は蒙書（モンゴル・ウイグル文字）と概ね同じだが、点画が違って解読する人が全然いなかったというのである。

これは、丙子胡乱以降残っていた五冊の女真学書を「現在使用している教材（方今行用之書）」と呼んでいるものと推測され、申継黯以前には、この五冊の女真学書を通じて清語、つまり満州語を学習したものと思われる。この時使用されていた満州文字は、清の太祖がモンゴル・ウイグル文字を借用して作成された満文であり、清の太宗がこれを修訂して圏点を付けて作成したものの前の老檔（昔の文献）に使われた満文である。

したがって、これら五冊の本は、前のカーン（清の太祖）の時の著書と見たのであり、発音は満州語であるが、文字は蒙書と概ね同じで、清の太宗が修訂した満州文字とは点画が違うと見たのである。[8] 清の太宗以降の新満州文字による清学書の改編は、前記の記事のように申継黯によって主導されたが、彼は、一〇年間続けて春秋信使（春と秋に行く使行）に派遣され、満州語の語音と文字を研究して、前述した五冊の女真学書を新しい満州文字に変えて、本格的に編纂を始めた。

訳科清学

これら五冊のうち、『仇難』と『去化』と『尚書』は、司訳院で新しく清学書として編纂された『三訳総解』と『清語老乞大』に置き換えられ、この新しい清学書は、康熙甲子（一六八四）から訳科試験にも使用された。これは、前述した『通文館志』巻二、科挙、清学八冊条と、『受教輯録』[9] で確認することができる。『受教輯録』の巻三、礼典、勧奨、訳科条に、「蒙學則舊業守成事鑑・伯顔波豆・孔夫子・待漏院記之外・添以新飜老乞大。清學則舊業八歳兒・論之外[10]、添以新飜老乞大・三譯總解・仍爲定式教誨使之、通行於科擧與試才之時。［康熙癸亥承傳］（蒙学、つまりモンゴル語の学習は、昔の『守成事鑑』・『伯顔波豆』・『孔夫子』・『待漏院記』の他に、『新翻老乞大』を新たに追加した。清学、すなわち満州語教育は、昔は『八歳児』・『(小児)論』のほかに、『新翻老乞大』・『三訳総解』を追加して定式とし、教誨に使用させ、訳科試験と試才の時に実施されるようにした［康熙癸亥(一六八三)承傳を与える］」という記事があり、清学は康熙癸亥(一六八三)から『八歳児』や『小児論』に加えて、『新翻老乞大』(『清語老乞大』をいう)と『三訳総解』を正式に科挙と試才(院試と取才)に使用することを決定し、康熙甲子(一六八四)からこれら二つ清学書が使用されたことがわかる。[11]

したがって、訳科清学の科挙試験は、『八歳児』や『小児論』に加えて、『清語老乞大』・『三訳総解』等の四種の清学書から七箇所を選んで写字させ、漢学のように『経国大典』を翻訳させて訳語を試験にしたので、[12]全部で八つの問題が出題されるように規定されたのである。

二、清学書の満州語

清学、すなわち満州語教育は、丙子胡乱(一六三六)以降、司訳院で本格的に行われ始めた。満州語教育は、その学習が難しかったようで、それがいかに難しかったかを次の序文から推測することができる。『重刊三訳総解』の重刊序において、李湛は「書以載語、書不明、語亦不明。顧清語狂。[13]今諸方語爲用最緊、而舊有老乞大、三譯總解諸書、歳月寖多、卷帙散逸、字句音釋亦不無古今之異、學者病之。［後略］(言葉を載せるのが文字であるが、文字が明確でなければ、言葉もまた明確ではない。清の言葉の難しさを思う。今日においては、様々な国の言葉を使用できるようになることが非常に重大であるが、昔は『老乞大』と『三訳総解』諸書があり、みな歳月が経つとともに巻帙はばらばらになり、また字句や字音と釈義は古今の差があり、学習者は苦しんだ)」としており、訳官であった彼も、満州語の学習が非常に難しかっただけでなく、言語の歴史的な変遷を認識し、語学教材が古今の言語を反映する違いがあるため、さらに難しいと見ていた。

壬辰倭乱・丙子胡乱を経験した朝鮮王朝の中期には、対清・対日関係がそれまでよりも重要視され、司訳院で清学と倭学の位相も、従来の漢学（漢語）中心から比較的高くなっていった。その中でも清学は、満州族が中国を占め、交隣国から事大国に変わることにより、女真語を学習していた女真学も満州語を学ぶ清学に変わり、司訳院四学での序列も漢学の次に格上げされたのである。

司訳院の女真学が清学に変わったのは、女真語と女真文字の学習から満州語と満州文字の学習に切り替わったことを意味する。したがって、訳学書に一大革新が求められたのであるが、実際には丙子胡乱以後、初期の女真学書のうちのいくつかを改編させて清学書に使用したことは、前述したとおりである。

すなわち、申継黯が女真学書を清学書に改編した『仇難』・『去化』・『八歳児』・『小児論』・『尚書』等の五冊の中のうち、康熙甲子（一六八四）に『新翻老乞大』・『三訳総解』が清学書として使用されるにつれて、その時代の言葉と異なっていた「仇難・去化・尚書」をすべて廃止することにより、最終的に清学書は『八歳児』、『小児論』と司訳院で新たに編纂した『新翻老乞大』・『三訳総解』の四種に減ったのである。

壬辰倭乱と丙子胡乱の後に、初めて刊行された国典である『受教輯録』（一六九八）の前述した記事を見ると、康熙癸亥（一六八三）から『新翻老乞大』と『三訳総解』が、『八歳児』と『小児論』とともに訳科清学の出題書となったことがわかる。

清学書の変遷

訳科清学は、このような満州語教材の変動に応じて、科試書、すなわち清学の出題書に変化を見せ、これらの変化は、『通文館志』に詳しく記録されている。そして、この変化が『続大典』において定着して初めて、朝鮮における訳科清学は、他の三学とともに正式に法典に表示されることになる。

すなわち、『続大典』礼典、訳科初試、写字条に、

寫字、清學：八歳兒・小兒論〔見大典〕・老乞大・三譯總解〔新增〕、其餘諸書並今廢。譯語同大典。

写字（筆記）試験の清学は、『八歳児』・『小児論』〔『経国大典』を見よ〕・『老乞大』・『三訳総解』〔新しく増設〕、残りの本はすべて今後廃止する。訳語の試験は、大典と同じである。

という記事があり、訳科清学が正式に写字の列に現れる。

これによると、中継黯が満州語の新しい文字に変えた『八歳児』・『小児論』と、後には漢語教材である『老乞大』を新たに翻訳した『新翻老乞大』（『清語老乞大』）と『三国志』を翻訳した『三訳総解』が、訳科清学の写字出題書として定められた。そして、以前使用していた女真学書やそれ以降に満州新文字に変えた清学書も、『小児論』と『八歳児』を除いては、すべて廃止されたことがわかる。

すなわち、初期の女真学書の中で、中継黯が兵乱以後に残った五種を満州語に改編して清学書として使用していたが、一六八三年から『三訳総解』と『新翻老乞大』が編纂されたことにより、『八歳児』と『小児論』のみ残すようにして、これら四種の清学書で使用したということである。

『通文館志』巻二、勧奨、禄取才条を見ると、清学才は、常に三冊を中心に行われたが、春と夏の試験に『八歳児』、『清語老乞大』上の四巻、『三訳総解』上の五巻と文語を試験し[14]、秋と冬には、『小児論』、『清語老乞大』下の四巻と『三訳総解』下の五巻、そして文語を試験した。最終的に清学四書（『清語老乞大』・『三訳総解』・『八歳児』・『小児論』）を中心に、満州語の学習が行われたことを物語っている。[15]

『通文館志』巻二、勧奨、取才条に出題書として定められた『清語老乞大』に関しては、『三訳総解』の序文[16]に「〔前略〕而取清書三國志相與辨難、作爲三譯總解十卷。又解漢語老乞大、爲清語老乞大八卷、與舊八歳兒・小兒論各一卷、通共二十卷用。〔後略〕（『清書三国志』をもって互いに難しいところを明確にし、『三訳総解』一〇巻を作った。そして、『漢語老乞大』を『清語老乞大』八巻に作り、これとともに昔からの本である『八歳児』・『小児論』各一巻を加えて、全部で二〇巻を使用するようにした）」という記事が見える。したがって、康熙庚申（一六八〇）に『漢語老乞大』を満州語に翻訳し始めてから、康熙甲子（一六八四）に完成させたものを、『清語老乞大』と言ったことがわかる。

『清語老乞大』

『清語老乞大』の編纂については、濯足本[17]『清語老乞大』の巻一に附載されている洪啓禧の「清語老乞大新釈序」[18]に、次ののような記事が見える。

清學往今諸譯爲用最緊、爲功最難。其課習之書有老乞大及三譯總解、而三譯總解則本以文字翻解、無甚同異訛舛。若老乞大則始出於丙子後我人東還者之語生解、初無原本之依倣者、故自初已不免齟齬生澁。〔後略〕

清学は、昔も今もすべての言語の中でその使用が最も重要なものであり、また学習が最も難しい。その学習書としては、『老乞大』（『清語老乞大』をいう）および『三訳総解』があるが、『三訳総解』は、元々文字（漢文をいう）で書かれたものを翻訳して解釈したものであり、異なったり互いに食い違って間違っているものがそれほど甚だしくはない。しかし、『老乞大』の場合は、はじめは丙子胡乱後我が国の「東還者」（丙子胡乱の時に清軍に捕虜として捕らえられてから戻ってきた人々のこと）によって生き生きとした口語で解釈したものであ

る。最初参考にできる原本がなく、そのため、最初から食い違いと滞りを免れなかった。〔後略〕[19]

これを見ると、『清語老乞大』は、丙子胡乱の時に清に拉致されてから帰国した「東還者」が、『漢語老乞大』をそのまま満州語に翻訳して編纂したものであることがわかる。したがって、当時の清で使われていた満州語の口語を学習するために編纂された学習書ということになる。

『漢語老乞大』が高麗の商人が中国を旅行しながら起こる様々な場面の会話を内容としていたため、『清語老乞大』も清学訳官が中国に行ったときに使用する、口語の満州語で書かれた非常に実用的な会話教材であった。ただし、一人の著者が『漢語老乞大』を一貫して翻訳したのではなく、各巻ごとに翻訳された満州語が異なっており、明確でない部分があり、東還者のうち複数の人がこの翻訳に参加したことを物語っている。

そして、前記の洪啓禧の序文の最後の部分、すなわち、「初無原本之依倣者、故自初已不免齟齬生澁。（最初から原本に頼ったり、模したところがなく、そのため、最初から食い違いと滞りを免れなかった）」という記事から、満州語で書かれた『老乞大』が最初から存在しておらず、『漢語老乞大』を新たに翻訳したものであることがわかる。また、『三訳総解』の原序[20]にも「〔前略〕又解漢語老乞大、爲清語老乞大八巻〔後略〕（〔前略〕また『漢語老乞大』を解釈して『清語老乞大』八巻を作る。〔後略〕）」という記事があり、この事実を裏付けている。

しかし、『受教輯録』と『続大典』、『通文館志』「科挙」条には、一様に「新翻老乞大」という書名で示されている。「新翻」はすでに満州語や女真語で翻訳されたものを再度新た翻訳するという意味を持っているが、『経国大典』の女真学に『老乞大』という書名が見られないので、女真語『老乞大』があった可能性はほとんどない。女真語の『老乞大』を新たに翻訳したという意味か、または清語、すなわち満州語『老乞大』を新たに翻訳するという意味で「新翻」という言葉を使用したものと思われるが、女真語『老乞大』がなかったとすれば、満州語で『漢語老乞大』を新たに翻訳したという意味として捉えなければならない。これは、後日金振夏が開市[21]のために会寧[22]に滞在していた時、寧古塔から派遣されていた満州人の筆帖式に、音と意味を質問して字画を直して増補された。

『三訳総解』

『三訳総解』は、『重刊三訳総解』に収録された前記の原序によれば、粛宗七年（康熙庚申、一六八〇）に老峰閔鼎元が司訳院の提挙だった時、中継黯が女真学書を翻訳した清学書「去化・仇難・尚書」が語彙等の面で不十分であることを挙げて、崔厚沢、李濈、李宜白等に再び修訂させ、また、『清書三国志』を翻訳して『三訳総解』一〇巻を作った。[23] これについては、康熙癸未（一七〇三）に朴昌裕等六人が都提調の竹西申琓に、この本の刊行を請願して許可を得て、呉廷顕・李宜白等が中心となって刊行した後、名前を『清語総解』としたという記録がある。[24] また、『通文館志』「科挙」条と前述した『受教輯録』勧奨条に、康熙甲子（一六八四）に『新翻老乞大』・『三訳総解』を清学試験に初めて使用したという記録と、康熙癸亥（一六八三）からこれを広く使用したという記録がある。

『三訳総解』は、漢文と満州語で書かれた『清書三国志』[25]を朝鮮語でも翻訳して、漢・清・朝の三訳という名前が付けられており、康熙癸亥（一六八三）から、科挙・院試・取才・考講に使用され始めた。康熙癸未（一七〇三）には、他の訳学書と一緒に活字で刊行され、『三訳総解』という名前を得た。[26]

清学書の改訂・増補

『続大典』以降の訳科清学は、あまり大きな変動がなかった。『大典通編』と『大典会通』でも『続大典』のものがそのまま踏襲されているだけである。しかし、『清語老乞大』と『三訳総解』等の清学書は、数回修訂・補完されている。清学書の改訂・増補は『清語老乞大』から始まる。中期に『新翻老乞大』という名前で『漢語老乞大』

を満州語に翻訳して清学書として使用された『清語老乞大』の改訂は、金振夏によって乾隆乙酉（一七六五）に行われ、『新釈清語老乞大』という名前で箕營（平壌）で刊行された[27]。

そして、中期に『清書三国志』を翻訳して清学書として作成した『三訳総解』も、金振夏が乾隆丙申（一七七四）に修訂して司訳院で刊行された。また、初期の女真学書を満州語に変えて中期に清学書として使用していた『八歳児』と『小児論』も、金振夏によって乾隆丁酉（一七七七）に修訂されて「新釈」という名前を付けて司訳院で刊行された[28]。

金振夏が主導した中期の司訳院清学訳学書に対する全面的な修訂は、乾隆乙酉（一七六五）から乾隆丁酉（一七七七）にかけて行われた。これらの修訂作業は、漢学の『老乞大新釈』（一七六三）と『朴通事新釈』（一七六五）を刊行する一連の新釈作業と脈絡を同じくするものである。すなわち、清学でも同じ時期に中期の訳学書を改訂し、新釈という名前を付けたのである。

『新釈三訳総解』は、『重刊三訳総解』とも呼ばれていたようである。乾隆甲午（一七七四）の刊記のある李湛の重刊序に、「〔前略〕金公振夏以善清語名、先以老乞大就質於清人之習其書者、筵白而刊行之。繼又考校三譯總解刪其訛誤、獲成全書。都提擧栢谷金相國聞而嘉之、官給財力、因使金公董其役、張君再成書而入梓焉。〔後略〕（金振夏公が清の言葉に長けていることで有名であり、まず『老乞大』（『清語老乞大』をいう）をもって、清の人々の中でその文字（満州文字をいう）を学んだ人に聞いて直した。そして経筵の場で（王に）啓上して刊行した。続いて、また『三訳総解』の誤りを校正し、本を作った。司訳院の都提挙である栢谷金相国がこれを聞いて喜び、官庁で費用を持ち、金振夏公をしてその任務を監督させ、張再成が文字を書いて木版に刻んだ）」という記事がある。

これを見ると、金振夏が『老乞大』を修訂・刊行し、続いて『三訳総解』も誤りを修訂したという話を聞いて、当時司訳院の都提挙であった金栢谷がこれを刊行させ、張再成がこれを清書して、金振夏の監督の下に重刊させたことがわかる。すなわち、金振夏が新釈した『三訳総解』を、金相国の命により官から資金が出され、乾隆甲午（一七七四）に重刊されたのである。

重刊という名前に修訂・増補して刊行されたものとしては、漢学の『老乞大』重刊（一七九五）と蒙学の蒙学三書（『蒙語老乞大』・『捷解蒙語』・『蒙語類解』）の重刊（一七九〇）、そして倭学の『重刊捷解新語』（一七八一）と清学の『重刊三訳総解』（一七七四）がある。それゆえ、清学の『三訳総解』を金振夏が新釈し、これを重刊するに伴い、倭学の『捷解新語』が重刊され、続いて蒙学三書と漢学の『老乞大』が重刊されたものと見ることができる。

『同文類解』

清学書においても他学の訳学書のように語彙集が刊行された。清学語彙集として『物名』という小冊子があったが、清の『清文鑑』・『大清全書』・『同文広彙』等の語彙集を模倣した本格的な類別語彙集が、乾隆戊辰（一七四八）に清語訓長の玄文恒によって編纂され、『同文類解』という名前で刊行された[29]。

また、『通文館志』巻八、什物条に、「同文類集板［康熙辛未清學官李海・呉相集・鄭萬濟捐財刊板、藏於該學］（『同文類集』の冊板［康熙辛未年に清学官の李海・呉相集・鄭萬濟が資金を投じて刊板を作り、清学で所蔵した］）」という記事があり、康熙辛未（一六九一）に刊行された『同文類集』という清学書が存在していたようであるが、今日伝わらず知ることができない。『同文類解』は、安命説の「同文類解跋文」や『通文館志』巻八、什物、続条に、「同文類解板［乾隆戊辰清語訓長玄文恒修整、芸閣刊板。］（『同文類解』の冊板。［乾隆戊辰年に清語訓長の玄文恒が修訂して校書館で刊板を作った］）」という記事があり、小冊子であった『同文類集』を玄文恒が修訂・増補して『同文類解』として編纂した可能性があるが、『同文類集』が発見されていない現時点では、確認する方法がない。

『同文類解』は、見出し語が中国語で書かれており、その下に朝鮮語の意味を書いてから、それに該当する満州語がハングルで書かれている。したがって、中国語・朝鮮語・満州語の語彙を知ることができる。また、『漢清文鑑』という語彙集が『同文類解』の後に続いて刊行された。『漢清文鑑』は、編纂年代が明確に記録されてはいないが、乾隆四〇年頃（一七七五）（小倉進平、一九六四：六一九～六二〇）に李湛、金振夏等の漢学官と清学官がその編纂に参加したものと思われる。その藍本は、『清文鑑』と凡例に記載されているが、「清文鑑」という名前の満州語語彙集が数種あり、そのうちのどれを藍本としたのかは明らかではない。

『漢清文鑑』の影響なのかはわからないが、その後漢語・モンゴル語・日本語・満州語を一箇所に集めた類別語彙集が流行し、『三学訳語』・『方言集釈』等の語彙集があったが、実用性はほとんどなく、司訳院の訳学書として見なすのは難しい。

三、訳科清学と満州語試験

これまで満州語教材である清学書の変遷を考察してきた。この教材で教育される満州語は、実際にどのようなものだったのであろうか。また、その評価はどのようになされたのであろうか。前章まで訳科試験を通じて訳学書で学習した各外国語能力の評価を見てきたが、満州語教育においても、実際に『続大典』に規定された訳科清学の試験方法に合わせて実施された満州語試券があり、それを確認することができる。

前述したように、訳科清学は、満州語教材の変動に応じて科試書、すなわち清学出題書が多くの変化を見せており、時代に合わせて変遷していた。このような変化は、『通文館志』に詳しく記録されており、『続大典』に定着して初めて朝鮮王朝における訳科清学が、他の三学とともに正式に法典に表れるようになった。

すなわち、『続大典』礼典、訳科初試、写字条に、「寫字 清學：八歳兒・小兒論［見大典］・老乞大・三譯總解

［新增］。其餘諸書並今廢。譯語同大典。（筆記試験の清学は、『八歳児』・『小児論』［大典を見よ］・『老乞大』・『三訳総解』［新しく追加］、残りの書物はすべて今回廃止する。訳語試験は大典と同じである）」とあり、『八歳児』・『小児論』・『清語老乞大』・『三訳総解』から訳科の試験問題が出題されたことがわかる。

これによれば、中継黠が女真学書を満州の新文字に変えて清学書に編纂した『八歳児』・『小児論』と、後日『漢語老乞大』と『清書三国志』を新たに翻訳した『新翻老乞大』（『清語老乞大』）と『三訳総解』を訳科清学の写字試験における出題書にし、それまで使用していた女真学書や後にこれを満州新文字に改編した教材も、すべて廃止したわけである。

訳科試験の分量は、司訳院四学がみな漢学の本の数に基準を置いていた。前述した『通文館志』巻二、勧奨、科挙、漢学八冊条にあるように、漢学の本業書『老乞大』・『朴通事』・『伍倫全備』の三種の本は、本を見ずに講書させ（背講）、四書は本を見ながら講書させ（臨講）、訳語は「飜経国大典」として大典を翻訳させて訓導がこれを試官に伝達して評価した。

これは、本業書三種と清学四書および「翻経国大典」を合わせて計八問題が出題されることを意味する。訳科清学の試験分量も、『通文館志』巻二、勧奨、科挙、清学八冊条に規定されている。すなわち、「八歳兒・小兒論・新飜老乞大・三譯總解・飜經國大典。八歳兒・小兒論・新飜老乞大・三譯總解四冊、抽七處寫字。大典飜語同漢學。（清学八冊は）『八歳児』・『小児論』・『新翻老乞大』・『三訳総解』、そして「翻経国大典」である。『八歳児』・『小児論』・『新翻老乞大』・『三訳総解』の四書は七箇所をくじを引いて決め、書き写し、大典の翻訳は漢学と同じである）」とあり、訳科清学は、清学四書、つまり『八歳児』・『小児論』・『老乞大』・『三訳総解』等四種の訳学書から七箇所を選んで写字させ、訳語は、『経国大典』を翻訳させ、漢学のように八つの問題を出題していた。

訳科清学の試券

このような試験方法を確認することができる訳科清学試券が、かつて筆者によって紹介されている。

［写真六－一］に示す資料は、高麗大学図書館に所蔵されている訳科清学初試の試券で、甲辰増広別試（憲宗一一、一八四四年施行）の訳科に二等五人で合格した白完培のものである。

大きさは縦が七七、横が九四センチメートルであり、朝鮮の朝廷で教旨等によく使用されていた厚手の楮紙（楮で作った紙）に書かれ、巻物の形で保存されている。答案用紙は上下二段に分けられており、右上段の角に応試者の白完培と父、祖父、曽祖、外祖の氏名が書かれているが、応試者以外の氏名は採点の公平性を期すため墨で消されている。

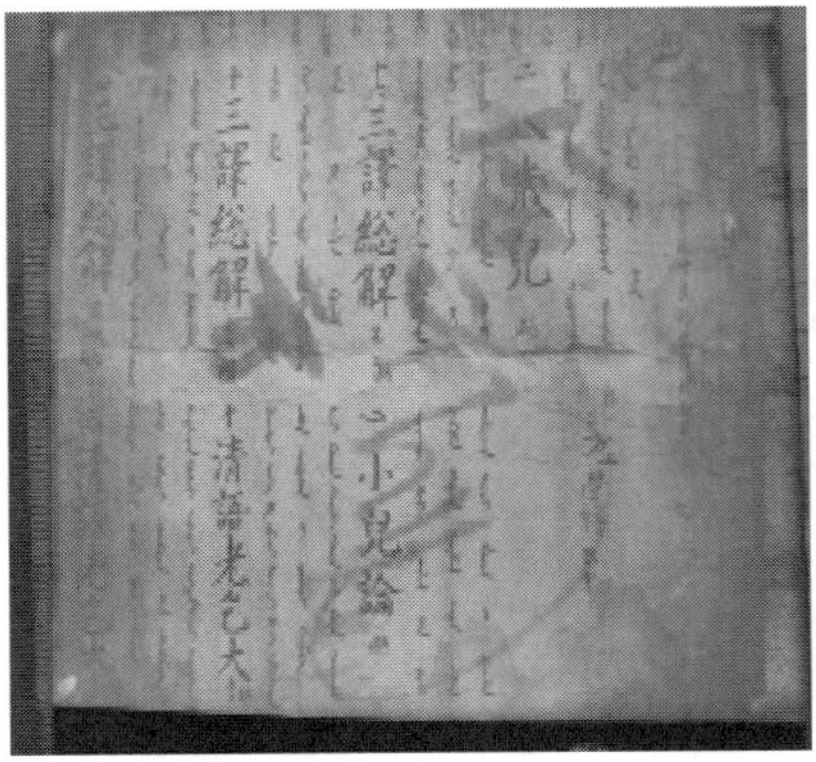

［写真六－一］甲辰増広別試の訳科清学白完培の試券

［写真六－二］白完培の試券の裏面（朱書で「二之五」が見える）

秘封部分は、〔写真六-三〕を見るとわかるように、次のとおりである。

啓功郎 前行司譯院奉事 白完培 年二十四 本林川 居京
父 通訓大夫 前行司譯院判官 ○○○
祖 通訓大夫 行司譯院判官 ○○○
曾祖 朝散大夫 行司譯院奉事 ○○○
外祖 資憲大夫 知中樞府事尹 ○○ 本坡平（○○は墨で消した部分）

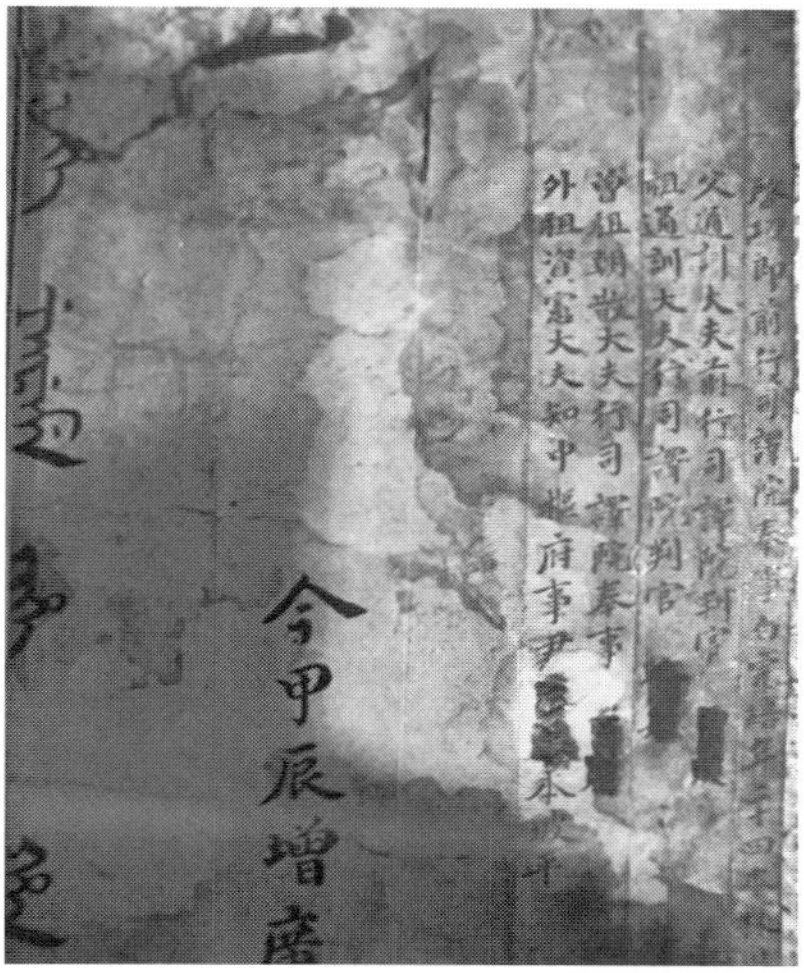
〔写真六-三〕甲辰試における白完培の清学試券の秘封

これを見れば、試券の作成者は、当時啓功郎（東班従七品）で司訳院奉事（従八品）であった白完培であり、本貫は林川で、二四歳で応試したことがわかる。彼は司訳院判官を務めた白曽煥の息子である。元々林川白氏家は、代々訳官を多く輩出していたが、特に清学訳官が多かった。

『訳科榜目』巻二、道光甲辰増広、白完培条には、「字成汝、辛巳生、本林川、清學新遞兒判官元培弟。」として、彼の字が成汝であり、辛巳（純祖二一、一八二一）年に生まれ、清学新遞児として判官の職にあった白元培の弟であることがわかる。この増広別試は、一等三人、二等七人、三等九人、合わせて一九人が合格しており、白完培は二等七人の中に含まれているので、この試券により訳科清学初試に二等で合格したことになる。

〔写真六-一〕に見られるこの試券の上端部分に、右から左へ『千字文』を初めとする一七個の清学書と「翻大典通編」という科題が載っているが、順番どおりにそのまま引用すれば次のとおりである。

千字、天兵書、小兒論、三歳兒、自侍衛、八歳兒、去化、七歳兒、仇難、十二諸國、貴愁、呉子、孫子、太公、尙書、三譯總解、清語老乞大、飜大典通編

また、右上段の中間部から「今甲辰增広別試 訳科初試」という題簽が見られ、右上の隅に「出」という千字文の順序による一連の番号がある。

清学試券に見える答案は、左から右に、上下二段に分けて書かれているが、左上段から「四　三譯總解第一、十三譯總解第二、十六　三譯總解第三、二　八歳兒」の順に、そして下段にはやはり左側から「三　清語老乞大巻之一、十　清語老乞大巻之二、二　小兒論」の順に、三行の満州語が満州文字のみ記録されている。下部の『小兒論』の右側には全く別の粗い筆致で「自外方 止營繕（「外方」から「営繕」まで）」という、『大典通編』から出題された訳語の問題が書かれている。

『八歳児』が記録された部文から左側に斜めに「合」という朱書が見え、『三訳総解』第二の端の部分にかけて試官の手決が、やはり朱書で斜めに書かれている。出題された訳学書名の下または巻数を書くすぐ下に（下段の『清語老乞大』は巻数の横に）評価結果が略、粗で表示されている。『大典通編』の翻訳部分には、訳語の採点である「粗」があり、そのすぐ下に訳語を採点した試験官の手決がある。資料の中間上部に蔵書印（本の所有を明らかにする印章）があり、その下に高麗大学図書館の所蔵番号（〇〇八〇七）がある。

そして朱書で「合」と書かれた下にも、朱書で「六分半」という採点の点数がほとんど見分けられないほどに乱暴に書きなぐっている。また、[写真六-二]で見ることができるように、試券の背面の右上段から右下段にかけて、「二之五」と書いてから「五」を「四」に変えた跡が見え、左下段に黒い文字で「四天」と書かれている。これはおそらく、この試券が二等四人の成績を得たことと、「天の四」という千字文の一連番号を示しているのであろう。

以上を総合すると、これらの資料は、道光甲辰年(一八四四)に実施された増広別試の訳科清学初試の試券であり、作成者は、当時啓功郎の品階にあった前司訳院奉事の白完培で、出題は『三訳総解』の第一、二、三から各一箇所、『八歳児』と『小児論』から各一箇所、そして『大典通編』の翻訳として『経国大典』から一箇所が出題されたことがわかる。

増広別試

次に、憲宗甲辰増広別試の訳科清学初試に関して、まず増広別試について考察してみよう。『続大典』礼典、訳科条に、

式年試：三年に一度試験して大科に比肩する。今は子・午・卯・酉年に試験を実施しており、式年と名づける。

増広試：国に大きな慶事があったり、あるいは慶事が重なったときに、増広試を特設する。慶事が重なって多くの人を選ぶ際には、大増広と言って定員を少し増やす。

[中略]

式年および増広別試の初試を実施するときは、各地方に守令を置き、地方と漢城で一緒に試験する。[30]
という規定があり、朝鮮王朝後期の科挙は、三年ごとに行う式年試があり、これは、子・午・卯・酉年に施されたことがわかる。

また、国に大きな慶事があったり、慶事が重なったときに、特別に増広試を実施し、慶事が最も多く重なった場合には大増広と言って、合格者数を少し増やした。増広または大増広試は、式年に行われる式年試と一緒に実施する場合と、これとは別に実施する場合があり、また、式年ではない年に行われる場合にさらに分けて考えることができる。

式年であるが、増広試を式年試とは別に実施したり、式年ではない年に実施する場合には、これを「増広別試」と呼び、式年試と一緒に実施する場合には、「式年増広」またはそのまま「増広試」と呼んだ。この試券の「道光甲辰増広別試」は、憲宗一〇年甲辰年、つまり式年試が行われない年に実施された増広別試であることを物語っている。

『訳科榜目』に出てくる最初の「増広別試」は、宣祖元年（一五六八）に実施された「隆慶戊辰増広別試」で、宣祖の即位を祝い、式年ではない戊辰年に実施された別試であった。しかし、この時、訳科に合格したのは漢学の林春発一人であった。宣祖三八年（一六〇五）に実施された「萬暦乙巳増広試」でも漢学の李雲祥一人だけが合格したが、その翌年に継続して行われた万暦丙午の式年に実施された増広試では、韓瑗、鄭慎男の二人が漢学に合格した。また、光海君の即位を祝う万暦己酉増広試（光海君元年、一六〇九年に実施）は、式年の増広試であったが、それより先に施行された式年試と同じように一九人を合格させている。これは『経国大典』訳科覆試の定員数に合った合格者数である。

式年試を予定どおり実施し、再び同じ年に増広試を行う場合としては、次の例がある。顕宗元年（一六六〇）に実施された順治庚子式年試は、一六人の及第者を訳科から輩出したが、再び、順治庚子増広の別試が実施され、一一人の訳科合格者が『訳科榜目』に挙げられた。

この試巻に見られる「今甲辰増広別試訳科初試」は、道光甲辰（一八四四）に施行された増広別試、すなわち式年ではない年に施されたものであることを物語っている。

科題と採点

次に、この試巻の出題問題、すなわち科題とその採点について考察してみよう。

実際に、甲辰増広別試の清学初試における白完培の試巻は、『三訳総解』から三題、『八歳児』から一題、『清語老乞大』から二題、『小児論』から一題、合わせて七題が出題されている。これは『通文館志』科挙、清学八冊条で定められた、前記の四種の清学書から七箇所を抽選して写字させる、という規定に合っている。

まず、『三訳総解』の出題は、全一〇巻のうちの第一巻、二巻、三巻から、各一題ずつ三題だけが出題され、三行ずつ覚えて書かせている。『三訳総解』の第一巻は一四表一行～三行、第二巻では九裏四～六行、第三巻では九表二～四行が出題され、すべて三行ずつ写字させている。試巻に筆写されているものを、拙著（一九九〇）から引用してみよう。

まず『三訳総解』は、康熙四二年（一七〇三）癸未九月に重刊本が刊行されたが、乾隆甲午（一七七四）に修訂本が刊行されたので、道光甲辰（一八四四）には、当然のことながら乾隆年間に修訂された『三訳総解』本から出題されたはずである。出題された科題と写字された答案は、次のとおりである。

〔写真六-四〕白完培の試巻における『三訳総解』の答案

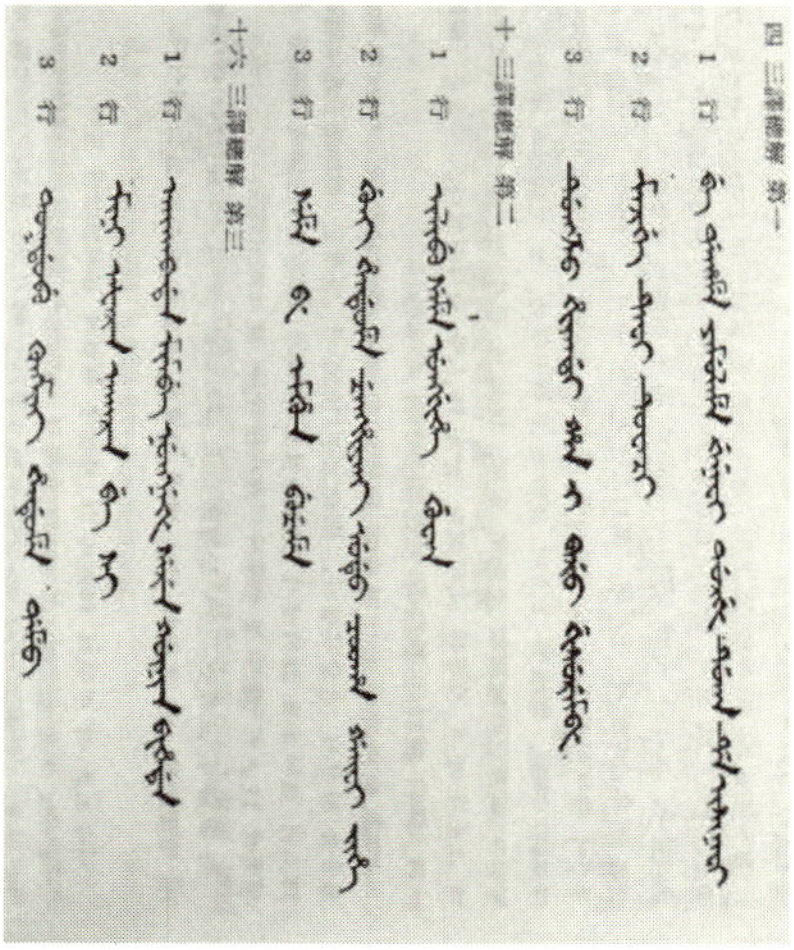

〔写真六-四〕に示されているように、『三訳総解』からは、三題が出題されている。すなわち、「四、三訳総解 第一」の問題は、『三訳総解』第一巻一四表一行から三行までの「〔어무 이넝기뤼부 둥조〕버 다하머 야무라머 거너피 돌기 두카 더 이시나피（第一行）마지거 터피 투와치（第二行、ᄒᆞᄅᆞᆫ 呂布ㅣ 董卓을조차 됴회에 가셔 안문에 다ᄃᆞ라 젹이 안자셔 보니ㅣある日呂布が董卓について朝廷会議に行き、雁門に着いて少しの間座って見ると）、둥조 햔디한 이 바루 기수럼비（第三行、董卓이 獻帝씌 향ᄒᆞ여 말ᄒᆞ니ㅣ董卓か献帝に向かって言う）」の二節で一～三行に入っている部分の満州文字だけを写字したものである。

第二の問題「十、三譯總解 第二」は、『三訳総解』第二巻九裏四～六行を覚えて書くものである。すなわち、「〔아지거 뎌 밈버 너너머 거너피 아훈 버〕이리부 스머 웅기허（적은 아ᄋᆞ 나를 몬져가셔 형을 머무로라 ᄒᆞ여 보내엿다ㅣ小弟が先に行って兄を止めておけというので送ったのです）관（第一行）궁 헌두머 청향 우두 춘하 개피 지허（第二行）스머（關公이 니로되 승샹이 비록 군ᄉᆞ거ᄂᆞ리고 온다 ᄒᆞ여도ㅣ関公が言うに、丞相がたとえ軍を率いてきたとしても）비 엄훈 부쳐머（第三行）〔아팜비 스피〕（내 혼자 죽도록 싸호리라 ᄒᆞ고ㅣ私が一人で死ぬまで戦うと言い）」の三節で四～六行に入っている部分だけを写字させたものである。

第三の問題「十六、三譯總解 第三」は、『三訳総解』第三巻九表二～四行を写字する問題である。「〔순 챤 헌두머〕애카바더 밈버 눙너키 스러 구닌 비허더（第一行、孫權이 니로되 힝혀 나를 침노코져 ᄒᆞᄂᆞᆫ 싱각이 이시면ㅣ孫權が

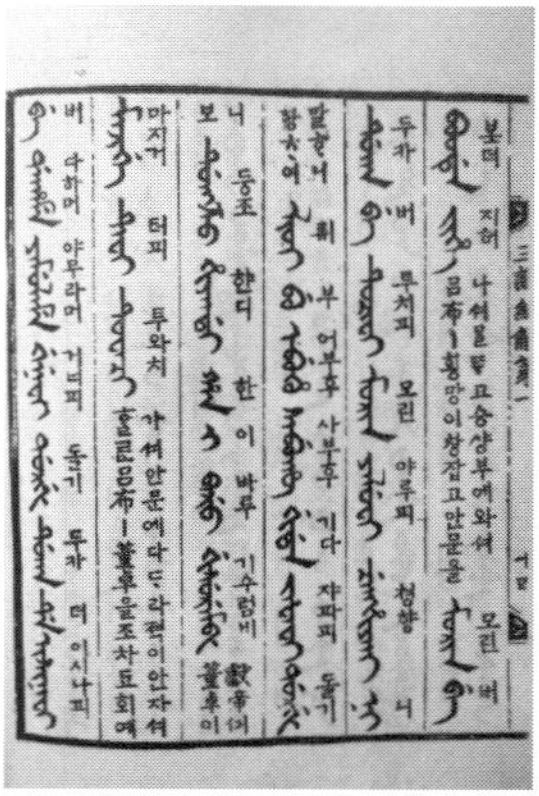

［写真六-五］『三訳総解』第一の出題部分（一～三行）

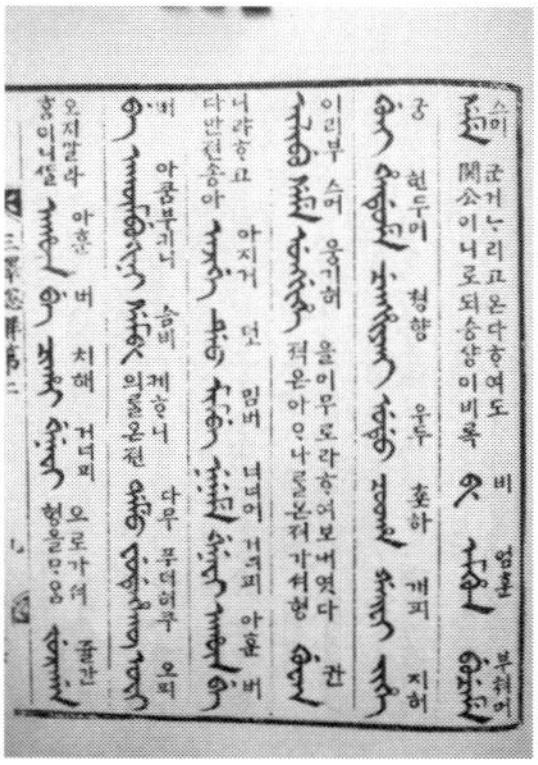

［写真六-六］『三訳総解』第二の出題部分（四～六行）

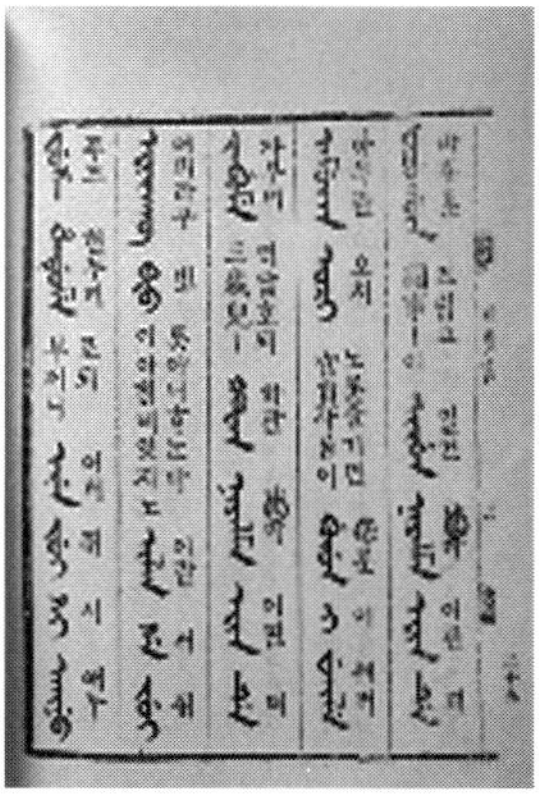

［写真六-七］『三訳総解』第三の出題部分（二～四行）

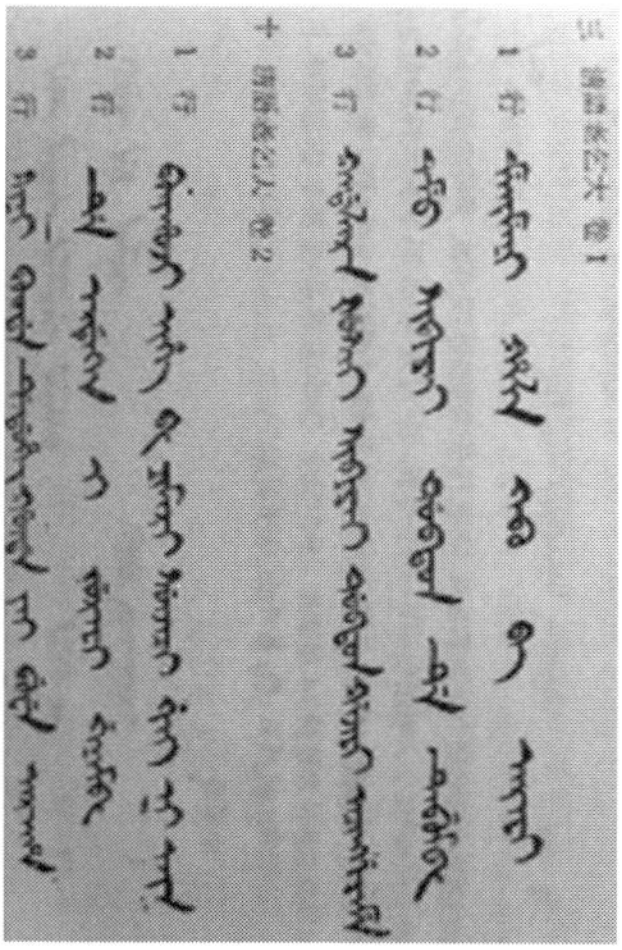

［写真六-八］白完培の試券における『清語老乞大』巻一、巻二の答案

〔写真六-九〕『清語老乞大』巻一の五表の出題部分（一～三行）

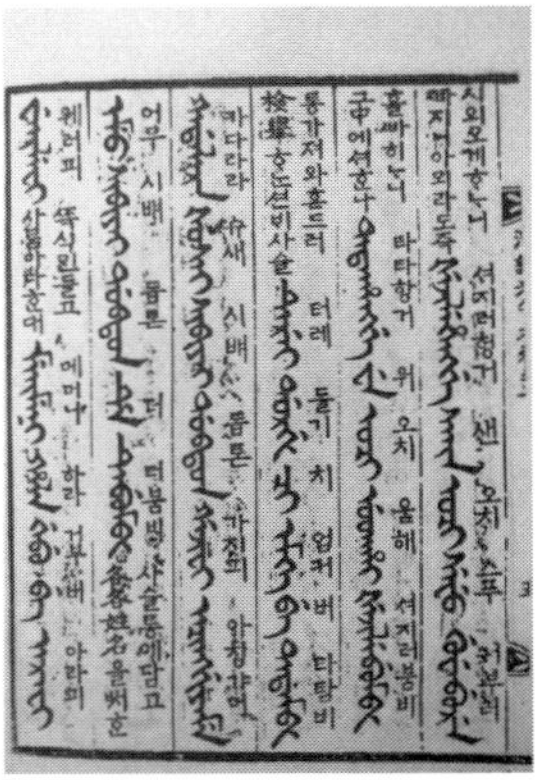

〔写真六-十〕『清語老乞大』巻二の五裏の出題部分（一～三行）

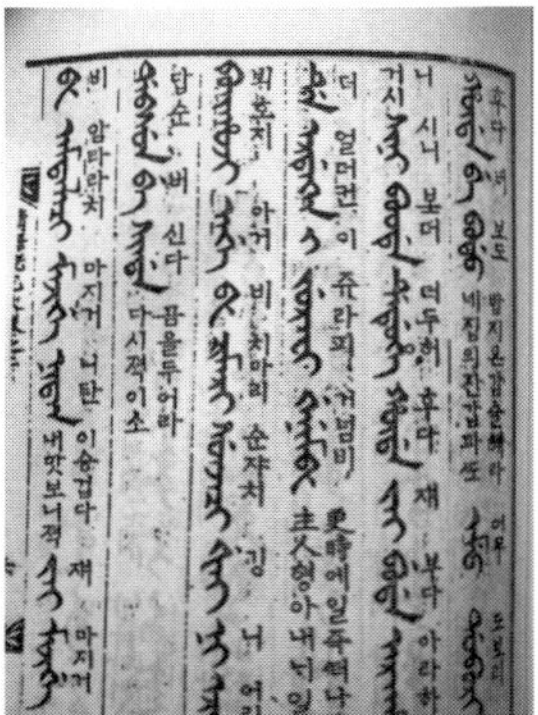

言うに、もしも〔彼らが〕我を侵擄しようとする考えがあれば）、미니 아파라 나카라 버 시（第二行）톡도부（나의 싸호며 말기ᄅᆞᆯ 네 정ᄒᆞ라—我が戦うべきかどうかをそなたが決めよ）、쿵밍 헌두머 다무〔경견 궁 버 애카바더 미니 기순 버 다하라쿠 아요 숨비〕（孔明이 니로되 다만 明公은 힝여 내 말ᄋᆞᆯ 좃지 아니면 엇지 ᄒᆞ료 ᄒᆞ니—孔明が言うに、ただ明公がもし私の言うことを聞き入れなかったらどうするかと）」の三節で二～四行に入っている部分だけを写字させたものである。

『清語老乞大』は、巻一と巻二から二題が出題された。やはり『清語老乞大新釈』を乾隆乙酉（一七六五）に重刊したものからその答案を見てみよう。

まず、「三、清語老乞大 巻二」の問題は、『清語老乞大』巻一の五表一行～三行、すなわち、「〔냘마 토머 엄터 츄스 모 슈시허〕웨러피[31]（사룸마다 ᄒᆞᆫ 대쪽식 민들고—各人一つずつ作り）、메머니 하라 거부버 아라피（以上、第一行）어무 시배 돕톤 더 더붐비（以上第二行、各各 姓名을 뼈 ᄒᆞᆫ 사슬통에 담고—各々姓名を書いてくじ引きをする箱に入れて）、카다라라 슈새 시배 돕톤 가지피 아칭갸머（以上第三行、檢擧ᄒᆞᄂᆞᆫ 션비 사슬통 가져와 혼ᄃᆞ러—引く人がくじ引

きの箱を持ってきて振り)」の三節を三行に入っている部分だけを写字したもので、第一行の冒頭「웨러피」が答案用紙には欠けている。

次の「三、清語老乞大巻二」の問題は、『清語老乞大』巻二の六裏三行～五行、すなわち、「뵈호지 아거 비 치마 리 순쟈치 깅 니 어린 더 얼더컨 이 쥬라피 거념비（主人형아、내일 五更時에 일즉 써나갈 거시니—ご主人よ、わしは明朝早く五更に早く発つので）、시니 더 더두허 후다 재 부다 아라하［후다 버 보도］（네 집의 잔갑과 쏘밥지은 갑슬 혜라—お前の宿の宿泊代と食事代を計算してくれ）、の三行だけを写字したものである。

次に、『八歳児』からの出題は、［写真六—十二］に示されているように、一題が出題されている。『八歳児』は、前述したように、『小児論』とともに女真学書であったものを清学書に変えたものである。すなわち、『新釈小児論』巻末に附載されている乾隆丁酉（一七七七）の李湛の識に、次のような記事がある。

> 清學之書四、老乞大、三譯總解已校讐而刊行之矣。惟小兒論、八歳兒以弱小而語略、業之者不專講習、殆作廢書。金公振夏諮于衆曰：「之二書以兵燹遺籍、尚今流傳事不偶然。有其書而廢其用、非傳試之道。」乃就旧本而刪其註誤、獲公財而付諸氣厥。噫！清學諸書從玆益備。而金公爲後學用心、可謂勤矣。由其書之備而知之博、知之博而言之明、則豈以其少而忽之哉？［後略］

清学書は四つであるが、『老乞大』（『清語老乞大』をいう）と『三訳総解』は、既に校正して刊行されている。ただ『小児論』と『八歳児』は分量が少なく、単語が大雑把で、学習者が全く講習しておらず、ほとんど廃書となっている。金振夏が数人と議論して言った。「これら二つの書物は、兵火後に残った本であり、これまで伝わってきたのは偶然ではない。その書があるにもかかわらず、利用されず、教授や試験に用いられない」と。そこで昔の本をもってその誤りを削り、金振夏公が資金を投じて印刻に至るようになった。ああ！

清学の諸訳学書が、これによりさらに具備されるようになった。金公が後学のために心を尽くすことが実にねんごろだ。この本によって清語の知識が広がり、知識が広くなれば清語を話す際に明瞭になるので、そうであればどうして内容が少ないことを理由に、いい加減にできようか。〔後略〕

これによれば、『清語老乞大』と『三訳総解』を金振夏が新釈し、その後『小児論』と『八歳児』も新釈し、続いて木版本で刊行したことがわかる。ただし、これら二つの本は、『三訳総解』とは異なり、新釈と同時に木版本で刊行され、「重刊」という名前を得ることができなかった。

これら二つの本の刊板は、前述した『通文館志』巻八、什物、続条の記事にある、「新釋小兒論板・新釋八歳兒板、〔乾隆丁酉本院刊板。以上四書、清語訓長金振夏修整〕。（新釈小児論の冊板と新釈八歳児の冊板〔乾隆丁酉に本院で刊板を作る。以上四つの本は、清語の訓長金振夏が修訂したものである〕）」という記事により、『八歳児』と『小児論』が『清語老乞大』をはじめとして、『三訳総解』等と一緒に金振夏によって新釈され、『新釈小児論』と『新釈八歳児』は、乾隆丁酉（一七七七）に司訳院で刊板として作られたことを物語っている。

『新釈八歳児』の版本は、ソウル大学奎章閣と日本駒沢大学の濯足文庫等に現伝している。すなわち、奎章閣所蔵の『八歳児』（奎一四七二）は、一冊一三枚の小さな本で、金振夏が修訂した新釈本である。この本の巻末に「乾隆四十二年丁酉九月日改刊」という記事と、「検察官：崇政大夫行知中樞府事金振夏」、「書寫官：通訓大夫行司譯院判官張再成」という記事があり、前記の事実をもう一度確認することができる。

道光甲辰の訳科清学に出題された『八歳児』も『新釈八歳児』から、その答案を見てみよう。

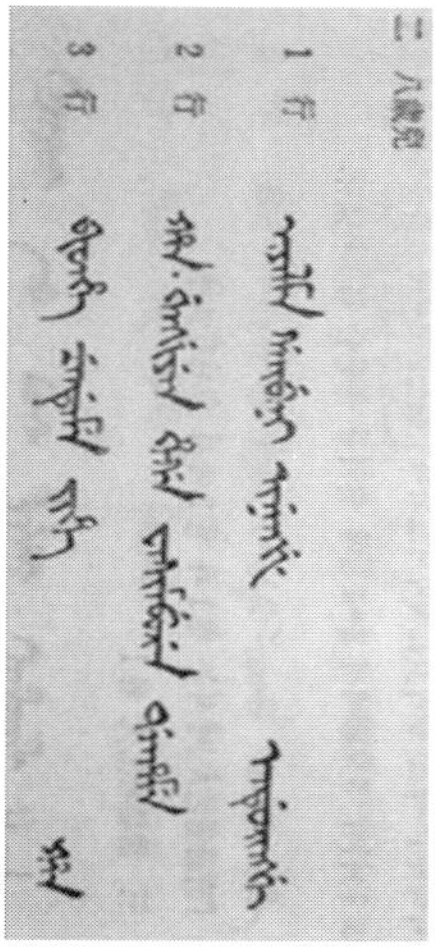
[写真六―十二] 白完培の試券における『八歳児』の答案

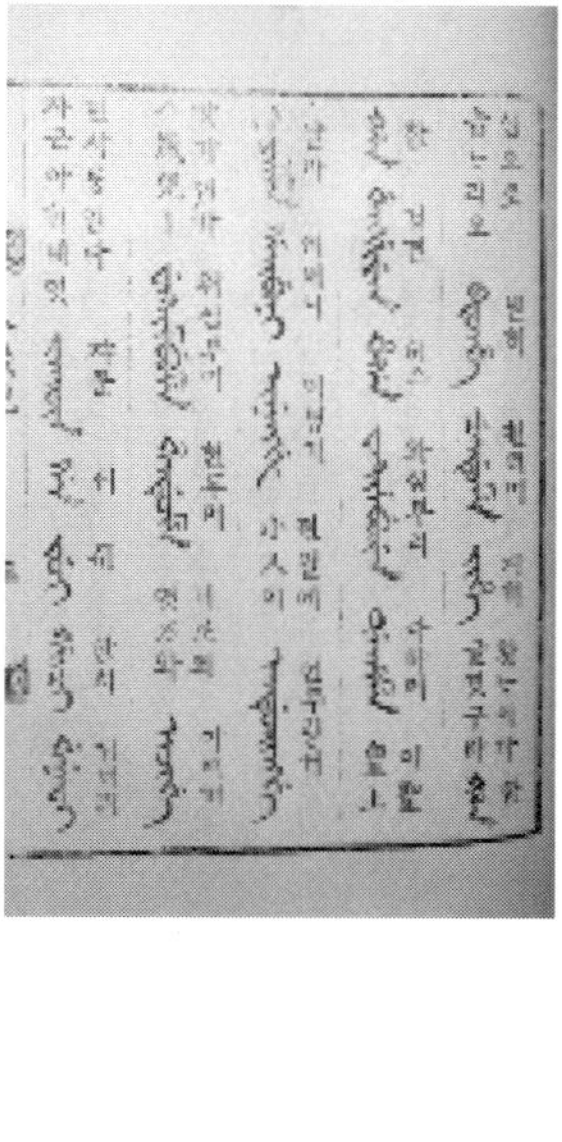
[写真六―十二]『八歳児』の出題部分（三～五行）

[写真六―十二] で確認される「二、八歳児」の答案は、『八歳児』の三裏三～五行を写字したものであり、「[아지거] 냘마 세버니 이넝기（小人이 젼일에―私は前日）、언두링거（第一行）한 경견 허스 와심부러 다하머（第二行、皇上이 聖旨 ᄂᆞ리오심으로―皇帝が聖旨を下されて）、빈허 쳔더머 지허（글 겻구라 왓ᄂᆞ이다―文才を競いに来ました）、한（第三行）[돈지피]（皇帝 드ᄅᆞ시고―皇帝が聞いて）」の四節で三～五行に入っている部分だけを写字したものである。

『小児論』からも、一題だけが出題された。これも『新釈小児論』からその答案を見てみよう。

「二、小児論」に対する [写真六―十三] の答案は、『小児論』の二表二～四行を写字したものであるが、「[어러쥐 시 애누] 어피라쿠 뵈（이 아ᄒᆡ 네 엇지 노롯 아니 ᄒᆞᄂᆞᆫ다―おい、おまえはどうして遊ばないのか）、이란 서 쥐（第一行）쟈부머（三歳兒ᄃᆡ답ᄒᆞ되―三歳児が答えるに）、하판 냘마 어핀 더（第二行）아무란 오치（官員 사ᄅᆞᆷ이 노롯 즐기면―官員たちが遊びを好めば）、구룬이 웨러（第三行）[과츄훈]（國事ㅣ 어ᄌᆞ럽고―国事が乱れ）」の四節を三行に合わせて書いたものである。

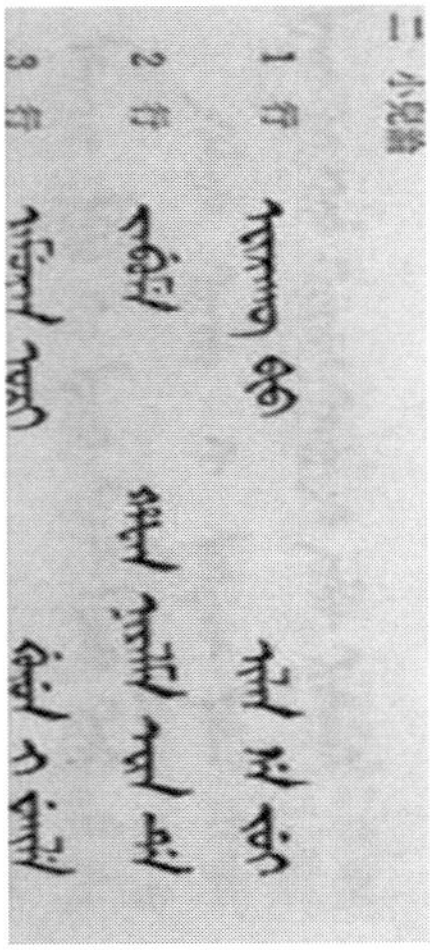

［写真六―十三］白完培の試券における『小児論』の答案

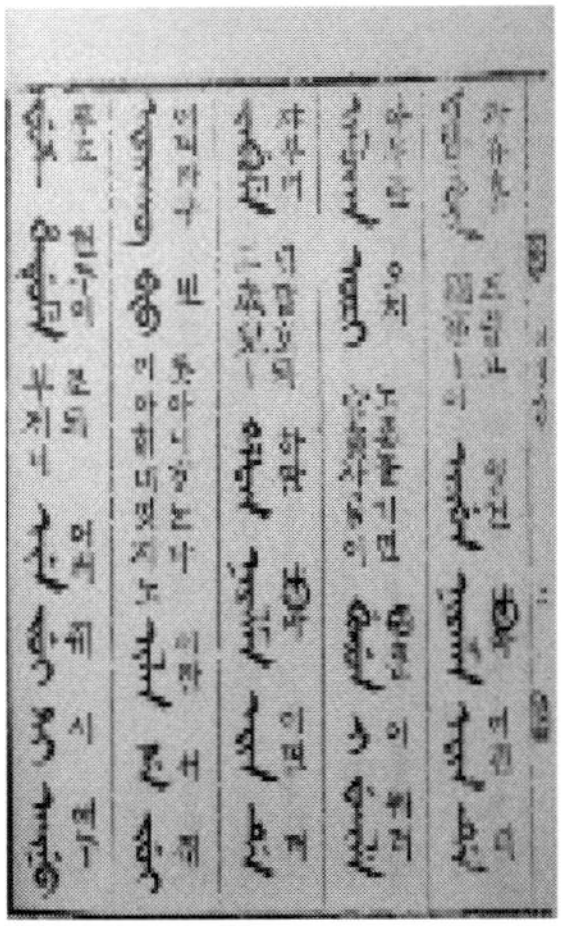

［写真六―十四］『小児論』の出題部分（二～四行）

以上、道光甲辰増広別試に応試した白完培の試券を中心に、訳科清学の四種の出題書から七箇所を選んで出題した問題の答案を検討してみた。『三訳総解』からは三題、『清語老乞大』からは二題、『八歳児』と『小児論』からそれぞれ一題が出題され、七題すべてが写字試験であった。

答案を原文と比較してみると、概ね忠実に写字されているが、その採点は『三訳総解』第一の写字部分が略、第二は粗、第三は略で、『八歳児』と『小児論』も略である。『清語老乞大』は巻一が粗であり、巻二は略である。したがって、略が五つ、粗が二つなので、点数は六分に過ぎなかった。

訳語試験

最後に訳語の試験を見てみよう。前述したように、訳科科試の方法は、七箇所を写字し、『経国大典』を翻訳して訳語を試験するというものである。この試券では、この答案用紙の右下段に「自外方止営繕（『外方』から『営繕』まで)」という大雑把な文字が見える。これは、『大典通編』を翻訳せよという訳語の出題で、『経国大典』巻六、工典、一裏三行にある「外方公廨啓聞後營繕（地方における役所の庁舎は、文書を啓上して直す）」を満州語に翻訳する訳語を試験したものである。すなわち、「外方」から「営繕」に至る部分を翻訳せよ、という意味である。

この「自外方 止營繕」の墨書の次に、この採点である「粗」があり、その下に採点者の手決が見える。特に訳語だけに採点者の手決があるのは、写字の採点者と訳語の採点者が互いに異なっていたためである。訳語の点数が「粗」であるので、この答案用紙の主人公は、六分半（六・五分数）の点数しか得られなかった（満点は一六分）。写字の答案用紙を原文と比較してみると、ほぼ間違いがないにもかかわらず、四〇・六％の点数を得て訳科二等で合格したので、当時の採点の厳しさを窺うことができる。

以上考察してきたように、『訳科榜目』（巻二）「道光甲辰増光」の訳科合格者の中で、白完培が二等七人の四番目に記載されており、二等四人で合格したことが確認される。［写真六-二］に見られる清学試券の背面に朱書で「二之四」と書かれた順位が、これを物語っている。ただ、試券背面の朱書は「二之五」と書かれたのを、再び「五」を「四」に直した跡がそのまま見える。

注

1　契丹文字については、清格尔泰他五名（一九八五）を、女真文字については、金光平・金啓綜（一九八〇）を参照。

2　東真は、女真族の蒲鮮萬奴が満州の遼陽に建てた国で、高宗四年に蒙古軍に追われて豆満江流域に本拠地を移し、国号を東夏とした。高宗二一年（一二三四）に蒙古軍によって滅亡した。

3　金の太祖の女真大字と熙宗の女真小字は、金代に女真語の表記に広く使用されており、金の世宗代（一一六一～一一八七）には、この文字で、中国の経史類書籍を翻訳し、女真大学を建てて学問的な発展を図った。高麗では、元代以前に金との接触が頻繁であったことを、いくつかの史籍の記録を通じて知ることができる。

4　世宗の時には女真族との関係が緊密であり、世宗八年にすでに司訳院に野人館があり、女真語訳官がいたことを示す記事がある。

すなわち、『世宗実録』世宗八年丙午九月壬子条に、「禮曹啓、野人連續上來、只令鄕通事傳語未便。請咸吉道居人內、擇其女眞及本國語俱能者三人、屬於司譯院、爲野人館通事。從之。」という記事があり、野人館で女真語の通訳を担当していた訳官がいたことがわかる。

5　『通文館志』巻二、科挙、清学八冊条には、「初用千字文・兵書・小兒論・三歳兒・自侍衛・八歳兒・去化・七歳兒・仇難・十二諸國・貴愁・吳子・孫子・太公尙書、並十四冊。」とあり、本の数と書名に部分的な違いを見せている。それぞれの清学書については、小倉進平（一九六四）と拙著（二〇〇二b）を参照。

6　前述したように、『世宗実録』世宗一二年庚戌の諸学取才、訳學条に、訳学蒙訓として取才を実施する時に出題される蒙学書が記載されているが、書字（文字を書く試験）の偉兀真と帖児月真の名前が見える。

7　満州語は、主に清代の言語を言うが、現代は文語だけが残っており、少数の満州族とソロン、ダウール族がこの満州文語を使用している。女真語はチンギス・カン以前から明代まで満州地域で使用され、古代満州語の方言と見なされる（Cincius, 1949およびGrube, 1896; Benzing, 1956; 渡部薫太郎、一九三五を参照）。

8　小倉進平は、この時の前汗を清の太祖と見ている（小倉進平、一九六四：六一一）。

9　『受教輯録』は、李畬の序文に康熙三七年（一六九八）戊寅三月という刊記がある。

10　この「八歳兒論之外」は、「八歳兒・小兒論之外」の錯誤であると思われる。

11　『通文館志』巻二、科挙、清学八冊条に、「〔前略〕康熙甲子始用新飜老乞大、三譯總解。而前册中仇難・去化・尙書・訛於時話、改並去之。〔後略〕」という記事を参照。

12　『通文館志』巻二、科挙、清学八冊条に、「〔前略〕〔八歳兒・小兒論・老乞大・三譯總解四册、抽七處寫字、大典飜語同漢學〕」という記事を参照。

13　小倉進平（一九六四：六二六）では、この部分を「書以載語、書不明語亦不明、顧清語在今諸方語爲用最緊、〔後略〕」（傍線筆者）と引用している。すなわち、傍線を付けた「在」は「狂」（狂い乱れてめまいがする）を誤って引用したのである。したがって意味も全く変わってしまった。この方面の研究で最も権威があるこの本でも、このような誤りが発見されている。訳学書の研究がいかに難しいかが窺われる。この部分は、高麗大学校博物館に所蔵されている『三訳総解』の冊板（木版）でも確認することができる。

14　『清語老乞大』と『三訳総解』の上・下は、後者が全一〇巻であり、前者が全八巻なので、『清語老乞大』上を第一~四巻まで、そして残りは下とし、『三訳総解』は、上を一～五巻、下を六～一〇巻として分けたものと思われる。

15 『通文館志』巻二、勧奨第二、禄取才条にある、「清學才三冊：春夏等・八歳兒、清語老乞大上四巻、三譯總解上五巻、［三冊中、抽一處寫字、抽一處背講］。文語一度、［秋冬等倣此］。秋冬等小兒論、清語老乞大下四巻、三譯總解下五巻文語一度。」という記事を参照。

16 この序文は、『重刊三訳総解』に附載されているものである。ここには、李湛の「重刊三訳総解序」（乾隆甲午、一七七四）もあるが、この序文は元々の序文で、粛宗甲申（一七〇四）に書かれた。

17 東京の駒澤大学図書館に所蔵されている金沢庄三郎の寄贈本は、個別に保管されている。これら書籍は彼の号を付けて「濯足本」と呼ばれている。

18 この部分の冊板が高麗大学博物館に所蔵されている。

19 『清語老乞大』新釈の序文は、洪啓禧が書いたもので、彼は当時の判中枢府事で司訳院提調を兼任していた。洪啓禧は、司訳院の提調または都提調を務めながら、『老乞大新釈』と『改修捷解新語』の序文をはじめ、多くの訳学書の序文（主に改修、新釈の序文である）を書いている。

20 この序文は、『（原刊）三訳総解』（康熙四二年、一七〇三開刊）に附載されたもので、現伝する『重刊三訳総解』には李湛の「重刊序」とともに掲載された。後者を重刊序、前者を原序と呼ぶ。

21 開市は、朝鮮時代に他国との交易のために市場を開くこと、またはその市場を意味する。開市には、北関開市・倭館開市・中江開市等があった。

22 会寧開市は、朝鮮の仁祖王の時から咸鏡道会寧で清と交易をしていた市場である。清の強要によって始まったもので、両国官憲の監視の下に公貿易の形式を有していたが、後には密貿易が盛んに行われた。

23 『重刊三訳総解』に掲載された「三訳総解序文」にある、「今上卽位之七年庚申、老峯閔相國提擧譯院。以繼黯所删書、字少語不廣、無以會其通。而盡其變、令崔厚澤、李濈、李宜白等、更加釐正刪、去化・仇難・尙書三冊。而取清書三國志、相與辨難、作爲三譯總解十卷。」という記事を参照。

24 『三訳総解』の原序末尾に、「［前略］癸未九月、有朴昌裕等六人、齊辭于都提調竹西申相國、願出捐己財、剞劂是書以廣其傳布則公可之。於是吳廷顯、李宜白等以訓上主其事、事訖名之曰清語總解。鳩工鋟梓、苦心殫力凡十數月。［後略］」という記事がある。

25 『三国志』の満州語翻訳は、非常に早い時期に始められたようである。すなわち、岸田文隆（一九九七）に紹介された『満文老檔』の天聰壬申（一六三二）年七月一四日条に、「Manju の大軍が Baisgal の地に至って駐営した後、遊撃職の Dahai Baksi が病死する。六月一日に病気にかかり、四四日目の七月一四日未時に亡くなった。乙未（一五九五）年生まれで三八歳であった。九歳の時から漢文を学び、満文にも漢文にもすべて非常によく通じていた。まず、太祖（ヌルハチをいう）の時から天聰六年（一六三二）に至るまで、漢（明をいう）と朝鮮との間の文書業務を担当した。文（漢文をいう）に長けており、性格が非常に誠実で頭脳明晰であった。〔中略〕漢文で書かれた文を満州語に翻訳したが、完了したものには「萬宝全書」、刑部の「素書」、「三略」があり、また翻訳を始めて完成されなかったものとしては、『通鑑』・『六韜』・『孟子』・『三国志』・『大乗経』がある。〔後略〕」という記事があり、達海博士が『三国志』の翻訳を試みたことがわかる。実際に、満州語に翻訳された三国志としては、順治七年（一六五〇）に刊行された Kicungge（祁充格）の『ilan gurun i bithe』（二四巻二四冊）があり、これがおそらく『清書三国志』という名前を得たものと思われる。そして雍正年間（一七二三～一七三五）に刊行された満州語と漢語で書かれた三国志に『満漢合璧三国志』があるが、これは編纂年代から見ても、その内容の比較から見ても、『三訳総解』とは関連がないようである（拙著、二〇〇二b）。

26　『通文館志』巻八、什物、続条にある、「老乞大板、三譯總解板、小兒論板、八歳兒板、并廳官李世萬等書。康熙癸未令清學官朴昌裕等六人、捐財以活字開刊、藏於該學。〔後略〕」という記事を参照。

27　『通文館志』巻八、什物、続条にある、「新釋清語老乞大板、乾隆乙酉箕營刊板」という記事を参照。

28　『通文館志』巻八、什物、続条にある、「新釋總解板、乾隆甲午本院刊板。新釋小兒論板、新釋八歳兒板、乾隆丁酉本院刊板。以上四書、清語訓長金振夏修整。」という記事を参照。

29　『同文類解』の安命説の跋文にある、「清學舊有所謂物名、是乃口耳郵傳一小册也、業是者病其訛謬、而莫戎正之且百年矣。本學訓長玄同樞文恒、慨然有意於斯、乃清文鑑、大清全書、同文廣彙等書、專心用工、釐以正之、閲六寒暑而編成焉、名之曰同文類解。」という記事を参照。

30　原文は、「式年、三年一試爲大比之科、今以子午卯酉年設行、名曰式年。增廣：國有大慶事、或合累慶事則特設增廣試、合慶取多者名曰大增廣、稍加額數。〔中略〕式年及增廣別試初試時、各置守令。赴學者並赴京試。」である。

31　〔写真六-七〕第一行に見られるように、この部分は答案用紙に見られない。書き忘れたのであろう。

第七章　結語

ここまで、朝鮮時代の外国語教育について、司訳院の訳官教育を中心に考察した。この章では、これまで議論してきた内容を各章ごとに要約して整理しようと思う。

一、朝鮮王朝時代の学校教育と訳官教育

朝鮮半島の教育に関する歴史的な研究は、他の分野に比べて非常に低調である。西洋の教育史の詳細な研究に比べると、朝鮮半島のそれは、不足しているどころか無知に近いと言える。こうした事実は、韓国学の研究において非常に特異な状態であり、このような歴史の断絶は、過去と現在の継続を困難にし、アイデンティティの確固たる維持を不可能にする。最終的には民族の伝統が断絶されてしまうことにもなる。今日、朝鮮民族（韓民族）のアイデンティティの把握や、民族の和合が難しいのは、このような歴史の継承がなかったためではなかろうか。

朝鮮半島における学校教育は、漢字と漢文教育で始まった。三国時代の高句麗と百済、新羅でそれぞれ学校が設立され、本格的な教育が実施された。高麗王朝では、学校教育がさらに発展し、官学に加え、私学が同時に盛んに行われた。この時代の教育内容は、主に儒学であり、教材は儒教の経典であった。

四書五経を通じた儒学の教育も、ある意味では外国語教育として見ることができるが、本格的な外国語教育は漢文と中国語が分離された元代以降のことであると思われる。モンゴルの元が中国全土を征服して大帝国を樹立し、当時都であった燕京、つまり今の北京で通用していた漢児言語が支配言語的なコイネーとして登場し、ついに中国

語は漢文で学ぶことができない外国語となった。

高麗王朝では、この言語を学習するために、いくつかの外国語教育機関が設置されたが、後に通文館に統合され、これが司訳院に改称された。この司訳院で、中国の漢語をはじめとする周辺国の言語が本格的に教育され始めたのである。高麗では、外国語の通訳を担当する官吏として訳語が置かれたが、彼らは低い身分の階級であり、社会的な認識も良くなかったと思われる。したがって、外国語を学習する訳学は、他の学問分野、例えば十学の中に含まれなかったり、含まれても末席を占めていた。

朝鮮王朝は、武人が建てた国であるため、訳学に対して国の積極的な支援が施された。朝鮮が建国されて間もなく、太祖は六学を置いて良家の子弟に学問や技芸を教育したのであるが、これら六つの分野、すなわち兵学、律学、字学、医学、算学に加えて訳学を置き、高麗の官制を受け継いだ司訳院で外国語を教育した。

朝鮮時代の外国語教育は、訳官たちを対象に実施された。高麗時代から司訳院は通文館の伝統を受け継いでおり、単なる訳官の養成ではなく、禁内学館の下級官吏に漢語を教育するために始められたため、漢文（古文）と漢吏文（実用文）、そして漢語（会話）まで駆使することのできる外交官の養成を目的としていた。

つまり、朝鮮時代には口語の漢語と文語の吏文（正確にいえば漢吏文）を駆使できる訳官を養成するために、外国語教育が実施されたわけである。漢吏文は元代の漢児言語を母胎にして形成された文語であり、「吏文」という名前からわかるように、官吏の司法や行政文書に使われていた。元代には、皇帝が任命する官と官が任命する吏がおり、官吏が統治を担当した。直接庶民の統治を担当した吏は、漢文よりも当時の通用語であった漢児言語をそのまま漢字で書いた吏文を使用しており、元帝国は、周辺の朝貢国にも事大文書をこの文体で作成するようにしたため、高麗でも吏文を教育せざるを得なかった。

蒙文直訳体または漢文吏牘体と呼ばれたこの文体を使用してみると、モンゴル語のような膠着語である朝鮮語ともよく合い、高麗末期には、自ら吏文を作成して使用し始めた。朝鮮時代には、これを『経国大典』で国家の正文として規定したため、朝鮮語に合わせた吏文と漢語に合わせた吏文を区別するために、筆者は後者を漢吏文、前者を朝鮮吏文と呼ぶことを提唱したことがある（拙稿、二〇〇六a、二〇一二a）。

朝鮮時代における吏文の研究と教育は、吏学と呼ばれた。太宗の時に十学に追加された吏学も、初期には司訳院で教えていたと思われるが、太宗一〇年（一四一〇）に承文院が新設されると、漢吏文は承文院で教育されるようになった。第一章では、漢吏文の形成とそれが高麗と朝鮮に及ぼした影響を詳細に考察しており、吏学が漢吏文を教育するのであれば漢吏学としなければならない、という主張がなされている。また、漢吏文と朝鮮吏文の違い、そして吏文と吏讀文の違いが実例とともに説明されている。

さて、このようにして始まった訳学であるが、訳官の養成は、優れた外国語教育を伴うことになる。朝鮮は地政学的に、中国だけでなく、北方の諸民族、そして南には海を渡った日本との接触が避けられなかった。それゆえ、司訳院が設立された当初は、中国語とモンゴル語だけを教育していたが、後には、特に朝鮮が建国されると、日本語が追加され、続いて女真語が増設された。

訳官は、朝鮮初期には渡来した外国人を相手したり、使臣に随行する仕事を受け持ってきたが、壬辰倭乱（文禄慶長の役）と丙子胡乱を経てからは、使臣の随行と渡来人の接待に限定せず、国境で外国人の入国を取り締まったり、国境地域で交易があるときはこれを監督したり、税金を徴収したりした。そして、釜山の倭館に居住する日本人を監視し、彼らとの貿易を仲介した。とにかく訳官とは、外国との接触で起こるすべてのことを担当する外交の実務官吏だったのである。

したがって、彼らの社会的地位は、たとえ中人階級ではあったとしても、経済的にも文化的にも非常に重要な階級であった。朴趾源の『許生伝』に出てくる朝鮮第一の大金持ちである卞承業は、実在の人物であり、倭学訳官であった。訳官たちは、国際貿易を独占して、多くの財産を集めることができた。また、外国を旅行しながら、様々な文物を見聞きし、実際にこれを輸入することができたので、朝鮮社会で外国文化輸入の第一線に立っていたといえる。朝鮮の開化においても訳官たちの功労が少なくなかった。

訳官の最も重要な仕事は、中国や日本に送る燕行使と通信使に随行することであった。この二つの使行の構成員のうち、訳官は堂上訳官、上通事、押物通事、新逓児、元逓児等一〇人にも上り、特に使行に随行する質問従事官は、通訳において問題となる難解な語句を質問し、後日訳学書を改編したときに参考にしたりしていた。燕行使や通信使の構成員は、訳官が核心メンバーであったのであり、これらの使行を通して朝鮮時代の訳学は発展を遂げている。

また、中国と日本から使節が来たときに、彼らの接待を受け持ったのも訳官であった。特に、対馬に派遣される訳官使は、堂上訳官が正使として行き、実際に外交実務を彼らの責任の下に行ったのである。このような使行において、訳官は公式貿易を許可されるため、多くの財を手に入れることができた。それゆえ、中人階級のうち秀でた者は、訳官になろうと努めたわけである。朝鮮時代の訳学が発達したのは、このように優秀な人材が訳官として活躍したところにあったといえよう。

二、司訳院の設置と外国語教育

朝鮮時代の外国語教育を主導していた司訳院は、高麗王朝の忠烈王二年（一二七六）に通文館という名前で最初に設置されたが、後に司訳院と改称された。朝鮮王朝が建国されると、太祖二年（一三九三）にこれがそのまま引き継がれ、甲午改革で廃止されるまで、実に七〇〇年近く維持されてきた。世界の歴史の中で、朝鮮のように外交通訳を養成する国家機関が継続的に設置・運営された例は、極めて稀である。

歴史的に見ると、朝鮮半島にそれ以前に外国語教育機関がなかったわけではないが、現存する記録が不十分で、具体的な外国語教育の実状を把握するのが難しい。朝鮮では、明の制度に倣い、事大外交の文書を作成していた承文院と通訳を担当していた訳官を養成する司訳院に分け、文書作成と訳官養成の業務をそれぞれ管掌させていた。承文院は槐院、司訳院は象院と呼ばれたが、時には司訳院を見下す高麗の伝統が受け継がれ、舌院と呼ばれることもあった。

司訳院は基本的に外国語教育機関であった。したがって、司訳院の実際の運営者は、教授や訓導等であったが、他の禄職と訳官職に比べて、彼らだけが実職であり、久任であった。また、教育を担当した訳官の中には、等第による遞児職に教誨がいた。教誨は、赴京使行や通信使行に派遣され、学習教材を修正する質問従事官の役割を果たした。彼らは教材の難解な言葉を定期的に質問して修正するのを担当していた。

教育官には、訓上堂上（正三品以上）、常仕堂上（正三品以上）、教授（従六品、漢学のみ）、訓導（正九品）がいて、教誨には、訓上堂上や常仕堂上のような堂上訳官が含まれた。朝鮮後期には彼らが実際に司訳院で外国語教育を担当していた。彼らは朝鮮時代の訳官の花形であったのであり、外国語教育と通事の要職をすべて歴任していた。

第二章では、教誨の職のうち、核心となる訓上堂上と常仕堂上の設置と任務について詳述した。またそれとともに、漢学のみに設置されていた教授と他の三学の訓導についても述べた。彼らが任命された経緯や、外国語教育に占める学習内容の割合、そして外国語の授業方式等について考察した。

司訳院は正三品の衙門であるため、行政を担当した禄職があった。これらは中央の京官職と地方の外官職に分けられるが。京官としては司訳院正（正三品）、副正（従三品）、僉正（従四品）、判官（従五品）、主簿（従六品）、直長

（従七品）、奉事（従八品）、副奉事（正九品）、参奉（従九品）があり、両都目で逓児職として働いていた。

これらは、時代に応じて人数が増減していたが、第二章ではこれに関して詳述している。その中で彼らが受けていた当時の俸禄を提示した。禄官の任務は、院務を総括して帳簿を管理し、奴婢を管掌することであった。また、出納・租税を受け持って管理し、各種の科試、つまり訳科や取才、院試、考講に使われる書物を管掌した。司訳院の代表である正と掌務官である僉正、兼教授の二人を四任官と呼んだが、彼らは事実上司訳院の官吏の核心であった。

外官も同様である。黄州・平壌監営・義州・釜山・安州・海州・宣川・統営・済州、そして全羅の左右水営に訳官が配置されており、何度か人数の増減と地位の配置及び廃止が続いた。彼らは勅使を迎えてもてなすことを管掌し、貿易の市場を監督して、朝鮮に漂流してきた中国人や日本人等の外国人を尋問して事情を聴取した。

そして、彼らを監督する文臣として都提調・提調が他の官職の兼任として任命された。通常当時、または過去に正一品の大臣であった者が兼任する都提調一人は、普通領相がその職を兼任し、提調も従二品以上の文臣が兼任し、従六品が兼任する兼教授も文臣の役割であった。

訳官たちにとっての最高の目標は、赴京随行、すなわち燕行使に随行して北京に行くことであった。訳官全体の数に比べてはるかに不足していた官職の数と、一年に二回ないしは四回ずつ変わる官職という過酷な条件の中にあっても、訳官たちが苦労しながら学業に専念していたのは、中国に行く燕行使行の随行に参加したいがためであった。

したがって、赴京随行に関する等第職の設置・廃止と選抜の基準は、訳官たちにとって非常な関心の対象とならざるを得なかった。燕行使の場合、上通事・次上通事・教誨・押物通事・年少聡敏・偶語別差・元逓児・別逓児・質問従事官等の名称で訳官を差送った。通信使の場合もこれと同様であったが、人数の増減があった。

また、朝鮮時代の外国語教育で最も注目すべきことは、教材の編纂である。実際に対象言語との通訳を務めた訳官にとって、当時通用する言語、それも生き生きとした口語の教育に利用される教材が必要であった。したがって、司訳院で編纂される外国語教材、すなわち訳学書は、相互の言語が変遷するに従い、常に修正・改編された。

本書では、訳学の教材を三種に分け、朝鮮王朝建国初期から『経国大典』までの訳学書を初期の訳学書と見ている。この時の外国語教材は、主に相手国の訓蒙教科書を輸入してそのまま使用したり、ハングル発明以降はこの文字に注音したり、諺解して使用した。その中で、この時期において特に注目すべきは、『老乞大』と『朴通事』という漢語教材であった。高麗末に元の大都を旅行した高麗の訳官たちが編纂したこの訳学書は、すべての訳学書の手本となった。壬辰倭乱と丙子胡乱を経験してからは、外国語の学習の必要性が大きくなり、ほぼすべての訳学書において、「老朴」のように司訳院で独自の会話学習教材が編纂されるに至る。

二度の過酷な戦乱の後に、訳学書は大々的な改編が行われた。この時の外国語教材は、前述した「老朴」のように、司訳院でハングルを利用して独自のものを編纂したり、前の「老朴」を翻訳、諺解して使用していた。

この時期は、訳学書の中期と見ることができるが、これはすなわち定着期といえる。本書では、『経国大典』以降、『続大典』までの訳学書を中期の訳学書として分類しているが、この時期にほとんどの訳官教材が定着することになる。これ以降の訳学書は、主にこの時に編纂された訳学書を改正して増補したり改修する、修訂期と見ることができる。本書で後期の訳学書とした外国語教材は、『続大典』以降旧韓末までの訳学書をいう。第二章では、このように初期・中期・後期の三つの時期に訳学書を分けて考察し、各時代の外国語教材が示す特徴を考察した。

初期の訳学書は、『世宗実録』と『経国大典』に各種試験の外国語出題書として規定された訳学書を言う。漢学書には、『世宗実録』の訳学漢訓に登録された「書・詩・四書・直解小学・孝経・少微通鑑・前後漢・古今通略・忠義直言・童子習・老乞大・朴通事」があった。

『世宗実録』の蒙訓に見られるモンゴル語教材としては、「待漏院記・貞観政要・老乞大・孔夫子・速八実・伯顔波豆・吐高安・章記・巨里羅・賀赤厚羅」があった。『経国大典』には「王可汗・守成事鑑・御史箴・高難加屯・皇都大訓・老乞大・孔夫子・帖月真・吐高安・伯顔波豆・待漏院記・貞観政要・速八実・章記・何赤厚羅・巨里羅」という記録があり、大同小異である。一部同じ書名だが漢字が異なるものがある。

『世宗実録』の倭訓に登載された日本語教材としては、「消息・書格・伊路波・本草・童子教・老乞大・議論・通信・庭訓往来・鳩養勿語・雑語」がある。『経国大典』には、『世宗実録』の倭訓教材に「応永記・雑筆・富士」が追加されている。日本で実際に使用されていた訓蒙教科書と書簡文形式の教材が目につく。

『世宗実録』には、女真学がなく、『経国大典』に女真語の写字試験の出題書として、「千字文・兵書・小児論・三歳児・自侍衛・八歳児・去化・七歳児・仇難・十二諸国・貴愁・呉子・孫子・太公・尚書」があった。やはり金で実際に使用されていた児童の訓蒙教材がたくさん見られ、兵書も多い。

次に、中期の訳学書は、漢学書には大きな変化は見られない。ただ、『続大典』（一七四四）で漢語学習の本業書であった『老乞大』・『朴通事』・『直解小学』の三書の中で、『直解小学』が『伍倫全備』に変わっただけである。しかし、『老乞大』と『朴通事』は数回修正され、崔世珍の翻訳と後代の諺解が後に続いた。

漢学書のもう一つの重要な変化は、語彙集の刊行を挙げることができる。初期にも『訳語指南』・『名義』・『物名』等が辞書として使用されていたが、中期の漢学では、『訳語類解』が刊行され、語彙集として使用された。これは、後に他の三学においても同様な類解類の語彙集を編纂するきっかけとなった。

蒙学は、壬辰倭乱と丙子胡乱以後に『蒙語老乞大』と『捷解蒙語』を新たに刊行し、一時は『守成事鑑』・『伯顔波豆』・『孔夫子』・『待漏院記』・『御史箴』等とともに使用していたが、『続大典』では、これらもすべて破棄し、『蒙語老乞大』と『捷解蒙語』のみを本業書とした。

倭学では、初期の倭学書をすべて捨て、『捷解新語』を独自に編纂して使用した。この教材は、壬辰倭乱の時に拉致され、日本に滞留してから帰ってきた晋州人の康遇聖が、倭学訳官の任務と関連した日本語の会話を教材として編纂したものである。司訳院倭学では、康熙戊午（一六七八）以来、『捷解新語』だけを科試書として使用し、他の倭学書はすべて廃棄した。

ところが、『受教輯録』（一六九八）と『典録通考』（一七〇六）には、まだこの本は掲載されていない。しかし、『続大典』（一七四四）で正式に国典として認められ、各種試験の出題書として登録されている。また、『伊呂波』等の仮名文字教育の基礎教材は、出題書としては使われなかったが、継続して参考にしていたものと思われる。

初期の女真学は、丙子胡乱以後、満州語教育の清学に置き換わった。しかし、女真語教材である女真学書の一部を満州語の学習書として改編して清学書として使用した。すなわち、初期の女真学書の中で丙子胡乱以後に中継黯が女真学書を満州語教育の清学書に改編した『仇難』・『巨化』（あるいは『去化』）・『八歳児』・『小児論』・『尚書』を満州語の学習書に改編して使用し、後に『清語老乞大』と『三訳総解』を追加して使用した。

『続大典』は、前記の書物の中で『八歳児』・『小児論』・『清語老乞大』そして『三訳総解』のみを清学書とし、満州語試験の科試書として規定している。これがいわゆる「清学四書」と呼ばれた満州語教材であった。このうち『清語老乞大』は国内に伝わっているものがなく、日本の東京の駒澤大学図書館と英国の大英図書館等に所蔵されている。

それから、『続大典』以降の後期には、中期の訳学書を修訂、改修、補完したり、新釈、重刊して使用した。まず、漢学書の改訂、増補、修正は、漢学の本業書である『老乞大』と『朴通事』を中心に行われた。英祖庚辰（一七六〇）に邊憲等が『老乞大新釈』を、これより前に金昌祚等が『朴通事新釈』を編纂したものと思われる。その後、『老乞大新釈』は再度修正され、乾隆乙卯（一七八五）に李洙等により『重刊老乞大』として刊行された。

語彙集の『訳語類解』も補完され、乾隆乙未（一七七五）に金弘喆等により『訳語類解補』が刊行される。そして、改訂の限界を感じ、全く新しい漢語の学習書として『華音啓蒙』と『華語類抄』を刊行する。

後期の蒙学書には、丙子胡乱の後に拉致されて帰ってきた東還者らによって『蒙語老乞大』が新たに翻訳され、康熙甲子（一六八四）から蒙学書として使用された。以降、『捷解蒙語』を再編纂して使用しながら、乾隆丁巳（一七三七）からは、壬辰倭乱および丙子胡乱以後使用してきた『守成事鑑』・『御史箴』・『孔夫子』・『伯顔波豆』・『待漏院記』をすべて廃棄した。

『続大典』の蒙学においては、『蒙語老乞大』と『捷解蒙語』のみを蒙学の科試書として認め、他の学で類解類の語彙集を編纂したとき、『蒙語類解』を刊行して蒙学書として使用した。この三つの蒙学書は蒙学三書と呼ばれる。

後期の倭学書もまた、中期に編纂された『捷解新語』を改修または重刊して使用し、この文釈本を刊行した。後代には、語彙集として『倭語類解』を編纂し、刊行して使用した。

後期の清学書としては、前述した清学四書を修正し、新釈または重刊という名前をつけて刊行した。そして清学書でも他の学の訳学書で行われていた語彙集の刊行が行われたが、『同文類解』を編纂して、辞書として利用した。

このような語学教材で学習した漢語・モンゴル語・日本語・満州語は、取才・院試・考講の方法で評価された。第二章では、この言語の試験方法について詳述している。特に、外国語能力の最終的な評価といえる科挙の訳学、すなわち訳科の試験方法を集中的に考察した。

前で再三述べたように、訳学書の変遷は、訳科の出題書である科試書に変化をもたらす。これもまた、大典に記載されて正式に決定される。『経国大典』以前には、通事科という名前で施行されていた訳科制度は、朝鮮王朝のすべての制度を決定した『経国大典』で訳科として登載されるようになる。訳科は、司訳院四学で漢語・蒙語・倭語・女真語を学習した訳生が応試することができたのであり、訳科漢学、蒙学、倭学、女真学で合格させる定員数もあらかじめ決められていた。

しかし、このような訳科の試験方法も、時代により少しずつ変わっていった。第二章では、最も長く使用された『続大典』の訳科試験方法を紹介したが、ここでは訳科の試験制度が理解できる。何よりも重要なのは、訳科漢学の試験方法が講書であったとするなら、他の三学は、写字の方法、すなわち筆記試験を選んだことである。同じ漢字を使用する漢学の試験と文字が異なる他の三学の試験は、基本的に相違していた。

講書には、背講、背誦のような背試、すなわち本を見ずに暗記して講書する方法があった。一方、写字の方法は、本を見ずに覚えて書く方法である。当然背講より背誦がより難しく、写字はさらに難しいであろうことは想像に難くない。分量が多かったり、難しい訳学書は、臨文して講書する方法もあった。すなわち、本を見て読み、解釈を加えることであり、背講の反対である。また、この臨文の試験方法は、高齢の訳官にも適用された。それだけ暗記の負担を軽減しようという意図からであった。

科挙をはじめ、朝鮮時代のすべての試験は、試官が評価して「通、略、粗」の三段階で採点し、点数（分数）と順位を決定した。この評価の基準が『経国大典』に規定されており、朝鮮時代全体にわたって通用していた。「通、略、粗」の採点基準は、『経国大典』巻三、礼典、諸科講書条に記載されているが、これに関しては第二章四節の司訳院の外国語教育とその評価で考察した。

すなわち、各種試験の講書において、「通」は、二分、「略」は、一分、「粗」は、半分を与え、写字の筆記試験と外国語翻訳試験も同様である。原文に送り仮名をつけて読んで解釈し、何ら間違いがなく、解説があまねく通達しているとはいえないが、概ね一章たりともおよその意味を失っていない場合は、「粗」が与えられる。文を読んで解釈するのは明確であるが、その全体の意味に通じていない場合は、「略」である。文を読んで解釈するのが完全で、その意味に通じて弁舌に疑いがなければ、「通」である。数人が採点して分数を付けた場合、メモに書かれた分数は高い方に従うが、同じ数の分数であれば、低い方に従う。

したがって、訳科や取才・院試・考講等でも、これらの採点方法が通用されており、全体の分数によって順位が決められて合否が決定された。

最後に、訳語の試験方法は、「翻経国大典」または「翻大典通編」等の科題で出題されたが、『経国大典』や後代の法典を該当言語に翻訳する試験である。試験官がその言語を理解できないため、参試官として参加した訓導が、これを試験官に伝達して評価する方法により、試験が行われた。しかし、実際には、法典の出題された部分を朝鮮語で読んで解釈する方法により、試験が行われたものと思われる。

三、漢学―漢語教育

漢学は漢語の教育をいう。四書五経の儒教経典で漢文を学習すれば、中国の古代言語、つまり東周の都洛陽の言語である雅言を学習することになり、個別に中国語を学習する必要がなかった。そして、春秋戦国時代を経て秦の統一に至っては、中国の公用語が西北方言、特に長安の言語に取って代わった。中国語の歴史において、通語（または凡通語）と呼ばれるこの言語も漢字で記録されたが、この言語の漢字資料、例えば仏経や通語で注釈された多くの儒教経典は、広い意味での漢文に含まれ、朝鮮半島でも教育された。したがって、少なくとも宋代までは漢文を通じた中国語学習により中国人との意思疎通が可能であった。

しかし、元の建国により、都の北京地域の漢児言語がコイネーとして帝国の公用語となった。この言語、すなわち中国の北方言語であった漢児言語は、以前と全く異なる言語であり、これがまさしく司訳院で個別に学習する必要があった中国語、つまり漢語であった。

漢語教育が必要な理由は、言うまでもなく、高麗と元が接触したときに、この言語で意思疎通を行うためである。高麗では、新たに登場した漢語を教育するために「漢語都監」を置き、この言語を学習する教材として『老乞大』と『朴通事』を編纂したが、朝鮮王太宗のときに刊行されたものと思われる『(原本)老乞大』が二〇世紀末に発見され、筆者によって学界に報告された。筆者は、これが元代の公用語であった漢児言語を学習する教材であることを明らかにした。

漢児言語の学習は、中国に元帝国を築いたモンゴル人にとっても重要な問題であった。表意文字である漢字で記録されるしかなかった漢語は、その正確な発音を学習するのが難しい言語だったので、結局、この言語を学ぶために発音記号としてのパスパ文字が考案された。この文字が漢語教育の発音記号として有用であることを知り、朝鮮でもハングルの基本とされた正音や訓民正音の必要性を感じたものと思われる。

漢語学習のための訳学書の編纂は、前述した『老乞大』・『朴通事』をはじめ、儒教の経典である「四書」と各種「史書」が使用された。特に、偰長寿が漢語で解釈した『直解小学』は「老朴」に劣らず重要な本業書となる教材であった。

壬辰倭乱と丙子胡乱の後も、これらの漢学の本業書は変わらなかったが、『続大典』(一七四四)において『直解小学』が『伍倫全備』に取って代わられた。『伍倫全備』は明代の丘濬が書いた『伍倫全備記』を戯曲の台本として作成したものであり、生き生きとした話し言葉で書かれた学習書である。また、この時、語彙集として『訳語類解』が編纂され、漢語教育の講読教材と辞書が具備されることになった。

しかし実際のところ、漢語の教育は、主に『老乞大』と『朴通事』に依存していた。なぜなら、これらの漢学書が漢語訳官の任務に合った対話で構成されているためである。これらの漢語教材は、司訳院が廃止されるまで、漢学の本業書として重要な役割を果たしていた。この二つの教材は、言語の変遷に応じて絶えず修正されたが、高麗末に編纂された原本を修正した「刪改本」と清代の北京官話で新しく解釈した「新釈本」があった。この「新釈本」はあまりにも俗な言葉で書かれていたため、『老乞大』の場合は、すでに清朝の官吏によって確立されていた官話に修正し、「重刊本」という名前で刊行された。

いわゆる「老朴」と呼ばれる『老乞大』と『朴通事』は、いつ、誰によって編纂されたのであろうか。本書の第三章では、原本あるいは後代の覆刻本と思われる、朝鮮太宗王の時に刊行された『老乞大』の版本を対象に考察されている。この版本は、元代の北京の漢児言語を学習した教材として、至正丙戌（一三四六）に北京を旅行した高麗の訳官等によって書かれたものと思われる。

『朴通事』の場合は、まだ原本あるいは覆刻本と思われる版本が発見されていないが、『老朴集覧』に登場する『(旧本）朴通事』が原本あるいはそれに準ずるものであり、おそらく『(原本）老乞大』のように、元代の漢児言語を学習する教材として『(原本）朴通事』が存在していたものと思われる。後の成宗王の時、明の葛貴が明の公用語である南京官話で『老朴』を修正したのが「刪改本」であり、再びこれを清代の北京官話に改めたのが「新釈本」である。もちろん、ハングルが制定されてからは、これらはすべて朝鮮語で諺解され、正音で注音された。

『老朴』は、互いに姉妹関係にある漢語教材であり、言語の段階別教育における初級と中級の教材であると思われる。つまり、『老乞大』は初級レベルの漢語教材であり、『朴通事』は中級レベルの教材として見るべきである。『老乞大』は、比較的朝鮮人の立場に立っており、北京まで旅しながら起こり得ることが一〇七の場面に分けられているが、『朴通事』は、北京での生活を中国の風俗に合わせて書かれており、一〇六項目に分けられている。第三章では、このような分割がいかなる基準で行われたのかを考察し、一〇七話と一〇六課のそれぞれにタイトルを付け、その内容がわかるようにした。

『老朴』の編纂は、本の内容から見て、至正丙戌（一三四六）に元の大都、つまり今の北京を旅行した高麗の訳官が編纂したものと思われる。その証拠に、至正丙戌に元の大都で大衆に説法した高麗僧の普愚の話が登場したり、帰国する吉日を占う過程でその年が丙戌であることを言う場面があり、何よりも『老乞大』の原本に見られる宝鈔の価値がこの時期の物価を反映しており、この時に旅行した人によるものと見ることができるのである。

次に、漢学における評価の方法であるが、漢語を駆使するレベルを評価する方法として、司訳院四学の他の三学科とは異なり、漢学においては講書の方法が選ばれた。それは、漢学の科試書がすべて漢字で書かれているので、これを写字する試験では、なかなか優劣をつけることが難しかったためである。

もちろん漢語能力の評価も、取才、院試、考講で少しずつ異なっているが、最も正式なやり方と言えるのは、やはり訳科漢学の試験方式であろう。第三章では、乾隆辛卯（一七七一）と己酉（一七八九）に実施された式年試の訳科漢学に応試して合格した、劉学基・劉運吉父子の初試、覆試試券を例にとり、当時の訳科漢学の科挙試験がいかにして実施されたのかを考察した。

劉学基の初試では、本業書二種、すなわち『老乞大』と『朴通事』から出題され、そして四書からも二題が出題された。覆試では、本業書三種、すなわち『老乞大』・『朴通事』・『伍倫全備』からすべて出題され、四書からも二題が出題されたが、訳語の問題である「翻経国大典」が出題された。初試に比べ、覆試では二題がより多く出題されたことがわかる。問題は、『老乞大新釈』と『朴通事新釈』から出題された。

評価は、覆試で劉学基は通が一、略が二、粗が一、純粗が二であった。純粗を半分として計算すると、この試券は五分半を得たものであり、満点が一二分なので、四五・八％の成績であったといえる。彼はこの成績で三等七人で合格し、『訳科榜目』巻一、嘉靖辛卯式年条に一五番目に名前が挙げられている。この試験では、一等三人、二等五人、三等一一人であるので、三等七人で合格したことが確認できる。劉学基の息子に対しても同様に考察することができる。

漢語を学習して通訳を担当した訳官としては、中宗王の時の崔世珍が最も有名である。彼は、燕山君九年、つまり弘治癸亥（一五〇三）の封世子別試で二等二人で合格する榜に名前を挙げ、文臣と誤解されたほどである。しかし、彼は中人出身で訳官であったのであり、司訳院正を務めた崔溌の息子で、家業の訳官を世襲していた。同年に漢吏科に合格し、封世子別試に同榜として唱榜される栄誉を得た。

崔世珍は、朝鮮時代に最も出世した訳官であり、多くの業績を残し、東班に遷転して文臣のように学問の道を志した。彼が追求した学問的な目標は、世宗王のようにハングルを利用して自分の専攻である漢語と漢吏文の教育のための適切な教材を作ることであった。それゆえ『老乞大』、『朴通事』を翻訳して諺解した。ここで翻訳とは、「老朴」に書かれた漢字の漢語音をハングルで注音し、これを通して漢語の学習に役立たせようとするものである。また、漢語の発音辞書である『四声通解』も編纂した。彼は、この韻書で漢語音の学習で最も重要な正音と俗音を区別し、漢語の標準音を教育した。『続添洪武正韻』もそのような脈絡から編纂された本である。

また、彼は『訓蒙字会』を編纂し、朝鮮漢字音を整理した。『韻会玉篇』と『小学便蒙』を作ったのも、子供たちの漢字教育に役立てるためである。外国語の漢語だけでなく、朝鮮の漢字の発音を整理し、これを学習するいくつかの教材も作成したことを確認することができる。

彼は、口語の漢語に加え、文語の漢吏文もともに研究した。それゆえ『吏文輯覧』を編纂し、朝鮮吏文の教育のために『吏文大師』に手を入れ、やはりこれらを比較して漢吏文と朝鮮吏文の教育に臨んだ。本書で崔世珍を考察したのは、彼を通して最も望ましい漢語教育とはいかなるものかを追求してみたかったためである。

四、蒙学—モンゴル語教育

次に第四章では、司訳院のモンゴル語教育を考察した。モンゴルは中国北方民族の一つであり、チンギス・カンが中央アジアのステップを統合して大帝国を建設することにより、東アジアの強者となった。彼の孫であるフビライ・ハンは、中国を征服し、元を建てて高麗と緊密な関係を結ぶことになる。

中国の漢字文化と対立する北方民族は、七世紀吐蕃のソンツェン・ガンポ大王以来、国を建てれば漢字に対立する表音文字を制定していた。そして、これを追従勢力に教育し、試験を通して下級官吏に至るまで統治階級の入れ替えをしようとするのが慣例となっていた。このような新しい文字の制定は、漢文が孤立的な中国語の表記には適当であるが、北方民族の言語のように膠着的な言語の表記には、非常に不適切であったためである。

したがって、契丹族の遼では、太祖の耶律阿保機が契丹文字を作り、女真族の金は、やはり太祖の阿骨打が女真文字を制定した。チンギス・カンも表音文字であるウイグル文字をしてモンゴル語を記録させ、元を建てたフビライ・ハンはパスパ文字を制定し、これを帝国の国字とした。

朝鮮の建国初期に制定されたハングルも、実はそのような脈絡から考えられなければならない。なぜなら、一七〇年以上前に元がパスパ文字を制定し、モンゴル人の漢語教育に発音記号として使用しながら、さらにモンゴル語を記録するのにも使用していたことを受け、諺文という新文字を創製したものと見ることができるからである。実際、この諺文は、朝鮮語と朝鮮漢字音、つまり東音を表記するために使用されている。この際、漢字音の整理を目的として書かれるときは「訓民正音」と呼ばれ、漢語の標準的な音を表音する場合には「正音」とも呼ばれた。ハングルは、表記対象に応じてその名称が決まっていたのである。これについては、別の著書（『ハングルの発明』（ソウル：金英社、二〇一五）に詳述されている。

モンゴルが勃興して中央アジアの全域と中国を席巻し、大帝国を建て、東アジアの強者として君臨したため、高麗もモンゴル語を教育するようになった。実際に司訳院を設置した初期には、漢語とモンゴル語だけが教育されていた。

朝鮮時代には、モンゴルが独立した国家を形成することはできなかったが、まだ中国北方の強者として勢力を維持していたため、この言語の教育は命脈を維持していった。壬辰倭乱と丙子胡乱以降は、モンゴル語はチンギス・カン時代の中世モンゴル語ではなく、後代の変化したモンゴル語を学習するようになり、教材が取って代わっている。

つまり、朝鮮時代初期のモンゴル語教育は「王可汗・守成事鑑・御史箴・高難加屯・皇都大訓・老乞大・孔夫子・帖月真・吐高安・伯顔波豆・待漏院記・貞観政要・速八実・章記・何赤厚羅・巨里羅」を教材にし、書字で偉兀真、すなわちウイグル文字と帖児月真、すなわちパスパ文字を学ばせたが、後者は明の胡元の残滓を抹殺しようとする政策に押されて徐々に学ばなくなった。

おそらくチンギス・カン時代にモンゴルの童蒙教科書であった前記の蒙学書の中には、壬辰倭乱および丙子胡乱以降のモンゴル語学習において適切でないものがあった。それゆえ、丙子胡乱以後に『蒙語老乞大』が新たにモンゴル語教材として登場し、後日再び『捷解蒙語』が編纂されてモンゴル語の教育に使用された。また、『蒙語類解』が追加され、『蒙語老乞大』・『捷解蒙語』・『蒙語類解』の、いわゆる蒙学三書が完成される。

これまで『蒙語老乞大』をはじめとする蒙学三書の刊板について、学界で意見が対立していたが、現在残っている蒙学三書の冊板によれば、『蒙語老乞大』はモンゴル語の変化に応じて新たにこれを修正し、新釈や重刊等の名前で新たに刊行されることはなく、必要な冊板だけを木版修正しており、後代の版本には、新しいモンゴル語と古いモンゴル語が共存するようになっている。やはり、既にあまり使用されなくなっていたモンゴル語を教育する蒙学には、ある程度の限界があったものと思われる。

次に、モンゴル語学習の評価は、同様に訳科蒙学の試券を通して考察することができる。純祖三四年（一八三四）に実施された甲午式年試の訳科蒙学初試に出題されたものと思われるこの蒙学試券は、実際に提出されて試官の採点を経たものではなく、試験に落ちた挙子がそのまま持って帰ってきたものと思われ、他の三学訳科試券に比べて非常に疎略である。

しかし、この試券を通してモンゴル語試験のおおよその形を窺い知ることができる。訳科蒙学の試験も、モンゴル語教材の『蒙語老乞大』から四題、『捷解蒙語』から三題が出題され、全部で七題が出題されている。しかし、答案は『蒙語老乞大』の科題四題が第一～第四巻の最初の章の最初の行を移し書き、『捷解蒙語』の三題も、第一～第三巻の最初の章の最初の行が写字されている。このような出題はあり得ないため、この試券は例示用であるか、あるいはモンゴル語の知識がない応試者がまぐれ当たりを望んで答案を書き、提出はせずに持ち帰ったものではないだろうか。

この試券には、秘封部分に記載されなければならない応試者と四祖の氏名と肩書きもない。そして、採点した跡も見られず、合否を決定した試験官の赤い文字も見られない。おそらく訳科蒙学の模範試券として作成され、蒙学生徒等が所持していたものと見るのが妥当ではないかと思われる。

五、倭学—日本語教育

第五章では、朝鮮時代の司訳院の倭学にて、日本語教育がいかにして行われたかを考察した。倭学訳官の日本語学習は、他の司訳院である漢、蒙、清学等の訳官とは異なり、独特な日本語の書契（一種の候文体書簡文）を個別に学習する必要があった。つまり、漢学では親しみのある漢字を使用し、蒙学と清学はウイグル文字を使用していたため、文字に対する拒否感は比較的少なかった。

日本語教育の倭学は、漢学とは異なり、漢字ではなく日本の仮名文字を個別に学習する必要があった。また、この文字は、いくつかの字体があり、学習するのに困難が伴った。つまり、日本語の仮名文字には、草仮名と片仮名、略草仮名、平仮名等の字体があり、これらをすべて学ぶ必要があった。それだけでなく、中国に行く燕行使に比べ、日本に行く通信使行は、船に乗って行かなければならなので、時には荒波によって船が破損し、命を失うこともあり、倭学は訳官が忌避したい対象であったといえる。

第五章では、まず、日本語学習教材とその倭学書の変遷を辿りながら、司訳院の日本語教育を考察した。初期の倭学書は、『世宗実録』世宗一二年戊午条で諸学取才の訳学倭訓に見られる倭学書として、消息・書格・伊路波・本草・童子教・老乞大・議論・通信・庭訓往来・鳩養勿語・雑語」の一一種が挙げられている。『経国大典』には、ここに『応永記』・『雑筆』・『富士』等の三種の倭学書が加えられており、全部で一四個の日本語教材が提示されている。

倭学書は、日本の室町時代に寺院等における教育で使用されていた訓蒙書であり、朝鮮建国初期に三浦に住んでいた倭人が司訳院に送ったものではないかと推定される。拙著（一九八八a）では、倭学書がいかなる内容のものであったかが考察されている。

中期には、壬辰倭乱で日本に拉致され、その後刷還された康遇聖が著した『捷解新語』により、初期の倭学書が入れ替わることになった。壬辰倭乱の後に、日本語教育について全面的な検討がなされたが、初期の倭学書で学習した日本語は、日本人と接したときにあまり使えない、という事実が確認された。なぜなら、初期の倭学書は、主に日本で児童を相手にした訓蒙書、あるいは書簡文作成用の教材であったので、日本語会話には不適当な教材であったのである。

『捷解新語』は、康遇聖が倭学訳官として倭館の日本人を管理するために必要な会話や、三度の通信使に随行しながら、その使行でやり取りした内容を話し言葉でまとめて書いたものである。これは康熙庚戌（一六七〇）に校書館から活字で刊行され、続いて修正本と覆刻木版本が刊行された。この本は、漢学の『老朴』のように、倭学訳官が最も愛用する教材となった。

後期の倭学書は、『捷解新語』を改修、または重刊したものである。倭学訳官の崔鶴齢による、一次、二次の二度の改修があったが、第一次改修本は英祖戊辰（一七四八）に校書館から活字本で刊行されたという記事がある。実際に、この『改修捷解新語』の戊辰本を覆刻して木版本で刊行した版本がフランスで発見され、学界を驚かせた。この本は、日本で安田章教授によって影印本として刊行されたが、ソウルでも鄭光・安田章（一九九一）により影印本が刊行され、この本の故郷で再び生まれることになった。

崔鶴齢の二次改修は、主に一次改修で修正できなかった倭諺大字（日本の仮名文字）を当時通用する字体に変えたものである。これも活字本で刊行されたという記事があるが、今日、その版本は発見されておらず、これを覆刻した冊板に、「重刊捷解新語」という題目と李湛の序文をつけて刊行した木版本『重刊捷解新語』が多数伝わっている。この「重刊本」の版心は「改修捷解新語」となっている。

崔鶴齢は、仮名文字を整理して『伊呂波』という書名で刊行し、これを『重刊捷解新語』と『捷解新語文釈』の巻尾に添付した。『伊呂波』の単行本は、最近まで発見されていなかったが、ローマのバチカン図書館に所蔵されていることが分かり、拙稿（二〇一四）に紹介された。ここには、日本語仮名の五十音図も含まれている。

『伊呂波』の単行本は、フランシスコ会修道士のロマルド（Romuald）が、一七八〇～一七九〇年代に北京にて、燕行使でそこを訪れた朝鮮の使節から受けたもので、一八〇〇年の初めにローマのボルジア（Borgia）に寄贈されたものである。ボルジアが、一八〇六年にバチカンの布教聖省（Sacra Congregatio de Propaganda Fide）にこの本を収蔵させたという事実は、本に押された蔵書印とロマルド修道士の奥書によってうかがい知ることができる。『伊呂波』には、日本の仮名文字を学習する手習の詞歌「いろは（伊呂波）」がハングルで注音され、いくつかの字体が収録されている。そして、日本語の仮名文字を学習する五十音図も含まれているが、これは日本の貝原篤信が著し、日本の元禄三年（一六九〇）に刊行された『倭漢名数』から引用されたものである。

日本の『倭漢名数』は、明和二年（一七六五）に増補され、『和漢名数』という名前で新たに刊行されたが、この本が朝鮮に輸入され、当時の識者等に知られたものと思われる。すなわち、李瀷の『星湖先生全集』（巻一五）に収録されている「答洪錫余戊寅」という書簡文に、「和漢名数」について言及されている。また、彼の弟子である安鼎福が師匠の李瀷にこの本を紹介する上書が『順菴先生文集』巻二の「上星湖先生書戊寅」にそのまま掲載されている。

したがって、安鼎福が『和漢名数』を入手し、星湖李瀷に紹介したことがわかる。朝鮮の司訳院でもこの本を購入し、『伊呂波』を編纂した時に五十音図の部分をこの本から引用したのである。

こうした事情から見たとき、司訳院でこの本を編纂した者も崔鶴齢であると思われる。おそらく彼が『和漢名数』を購入し、倭学書の編纂に使用し、また、安鼎福にも見せた可能性がある。

『捷解新語文釈』は、仮名の草書体を学ぶ倭学書であり、『捷解新語』をすべて草書体の仮名で記録して刊行されたものである。倭学訳官の金健瑞が作成し、嘉慶元年（一七九六）に刊行されている。この「文釈本」の刊行により、仮名文字の平仮名で作成された『捷解新語』、そして『伊呂波』による真字、片仮名等の字体を学習することができた。

漢学の『訳語類解』の刊行により、講読教材に加えて語彙集、すなわち辞書の必要性が認識されており、清学と蒙学では『同文類解』(一七四八)と『蒙語類解』(一七六八)が編纂された。倭学でも同じ時に、『倭語類解』を刊行するため、対馬に原稿を修正しに訳官を送ったが、途中で破船したためそれは実現されず、これよりずっと後の正祖五年(一七八一)頃に倭学訳官の韓廷修等により刊行された。これにより、倭学の日本語教育における、講読教材と仮名文字学習書及び語彙集、すなわち辞書が完備された。

六、女真学と清学—女真語と満州語教育

『経国大典』には、清学ではなく女真学として、訳科科試書と取才、院試、考講等の出題書が登録されている。大典に登録された女真学書は、概して金の童蒙教科書と思われる。このうち二種の女真学書が満州語に改編され、後の清学書になったが、これにより『経国大典』の女真学書についてある程度窺い知ることができる。

しかし、今日、金の童蒙教育についての研究がないだけでなく、女真語自体の研究も信頼性のあるものはなく、また、女真語で書かれた女真学書は一冊も伝わっておらず、これに対する研究は全くない状態である。それゆえ、本書の第六章では、主に清学の満州語教育を中心に考察してみた。

女真学と清学の女真語と満州語はともに同じツングース語であるが、方言以上の違いのある言語であった。金の通用文字であった女真文字やモンゴルウイグル文字で記述されたであろう女真学書が伝わらないので、またその文字も今日まで解読されておらず、その一部始終を理解するのは難しい。

女真文字には、金の太祖の阿骨打が完顔希尹に命じて作られた女真大字と、金の熙宗王の時にこれを補完した女真小字があった。女真小字を高麗で教育したという記事が『高麗史』に見られるが、果たしていかなる教材を使い、いかなる文字を教育したのかはわからない。本書では、女真語教材がウイグル文字で作成された可能性につい

て論及した。しかし、司訳院においても、女真学は他の三学に比べて最も遅く設置され、丙子胡乱以降は、満州語学習の清学に置き換わっており、女真語と女真語教材の研究は、現在それ以上の進展を見ていない。

『世宗実録』等には女真学の記事がなく、『経国大典』で初めて女真学が司訳院四学の一つとして認識されている。そして訳科女真学の科試書として、「千字文・兵書・小児論・三歳児・自侍衛・八歳児・去化（あるいは巨化）・七歳児・仇難・十二諸国・貴愁・呉子・孫子・太公・尚書」等一五種の女真語教材が登載されている。

これらは、後代に満州語に改編され、清学書となった『小児論』と『八歳児』を除いては、いかなる内容の教材なのかわかっていない。書名から見て、敦煌で出土した『孔子項託相問書』の説話を底本に作成された優秀な子供の話（小児論・八歳児・七歳児・三歳児）が主流をなし、兵書（兵書・呉字・孫子）、史書（史書・十二諸国・太公・尚書）、女真族の説話（仇難・貴愁・去化）、そして基礎漢字を通じた女真語の漢字音と語彙教材（千字文）に分類することができる。おそらくこれらは、金の訓蒙教科書であったと推定される。

丙子胡乱の後は、女真語よりも満州語の教育が重要になり、康熙丁未（一六六七）に女真学は清学に取って代わられる。満州語の学習教材としては、前述した女真学書の中で、壬辰倭乱と丙子胡乱の兵火を避けて残った五冊、すなわち『仇難』・『去化』・『尚書』・『八歳児』・『小児論』を申継黯が仁祖一七年（一六三九）頃に満州語に再編しており、これらを清学書として使用した。

清でも、他の北方民族の伝統のように、新しい国の建国とともに新しい文字を導入し、漢字に対抗している。清の太祖のヌルハチがエルデニをして作らせた満州文字を、清の太宗の時にダハイ等が有圏点の満州新字に改正して使用した。後者を満州新字または有圏点満州字といい、前者を無圏点の満州字（旧字）といった。申継黯は、満州文字の新・旧字の両方を熟知しており、女真学書五冊を清学書に改編したのである。

しかし、康熙甲子（一六八四）から『三訳総解』と『清語老乞大』が追加で編纂され、清学の科試書として使用されたが、兵火後残った五冊のうち、『小児論』と『八歳児』だけが残り、それ以外はすべて廃止された。それゆえ、『三訳総解』、『清語老乞大』に加え、『八歳児』・『小児論』が満州語試験の出題書として使われるようになったのであり、これを清学四書といった。そして、漢学で語彙集として編纂された『訳語類解』の効用性を受け継ぎ、満州語の学習の語彙集として『同文類解』が編纂され、辞書の役割をするようになった。

後期の清学書は、漢学で中期のものが新釈、または重刊されて使用されたように、清学でも同じように清学四書と『同文類解』が修正されて新釈という名前が付けられたり、重刊されて使用された。実際に、『新釈三訳総解』または『新釈小児論』、『新釈八歳児』が存在していたという記事が見られる（『通文館志』巻八、什物、続条の記事を参照）。

憲宗甲辰（一八四四）年に実施された甲辰増広別試の訳科清学を応試して合格した白完培の試券が完全に残っており、清学の満州語訳科試験が、いかにして実施されたかを知ることができる。

この訳科に応試した人は、試券に附載されたた秘封によれば、当時啓功郎（東班従七品）で司訳院の奉事（従八品）であった白完培であり、本貫が林川で、二四歳の時に応試したものであることがわかる。司訳院判官を務めた白曾煥の息子で、清学新逓児として司訳院判官を務めていた白元培の弟である。

この試券は、現在伝わる訳科試券の中で最も完全なものであり、試券の左側から右側に、上下二段に科題が書かれ、答案が写字されている。科題は、『三訳総解』から三題、『清語老乞大』から二題、『八歳児』、『小児論』からそれぞれ一題ずつ、合計七題が出題され、それぞれの下に答案が書かれている。下段の右側端に「翻大典通編」という訳語の問題である「自外方 止営繕」が粗い筆致で書かれており、『経国大典』巻六、工典、一後の三行にある、「外方公廨啓聞後営繕」を満州語に翻訳する試験であったことが理解できる。

この試券の採点は、通がなく、略が五つ、粗が三つなので、六・五の分数を得た。満点は一六分なので四〇・

六％の成績であった。写字の答案は、ほぼ原文と相違がないにもかかわらず、このような点数であったのを見れば、内容と関係のない採点と思われる。

この試券の主人公は、この答案で二等四人で合格した。『訳科榜目』巻二、道光甲辰増広に書かれた増広別試訳科の合格者は、一等に三人、二等に七人、三等に九人、合計一九人が合格しており、白完培は二等七人の中の四番目に書かれているため、この増広別試の訳科初試に二等四人で合格したことが確認できる。

七、最後に

以上、朝鮮時代の外国語教育について、司訳院四学の漢語・モンゴル語・日本語・女真語または満州語を中心に考察した。これらの四つの言語は、朝鮮半島をめぐる周辺国の言語であり、歴史的に朝鮮民族と接触したときの意思疎通に必要な言語であった。

女真語は、清が建てられた後、満州語に取って代わられたが、司訳院の外国語教育は、今日の発達した言語教育理論から見ても驚くほど整備された教育であった。朝鮮司訳院の外国語教育がいかに優れていたかをまとめつつ、本書の結論に代えたい。

司訳院の外国語教育の特徴は、第一に、言語の早期教育であった。わずか五歳で司訳院に入学させて外国語を教育させたことを第五章で考察した。五歳の若さで倭学生徒の部屋に入学した倭学訳官の玄啓根の入属差帖があり、この事実を明らかにすることができる。

第二は、集中的な反復教育である。司訳院に所属している訳官は、たとえ訳科に合格して司訳院の正や御前通事等の高官職にあっても、常に語学教材を覚える必要があり、試験を受けなければならなかった。各種官職の採用試験である取才と応試資格を付与する院試があり、訳官は外国語学習を中断することができなかったのであり、各種考講を通して外国語学習を教材単位で確認していた。

第三は、生き生きとした話し言葉を教育したことである。文語ではなく、実際に通訳を担当した訳官が現場で起こりうる場面を想定し、そこでやり取りする会話を教材にして、生きた口語を教育していた。今日の文語中心の教育とは相当な違いを見せており、他山の石とすべきところである。司訳院漢学の教材として長い間中国語学習の王座を守っていた『老乞大』、『朴通事』が、当時の生き生きとした話し言葉を反映した会話教材であったのであり、この二つの漢学書の影響により、他の三学も会話教材が作成されるようになった。

第四は、言語の変化に敏感に反応したことである。言語の歴史的変遷を認識し、一度編纂した言語教材を修正して補完し続け、新しい言語の学習を継続させた。外国に送る使節には、言語教材を修正する者が必ず随行した。したがって、そのほとんどの訳学書は、刊行された後に続けて修正本が作られた。こうして新釈・改修・重刊という名前の訳学書が後に続いた。

第五は、朝鮮時代のこれらの外国語教育が全国的に実施されたことである。漢陽だけでなく、外国との接触のあった地方にも教師を派遣して現地で生徒を募集し、外国語教育を行っていた。この時代の外国語教育は、まさに全国規模で行われたと見ることができる。本書では、朝鮮時代の外国語教育が地方でいかにして実施されているかを考察した。

最後に、司訳院のような朝鮮時代の外国語教育制度と教育機関が一度も中断されず、七〇〇年間続いたことを喚起したいと思う。世界の歴史の中で、このように外国語教育機関を専門的に設置し、中断することなく続いた民族はほとんど見当たらない。また、当時の外国語教育は、今日の教育制度と教育方法に照らしても全く遜色がないほど素晴らしかったと言えよう。

本書は、このような朝鮮時代の外国語教育について、教育方法、教育制度、教育評価を具体的に考察したものである。

参考資料（資料別年代順）

〈漢学書資料〉

伍倫全備諺解：高時彦等諺解（一七二〇）、劉克慎刊行（一七二一）、木版本、奎章閣所蔵、亜細亜文化社影印（一九八二）。

経書正音：李聖彬等編（一七三四）、鋳字本、甲辰重刊本（一七八四）、奎章閣所蔵。

朴通事 上、崔世珍翻訳本（一五一四）、乙亥字本の覆刻本、国会図書館所蔵、慶北大学大学院影印（一九五九）。

朴通事諺解：邊暹等諺解（一六七七）、鋳字本、奎章閣等所蔵、京城帝国大学文学部影印（奎章閣叢書第八）。

朴通事新釈および同諺解：金昌祚等新釈および諺解（一七六五）、一簑文庫・韓中研・京都大学等所蔵。

老乞大 上：崔世珍翻訳本（一五一四）、木版本、白淳在氏所蔵、中央大学大学院影印（一九七二）。

老乞大 下：崔世珍翻訳本（一五一四）、木版本、趙炳舜氏所蔵、仁荷大学人文科学研究所影印（一九七五）。

老乞大諺解：邊暹等諺解（一六七〇）、鋳字本、奎章閣所蔵、京城帝国大学法文学部影印（奎章閣叢書第九）。

老乞大諺解：申聖淵・卞煜等校正、平安監営重刊本（卞煜序、一七四五）、奎章閣所蔵、弘文閣影印（一九八四）。

老乞大新釈および同諺解：邊憲・金昌祚等、新釈および諺解（新釈、一七六一、諺解、一七六三）、奎章閣等所蔵。

重刊老乞大および同諺解：李洙等重刊および諺解（一七九五）、奎章閣等所蔵。

〈蒙学書資料〉

捷解蒙語：李世烋刊板（一七三七）、方孝彦改訂、金亨宇刊板（一七九〇）、重刊本（四巻四冊）、このうち重刊本は奎章閣、嘉藍文庫等に所蔵されている。ソウル大学付属図書館・大提閣等で影印出版。

蒙語類解：李億成改刊（一七六八）、方孝彦修訂・金亨宇補刊（一七九〇）重刊（上・下）。

蒙語類解 補編：方孝彦編金亨宇刊板（一七九〇）、所謂重刊本、蒙語類解上・下補編三冊が奎章閣に所蔵されている。ソウル大学出版部・大提閣等で影印出版。

蒙語老乞大：李最大新釈（一七四一）、李億成改刊（一七六六）、方孝彦修訂、金亨宇補刊、重刊本（一七九〇）、重刊本（八巻八冊）が奎章閣・日本東洋文庫に所蔵されている。その他 L. Ligeti 教授所蔵本。奎章閣本が大提閣等で影印出版。

〈倭学書資料〉

伊路波：弘治五年（一四九二）版、日本香川大学図書館神原文庫所蔵、昭和三四年（一九六九）五月影印本（香川大学開学十周年記念刊行、黎明社、東京）、昭和四七年（一九七二）一一月印本（古典刊行会、洛文社、京都）。

捷解新語：康遇聖の初刊本校書館鋳字本（一六七六）、奎章閣所蔵、古典刊行会影印本（一九三四）、京都大学文学部国語学国文学研究室影印本（一九七四）、同精版本、対馬宗家文庫所蔵。

庚辰覆刻本（整板本）木版本（一七〇〇）、高麗大学図書館晩松文庫所蔵第一冊（巻一―三）・李謙魯氏の山気文庫所蔵第二、三冊（巻四―七、巻一〇）。

崔寿仁・崔鶴齢の第一次改修本、校書館鋳字本（一七四八）、フランスパリの東洋語学校所蔵、京都大学文学部国語学国文学研究室影印（一九八七）。

辛丑重刊本木版本（一七八一）、奎章閣・ソウル大学中央図書館・日本対馬宗家文庫・東洋文庫所蔵、京都大学文学部国語学国文学研究室影印（一九六四）。

金健瑞の文釈本（一七九六）、奎章閣所蔵、古典刊行会影印（一九三四）、京都大学文学部国語学国文学研究室影印（一九七二）。

日語類解：金沢庄三郎（一九一二）、京都大学図書館等所蔵、京都大学文学部国語学国文学研究室 影印（一九七六）。

隣語大方：崔鶴齢木版本（一七九〇）、ソウル大学中央図書館所蔵、太学社影印（一九八六）、日本外務省蔵板、浦瀬裕校正増補版（一八八二）、日本苗代川沈寿官蔵本。

倭語類解：韓廷修讐厘本、木版本（一七八〇年代初頭）、韓国国立中央図書館所蔵、駒澤大学所蔵本、金沢旧蔵本は京都大学文学部国語学国文学研究室影印（一九五八）および弘文閣影印があり、国立中央図書館本は拙著（一九八八b）で影印されている。日本苗代川の『和語類解』、京都大学所蔵。

〈清学書資料〉

漢清文鑑：李湛・金振夏等編纂（一七七五?）、フランスパリの東洋語学校に所蔵されている。

三訳総解：朴昌裕等改版（一七〇三）、金振夏修訂・新釈、張再成書板、司訳院刊板重刊（一七七四）、この重刊本（一〇巻一〇冊）が奎章閣等に所蔵されており、延世大学東方学研究所で影印出版。

小児論：李世萬書版朴昌裕等改版（一七〇三）、金振夏修訂・新釈、張再成書版司訳院重刊（一七七七）。この重刊本（一巻一冊）

が奎章閣に所蔵されており、延世大学東方学研究所で影印出版。
清語老乞大：新飜老乞大（八巻八冊）（一六八六）、清語老乞大（一七〇三）、金振夏改訂新釈箕營刊板（一七六五）、この箕營刊板本がフランスパリの東洋語学校と日本駒沢大学に所蔵されている。日本駒沢大学所蔵本が拙編著（一九九八）で影印。
同文類解：玄文恒修訂芸閣重刊（一七四八）、この重刊本（二巻二冊）が奎章閣・一簑文庫等に所蔵されており、延世大学東方学研究所で影印出版。
八歳児：朴昌裕等改版（一七〇三）金振夏修訂・新釈、張再成書版司訳院重刊（一七七七）、この重刊本（一巻一冊）が奎章閣に所蔵されており、延世大学東方学研究所で影印出版。

〈試券資料〉

丁卯式年訳科覆試、乾隆丁卯（一七四七）、玄敬躋の試券、国史館所蔵。

来辛卯式年訳科初試、乾隆辛卯（一七七一）、劉学基の試券、個人所蔵。

辛卯式年訳科覆試、乾隆辛卯（一七七一）、劉学基の試券、同左。

癸巳大増広別試訳科初試、乾隆癸巳（一七七三）、玄烇の試券、国史館所蔵。

癸巳大増広別試訳科覆試、同左。

来己酉式年訳科初試、乾隆己酉（一七八九）、劉運吉の試券、個人所蔵。

己酉式年訳科覆試、乾隆己酉（一七八九）、劉運吉の試券、同左。

来甲午式年訳科初試、道光甲午（一八三四）、蒙学試券、同左。

今甲辰増広別試訳科初試、道光甲辰（一八四四）、白完培の試券、高麗大学所蔵。

今庚辰増広別試訳科初試、光緒庚辰（一八八〇）の試券、奎章閣所蔵。

今己酉増広訳科初試、光緒己酉（一八八五）、皮教宣の試券、奎章閣所蔵。

今丁亥増広別試訳科覆試、光緒丁亥（一八八七）、玄鎰の試券、国史館所蔵。

来戊子式年訳科初試、光緒戊子（一八八八）、金仁杭の試券、韓国韓国学中央研究院所蔵。

〈国典類〉
経国大典、大典続録、大典後続録、各司受教、受教輯録、典録通考、続大典、大典通編、典律通補、六典条例、大典会通、経国六典、銀台条例。

〈司訳院資料〉
医訳籌八世譜、奎章閣所蔵。
雑科榜目、奎章閣所蔵。
司訳院完薦謄録、延世大学中央図書館所蔵。
司訳院四学等第厘正節目、奎章閣所蔵。
新定節目、奎章閣所蔵。
通文館案、奎章閣所蔵。
通文館志、奎章閣所蔵。
通文館志（続附）、奎章閣所蔵、大阪府立図書館所蔵。
訳科八世譜、ソウル大学古図書。
訳科榜目、奎章閣所蔵、東洋文庫所蔵。
訳科類輯、国立中央図書館所蔵。
訳官上言謄録、奎章閣所蔵。

韓文参考文献（ハングル順）

姜信沆（一九六六a）「李朝時代の訳学政策に関する一考察」、『大東文化研究』（成均館大学）、第二集
――――（一九六六b）「李朝初期の訳学者に関する考察」、『震檀学報』第二九、三〇号合併号。
――――（一九七八）『李朝時代の訳学政策と訳学書』、塔出版社、ソウル。
――――（一九八八）「朝鮮時代の漢学関係訳学者の業績について」、『韓国学の課題と展望』、第五会国際学術会議世界韓国学大

会論文集1』、韓国精神文化研究院、ソウル。

高柄翊（一九五八）「鷄林類事의編纂年代考」『歴史学報』第一〇輯。

国史編纂委員会（一九八七）『国史館開館紀念史料展示会目録および解題』、国史編纂委員会、ソウル。

奎章閣（一九七八）『奎章閣韓国図書解題』、ソウル大学奎章閣編、保景文化社、ソウル。

金芳漢（一九六三）「蒙学三書所載モンゴル語に関して」、『文理大学報』（ソウル大学）一一―一。

――（一九六七）「韓国のモンゴル語資料に関して」、『亜細亜学報』三。

金良洙（一九八三）「朝鮮後期訳官に関する一研究」、『東方学志』第三十九輯。

――（一九八六）「朝鮮後期訳官の家門の研究―金指南・金慶門等の牛峰金氏の家系を中心に―」、『白山学報』第三二号。

金龍徳（一九五九）「高麗光宗朝の科挙制度問題」、『中央大論文集』第四号。

金完鎮（一九七六）『老乞大の諺解についての比較研究』、韓国研究院、ソウル。

――（一九九四）「中人と言語生活」、『震檀学報』（震檀学会）第七七集、七三～九二頁。

金完鎮外（一九九七）金完鎮・鄭光・張素媛共著『国語学史』、韓国放送大学出版部、ソウル。

金貞玉（一九五六）「高麗時代の教育制度についての一考察」、『梨花女子大七十周年紀念論文集』、梨花女子大学、ソウル。

金致雨（一九八三）『攷事撮要の冊板目録研究』、図書刊行民族文化、ソウル。

金炯秀（一九七四）『蒙学三書研究』、纖雪刊行社、大邱。

金鍾圓（一九六五）「通文館志の編纂と重刊について―田川氏説についてのいくつかの存疑―」、『歴史学報』第二六輯。

金炫栄（一九八七）「朝鮮後期の中人の家系と経歴―訳官川寧玄氏家の古文書の分析―」、『韓国文化』第八輯。

南豊鉉（一九八〇）「口訣と吐」、『国語学』（国語学会）第九号。

劉烈（一九八三）『三国時代の吏読についての研究』、科学百科事典出版社、平壌。

柳承宙（一九七〇）「朝鮮後期の対清貿易の展開過程」、『白山学報』第八号。

劉昌惇（一九六〇）「朴通事考究」、『人文科学』（延世大学）第五輯。

閔丙河（一九五七）「高麗時代の教育制度―特に国子監を中心に―」、『歴史教育』第二輯。

閔泳珪（一九六四）「老乞大辨疑」『清語老乞大』影印附録、延世大刊行部、『人文科学』（延世大学）一二輯。

――（一九六六）「朴通事の著作年代」、『東国史学』第九、一〇輯。

朴在淵（二〇〇三）『交点「老乞大」・「朴通事」原文諺解比較資料』、鮮文大学中韓飜訳文献研究所、牙山。

朴泰権（一九六八）「老朴集覧研究」、『李崇寧博士頌寿紀念論叢』。

朴相国（一九八七）『全国寺刹所蔵木板集』、文化財管理局、世信刊行社、ソウル。

方種鉉（一九四八）『訓民正音通史』、一誠堂書店、ソウル。

――（一九五四）「訓蒙字会考」、『東方学志』第一号。

――（一九六三）『一簑国語学論集』、ソウル。

宋敏（一九六八）「『方言集釈』の日本語ハ行音転写法と『倭語類解』の刊行時期」、『李崇寧博士頌寿紀念論叢』（刊行委員会）、ソウル。

宋俊浩（一九八一）「科挙制度を通じて見た中国と韓国」、『科挙―歴史学大会主題討論―』、歴史学会編、一潮閣、ソウル。

安秉禧（一九八八）「崔世珍の『吏文諸書輯覧』について」、『周時経学報』（周時経研究所）第一号、塔出版社。

――（一九九六a）「老乞大とその諺解書の異本」、『人文論叢』（ソウル大学人文学研究所）、第三五集。

――（一九九六b）「金安国の崔世珍挽詞」、『東方学志』第九五号。

――（一九九九a）「崔世珍の生涯と学問」、韓国語文教育研究会、第一三一回学術研究発表会、一九九九年一〇月二二日。

――（一九九九b）「崔世珍の生涯と年譜」、『奎章閣』（ソウル大学奎章閣）第二二号。

梁伍鎭（一九九五）「朴通事の製作年代小考」、『韓国語学』（韓国語学会）第二集。

――（一九九八）「老乞大・朴通事研究―漢語文に見られる語彙と文法の特徴を中心に―」、高麗大学大学院博士学位論文、この論文は太学社から『老乞大朴通事研究』として刊行された。

元永煥（一九七七）「朝鮮時代の司訳院制度」、『南溪曺佐鎬博士華甲紀念論叢』。

兪昌均（一九六六）『東国正韻研究』、蛍雪出版社、ソウル。

――（一九七八）『蒙古韻略と四声通解の研究』、蛍雪出版社。

劉昌惇（一九六〇）「朴通事考究」、『人文科学』（延世大学）第五集。

李光麟（一九六七）「提調制度研究」、『東方学志』八。

李基文（一九六一）『国語史概説』、民衆書館、ソウル、（一九七二）、同改訂版。

――（一九六四）「蒙語老乞大研究」、『震壇学報』第二六・七合併号。

―――（一九六七）「蒙学書研究の基本問題」、『震壇学報』第三一。

李丙疇（一九六六）「老朴集覧考究」、『東国大学論文集』第二号。

李成茂（一九七一）「朝鮮朝の技術官とその地位―中人層の成立問題を中心に―」、『柳洪烈博士華甲記念論叢』。

李崇寧（一九六五）「崔世珍研究」、『亜細亜学報』一。

―――（一九七六）『革新国語学史』、博英社、ソウル。

―――（一九八一）『世宗大王の学問と思想』、亜細亜文化社、ソウル。

李丞宰（一九九二）『高麗時代の吏読』、太学社、ソウル。

李洪烈（一九六七）「雑科試取についての考察―特に燕山君以後における医・訳・籌学の場合―」、『白山学報』第三号。

李姫載訳（一九九四）『韓国書誌―修訂翻訳版』、一潮閣、ソウル。

Courant（1894～96）、M. Courant: Bibliographie Corèenne, 3 vols. Paris の飜譯。

張基権（一九六五）「奎章閣所蔵漢語老乞大および諺解本について」、『亜細亜学報』一。

張世懲（二〇〇一）『吏読資料読み辞典』、漢陽大学出版部、ソウル。

田光鉉（一九七八）「一八世紀前期国語の一考察―『伍倫全備諺解』を中心に―」、『語学』（全北大学語学研究所）第五集。

鄭光・安田章（一九九一）『改修捷解新語（解題・索引・本文）』、太学社、ソウル。

鄭光・梁伍鎮（二〇一一）『老朴集覧訳註』、太学社、ソウル。

鄭光・尹世英（一九九八）『司訳院訳学書冊板研究』、高麗大学出版部、ソウル。

鄭光外（一九九二）鄭光・尹世英・宋基中、「高麗大学校博物館所蔵司訳院冊板」、『省谷論叢』（省谷学術文化財団）第二三集、二三〇五～二三八七頁。

鄭光外（一九九九）鄭光・南権熙・梁伍鎮、「元代漢語老乞大―新発掘訳学書資料（旧本）老乞大の漢語を中心に―」、『国語学』（国語学会）第三三号、三～六八頁。

鄭光外（二〇〇二）鄭光・鄭丞恵・梁伍鎮、『吏学指南』、太学社、ソウル。

鄭光・韓相権（一九八五）「司訳院と司訳院訳学書の変遷研究」、『徳成女大論文集』（徳成女大）第一四集、一六九～二三四頁。

精文研（一九八六）、韓沽劤外五人、『訳註経国大典註釈篇』、韓国精神文化研究院人文研究室、ソウル。

鄭丞恵・徐炯国（二〇一〇）「訳学書に反映された物価と経済」、『語文論集』（語文研究会）第六〇号、一五三～一八七頁。

曺佐鎬（一九五八）「麗代の科挙制度」、『歴史学報』（韓国歴史学会）第一〇号。

――（一九六五）「科挙講経考」、『趙明基紀念仏教史学論叢』（刊行委員会）。

拙稿（一九七四）「翻訳老乞大朴通事の中国語音表記研究」、『国語国文学』（国語国文学会）第六四号。

――（一九七七）「崔世珍研究一―老乞大・朴通事の翻訳を中心に―」、『徳成女子大学論文集』（徳成女子大学）第一〇集、四五～七七頁。

――（一九七八ｂ）「類解類訳学書について」、『国語学』（国語学会）第七号。

――（一九八四）「捷解新語の成立時期に関する諸問題」、『牧泉兪昌均博士還甲紀念論文集』、大邱。

――（一九八五）「『捷解新語』の伊路波と『和漢名数』」、『徳成語文学』（徳成女子大学国語国文学科）第二輯、三六～五四頁。

――（一九八七ａ）「朝鮮朝訳科清学初試答案紙について」、『韓国語学とアルタイ語学』（于亭朴恩用博士回甲紀念論叢）、暁星女子大学刊行部、河陽、四七一～四九三頁。

――（一九八七ｃ）「朝鮮訳科漢学と漢学書―英・正祖代訳科漢学試券を中心に―」、『震檀学報』（震檀学会）第六三号、三三～七二頁。

――（一九八七ｄ）「『倭語類解』の成立と問題点―国立図書館本と金沢旧蔵本との比較を通じて―」、『徳成語文学』（徳成女子大学国語国文学科）第四輯、三一～五一頁。

――（一九八八）「訳科の倭学と倭学書―朝鮮朝英祖丁卯式年試訳科倭学の玄啓根試券を中心に―」、『韓国学報』（一志社）、第五〇輯、二〇〇～二六五頁。

――（一九八九）「訳学書の刊板について」、『周時経学報』（周時経研究所）第四集、一〇四～一一三頁。

――（一九九〇）「蒙学三書の重刊について―高麗大学所蔵の木版を中心に―」、『大東文化研究』（成均館大学大東文化研究院）第二五集、二九～四五頁。

――（一九九一）「倭学書『伊路波』について」、『国語学の新しい認識と展開（金完鎮先生華甲紀念論叢）』（ソウル大学大学院国語研究会編）、民音社、ソウル、一四二～一六一頁。

――（一九九二）「『通文館志』の編纂と異本の刊行について」、『徳成語文学』（徳成女子大学国文科）第七号、一二三～一四二頁。

――（一九九五ａ）「飜訳老朴凡例の国音・漢音・諺音について」、『大東文化研究』（成均館大学大東文化研究院）第九五集、一八五～三〇八頁。

――（一九九五b）「パリ国立図書館所蔵の満・漢『千字文』―満文の訓民正音転写を中心に―」、『国語国文学研究（燕居齋申東益博士停年紀念論叢）』、景仁文化社、ソウル、一〇五五～一〇八三頁。

――（一九九五c）「飜訳『老乞大』解題」、『訳註飜訳老乞大』（国語史資料研究会編）、太学社、一～二九頁。

――（一九九八）「清学四書の新釈と重刊」、『方言学と国語学』（チョンアム金永泰博士華甲紀念論文集）、太学社、七五三～七八八頁。

――（一九九九b）「崔世珍の生涯と業績」、『新しい国語生活』（国立国語研究院）、第九巻第三号、五～一八頁。

――（二〇〇〇a）「崔世珍生涯の研究に対する再考と反省」、『語文研究』（韓国語文教育研究会）、第二八巻一号（通巻一〇五号）四九～六一頁。

――（二〇〇〇b）「『老朴集覧』と『老乞大』・『朴通事』の旧本」、『震檀学報』（震檀学会）、第八九号、一五五～一八八頁。

――（二〇〇一）「清学書『小児論』考」、『韓日語文学論叢』（梅田博之教授古稀記念）、太学社、五〇九～五三二頁。

――（二〇〇二a）「成三問の学問と朝鮮前期の訳学」、『語文研究』（韓国語文教育研究会）、第三〇巻第三号、二五九～二八九頁。

――（二〇〇三）「『老乞大』の成立とその変遷」Sang-Oak Lee & Gregory K. Iversion『韓国の言語と文化の探索』、図書出版博而精、ソウル、一五一～一六八頁。

――（二〇〇六a）「吏文と漢吏文」、『口訣研究』（口訣学会）第一六号二七～六九頁。

――（二〇〇六b）「新しい資料と視覚で見た訓民正音の創製と頒布」『言語情報』（高麗大学言語情報研究所）、第七号五～三八頁。

――（二〇〇六c）「嘉靖本『老乞大』の欄上注記について」、『国語史研究』（国語史学会）、第六号一九～四八頁。

――（二〇〇六d）「倭学書資料について―朝鮮前期の倭学書を中心に―」林龍基・洪允杓編：『国語史研究どこまで来ているのか』、延世国学叢書六六、太学社、ソウル、四二九～四五八頁。

――（二〇〇七a）「韓国における日本語教育の歴史」（日文）、『日本文化研究』（東アジア日本学会）、第二一集三一五～三三三頁。

――（二〇〇七b）「山気文庫所蔵〈刪改〉『老乞大』について」『語文研究』（韓国語文教育研究会）第三五巻第一号（通巻一三

三号）七〜三〇頁。

――（二〇〇七c）「漢語教材『老乞大』の場面分析」『国語学』（国語学会）第四九号二三五〜二五二頁。

――（二〇〇九）「朝鮮半島での外国語教育とその教材―司訳院の設置とその外国語教育を中心に―」『訳学と訳学書』（訳学書学会）、創刊号一―二二頁。

――（二〇一〇）「契丹・女眞文字と高麗の口訣字」『日本文化研究』（東アジア日本学会）、第三六輯三九三〜四一六頁。

――（二〇一二b）「老乞大と朴通事」第四次訳学書学会ソウル学術会議基礎講演、日時：二〇一二年七月二八日〜二九日、場所：ソウル徳成女子大学。

――（二〇一二c）「高麗本『龍龕手鏡』について」『国語国文学』（国語国文学会）第一六一号二三七〜二七九頁。

――（二〇一三）「草創期における倭学書の資料について」『日本文化研究』（東アジア日本学会）第四八集三六九〜三九四頁。

拙著（一九八八a）『司訳院倭学研究』、太学社、ソウル。

――（一九八八b）『諸本集成倭語類解（解説・国語索引・本文影印）』、太学社、ソウル。

――（一九九〇）『朝鮮朝訳科試券研究』、成均館大学大東文化研究院、ソウル。

――（一九九九）『一〇月の文化人物崔世珍』、文化観光部韓国文化芸術振興院、ソウル。

――（二〇〇二a）『吏学指南』、鄭丞恵・梁伍鎮共著、太学社、ソウル。

――（二〇〇二b）『訳学書研究』、J&C、ソウル。

――（二〇〇四a）『訳注原本老乞大』、金寧社、ソウル。

――（二〇〇四b）『四本対照倭語類解』上・下、J&C、ソウル。

――（二〇〇六b）『訓民正音の人たち』、J&C、ソウル。

――（二〇〇六c）『訳学書と国語史研究』、鄭光外一九人、太学社、ソウル。

――（二〇〇六d）『訳注翻訳老乞大と老乞大諺解』、一〇〇大ハングル文化遺産四五、新丘文化社、ソウル。

――（二〇〇九）『蒙古字韻研究』、博文社、ソウル。

――（二〇一〇）『訳注原本老乞大』、博文社、ソウル（二〇〇四年金寧社版本の修訂本）。

――（二〇一一）『老朴集覧訳注』、梁伍鎮共著、太学社、ソウル。

――（二〇一二）『訓民正音とパスパ文字』、図書出版亦楽、ソウル。

——（二〇一五）『ハングルの発明』、金寧社、ソウル。

冊板目録（一九七九）鄭亨愚・尹炳泰共編、『韓国冊板目録総覧』、韓国精神文化研究院、ソウル。

千恵鳳（一九七四）「故事撮要解題」、『韓国図書館学研究会影印故事撮要』、南文閣、ソウル。

崔承熙（一九八一）『韓国古文書研究』、韓国精神文化研究院、城南。

崔鉉培（一九六一）『ハングルカル』、正音社、ソウル。

韓沽劤外（一九八六）『訳注経国大典』（注釈篇）、韓国精神文化研究院、ソウル。

洪起文（一九四五）『正音発達史』上・下、ソウル新聞社刊行局、ソウル。

欧文参考文献（アルファベット順）

Benzing（1956） J. Benzing, Die tungusischen Sprachen, Wiesbaden.
Chung（2002a） K. Chung: "The Formation and Change of 〈LaoQita〉," Gregory K. Iverson ed. Pathways into Korean Language and Culture, Pagijong Press, Seoul pp.85～102
——（2002b） A Study on Nogeoldae, Lao Chita by Analyzing Some Dialogue Situations in its Original Copy. 二〇〇二年七月八日（月）にノルウェーオスロ大学で開かれたICKL オスロ学会 Session 2B, Historical Linguistics.
Cincius（1949） V. I. Cincius, Sravnitel'naya fonetika tunguso- manczurskix yaz'ikov, Leningrad.
Courant（1894～96） M. Courant: Bibliographie Corèenne, Tableau littèraire de la Corèe contenant la nomenclature des ouvrages publiès dans ce pays jusqu'en 1890, ainsi que la description et l'annalyse dètaillèes des principaux d'entre ces ouvrages. 3 vols. Paris.
——（1901） Supplèment à la bibliographie Corèenne.（Jusqu'en 1899）, 1 vol. Paris.
Dyer（1979） Svetlana Rimsky-Korsakoff Dyer, "Structural Analysis of Lao Chi-ta," Unpublished Ph. D. thesis, Australian National University, Canberra.
——（1983） Grammatical Analysis of the Lao Ch'i-ta, With an English Translation of the Chinese Text, Faculty of Asian Studies Monographs: New Series No. 3. Australian National University, Canberra.

—— (2006)　Pak the Interpreter-an annotated translation and literary-cultural evaluation of the Piao Tongshi of 1677, The Australian National University, Canberra, Pandanus Books. この本は、二〇〇六年二月に、University of Hawaii Press で再び出版された。

Fuchs (1931)　W. Fuchs, Neues Material zur mandjurischen Literatur aus Pekinger Bibliotheken, Asia Major, VII, 1931.

—— (1936)　W. Fuchs, Beiträge zur Mandjurischen Bibliographie und Literature, 1936, Tokyo: Otto Harrassowitz.

—— (1942)　W. Fuchs. Neues Beiträge zur mandjurischen Bibliographie und Literatur, Monumenta Serica, VII, 1942.

Grube (1896)　W. Grube, Die Sprache und Schrift der Jucen, Leipzig.

Haenisch (1961)　E. Haenisch, Mandschu Grammatik, Mit Lesestucken und 23 Texttafeln, Leipzig.

Konstantinova (1964)　0. A. Konstantinova, Evenkiskii yazik, Fonotika, Morfologiya, Moskva-Leningrad, Leipzig.

Kotwicz (1928)　W. Kotwicz, Sur le besoin d'une bibliographie complète de la littèrature mandchoue, Roczik Orjentalistyczny, V, 1928.

Lee (1964)　Ki-moon Lee, Mongolian Loan-words in Middle Korean, Ural-Altaische Jahrbucher, Vol. 35.

Ligeti (1948)　L. Ligeti："le Subhɑsitɑrɑtnɑnidhi mongol, un document du moyen mongol", Bibliotheca Orientalis Hungarica VI, Budapest.

—— (1952)　L. Ligeti. A propos de L'ecriture mandchoue, AOH 2, pp. 235～301.

Maspero (1912)　H. Maspero, "Etudes sur la Phonetique de la Langue Annamite," BEFEO XII.

Pauthier (1862)　G. Pauthier: "De l'alphabet de P'a-sse-pa," JA,sér. V.19:8 (Janv, 1862), pp.1～47.

Pelliot (1922)　Inventaire sommaire des manuscrits et imprimès chinoirs de la Bibliothèque Vaticane, Rome.

—— (1925)　Paul Pelliot: "Les systèmes d'ecriture en usage chez les anciens Mongols," Asia Major, vol.2 pp.284～289.

—— (1948)　P. Pellio, Le Hoja et le Sayyid Houssin de l'Historie de Ming, Appendice III 3.

Pelliot・Takata (1995)　P. Pellio et T. Takata: Inventaire sommaire des manuscrits et imprimès chinoirs de la Bibliothèque Vaticane. A posthumous work by Paul Pelliot. Revised and edited by Takata Tokio, Italian School of East Asian Studies Reference Series, Kyoto: Istuto Italiano di Cultura, Scuola di studi sull'Asia orientale. これは、Pelliot（一九二二年に作成されたものを T. Takata（高田時雄））が増補編修したものである。

Plancy (1911)　Collin de Plancy, Collection d'un Amateur [v. Collin de Plancy], Objets D'art de la Corée, de la Chine et du Japon. Paris: Ernest Lerooux, Editeur.

Poppe (1954)　Nicholas Poppe: Grammar of Written Mongolian, Wiesbaden

——（1957） N. Poppe: The Mongo, ian Monuments in hP'ags-pa Script, Second Edition, translated and edited by John R. Kruger, Otto Harassowitz, wiesbaden.
——（1965） N. Poppe, Introduction to Altaic Linguistics, Wiesbaden.
Ramstedt（1957） G. J. Ramstedt, Einführung in die altaische Sprachwissenschalt I, Lautlehre, MSFOu 104: 1.
Song（1981） Ki Joong Song, Mongo Yuhae [Categorical Explanation of the Mongolian Language], A Chinese-Korean-Mongolian Glossary of the 18th Century, Unpublished Ph,D, dissertation, Inner Asian and Altaic Studies, Harvard University.
——（1981～82） The Study of Foreign Languages in the Yi Dynasty（1392～1910）, Part I, II, III, Journal of Social Sciences and Humanities, Part I: No. 54, pp.1～45, Part II, No. 55, pp.1～63, Part III, No. 56, pp.1～57.
——（1983） "Korean Sources for the Study of Mandarin of the Ming and the Ch'ing Dynasties" 爲明・清代官話研究的韓國資料、Proceedings of the Conference on Sino-Korean-Japanes Cultural Relations, Taipei, pp. 425～438.

日文参考文献（五十音順）

石川謙（一九四九）『古往來についての研究―上世・中世における初等教科書の発達』、講談社、東京。

——（一九五〇）『庭訓往來についての研究―教科書の取扱方から見た学習方法の發達―』、金子書房、東京。

——（一九五三）『学校の発達―特に徳川幕府直轄の学校における組織形態の発達―』、岩崎書店、東京。

——（一九五六）『日本学校史の研究』、小学館、東京。

——（一九六〇）『寺子屋―庶民教育機関―』、至文堂、東京。

石川謙・石川松太郎（一九六七～七四）『日本教科書大系』、第一～一五、講談社、東京。

石川松太郎（一九七八）『藩校と寺子屋』、教育社、東京。

稲葉岩吉（一九三三）「朝鮮疇人考―中人階級の存在に就にて」上・下、『東亜経済研究』、第一七巻第二・四号。

今西春秋（一九五八）「漢清文鑑解説」、『朝鮮学報』（日本朝鮮学会）、第一二集。

——（一九六六）「清文鑑―単体から五体まで―」、『朝鮮学報』第三九～四〇号。

入矢義高（一九七三）「『朴通事諺解老乞大諺解語彙索引』序」陶山信男編『朴通事諺解老乞大諺解語彙索引』、采華書林、名古屋。

遠藤和夫（一九八六）「『富士野往來』小考」、山田忠雄編『国語史学の為に　第一部　往来物』、笠間書店、東京。

大友信一（一九五一）「『捷解新語』の成立時期私見」、『文芸研究』第二六集。

大野晋（一九五三）『上代假名遣の研究　日本書紀の假名を中心として』、岩波書店、東京。

大矢透（一九一八）『音図及手習詞歌考』、大日本図書、東京。

小倉進平（一九三四）「釜山に於ける日本の語学所」『歴史地理』第六三巻第二号。

――（一九四〇）『増訂朝鮮語学史』、刀江書院、東京。

――（一九六四）小倉進平著、河野六郎補注『増訂朝鮮語学史』、刀江書院、東京。

太田辰夫・佐藤晴彦（一九九六）『元版孝経直解』、汲古書院、東京。

岡村金太郎編（一九二二）『往來物分類目録』、啓明会事務所、東京、同増訂版（一九二五）。

小川環樹（一九四七）「『書史会要』に見える『伊路波』の漢字対音に就いて」、『国語国文』（京都大）。

河野六郎（一九五二）「弘治五年朝鮮版『伊路波』での諺文標記に就いて―朝鮮語史の立場から―」、『国語国文』第二一巻一〇号。

亀井孝（一九五八）「捷解新語小考」、『一橋論叢』第三九巻第一号。

神原甚造（一九二五）「弘治五年活字版朝鮮本『伊路波』に就いて」、『典籍之研究』第三号。

金沢庄三郎（一九一一）『朝鮮書籍目録』、東京。

――（一九三三）『濯足庵蔵書六十一種』、金沢博士還暦祝賀会、東京。

――（一九四八）『亞細亞研究に關する文献：濯足庵蔵書七十七種』、創文社、東京。

川瀬一馬（一九四三）『日本書誌学之研究』、大日本雄弁会、講談社、東京。

――（一九七四）『増訂新訂足利学校の研究』、講談社、東京。

神田喜一郎（一九二七）「明の四夷館に就いて」、『史林』第一二巻第四号。

神田信夫等訳註（一九五五～一九六三）『満文老檔Ⅰ～Ⅶ』、東洋文庫、東京。

菅野裕臣（一九六三）「『捷解蒙語』のモンゴル語」、『朝鮮学報』第二七号。

岸田文隆（一九九七）『三訳総解の満文にあらわれた特殊語形来源』、東京外国語大学アジア・アフリカ言語文化研究所、東京。

京都大学文学部国語学文学研究室編（一九八七）、『改修捷解新語』、京都大学国文学会、京都。

金文京外（二〇〇二）『老乞大—朝鮮中世の中国語会話読本—』、鄭光解説、金文京・玄幸子・佐藤晴彦訳註、平凡社、東京。

酒井憲二（一九八六）「実語教童子教の古本について」、山田忠雄編『国語史学の爲に　第一部　往来物』、笠間書店、東京。

——（一九八七）「わが国における実語教の盛行と終焉」、『研究報告』（図書館情報大学）第一—一。

佐瀬誠実（一八九〇）『日本教育史』上・下、文部省総務局図書課、東京。同修訂版（一九〇三）（全一冊）、大日本図書、東京。

仲新・酒井豊（一九七三）、同校正版、平凡社、東京。

拙稿（一九七八a）「司訳院訳書の外国語の転写に就いて」、『朝鮮学報』（日本朝鮮学会）第八九号。

——（一九八七b）「朝鮮朝における訳科の蒙学とその蒙学書—来甲午式年の訳科初試の蒙学試券を中心として—」『朝鮮学報』（日本朝鮮学会）第一二四輯。四九～八二頁。

——（一九九九a）「新発見『老乞大』について」、日本大阪市立大学文学部、中国学・朝鮮学教室招請講演、場所：日本大阪市立大学講堂、日時：一九九九年六月六日午後二時～五時。

——（一九九九c）「元代漢語の『(旧本）老乞大』」、『中国語研究開篇』（日本早稲田大学中国語学科）第一九号一～二三頁。

——（二〇〇四b）「韓半島における日本語教育とその教材」『日本文化研究』（東アジア日本学会）第一〇集四三～六八頁。

——（二〇〇八）竹越孝訳「吏文と漢吏文」、『開篇 *KAI PIAN*』（好文刊行社、東京）二七、八三～一〇七頁。

——（二〇一一）「『蒙古字韻』喩母のパスパ母音字と訓民正音の中声」『東京大学言語学論集』（東京大学言語学科）第三一号一～二〇頁。

——（二〇一二a）「元代漢吏文と朝鮮吏文」『朝鮮学報』（日本朝鮮学会）、第二二四輯一～四六頁。

——（二〇一四）「司訳院の倭学における仮名文字教育—バチカン図書館所蔵の「伊呂波」を中心に—」『朝鮮学報』（日本朝鮮学会）第二三一集三五～八七頁。

拙著（二〇〇六a）『朝鮮吏読辞典』、北郷照夫共著、ペン・インタプライス、東京。

——（二〇一五）『蒙古字韻研究』日本語版、大倉 Info、東京。

田川孝三（一九五三）「『通文館志』の編纂とその重刊について」、『朝鮮学報』第四号。

高橋愛次（一九七四）『伊路波歌考』、三省堂、東京。

高橋俊乘（一九二三）『日本教育史』、永澤金港堂、京都。（一九七二）、再刊、臨川書店、京都。

――（一九四三）『近世学校教育の源流』、永澤金港堂、京都。（一九七一）、再刊、臨川書店、京都。

田中謙二（一九六二）「元典章における蒙文直訳体の文章」、『東方学報』（京都大学人文科学研究所）、第三二輯。

――（一九六四）「元典章文書の構成」、京都大学人文科学研究所、元典章研究班印本『元典章の文体』（校定本元典章刑部第一冊附録）。

田中健夫（一九七五）『中世対外関係史』、東京大学出版会、東京。

中村栄孝（一九六一）「『捷解新語』の成立・改修および『倭語類解』成立の時期について」、『朝鮮学報』第一九号。これは『捷解新語』と『倭語類解』」と改題されて中村栄孝（一九七九）に再録された。

――（一九六五、六九）『日鮮関係史の研究』（上・中・下）、吉川弘文館、東京。

長澤規矩也（一九三三）「元刊本成齋孝経直解に関して」、『書誌学』（日本書誌学会）第一巻第五号。これは、後に長澤規矩也先生喜壽記念會編（一九八三）『長澤規矩也著作集』、汲古書院、東京、第三巻『宋元版の研究』に収録された。

橋本進吉（一九四九）『橋本進吉博士著作集第三冊　文字及び假名遣の研究』、岩波書店、東京。

服部四郎（一九八四ａ）「パクパ字（八思巴字）について―特にｅの字とèの字に関して―（一）」、On the hPhags-pa script-Especially concerning the letters e and è-（I）、この論文は一九八四年に完成したものを、服部四郎（一九九三：二一六～二二三）で再引用された。

――（一九八四ｂ）「パクパ字（八思巴字）について―特にｅの字とèの字に関して―（二）」、On the hPhags-pa script-Especially concerning the letters e and è-（I）、この論文は一九八四年に完成したものを、服部四郎（一九九三：二二四～二三五）で再引用された。

――（一九八四ｃ）「パクパ字（八思巴字）について―特にｅの字とèの字に関して―（三）」、On the hPhags-pa script-Especially concerning the letters e and è-（I）、この論文は一九八四年に完成したものを、服部四郎（一九九三：二二四～二三五）で再引用された。

――（一九九三）『服部四郎論文集』巻三、三省堂、東京。

浜田敦（一九四〇）「国語を記載せる明代支那文獻」、『国語国文』（京都大）第十巻第七号。

――（一九五二）「弘治五年朝鮮板『伊路波』諺文対音攷―国語史の立場から―」、『国語国文』第二一巻第一〇号。これは、浜田敦（一九七〇）に再録された。

――（一九五八）「倭語類解解説」、『倭語類解』影印（本文・国語・漢字索引）、京都大学文学部国語学国文学研究室編、京都。これは、浜田敦（一九七〇）で再録された。

――（一九五九）「『伊路波』解題」、「伊路波」刊行委員編『伊路波』、伊路波刊行委員、高松。

――（一九六三）「『捷解新語』とその改修本―『日本』と『看品』―」、『国文学攷』三〇。

――（一九七〇）『朝鮮資料による日本語研究』、岩波書店、東京。

浜田敦・土井洋一・安田章（一九五九）、「倭語類解考」、『国語国文』第二十八巻第九号。

久木幸男（一九六八）『大学寮と古代儒教―日本古代教育史研究』、サイマル出版会、東京。

平泉澄（一九二六）『中世に於ける社寺と社会との関係』、至文堂、東京。（一九八二）国書刊行会、東京。

福島邦道（一九五二）「捷解新語の助詞『を』について」、『国語国文』第二一巻第四号。

――（一九六九）「朝鮮語学習書による国語史研究」、『国語学』第七六号。

舩田善之（二〇〇一）「元代史料としての旧本『老乞大』―鈔と物價の記載を中心として―」、『東洋学報』（財團法人東洋文庫）八三―一。

古屋昭弘（二〇〇六）「『官話』と『南京』についてのメモ―「近代官話音系国際学術研討会」に参加して―」、『中国語学研究開篇』（好文刊行社）二五、東京、一一九～一二三頁。

前田直典（一九七三）『元朝史の研究』、東京大学出版会、東京。

宮崎市定（一九四六）『科挙』、秋田屋、東京。

――（一九六三）『科挙―中国の試験地獄―』、中央公論社、東京。

――（一九八七）『科挙史』、平凡社、東京。

――（一九四九）『隣邦史書に現われた日本』、中央公論社。

――（一九八三）『上代学制の研究』、吉川弘文館、東京。

閔泳珪（一九四三）「老乞大について」、『大正大学学報』、第三六輯。

桃裕行（一九四七）『北條重時の家訓』（北條重時著、桃裕行校訂解説）、養徳社、奈良。

森田武（一九五五）「『捷解新語』成立の時期について」、『国語国文』第二四巻第三号。

――（一九五七）「捷解新語解題」、京都大学文学部国語学国文学研究室編『捷解新語』、京都大学国文学会、京都。前記の二つの論文は、「捷解新語考」という名前で森田武（一九八五）に再録された。

――（一九八五）『室町時代語論攷』、三省堂、東京。

文部省（一九一〇）『日本教育史』、弘道館、東京。

安田章（一九六〇）「『重刊改修捷解新語』解題」、京都大学文学部国語学国文学研究室編『重刊改修捷解新語』、京都大学国文学会、京都。

――（一九六一）「全浙兵制考日本風土記解」、京都大学文学部国語学国文学研究室編『全浙兵制考日本風土記』、京都大学国文学会、京都。

――（一九六三）「朝鮮資料の流れ―国語資料としての処理以前―」、『国語国文』第三二巻第一号。

――（一九六五）「朝鮮資料覚書―『捷解新語』の改訂―」、『論究日本文学』第二四号。これは、「捷解新語の改訂覚書」と改題されて安田章（一九八〇）に再録された。

――（一九七〇）「『伊呂波』雑考」、『国語国文』。これは、安田章（一九八〇）に再録された。

――（一九七七ａ）「朝鮮資料における表記の問題―資料論から表記論へ―」、『国語学』一〇八号。これは、「朝鮮資料と国語表記」と改題されて安田章（一九八〇）に再録された。

――（一九七七ｂ）「類解攷」、『立命館文学』二六四。これは、安田章（一九八〇）に再録された。

――（一九八〇）『朝鮮資料と中世国語』、笠間書院、東京。

――（一九八六）「韓国国立中央図書館蔵『倭語類解』」、『国語国文』第五五巻第四号。

――（一九八七）「捷解新語の改修本」、『国語国文』、第五六巻第三号。

――（一九八八）「捷解新語の木板本―続―」、『国語国文』、第五七巻第一二号。

――（二〇〇五）『国語史研究の構想』、三省堂、東京。

吉川幸次郎（一九五三）「元典章に見える漢文吏牘の文体」、吉川幸次郎、田中謙二『元典章の文体』（校定本元典章刑部第一冊附録）、京都大学人文科学研究所、京都。

李元植（一九八四）「朝鮮通信使に随行した倭学訳官について―捷解新語の成立時期に関する確証を中心に」、『朝鮮学報』第一一一号。

渡部薫太郎（一九三五）『女真語ノ新研究』、大阪東洋学会、大阪。

中文参考文献（五十音順）

太田辰夫（一九九一）『漢語史通考』、重慶出版社、重慶。

金光平・金啓孮（一九八〇）『女真語言文字研究』、文物出版社、北京。

胡明揚（一九六三）「《老乞大諺解》和《朴通事諺解》中所見的漢語、朝鮮語對音」、『中国語文』、第一二四期、北京。

志村良治（一九九五）『中国中世語法史研究』、中華書局、北京。

照那斯図（二〇〇三）編著『新編元代八思巴字百家姓』、文物出版社、北京。

照那斯図・楊耐思編（一九八七）『蒙古字韻校本』、民族刊行社、北京。

清格爾泰外五名（一九八五）清格爾泰・劉風翥・陳乃雄・于寶林・邢復禮、『契丹小字研究』、中国社会科学出版会、北京。

拙稿（二〇〇四a）「朝鮮時代的漢語教育与教材—以『老乞大』爲例—」『国外漢語教学動態』（北京外国語大学）、総第五期二一～九頁。

拙著（二〇〇〇）『原刊老乞大研究』（解題・原文・原本影印・併音索引）、鄭光主編（梁伍鎮、南権熙、鄭丞恵共編）、外語教学与研究刊行社、北京。

――（二〇一三）『蒙古字韻研究』中文版、民族出版社、北京。

丁邦新（一九七八）「老乞大諺解、朴通事諺解影印序文」、『老乞大諺解、朴通事諺解影印』聯経刊行事業公司、台北。

陳慶英（一九九九）「漢文『西藏』一詞的來歴簡説」、『燕京学報』（燕京研究院、北京大学出版社）第六期、一二九～一三九頁。

陳高華等点校、『元典章（大元聖政國朝典章）』中華書局、北京。

鄭再発（一九六五）『蒙古字韻跟跟八思巴字有関的韻書』、国立臺灣大学文学院、臺北。

余志鴻（一九九二）「元代漢語的後置詞系統」、『民族語文』、一九九二～三、北京。

楊聯陞（一九七八）「老乞大・朴通事裏的語法語彙」、『老乞大諺解、朴通孝諺解影印』聯経出版事業公司、台北。論文の脚註に、中央研究院歴史言語研究所集刊、二九本、『慶祝趙元任先生六十五歳論文集』上冊、頁197～208、1957、台北と書いている。
羅錦堂（一九七八）「老乞大諺解、朴通孝諺解影印序文」、『老乞大諺解、朴通孝諺解影印』聯経出版事業公司、台北
羅錦培・蔡美彪編（一九五九）『八思巴字與元代漢語（資料彙編）』、科学出版社、北京。

〔著者・翻訳者略歴〕

鄭　光

韓国 ソウル大学校 文理科大学 国語国文学科卒業
同大学校大学院 文学碩士，国民大学校大学院 文学博士
韓国 高麗大学校 文科大学 国語国文学科 名誉教授

廣　剛

日本 早稲田大学卒業，韓国 高麗大学校大学院卒業，文学博士
韓国 東ソウル大学校 助教授

木村可奈子

日本 東北大学卒業，京都大学大学院 博士課程 研究指導認定退学

This work was supported by The Academy of Korean Studies Grant funded by the Korean Government（MOE）（AKS-2011-AAA-2101）

李朝時代の外国語教育

二〇一六年七月三十日　初版発行

著　者　鄭　光
訳　者　廣　剛・木村可奈子
発行者　片　岡　敦
印刷 製本　亜細亜印刷株式会社

発行所　606-8204 京都市左京区田中下柳町八番地
株式会社 臨　川　書　店
電話（〇七五）七二一-七一一一
郵便振替　〇一〇七〇-二-八〇〇

落丁本・乱丁本はお取替えいたします
定価はカバーに表示してあります

ISBN 978-4-653-04334-8　C3022